Kunst-Reiseführer in der Reihe DuMont Dokumente

Zur schnellen Orientierung – die wichtigsten Orte und Sehenswürdigkeiten Balis auf einen Blick:

(Auszug aus dem ausführlichen Register S. 404 ff.)

In der vorderen Umschlagklappe: Übersichtskarte v

In der hinteren U[...] ..gebung

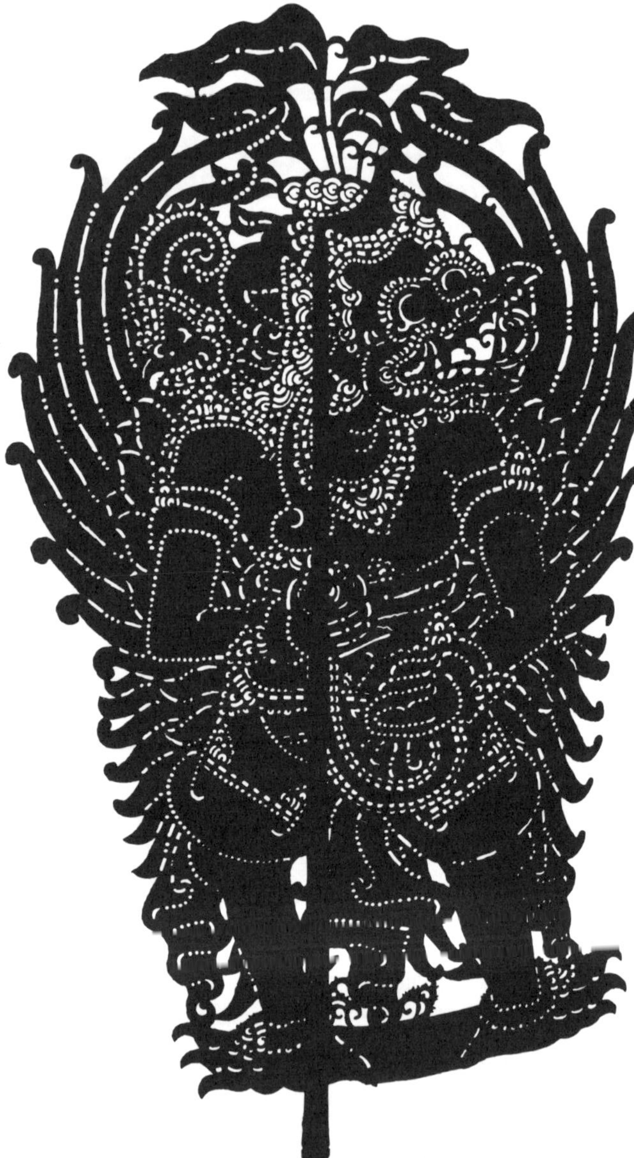

Günter Spitzing

Bali

Tempel, Mythen und Volkskunst auf der tropischen Insel zwischen Indischem und Pazifischem Ozean

DuMont Buchverlag Köln

Alle Fotos und Foto-Grafiken vom Verfasser. Zeichnungen und Pläne nach Vorlagen des Verfassers vom DuMont-Buchverlag. Karten in den Umschlaginnenklappen: Gerda Rebensburg

Abb. Umschlagvorderseite: Arja-Volksoper während eines Tempelfestes im Pura Gunung Lebah, Campuan (bei Ubud)

Abb. Umschlagrückseite: Typischer südbalischer Tempel

Abb. Umschlaginnenklappe: Ausschnitt aus einem großen Reiskuchenopfer. Es stellt Arjuna, bedrängt von den Himmelsnymphen, dar. Seine Asketen-Kopfbedeckung trägt einen Lebensbaum und hat selbst die Form eines Lebensbaum/Berg-Symbols (Kayonan)

Frontispiz S. 2: Der Himmelsadler Garuda, Reittier des Gottes Wisnu, als Schattenspielfigur (Nordbali)

Für
Frank Lode Brakel

CIP-Kurztitelaufnahme der Deutschen Bibliothek

Spitzing, Günter
Bali Tempel, Mythen und Volkskunst auf der tropischen Insel zwischen Indischem und Pazifischem Ozean. – Köln : DuMont, 1983
(DuMont-Dokumente : DuMont Kunst-Reiseführer)
ISBN 3-7701-1382-9

Satz und Druck: Rasch, Bramsche
Buchbinderische Verarbeitung: Boss-Druck, Kleve

Printed in Germany ISBN 3-7701-1382-9

Inhalt

Vorbemerkungen: Bali – Pulau Dewata

Bali – das ist Kunst, farbenfreudig und tropisch wuchernd. Bali – das ist enge menschliche Gemeinschaft, Großfamilie und selbstverwaltetes Dorf. Bali – das ist Religion, tiefverwurzelt im Herzen des Einzelnen und fest eingefügt in das Leben der Gemeinschaft. Bali – das ist Land zwischen Gebirge und Meer, farbige Blüten vor schwarzsandigem, palmengesäumtem Strand und vor dunklem, scharfkantigem Lavagestein. Bali – das ist überquellendes Kulturleben, der fruchtbaren Vereinigung Indiens mit der Südsee entsprossen. Bali – das ist Magie, schwarze und weiße, in Szene gesetzt, um anderen zu schaden oder zu nutzen. Bali – das ist rituelles Spiel, ist Drama und Tanz, begleitet von den Klängen des Gamelan. Bali – das sind Götter und Dämonen, getrennt und gleichzeitig verbunden in einem ewigen, immer wieder von neuem aufflackernden Kampf, in dem es zwar Besiegte gibt, aber niemanden, der vernichtet wird. Bali – das sind Menschen, immer bereit zum Lachen, oftmals kindlich-naiv oder auch kindlich-dreist, aber dann wieder nach innen blickend, in sich selbst oder in das, was sie in sich wahrnehmen, versunken.

Bali enthält nicht von jedem ein bißchen, sondern es ist alles dies zusammen – alle Elemente sind aufs engste miteinander verknüpft und ineinander verwoben. Leben, Religion, Kunst, Gemeinschaft und nicht zuletzt das Territorium der Insel selbst bilden eine unauflösliche Einheit – schwer faßbar für den Europäer, der dazu neigt, jedes einzelne auch jeweils einzeln in eine eigene Schublade zu stecken, aber vielleicht gerade deshalb auch so faszinierend.

Während sich uns Bali somit als ein einzigartiges Gesamtkunstwerk darstellt, wird auf der Insel selbst der Akzent etwas anders gesetzt. I Wayan Patera, Kunstlehrer aus Ubud: »Bali wird, wie oft zu hören ist, Pulau Dewata genannt. Das bedeutet: ›Insel der Götter‹. Damit bezeichnet man also Bali als himmlisches Paradies. Manche nennen Bali auch ›Insel der Tempel‹. Dies ist der Grund, weswegen wir uns daran gewöhnt haben, daß Schriftsteller von überallher sich ihren sehnlichsten Wunsch zu erfüllen trachten, die Insel Bali aus der Nähe kennenzulernen. Was letztlich darüber veröffentlicht wird, ergibt sich aus der persönlichen Sicht des Schriftstellers. Wenn ein Autor es jedoch sehr genießt, sich im Bergland von Bali aufzuhalten, dann kann er Bali nur als Himmelsparadies bezeichnen. Wie von alters her überliefert ist, stammt das Wort ›Bali‹ selbst aus Indien ... So gibt es einen Gesang ›Gita Bali‹. Im engen Zusammenhang damit bedeutet Bali ›heilig‹. Und so glauben wir denn, der Name drückt die Hoffnung aus, daß diese Insel ein Ort der Heiligkeit bleibt, weitab vom verhängnisvollen Schmutz der Welt.«

Nun ist nicht zu übersehen, daß das, was diese Stimme aus Bali zu Anfang der 80er Jahre sagt, im Gegensatz steht zu all denjenigen – denn auch die gibt es –, die den angeblichen kulturellen Niedergang der Insel allzu eilfertig an die Wand malen. Sicherlich, es ist dringend wünschenswert, daß die touristischen Badezentren Sanur und vor allem Kuta so bleiben wie sie sind und sich nicht noch weiter ins Land hineinfressen. Sicherlich, es kann auch nicht abgestritten werden, daß zunehmende Zivilisationsimporte, Sonne-und-Sand-Tourismus und nicht zuletzt auch dirigistisch-bürokratische Eingriffe in die Selbstverwaltung der Desa (Dorfgemeinschaft) sich zu einer erheblichen Gefahr für Bali entwickeln können. Auf der anderen Seite darf man aber das Beharrungsvermögen der Menschen in Bali und ihre Fähigkeit, aus fremden Einflüssen das auszusieben, was sich in das ornamentale Muster ihrer Kultur einflechten läßt, nicht unterschätzen.

Bali lebt! Und Bali steckt sogar heute noch voller Geheimnisse – erstaunlicherweise. Denn die Insel ist ja so klein, und es ist auch soviel an ihr herumgeforscht worden, daß selbst der letzte weiße Fleck auf der kulturellen Landkarte mit Druckerschwärze zugekleistert sein müßte. Demgegenüber haben wir den unerhörten Reichtum an künstlerischen und religiösen Formen, in dem sich einerseits Bali ausdrückt, der andererseits aber die Inselkultur auch wieder mit einem phantastischen, bunten Schleier verhüllt.

Das vorliegende Buch versteht sich als ein winziges Guckloch in diesem Schleier, und wenn es das geworden ist, verdankt es das der großzügigen Information und der wohlwollenden Unterstützung der Menschen in Bali, denen an dieser Stelle ein herzliches Dankeschön gesagt werden soll:

I Nyoman Darsane, Denpasar; Dr. I Nyoman Gelebet, Architekt, Denpasar; I Dewa Made Rai Mesi, Bangli; I Nyoman Partha Gunawan, Tenganan; I Wayan Patera, Art teacher, Ubud Kelod; Anak Agung Rama, Bangli; I Made Rena, Singaraja; Agung Artha Sastra, Bangli; Arie Smit, Sanur; Cokorda Oka Sukawati, Ubud.

Der Großteil der deutschsprachigen Literatur gebraucht in Anlehnung an das Englische die sprachlich wenig glücklichen und darüber hinaus auch etwas abwertend klingenden Bezeichnungen ›Balinese‹ und ›balinesisch‹. In diesem Buch werden stattdessen die im Holländischen und auch bei einigen deutschen Autoren üblichen Bezeichnungen ›Balier‹ und ›balisch‹ bevorzugt.

Die Quellenangaben am Schluß der Kapitel beziehen sich auf das Literaturverzeichnis (S. 393), Pfeile (→) vor Begriffen verweisen auf das Glossar (S. 398).

TEIL I: Eine Insel als kosmisches Gesamtkunstwerk

Bali – die Insel und ihre Geschichte

Eiland zwischen Wasser und Feuer

Die Vulkane Javas schleudern immer wieder einmal große Mengen an Asche in die Luft. In solchen Zeiten fliegt die Linienmaschine Jakarta-Denpasar an der Nordküste der Insel entlang. Ganz unten erstreckt sich dunkelblau das Meer, darüber liegt eine weißliche Dunstschicht, und darüber ragen die ebenmäßigen, sich nach oben verjüngenden mittelblauen Kegel der Vulkane hinein in den hellblauen Himmel. Java, die langgestreckte Insel – eine einzige Kette meist tätiger Vulkane. Und wenn dann in der letzten Viertelstunde des gut einstündigen Fluges die Maschine die schmale Bali-Straße überquert, setzt sich diese Kette in Bali östlich von Gilimanuk, dem Hafen für die Fähre, zunächst in einem niedrigen Hügelzug fort, an den im Osten des Eilands wieder Vulkane anschließen. Der Batur und vor allem der

Balische Landschaft (Zeichnung von W. O. Nieuwenkamp 1906)

Dorf und Tempel von Bubunan (Zeichnung von W. O. Nieuwenkamp 1906)

3143 m hohe Gunung Agung durchstoßen die weißliche Dunstschicht. Und von der östlichen Nachbarinsel Lombok grüßt schon der nächste Vulkan, der Gunung Rinjani (3726 m) herüber. An ihrer engsten Stelle ist die Lombok-Straße nur etwa 33 km, die Bali-Straße sogar nur 4 km breit. Und dennoch war Bali früher eine isolierte Insel.

In vorgeschichtlicher Zeit endete zwar an der Ostküste der heutigen Insel eine Landverbindung, die sich vom asiatischen Festland über Sumatra und Java hinzog. Die Lombok-Straße, tief und mit einer starken Strömung, bildete jedoch schon damals eine Barriere. In historischer Zeit konnte die Bali-Straße weiterhin ganz gut überwunden werden, aber das kulturelle Zentrum Balis im Süden, auch für uns noch das ›eigentliche‹ Bali, war bis tief in dieses Jahrhundert hinein von Westbali durch schwer passierbare Wälder abgeschnitten. Und Naturhäfen, die sucht man in Bali vergebens. Überall, wo nicht gerade wie im Nordwesten Korallenriffe die Küste abschirmen, zeigt sich Waruna, der balische Poseidon, von seiner unwirschesten Seite. Deshalb oder vielleicht auch, weil ihre Vorfahren aus dem Binnenland, aus Südchina, kamen, sehen die Balier im Meer das Reich der Toten, den Bezirk des Unreinen. Von den Bergen hingegen, von den Sitzen der Götter, kommt das reine und

Reisterrassen (Zeichnung von W. O. Nieuwenkamp 1906)

lebensspendende Wasser, stammen Segen und Fruchtbarkeit. Das von dort oben auch Aschenregen und Lavaströme hereinbrechen, wird letztlich hingenommen, denn alles Neuentstehen setzt ein Untergehen voraus. Für den Balier birgt nicht nur seine Insel, sondern auch er selbst, sein eigener Körper den großen Gegensatz von Feuer und Wasser, an den andere Gegensatzpaare – männlich/weiblich, oben/unten, rechts/links anknüpfen. Und für den Menschen ist allein wichtig, daß er die Balance hält zwischen den aufgeregten Elementarkräften – äußerlich durch aufrechten, gelassenen Gang und durch Orientierung zu den Bergen, innerlich durch Konzentration und Meditation, rituell durch Opfer und Gebetsformeln.

Die Gefährdung durch feuerspeiende Berge und tobende Brandung hat noch nie einen Balier veranlaßt, seine Insel zu verlassen. Im Gegenteil, Bali ist eine der am dichtesten besiedelten Inseln der Welt, knapp doppelt so dicht bevölkert wie die Bundesrepublik. Die Naßreiskultur ermöglicht dies. Gegenüber den auf anderen indonesischen Inseln verbreiteten Brandrodungskulturen liefert Naßreis auf der gleichen Anbaufläche das fünffache an Nahrung. Die Reisterrassen Südbalis zwischen Meer und Gebirge dürften dabei sogar noch weit besser dastehen: In 14 Monaten werden bis zu drei Ernten eingebracht. Zu verdanken haben das die Reisbauern

- ihrem eigenen Fleiß.
- ihren von ihnen zutiefst verehrten Vorfahren. Diese nämlich legten die Reisterrassen – oft Landschaftskunst von höchstem Range – an, und diese schufen auch die innerhalb jedes Dorfes selbständigen genossenschaftlichen Organisationen (Subak).

– ihrer rituellen Fürsorge für die Reisfelder. Im Reis selbst lebt die Seele der Reisgöttin Dewi Sri. Die Tatsache, daß die Reisbauern viel Zeit und Energie für die Anrufung der Götter und die Beschwichtigung der Dämonen aufbringen, bietet gleichzeitig die Gewähr dafür, daß die althergebrachte Subak-Institution die Zeiten überdauert.
– ihren Göttern in den Bergen. Von denen geht das Wasser aus, das mit seiner Feuchtigkeit und seinem düngenden Schlamm die Fruchtbarkeit der Felder gewährleistet.

Landwirtschaftlich ist der Süden gegenüber dem Norden privilegiert. Nach Süden zu fallen die Berge ganz allmählich ab und bieten so, insbesondere in den Flußtälern, ideale Plätze für

Links Balierin mit Früchten (Zeichnung von W. O. Nieuwenkamp 1922), rechts stark geometrisierte Figur der Reisgöttin Dewi Sri (Cili) auf einem aus Blättern geflochtenen Ziergehänge (Lamak)

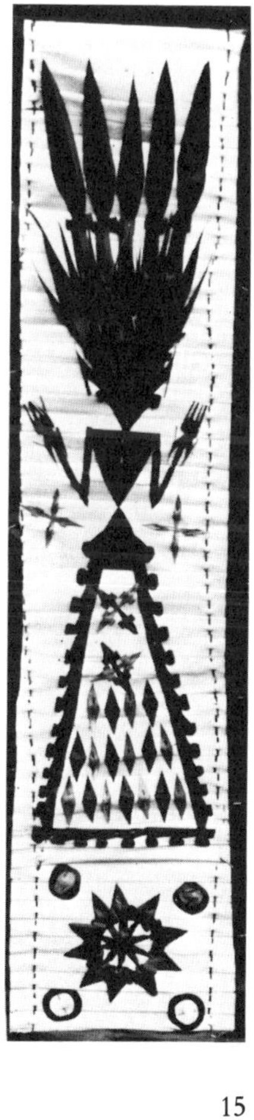

Indonesien und Bali

Indonesien

Geographie: 13677 Inseln, davon 6044 bewohnt. Landfläche 2027087 km^2 (achtmal so groß wie die Bundesrepublik), Ausdehnung des Archipels von West nach Ost 5110 km, von Nord nach Süd 1888 km.

Einwohnerzahl: Ca. 145 Millionen (1979), damit unter den bevölkerungsreichsten Staaten der Erde an fünfter Stelle.

Regierung: An der Spitze steht der Präsident der Republik. Verfassunggebendes Organ ist der Volkskongreß (MPRS), zusammengesetzt aus dem Parteienparlament (Golong Royong) und aus berufenen Volksvertretern, die verschiedene Gruppen repräsentieren. Regierungssitz: Jakarta.

Politische Gliederung: 27 Propinsi unter je einem Guvernur.

Bali

Geographie: Vier wichtige Inseln – das eigentliche Bali (Nusa Gede = große Insel) sowie die drei der südlichen Ostküste vorgelagerten Inselchen Nusa Lembongan, Nusa Ceningan und Nusa Penida. Gesamtfläche: 5633 km^2 (ca. 20% kleiner als Oberfranken). Gesamtausdehnung von West nach Ost 145 km, von Nord nach Süd 95 km.

Einwohnerzahl: Ca. 2,65 Millionen. In der Bevölkerungsdichte liegt Bali in Indonesien gleich hinter Java (458 bzw. 600 Einwohner pro km^2, zum Vergleich: Bundesrepublik Deutschland ca. 250).

Regierung: Guvernur mit Sitz in Denpasar.

Politische Gliederung: Die Provinz (Propinsi) Bali ist in acht Kabupaten mit je einem Bupati (Regent) unterteilt: Badung, Bangli, Buleleng, Gyanyar, Jembrana, Karangasem, Klungkung, Tabanan. Dazu kommt die Stadt Denpasar mit einem Walikota (Bürgermeister) an der Spitze. Die Kabupaten und die Stadt untergliedern sich jeweils in mehrere Kecamatan unter einem Vorsteher (Camat). Jeder dieser Kreise umfaßt mehrere Desa (Dörfer), und diese setzen sich wieder aus Dorf- oder Stadtteilquartieren, den sogenannten Banjar, zusammen. Die Kabupaten entsprechen im großen und ganzen den um 1900 bestehenden Herrschaftsgebieten der acht Rajas.

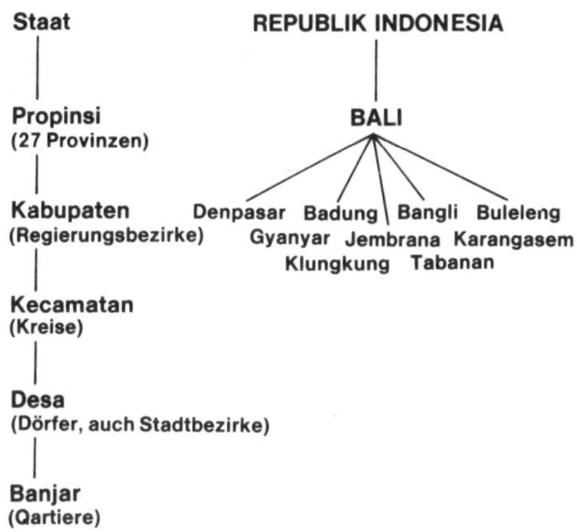

die Anlage der Reisterrassen. Nach Norden dagegen geht es steil hinunter zum Anschwemmland der Küstenebene. Im Süden sorgt der Westmonsun zwischen Oktober und März/April für Niederschläge im Übermaß.

Zweimal, heute auch dreimal täglich etwas Reis mit einer Spur von Beigaben wie Kräutern, Gewürzen oder einem Hühnerknöchelchen, auf einem Palmblatt serviert, so sieht der übliche Speisezettel aus. Märchen und Geschichten erzählen davon, daß die Ubi, die Knollengewächse, nur ein Essen für ganz, ganz arme Leute seien. Doch Reis ist nicht nur einfach Nahrung, er ist heilig, eine Verkörperung der Dewi Sri selbst.

Um die Göttin nicht zu beleidigen, wird während der Arbeit auf den Feldern nicht mit alltäglichen Worten über den Reis gesprochen. Man verwendet für ihn besondere, heilige Namen. Und wie ein Mensch im Laufe seines Lebens seinen Status ändert (vgl. Durchgangsriten S. 48ff.), so passiert das auch dem Reis. Dabei nimmt er jedesmal einen neuen Namen an – im Balischen wie im Indonesischen:

Reispflanzen auf den Feldern:	Padi
Trockener, geernteter Reis:	Beras
Gekochter Reis als Speise für Menschen und Götter (Opfer):	Nasi

Historische Verbindungen mit Asien

Balis Geschichte ist ein Lehrstück darüber, wie eine Gemeinschaft fremde Einflüsse je nach ihrem Bedarf teils aufzugreifen, teils zurückzuweisen, in jedem Fall aber zu bewältigen vermag. Unter anderem waren es die Bevorzugung der Heirat unter Verwandten und die reiche Ausbildung des rituellen Lebens, die einer auf dem Überkommenen beharrenden Lebensform Vorschub leisteten. Dieser stabilisierende Konservatismus schuf den Freiheitsraum für eine unabhängige Selbstverwaltung der Quartiere und Dörfer, und sie machte dazu auch die Menschen immun gegen den Druck von außen – was hoffentlich so bleibt.

Vor Christus: Einwanderung vom asiatischen Festland.

Nach der Mitte des 3. Jahrtausend, damals, als sich auch die Arier anschickten nach Indien einzuwandern, begannen die austronesischen Vorfahren der heutigen Malayen aus Südchina (Yünnan) über Hinterindien nach Indonesien einzuströmen. Dies geschah in mehreren Schüben. Auch wenn man die verschiedenen Theorien über die Proto- und die Deuteromalayen unberücksichtigt läßt, kann man von zwei Haupteinwanderungswellen ausgehen. Indonesien ist dann später die Ausgangsbasis für eine Besiedlung der weiteren pazifischen Inselwelt geworden. Noch auf dem Festland hatten die Uraustronesier Kontakt mit dem Schamanismus (vgl. S. 31, 87), der in Amerika, Zentralasien, Sibirien und Tibet verbreitet ist. Auch die Dongsong-Kultur (300–100 v. Chr.) im Norden Vietnams, die spürbar auf Bali einwirkte, zeigte schamanische Züge.

Die Uraustronesier mußten als Binnenländer an den Flußmündungen des südlichen Hinterindien erst den Bau seetüchtiger Auslegerboote erlernen, ehe sie weiter von Insel zu Insel nach Südosten vordringen konnten. Eigenartigerweise gibt es einerseits meereszugewandte Malayen, wie die Buginesen von Sulawesi, und andererseits meeresabgewandte. Die Balier gingen in ihrer Meeresscheu so weit, daß sie sogar den Überseehandel den Indern und Chinesen überlassen haben. Wie ihre Sprache ausweist, sind die Balier mit den Bewohnern der östlichen Inseln Lombok (Sasak) und Sumbawa enger verwandt als mit den Javanern auf der so nahen westlichen Nachbarinsel. Erst spät, ab 1000 n. Chr., ist altjavanisches Sprachgut in die balische Hochsprache eingedrungen.

Erstes nachchristliches Jahrhundert: Direkter indischer Einfluß

Von Bali wissen wir aus der Zeit zwischen Christi Geburt und dem 8. Jahrhundert wenig. Zum übrigen Indonesien, vor allem nach Java und Sumatra, hat es schon im letzten vorchristlichen Jahrtausend Handelsverbindungen von China aus gegeben. Im Laufe des ersten nachchristlichen Jahrtausends zeichnet sich ein wachsender indischer Einfluß ab. Indische Kaufleute gelangten zwischen Oktober und März mit dem Westmonsun zu den indonesischen Gewürzinseln und nutzten zwischen April und September den Ostmonsun für ihre Heimkehr aus. Zwangsläufig blieben sie also oft für Wochen und Monate auf den fremden Inseln hängen, was die Gründung von Handelsniederlassungen nahelegte. Die wichtigsten Handelspartner der Inder waren die jeweiligen Stammeshäuptlinge oder Herrscher, die schnell entdeckten, daß sie mit Hilfe der Güter aus Übersee Glanz und Macht ihrer Höfe steigern konnten. Kein Wunder, daß nicht nur Waren, sondern auch die Hofzeremonielle aus Indien übernommen wurden – und die waren entweder buddhistisch oder hinduistisch geprägt.

Ein buddhistisches Reich entstand in Sumatra und auf der malayischen Halbinsel (Srivijaya) und ein weiteres in Zentraljava (Shailendra-Dynastie, Bau des Borobodur um 800). Auch im Territorium des heutigen Thailand, Kambodscha und Vietnam erfolgten in der zweiten Hälfte des ersten Jahrtausends kulturell von Indien her geprägte Reichsgründungen. Ein hinduistisches Reich bildete sich in Zentraljava (Mataram, Bau des Prambanan um 850). Die Häfen aller dieser Reiche dienten als Umschlagplätze für indische und chinesische Waren. Der indische Einfluß auf Indonesien lebt vorwiegend in der Kultur, der chinesische vorwiegend in den Waren nach. Allenthalben sind chinesische Porzellangefäße und Schnitzereien zu finden. Wichtig wurden vor allem die chinesischen Münzen (Kepeng), denn die Herrscher Javas und Balis haben nie eigene Münzen geprägt. Auch die Hochseeschiffahrt scheint man indischen und chinesischen, später auch arabischen Seefahrern überlassen zu haben. Erst im letzten Viertel des ersten Jahrtausends wurde Bali in den direkten Verkehr mit Indien einbezogen. Damals kam neben der einheimischen altbalischen Sprache Sanskrit, das Latein Asiens, als Hof- und Kultsprache auf.

Ab 1000: Ausrichtung nach Ostjava

928 wurde der Regierungssitz des Reiches von Mataram (Zentraljava) aus unbekannten Gründen nach Ostjava verlegt. Bereits in der zweiten Hälfte des 10. Jahrhunderts begann dann Ostjava politisch und kulturell auf Bali einzuwirken. Die Insel geriet unter den Einfluß einer von Ostjava gleichsam vorgefilterten und mit buddhistischen sowie tantrischen Elementen vermischten Form des Hinduismus.

Noch vor der Jahrtausendwende begann die Herrschaft einer ostjavanischen Prinzessin, die von Bali aus das Schicksal balischer wie auch javanischer Territorien bestimmte. Dann übernahm einer ihrer Söhne die Regierung im durch zahlreiche Kriege zersplitterten

Ostjava. Doch die Verbindung riß wieder ab, den Herren von Bali gelang es, bis 1284 selbständig zu bleiben. In diesem Jahr eroberte der letzte Sproß der Mataram-Dynastie Bali. Doch schon acht Jahre später starb Raja Kertanegara eines gewaltsamen Todes, das letzte große javanische Reich, Majapahit, wurde gegründet, und Bali gewann wieder die Unabhängigkeit. 1343 bereitete dann Gajah Mada der Eigenständigkeit Balis ein für allemal ein Ende. Er richtete in Bali jenes javanische Verwaltungssystem ein, das dann später, zwischen 1478 und 1520, die vor dem Islam aus Java flüchtende Oberschicht übernehmen sollte. Die Triwangsa betrachten sich selbst als die direkten Nachkommen dieser javanischen Emigranten. Das zunächst von Gelgel aus streng zentralistisch regierte Bali wandelte sich ab 1650 zu einer Art loser Union verhältnismäßig selbständiger, sich gegenseitig befehdender Raja-Reiche.

Die Europäer

Die Europäer haben auf Bali erst spät fußgefaßt – glücklicherweise! 1846 setzten die ersten holländischen Versuche ein, Nordbali zu erobern. Rivalitäten zwischen den einzelnen Rajas erleichterten ihnen die allmähliche Ausdehnung ihres Macht- und Einflußbereiches. 1908 fiel Klungkung, und damit hatten die Holländer ganz Bali in ihrer Hand. Zu der Zeit allerdings war die Kolonialpolitik schon nicht mehr völlig unumstritten. Außerdem wird auch Kolonialpolitik von Menschen gemacht, und auf die haben die rituellen Amok-Angriffe (Puputan, vgl. S. 239) von Badung, Tabanan und Klungkung einen unauslöschlichen Eindruck gemacht. Als Folge davon erließ man 1918 ein Gesetz zum Schutz Balis vor fremder Ausbeutung. 1938 setzten die Holländer sogar die Rajas wieder in ihre Rechte ein. Im Anschluß an die japanische Besatzung während des zweiten Weltkrieges kehrte die Kolonialmacht nochmals nach Indonesien zurück. Bis 1948 wurde Bali von heftigen Kampfhandlungen erschüttert, 1949 erlangte Indonesien die international anerkannte Unabhängigkeit. Daraufhin setzte in Bali eine Welle von Tempelrestaurierungen und Reinigungszeremonien ein.

Quellen: 26, 60, 68, 113 (Nummern vgl. S. 393 ff.)

Mythen – aktuelle Vergangenheit

Geschichtsschreibung im Sinne des chronologischen Aneinanderreihens von Fakten hat es in Bali nie gegeben. An der Vergangenheit interessiert nicht die Einmaligkeit des Geschehens einschließlich seiner Ursachen und Folgen, sondern die darin enthaltene mythische Kraft. Mythos in diesem Sinne ist die Schilderung von in unbestimmter Zeitenferne angesiedelten, bildhaft wahrgenommenen Ereignissen, die man in der Rezitation, im Spiel oder im Ritus wiederbelebt, um sie jetzt und hier wirksam werden zu lassen. Das Calon-Arang Schattenspiel z. B. greift ein wohl historisches, aber unter einem mythischen Gesichtswinkel gesehenes Geschehen auf, um damit einer aktuellen Bedrohung durch zerstörerische Kräfte (→ Leyak) entgegenzuwirken.

Gerade in Bali ist es außerordentlich wichtig, heilige Plätze auszusondern, zu denen die Götter herabsteigen können. Orte werden heilig, wenn sie sich mit mythischen Ereignissen verknüpfen lassen. Und dann, »Blut ist ein ganz besonderer Saft«! Zur Heiligung eines Tempelbezirkes taugt Tierblut, noch besser Menschenblut. Nichts ist aber wirksamer als das anläßlich eines mythischen Ereignisses vergossene Blut oder die zerstückelten Teile eines mythischen Wesens, eines Gottes oder Heroen. So schafft das verrinnende Blut des von den Göttern verfolgten Mayadanuwa heilige Stätten, die das erste Reich von Pejeng als eine Art von magischen Wachtürmen umgeben. Und in entsprechender Weise markieren die steingewordenen Teile des verendeten Götterpferdes das Territorium von Tenganan (vgl. S. 326). Daß Reliquien von götterähnlichen Wesen einen Ort heiligen, ist übrigens eine nicht nur in Indonesien weit verbreitete Vorstellung.

Es sind auch durchaus einige historisch faßbare Gestalten zu mythischer Größe herangewachsen. Zwei davon werden in eigenen Schreinen an vielen heiligen Stellen verehrt, weil sie mit Gründungsereignissen von Tempeln verbunden sind: Sang Kulputih und Pedanda Sakti Bau Rauh. Sang Kulputih schlägt die Brücke von der Jetzt-Zeit zur Zeit des ersten hinduistischen Einflusses aus Indien, ein Ereignis, das als eine Art Neuschöpfung Balis angesehen wird. Und er ist auch mit der ersten Auseinandersetzung zwischen Hinduismus und altbalischem Kult (vgl. S. 181 f.) verbunden. Bau Rauh repräsentiert eine spätere Epoche (Anfang 16. Jahrhundert), die Zeit der Einwanderer, der Flüchtlinge aus Majapahit, in der Bali ganz massiv ostjavanische Einflüsse aufnimmt, um sie dann im eigenen, balischen Sinne weiterzuentwickeln.

Quellen: 9, 15

Zeittafel

Altsteinzeit	Spärliche paläolithische Besiedlung. Faustkeilfunde bei Sembiran (Buleleng).
ca. 2500	Einwanderungswelle austronesisch sprechender Stämme (Altmalayen, abstammend von Mongolen, vermischt mit Kaukasiern) mit jungsteinzeitlicher Ackerbau- und Töpferkultur aus Südchina (Yünnan, über die Landbrücke Thailand, Malaysia, Sumatra, Java).
v. Chr.	Mindestens eine weitere große austronesische Einwanderungswelle. Spuren bronzezeitlicher Megalithkultur.

500–100	Ausstrahlung metallzeitlicher Kulturen (China, vor allem aber der Dongson-Kultur [300–100] in Nordannam) auf Indonesien, speziell auch auf Bali. Bronzeguß, megalithische Steinsetzungen.
v. Chr.	
n. Chr.	
100	Beginn des indischen Einflusses auf Java, Aufstieg des buddhistischen Reiches von Srivijaya in Sumatra. Fockih (Palembang) wird Zwischenstation für Indonesier, die nach Nalande (Nordostindien) pilgern.
700	Allmählicher Beginn des direkten indischen Einflusses in Bali. Erste Spuren des Buddhismus.
750–850	In Zentraljava herrschen eine buddhistische (Shailendra) und eine Hindu-Dynastie (Mataram). Die Shailendras gründen den Borobodur, die Mataram Prambanan.
882–914	Früheste Inschriften auf Bali in altbalischer Sprache betreffen eine Einsiedelei auf dem Gunung Penulisan und die Riesengötterstatue von Trunyan.
914	Inschrift in Altbalisch und Sanskrit (Sanur) erwähnt den ersten namentlich bekannten Raja Sri Kesari Warmadewa. Die Warmadewa-Dynastie hat ihren Sitz in der Gegend von Pejeng.
ca. 930	Verlagerung des Reiches von Mataram unter Sindok von Zentral- nach Ostjava.
989	Letzte bekannte altbalische Inschrift.
995	Erste bekannte Inschrift in Altjavanisch.
vor 1000	Die javanische Prinzessin Mahendradatta, Urenkelin von Sindok, heiratet den Warmadewa-Abkömmling Udayana. Er bleibt ihr untergeordnet, Bali gerät in kulturelle Abhängigkeit von Ostjava.
1007	Der Überlieferung nach gründet Mpu Kuturan den Pura Goa Lawah. Dharmawangsa (Sohn von Mahendradatta und Udayana) oder ein Verwandter von ihm regiert in Ostjava, zieht sich 1017 für zwei Jahre zurück.
1019	Erlangga, Sohn von Mahendradatta und Udayana, herrscht über einen Teil Ostjavas.
um 1022–1026	Dharmawangsa regiert nach Udayanas Tod in Bali.
ab 1037	Raja Erlangga erobert das gesamte Ostjava zurück. Über seine Regierung werden javanisierte Fassungen des Ra-

	mayana und des Mahabharata geschaffen. Großer kultureller Einfluß Javas auf Bali.
um 1049	Erlangga teilt sein Reich unter seine zwei Söhne auf.
1050–1078	Paduka Haji Anak Wungsu, jüngster Sohn Mahendrattas und Udayanas, beherrscht ein wieder unabhängiges Bali von Klungkung bis Sangsit. Für ihn werden die Denkmäler von Gunung Kawi errichtet.
1100	Beginn des islamischen Einflusses in Indonesien (Sumatra), zunächst von Indien aus.
1284	Der letzte ostjavanische Singhasari-Herrscher Kertanegara – ein Anhänger eines tantrischen Geheimkultes – führt eine Expedition nach Bali durch.
1292	Unruhen in Ostjava, chinesische Expedition nach Ostjava, Tod von Kertanegara. Das Reich von Majapahit entsteht. Bali wieder unabhängig.
1343	Gajah Mada (1331–64), mächtiger Patih (Erster Minister) in Ostjava, vernichtet die Dynastie von Pejeng. Ostjava bestimmt die Geschicke Balis. Die Insel ist kulturell völlig abhängig von Java.
um 1350	Neues Regierungszentrum zunächst in Samperangan bei Gyanyar.
1380	Verlagerung des Regierungszentrums nach Gelgel.
1400	Übergreifen des Islam nach Java.
1478–1520	Beginn des Niedergangs von Majapahit. Priester, Angehörige des Hofes und Künstler aus Java siedeln nach Gelgel über. Der Osten Ostjavas bleibt vorerst noch hinduistisch.
1498	Pedanda Sakti Bau Rauh kommt nach Bali.
1511	Die Portugiesen setzen sich in Malakka fest.
1512	Balische Expedition nach Palembang, Ostjava.
1520	Balische Einflußnahme auf Lombok, Ausbreitung der Agama Bali in Lombok.
ca. 1550	Unter dem Dewa Agung von Gelgel wird Bali geeint. Eroberung von Blambangan in Ostjava und von Lombok.
1602	Die holländisch-ostindische Kompanie in Westjava.
1604	Panji Sakti, Gründer von Buleleng, in Panji geboren.
1650	Ende des Reiches Gelgel und seiner Herrschaft über Bali.
1686	Klungkung entsteht. Die verschiedenen balischen Rajas sind unabhängig, erkennen aber den zeremoniell höchsten Rang des Dewa Agung von Klungkung an.

1720	Gründung des Gerichtshofes von Klungkung.
1744	Karangasem erobert, gerufen vom Sasak-Häuptling von Praya, einen Teil Lomboks nach dem anderen.
1768	Das letzte hinduistische Territorium in Ostjava (Blambangan) geht verloren.
Ende 18. Jh.	Raja Dewa Manggis gründet aus Teilen von Klungkung, Bangli, Mengwi und Badung das Raja-Reich von Gyanyar. Kriege zwischen den Fürstentümern Südbalis, auch zwischen Klungkung und Karangasem.
1817–18	Holländische Bemühungen um den Abschluß von Bündnisverträgen.
1839	Handelsniederlassung des Dänen Mads Lange in Kuta.
1843	Die Holländer schließen einen zunächst rein formellen Vertrag mit dem Raja von Lombok ab, der die Übernahme der Regierungsgewalt vorsieht.
1846	Holländischer Einfall in Buleleng. I Gusti Ketut Jelantik wehrt sie von der Verteidigungsposition Jagaranga aus erfolgreich ab.
1848	Zweite vergebliche Expedition der Holländer.
1849	Holländischer Angriff (→) Puputan von Jagaraga. Friedensvertrag.
1855	Holländischer Resident in Singaraja.
1858/63	Vierte und fünfte holländische Expedition.
1863	Gyanyar wird nach Auseinandersetzungen zwischen Mengwi und Klungkung aufgeteilt.
1882	Singaraja offizielles holländisches Administrationszentrum.
1889	Neugründung von Gyanyar.
1891	Tabanan und Badung teilen Mengwi unter sich auf. Karangasem, unterstützt von Lombok, bekämpft Klungkung
1894	Von Sasak-Häuptlingen gerufen, landen die Holländer mit 2500 Mann in Lombok und annektieren es.
1900	Gyanyar stellt sich unter Schutz und Regentschaft der Holländer.
1906	Die Holländer landen in Sanur. Puputan der Höfe von Badung und Tabanan.
1908	Puputan in Klungkung.
1913	Bali gilt als völlig kolonialisiert und ›befriedet‹.
1914	Erste Maßnahmen zur Tourismusförderung.

1917	Ausbruch des Gunung Batur. Der Lavastrom stoppt vor dem Innenhof des Pura Batur.
1918	Die Kolonialregierung beschließt, Bali von äußeren Einflüssen abzuschirmen, auch von wirtschaftlicher Ausbeutung.
1920	Gründung des Bali-Museums in Denpasar.
1926	Neuerlicher Ausbruch des Gunung Batur. Verlagerung des Batur-Tempels auf den Rand der großen Caldera in Kintamani.
1928	Gründung der Lontar-Bibliothek Gedong Kirthya in Singaraja.
1942–45	Japanische Okkupation Indonesiens.
1945	Indonesische Unabhängigkeitserklärung (17. August).
1946	Am 20. November fällt I Gusti Ngurah Rai mit 94 Getreuen im Kampf gegen überlegene Kräfte der Kolonialstreitmacht.
1949	Offizielle internationale Anerkennung Indonesiens als unabhängiger Staat.
1953	Gründung des Gemäldemuseums Puri Lukisan in Ubud.
1959	Denpasar wird an Stelle Singarajas Hauptstadt.
1962	Kokar-Schule für traditionelle Tänze wird in Denpasar gegründet.
1963	Verheerender Ausbruch des angeblich erloschenen Gunung Agung während der Vorbereitungen zur Jahrhundertzeremonie Eka Desa Rudra. Das Fest war als Reinigung von der Kolonialzeit, von den Kriegs- und Nachkriegswirren gedacht. Zahlreiche Opfer infolge eines Gasausbruches. Weite Teile Karangasems durch Lava verwüstet.
1965	Unruhen in Verbindung mit einem Versuch der Machtergreifung durch Kommunisten nehmen unter dem noch frischen Eindruck des Vulkanausbruchs (aufgefaßt als göttliche Strafe für die Vernachlässigung der religiösen Pflichten) in Bali besonders heftige Formen an.
1976	Schwere Erdbeben in Karangasem.
1979	Februar und März, neue Eka Desa Rudra-Zeremonie in Besakih.

Religion: Deutung und Bewältigung der Welt

In Südbali, auch in der Hauptstadt Denpasar, fächeln dreimal am Tage kleine, traditionell gekleidete Mädchen zusammen mit dem Weihrauch die ›Essenz‹ ihrer kunstvoll komponierten Blüten- und Reisopfer den Göttern zu. Die Gebärdensprache der Kinder ist so intensiv, ihr Gesichtsausdruck so entrückt, daß sogar der nüchternste Westmensch die Anwesenheit balischer Geistwesen irgendwie spürt – mitunter vielleicht sogar die Götter wahrzunehmen vermeint. Und wer sich die Zeit nimmt, sich bei einem Tempelfest, wenn die Götter zu Besuch kommen, einmal einige Stunden still in eine Ecke zu setzen, der spürt mit Entzücken und Schaudern zugleich, mit vom Gedröhn der Gamelans angeregten Sinnen, daß da irgend etwas Fremdes, Unbegreifliches geschieht. Er erfährt ein ganz kleines bißchen von dem, was die Menschen in Bali wahrnehmen, als unbestreitbare Wirklichkeit erleben. Gewiß – Götter, Menschen und Dämonen haben jeweils ihr eigenes Zuhause in der dreigeteilten Welt Balis. Aber die Wesen von oben und unten sind gerne und häufig zu Gast in der Mittelwelt!

Bali verstehen zu lernen, setzt immer wieder neue Versuche voraus, das balische Weltbild zu verinnerlichen. Denn die Agama Hindu Bali und die Bali-Welt, das ist ein und dasselbe. Und von dieser Bali-Welt sind dann auch das Motorrad oder das (→) Bemo durchaus nicht ausgenommen. Auch sie dienen als Opferstätten, und ohne eine gelegentliche Taufe mit (→) Tirtha läuft ohnehin nichts in Bali – auch kein Verkehrsmittel.

Wortreligion und Bildreligion

Der Inhalt einer Religion wird einerseits in Sprache und Schrift, andererseits in bildlichen Formen (Kunstwerken, Spielhandlungen, Riten) dargestellt. In kaum einer Religion stimmen die beiden Ebenen völlig überein. Jedoch fallen im balischen Hinduismus Wort und Bild in einem derartigen Ausmaß auseinander, daß dies, wiewohl historisch zu erklären, dennoch einigermaßen erstaunlich ist.

Wort und Schrift werden verwaltet von den drei hohen Kasten (Triwangsa), in erster Linie von den Brahmana und unter diesen insbesondere von den Pedanda-Priestern. In etwas eingeschränkterem Sinne haben auch die Ksatria und die Wesia zu den heiligen Lontar-Büchern (vgl. S. 113) Zugang. Die Texte sind in einer Sprache (altjavanisch) und in einer

Göttersitz in einem balischen Tempel (Zeichnung von W. O. Nieuwenkamp 1906)

Schrift (altbalisch) abgefaßt, die der einfache Mann (95% der Bevölkerung) nicht versteht, und sie wurden, wie auch zusätzliche, mündlich weitergegebene Lehren, bis vor kurzem absichtlich vor ihm geheimgehalten.

Die heiligen Schriften bezeichnet man als Weda. (Allerdings konnte bisher nicht nachgewiesen werden, daß diese ältesten Schriften Indiens in Bali benutzt wurden.) Ihr Inhalt besteht aus Anrufungsformeln (Mantra), rituellen Anweisungen, magischen Formeln und Praktiken, Medizin und Botanik, Einführungen in Innenschau und Meditation, Mythen sowie Epen und deren Bearbeitungen fürs Schattenspiel. Systematische Darstellungen der Glaubensgrundsätze und des ethischen Verhaltens sind erst in neuerer Zeit entstanden – in Form einfacher Hefte für den Schulgebrauch. Denn neuerdings soll auch das in Worte gefaßte Wissen um die Religion weiterverbreitet werden.

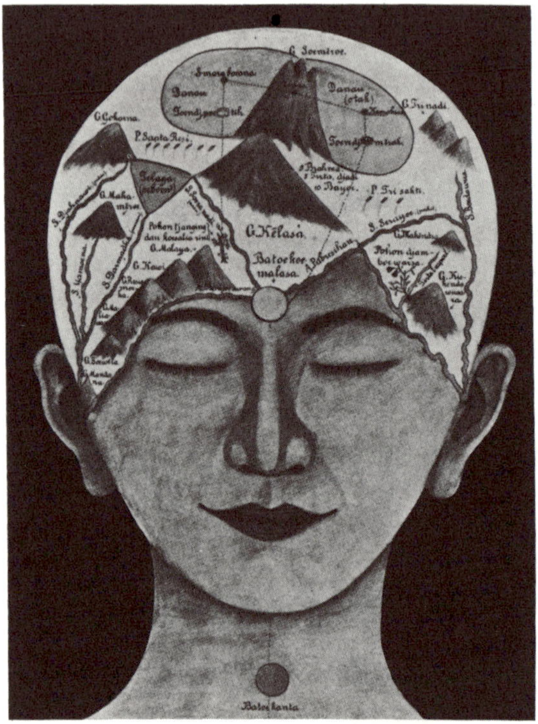

Vorstellung der ›Welt im Innern des Körpers‹ (Zeichnung des Baliers A. A. Gd. Rai)

Die religiöse Bildwelt umfaßt Malereien, Reliefs, Skulpturen, Tanz, Maskenspiel, Schattenspiel, Symboldarstellungen verschiedenster Art, Opfer und andere rituelle Handlungen, magische Praktiken. Die meisten Balier nehmen Religion in dieser Form wahr, erleben Religion, gestalten sie mit, lassen keinen Augenblick verstreichen, ohne sich rituell zu orientieren – und wissen doch in der Regel kaum etwas darüber auszusagen. Religionserfahrung ist in Bali eine Welterfahrung, die nicht in Begriffen gespeichert und weitergegeben wird, sondern in bildhaften Vorstellungen. Erscheinungen in einer balischen Gemeinschaft könnte man mit Elementen vergleichen, die mit dem individuellen Bewußtsein, dem Aufbau des menschlichen Gehirns zu tun haben. In diesem Sinne würde die Auffassung religiös gebildeter Balier für das Sprachzentrum in der Rinde der linken Gehirnhälfte stehen. Für sie verkörpert sich das höchste göttliche Prinzip im Wort OM und dem entsprechenden Schriftzeichen. Demgegenüber werden die religiösen Erscheinungen, die die einfachen Reisbauern wahrnehmen – für sie ist das höchste Prinzip das Bild der (→) Cintia – eher von der bildproduzierenden rechten Gehirnhälfte aktiviert. Beim Gehirn gewährleistet ein Verbindungsbalken, sozusagen als Interpret, den Austausch von Informationen zwischen den beiden Hälften.

Die Interpreten: Zwischen dem religiösen Bereich des Wortes und dem des Bildes gibt es Verbindungen. Der Pedanda-Priester selbst ist weit abgehoben von aller Alltäglichkeit. Er verschmilzt Tag für Tag in der Zurückgezogenheit seines Haustempels durch Yoga-Meditation (Surya Sewana) mit Siwa in seiner Gestalt als Sonnengott Surya. Wie der Sonnengott das Wasser aus den heiligen Strömen Indiens herauszieht und zu Wolken ballt, die er nach Bali entsendet, wo sie sich an den Hängen des Gunung Agung entladen, so ist auch der meditierende Pedanda Siwa mit der Zubereitung von heiligem Wasser beschäftigt (von dessen Verkauf er lebt). Und auch wenn er bei großen Tempelfesten die Götter herbeiruft mit Mantra und Gebärden (Mudra), ist er auf seinem Hochsitz sehr weit entfernt vom Volk – und distanziert wirkt er sogar, wenn er bei Zahnfeilungen und Verbrennungen in nähere Berührung mit den Menschen kommt.

Eine Mittlerstellung zwischen jener stark indisch beeinflußten Welt des Pedanda und dem einfachen, mehr altbalischen Traditionen verhafteten Volk der Dalang, der Schattenspieler. Eine bestimmte Dalang-Gruppe (vgl. S. 123f.) kann als eine Art untergeordnete Priester auftreten und ebenfalls heiliges Wasser herstellen. Vor allem aber macht der Dalang dem Volk die altindischen Hindu-Mythen als Schattenspiel zugänglich. Daß es sich beim Dalang um einen Interpreten handelt, wird besonders deutlich, sobald im Spiel ebenfalls Interpreten

Pedanda-Priester (Zeichnung von W. O. Nieuwenkamp 1906)

Kupferne Geräte eines Pedanda-Priesters; in der Mitte eine Priesterglocke (Ganta). Bei dem querliegenden Stab handelt es sich um einen ›Siwa Lingga‹ genannten Sprinkler für heiliges Wasser (Zeichnung von W. O. Nieuwenkamp 1906)

auftreten, die drolligen und gleichzeitig magisch mächtigen Dienerfiguren, die Penasar. Diese übersetzen die altjavanischen Worte der spielbestimmenden Heroen in die balische Umgangssprache, und sie scheuen auch nicht davor zurück, die heroischen Taten der Rajas und Helden mit Streichen, die diese nachäffen, zu veralbern. Interpreten werden eben überall dort dringend benötigt, wo die Sprache nicht nur als Verständigungsmittel benutzt wird, sondern in erster Linie ein Rangabzeichen für die Schichtzugehörigkeit oder die Kompetenz darstellt – wie in Deutschland zum Beispiel die verschiedenen Wissenschaftssprachen, die ja auch erst vom Wissenschafts-Journalisten eingedeutscht werden müssen.

Für einen Interpreten besonderer Art findet sich in jedem balischen Tempel mindestens ein Steinhäuschen (Tugu). Der Taxu ist ein der Unterweltsphäre zugehöriger hilfreicher Geist, der in medial veranlagte Menschen, insbesondere in schamanische Heilkundige (Balian Tetakton) fährt und aus ihrem Munde den Willen der Götter und insbesondere der Verstorbenen kundtut. Die Widadari, die Himmelsnymphen, sind charmante Götterbotinnen mit attraktiver Figur, Vermittlerinnen zwischen der Ober- und der Mittelwelt.

Quellen: 101, Q 6

Die Wurzeln der heutigen Agama Hindu Bali

Judentum, Christentum und Islam grenzen sich ab und gliedern auch nur geringfügig abweichende Strömungen aus. Die Religionen des Ostens hingegen betonen die Ähnlichkeiten zwischen den Erscheinungen in den verschiedenen Religionen und versuchen sogar, das, was unähnlich ist, zu harmonisieren. Das führt dann dazu, daß unter dem Dach einer Religion der Reichtum verschiedener anderer religiöser Strömungen eine Heimstatt findet. So sind im balischen Hinduismus enthalten:

Die ursprüngliche malayisch-balische Stammesreligion

Nicht nur im Menschen, auch in Tieren, Pflanzen, Steinen und anderen Gegenständen leben eine oder sogar mehrere Seelen. Diese nehmen einmal vom Körper Besitz und lösen sich dann wieder von ihm, wie ein Traumbild oder ein Schatten. Freischwebende Seelen und auch dämonische Wesen, gewissermaßen Seelen ohne Körper, schaden dem Menschen, sie sind aber auch in der Lage, ihm zu nutzen, besonders dann, wenn sie durch Opfer und Verehrung versöhnt oder aber durch Tricks hereingelegt werden. Körperlos gewordene Totenseelen richten gerne Unheil an. Deshalb stellt man ihnen als Ersatz eine neue Behausung, die sie vorübergehend bewohnen können, zur Verfügung – zum Beispiel einen Stein oder einen Steinsitz, eine Figur oder in späterer Zeit auch einen Schrein aus Holz oder Bambus. Dadurch nun, daß die Lebenskraft der Toten in die Erde eingeht, wird die Fruchtbarkeit der letzteren gewährleistet. In ähnlicher Weise dienen Blutopfer – Hähne, Wasserbüffel – als ›magischer Dünger‹. Diese Vorstellung von der Erhaltung der Lebenskraft auch dann, wenn sie umgewandelt wird, ist gar nicht so unähnlich dem physikalischen Gesetz von der Erhaltung der Energie. Der Gedanke, daß es vielleicht in Bali ebenso wie anderswo in Südostasien Kopfjagd, kultische Menschenopfer oder auch Kannibalismus gegeben haben könnte, ist nicht so ganz von der Hand zu weisen. So deuten einige Mythen darauf hin, daß die Einführung des Naßreisanbaues nach und nach derartige Erscheinungen zurückdrängte. Der Reis selbst wird als beseelt angesehen, und ihn zu schneiden bedeutet, ihn rituell zu töten. Einige Gebräuche aus Ostbali weisen darauf hin, daß sich mitunter die Menschen auf den Reisfeldern liebten, um deren Fruchtbarkeit zu steigern.

Nun haben sich aber auch zwei miteinander konkurrierende Vorstellungen von einer anderen Welt als Wohnsitz der Toten- und Ahnenseelen herausgebildet. Zum einen war es die von der Urheimat jenseits des Meeres, zu der die Toten in Schiffen zurückkehren. Doch wichtiger noch wurden die schamanischen Vorstellungen vom Himmelsberg, die man auf den Gunung Agung als Sitz der Ahnenseelen übertrug, und vom Weltenbaum. Die Schamanen waren in der Lage, in Trance über einen heiligen Waringin-Baum in die andere, die himmlische Welt zu gelangen. Andererseits konnten über diese Himmelsleiter auch Toten- und Ahnenseelen herabsteigen und den Schamanen als Medium nutzen, indem sie aus seinem Munde sprachen. So waren besondere Bäume, Berge und auch Steine als die Übergangsstellen zwischen der Welt der Menschen und der der Ahnengeister besonders heilig (vgl. S. 87f.).

Es scheinen sich auch schon in vorhinduistischer Zeit einzelne besonders starke und grausame Dämonen zu einer Art von Gottheiten in Riesengestalt entwickelt zu haben.

Bedeutungsvoller aber als alles andere, sogar als Götter und ihre Bilder, waren und sind heilige (Tempel) und magisch gefährliche Orte (Wegekreuzungen, Flußübergänge). Diese wurden nicht als beseelt angesehen, sondern als mit heilvollen oder unheilvollen Kräften geladen. Im übrigen war das Leben des einzelnen schon in vorhinduistischer Zeit strikt eingespannt in einen räumlichen (Wohnsitz, Status) und zeitlichen Rahmen (Durchgangsriten).

Hinduismus direkt aus Indien und über Java

Der Hinduismus in der Form, wie er sich seit Anfang des ersten Jahrtausends in Indien darstellt, vereinigt eine Vielfalt unterschiedlicher religiöser Strömungen mit unterschiedlich ausgeprägter Götter- und Dämonenwelt. Gemeinsam sind ihnen:

* das *Kastensystem:* Die religiösen und ethischen Pflichten jedes einzelnen hängen von seiner Kastenzugehörigkeit ab. Wenn es den Brahmanen verboten ist, zu töten und Fleisch zu essen, so ist das den Angehörigen der Kriegerkaste erlaubt oder sogar geboten. Die Kastenzugehörigkeit hängt ab von der Geburt und endet mit dem Tod (heute auch durch Übertritt zum Islam oder Christentum). Ein einzelner Moslem oder Christ kann kein Hindu werden. Dagegen fanden früher häufig komplette Stämme als neue Kasten Aufnahme in die Hindugemeinschaft.
* die Anschauungen über das *Erlösungsziel:* Jedes Lebewesen wird immer neu wiedergeboren. Entscheidend für das, was jeweils aus ihm wird, ist die Summe seiner Taten, Endziel die Befreiung aus dem Kreislauf der Wiedergeburten – die Rückkehr in das hinter allen Göttern stehende große Eine, das allumfassende Prinzip, das sich letztlich jeder Beschreibung entzieht. Dies Ziel ist unter allen Hindus unumstritten, über die Wege dorthin herrschen durchaus unterschiedliche Meinungen.
* die Vorstellung über die die Schöpfung regierende *Göttertrinität.* Die aktiv in den Weltenlauf eingreifenden Götter sind Brahma, der Schöpfer (Gattin: Saraswati); Vishnu (in Bali Wisnu), der Erhalter (Gattin: Laksmi); Shiva (Siwa), der, der durch Zerstörung die Voraussetzung für alles Neue schafft (Gattin: Durga, auch Uma genannt). Brahma teilt insofern das Schicksal der Schöpfergottheiten vieler Religionen, als er für das gegenwärtige und zukünftige Geschehen als wenig zuständig betrachtet wird. Viele indische Hindus wenden sich vor allem an Vishnu, auch in seinen Erscheinungsformen als Krishna (Kresna) oder Rama. Die vishnuitisch gefärbten Epen Mahabharatha (Krishna) und Ramayana (Rama) leben im balischen Wayang Kulit wie auch im indischen Schattenspiel fort. Wisnu spielte bereits in Java im Kult um den Herrscher als den Garanten des fruchtbringenden Wassers für den Reisanbau eine wichtige Rolle. Südindien, das über Java am nachhaltigsten auf Bali eingewirkt hatte, war shivaitisch. Deshalb werden in Bali bis zum heutigen Tage vor allem die verschiedenen Erscheinungsformen von Siwa und Durga verehrt.

Auffällige Unterschiede zwischen dem Hinduismus Indiens und Balis

Indien	*Bali*
* Hinduismus ist eine Religion, die zwar nicht universell wirkt, aber doch einen ganzen Kulturkreis prägt.	* Hinduismus beschränkt sich auf die Rolle einer Stammesreligion. (In neuerer Zeit gibt es Bestrebungen, sich wieder mehr an Indien anzulehnen.)
* Strenges Kastenwesen mit vielgliedriger Unterteilung. Heiraten über die Kastengrenzen hinweg waren ursprünglich nicht möglich. Die Gruppe der Kastenlosen (Parias) ist in ihren Rechten stark eingeschränkt.	* In Bali sind nur die ältesten vier Kasten bekannt, die Abgrenzungen sind weniger streng. Heiraten sind bei Inkaufnahme von Sanktionen über die Kastengrenzen hinweg möglich. Auch Änderungen der Kastenzugehörigkeit sind gelegentlich vorgekommen. Kastenlose gibt es nicht.
* Wiedergeburt in der eigenen Familie wird nicht in Betracht gezogen.	* Wiedergeburt innerhalb der eigenen Familie nimmt man auf Bali als Regelfall an. Die Eltern interessieren sich dafür, welcher Vorfahre in einem Kind wiedergeboren wird.
* Verstorbene werden gleich nach dem Ableben verbrannt. Der zeremonielle Aufwand ist nur gering.	* Verstorbene werden mindestens 42 Tage lang aufgebahrt oder vorläufig – oft für mehrere Jahre – bestattet. Die Verbrennungszeremonie ist ein aufwendiges, von der Gemeinschaft getragenes Fest.
* Kühe werden als heilig verehrt, dürfen nicht geschlachtet und gegessen werden.	* Lediglich die Brahmanen-Priester und einige Dalangs enthalten sich des Genusses von Rindfleisch.
* Ein höhlenartiger Innenraum ist das Allerheiligste des Tempels.	* Ein mit einer Mauer ausgegrenzter Platz ist das Allerheiligste des Tempels.
* Götterstatuen genießen höchste Verehrung. Die qualitativ einwandfreie Ausführung und Schönheit der Statue ist die Voraussetzung dafür, daß die Götter die Hülle aus Stein annehmen.	* Nach Abbruch des direkten hindujavanischen Einflusses werden nur noch kleine Figürchen (Arca, Pratima) geschaffen, von denen die Gottheiten während eines Tempelfestes vorübergehend Besitz ergreifen. Wichtiger als die heilige Statue ist der heilige Platz.

Der Buddhismus

Er erreichte Bali zunächst vor der Jahrtausendwende, und zwar direkt aus Indien oder über die indonesischen buddhistischen Reiche, z. B. Srivijaya. Ganz entscheidend jedoch sollte werden, daß der Hinduismus und der Mahayana-Buddhismus im ostjavanischen, auf Bali übergreifenden Reich Majapahit nebeneinander existierten. Die ostjavanischen Könige sahen die beiden Religionen als unterschiedliche Wege zu ein und demselben Ziel an.

Im Urbuddhismus ist der Mensch aufgefordert, durch sehr maßvolles Leben und Meditation sich selbst aus dem Kreislauf der Wiedergeburten zu befreien. Es geht um die Einsicht, daß die Welt der Erscheinungen nur eitler Schein ist. Im Mahayana-Buddhismus, der heute wesentlich verbreiteter ist, wird den Menschen Hilfe durch Erlösergestalten zuteil – durch die Boddhisattvas, die sich selbst erlöst haben, eigentlich ins Nirwana eingehen dürften, jedoch diesen letzten Schritt noch nicht tun, um ihren weniger vollkommenen Mitmenschen beizustehen.

In Bali findet man noch allenthalben buddhistische Statuen, doch entspricht der Rang Buddhas dem einer der untergeordneteren Hindu-Gottheiten. Insbesondere in Westbali gilt Buddha als eine Art Schutzgeist für die Geschäfte des Alltags. Ein kleiner Teil der Brahmanen-Priester bezeichnet sich als Pedanda Boda, unterscheidet sich jedoch auch hinsichtlich seiner Rituale nur unwesentlich von den Pedanda Siwa. Wenn zu wichtigen Zeremonien des Hofes mehrere Brahmanen-Priester herangezogen werden, muß unbedingt ein Pedanda Boda dabeisein.

Saktismus und Tantrismus

Im ersten nachchristlichen Jahrtausend bricht in einer starken Bewegung das weibliche, urmütterliche Prinzip, das vor dem Einfall der Arier auf dem indischen Subkontinent verehrt wurde, wieder durch. Die Sakti (Shakti), die Gattin des Gottes, wird als seine Energie verehrt. Wichtig wird insbesondere die Shakti Shivas, Uma oder Durga, die in der Yoni Gestalt gewinnt, während Shiva selbst sich im Lingga verkörpert (vgl. S. 184). Vor der Jahrtausendwende setzt sich dann in Nordindien, in Nepal und Tibet der Tantrismus durch, von dem es sowohl eine hinduistische als auch eine buddhistische Spielart gibt. Nach Java scheint der Tantrismus vom buddhistischen Großkloster Nalanda in Bengalen gelangt zu sein. Beim Tantrismus handelt es sich um eine ekstatische religiöse Richtung, die das Erlösungsziel einerseits durch Yoga-Meditation unter Ausnutzung der sexuellen Energie, andererseits durch eine Art von Umkehrung der Askese erreichen will. Die Welt soll durch rituelle Ausschweifungen überwunden werden. Die Übertretung des Verbotenen setzt die Energie für die Erlösung frei. Die ostjavanischen Herrscher hingen einer als Geheimkult ausgebildeten Form des Tantrismus an, die auch auf Bali übergriff. In ihr wurde Siwa in seiner schreckenerregenden Gestalt verehrt (vgl. S. 196f.). Auffällig ist, daß Kultwerkzeuge des Pedanda-Priesters wie die Glocke (Ganta) oder der metallene Doppel-Donnerkeil (Wayra) in einer fast übereinstimmenden Form bereits in Ostjava benutzt wurden, aber auch in Tibet verbreitet sind.

Quellen: 15, 19, 20, 26, 34, 46, 60, 64, 79, 94, 110, 118

Die Grundsätze des Glaubens

Die fünf Elemente (Panca Mahabuta) fesseln die Seele

Vom höchsten göttlichen Prinzip in seiner Erscheinungsform als Schöpfergott Brahma geht der göttliche Lebensodem aus. Er, der Atman (Sanskrit, verwandt mit Atem), die Lebens- und Seelenkraft, verbindet sich mit der Materie in der Form der fünf Elemente zu einem Geschöpf:

1. Äther – Akasa
2. Luft – Bayu (wehen)
3. Feuer – Teja
4. Wasser – Apah
5. Erde – Prtiwi

Die fünf Elemente bilden den Körper, sind Ursache aller Freuden und Leiden im Leben und fesseln zugleich die Seelenkraft, hindern sie, sich mit dem göttlichen Prinzip zu vereinen.

Die fünf Glaubenssätze (Panca Srada)

Heutzutage werden bereits die Schüler angehalten, an die Existenz folgender fünf Voraussetzungen ihrer Religion zu glauben:

1. An die Existenz des Gottes Sanghyang Widi (vgl. S. 244).
2. An die von Gott ausgehende Seele (Atman).
3. An das unbestechliche Gesetz, daß das ewige Geschick eines Geschöpfes abhängig macht von der Gesamtheit seines Verhaltens (Karma Pala).
4. An die Wiedergeburt nach dem Tode, an einen ständigen Kreislauf von Sterben und Wiedergeborenwerden (Samsara).
5. An die Möglichkeit, sich selbst auf einen der von der Hindu Darma angebotenen Wege (Marga) aus dem Kreise der Wiedergeburten zu befreien und den eigenen Atman mit dem göttlichen Prinzip zu vereinen (Moksa).

Das Karma Pala wird als eine Kraft gesehen, die sich an den Menschen heftet und ihn, auch dann, wenn sich der Atman durch Tod oder Verbrennung in einem körperfreien Zustand befindet, zu den fünf Elementen herabzieht. Nicht der Tod ist im hinduistischen Sinne das eigentlich Schlimme, sondern das Samsara, das Wiedergeborenwerden. Viele Balier finden sich mit der Wiedergeburt ab, da gute Chancen bestehen, daß dies in der eigenen Familie erfolgt. Grundsätzlich aber geht es darum, das Karma abzubauen, auf daß man, von diesem lästigen Anhängsel befreit, in Gott aufgehen kann.

Die drei Heilswege (Tiga Marga) zur Erlösung vom Karma

1. Weg der rituellen Gottesverehrung (Karma Marga), umfaßt Opfer für Gott und seine vielen Erscheinungsformen (Dewa Yadnya), für die Verstorbenen (Pitara Yadnya), für das Heil der Menschen (Manusia Yadnya), für die Weihe zum Pedanda-Priester oder eines Menschen, der sich in besonderer Weise der Religion weiht (Resi Yadnya), für die Besänftigung der Dämonen (Buta Yadnya). Dies ist der Weg, den fast alle Angehörigen der unteren Kaste gehen.
2. Weg des Wissens und der Ethik (Inana Marga). Bemühung um Erkenntnis durch das Hören auf Lehrer, das Lesen der Schriften, die innere Einkehr. Einhalten der zehn Gebote (nicht morden, nicht ausschweifend sein, nicht lügen, nicht geldgierig sein, nichts entwenden, keinen Zorn zeigen, den Lehrern und Alten Ehrfurcht erweisen, Körper und Seele durch Anbetung Gottes reinigen, sehr maßvoll essen und trinken, korrekt und unauffällig leben). Dieser Weg wird heute den Schulkindern nahegebracht.
3. Weg der Meditation und mystischen Versenkung (Yoga Marga oder Bahkti Marga). Dieser Weg, ein Vermächtnis des Tantrismus, kann zusätzlich zu den beiden anderen eingeschlagen werden. Sein Ziel ist die Befreiung von der Umklammerung durch die fünf Elemente und Vereinigung mit dem Ewigen. Die sechs Stufen sind:

* Pratya Yoga	– Innenschau, Überwindung der Leidenschaften
* Dyana Yoga	– Meditative Konzentration auf Gott, Schau des Makro- und Mikrokosmos
* Prananyama Yoga	– Kontrolle des Atems als der Essenz des Lebens
* Dharana Yoga	– Kontrolle des Herzschlages, Bewußtwerden der Gotteswelt
* Tarka Yoga	– Konzentration auf die Existenz der Größe Gottes und auf die Verknüpfung von allen in allem (Mikrokosmos und Makrokosmos).
* Samadhi Yoga	– Konzentration auf die Vereinigung des eigenen Atman (Seele) mit dem göttlichen Prinzip.

Quellen: 15, 81, 90, 111

Lotoswelt Bali – das Geheimnis eines mythischen Weltbildes

Ganz Bali wird überwuchert von in Stein gehauenen und gemalten Lotosblüten, vierblättrigen wie achtblättrigen. Der Lotos ist mehr als ein Symbol, er ist eine Erscheinungsform der Welt – und die große weite Welt selbst erscheint in seiner Gestalt, in Lotosform. Wie die Welt als Lotos erblüht, das erläutert der Mythos von der Erschaffung der Welt. Rituell wird sie alljährlich zu Neujahr (Nyepi) neu geschaffen, und zwar dadurch, daß ein Priester diesen Mythos rezitiert.

Darstellung der Welt in Lotosform

Purwaka Bumi – die Entstehung der Welt

Am Anfang war nur der große Gott Leere (Sanghyang Widi), ohne Sitz, ohne Gefährten, ohne Form, ohne Farben. Er sehnte sich nach Göttern als Nachkommen, denn vor ihm, hinter ihm, rechts und links von ihm war nur die große Leere. So erwuchs aus seinen Gebeinen die liebliche Canding Kuning. Aus seinem Kinn entstand Kursika, der Weißfarbige, aus seinem Fleisch Garga, der Rote, und es folgten Metri, der Gelbe, Kurusya, der Schwarze, und Pretanjala, der Fünffarbene. Sanghyang Widi ersuchte seine Söhne dringend, für ihn die Welt zu schaffen. Die vier erstgeborenen Söhne erklärten jedoch, sie seien dazu

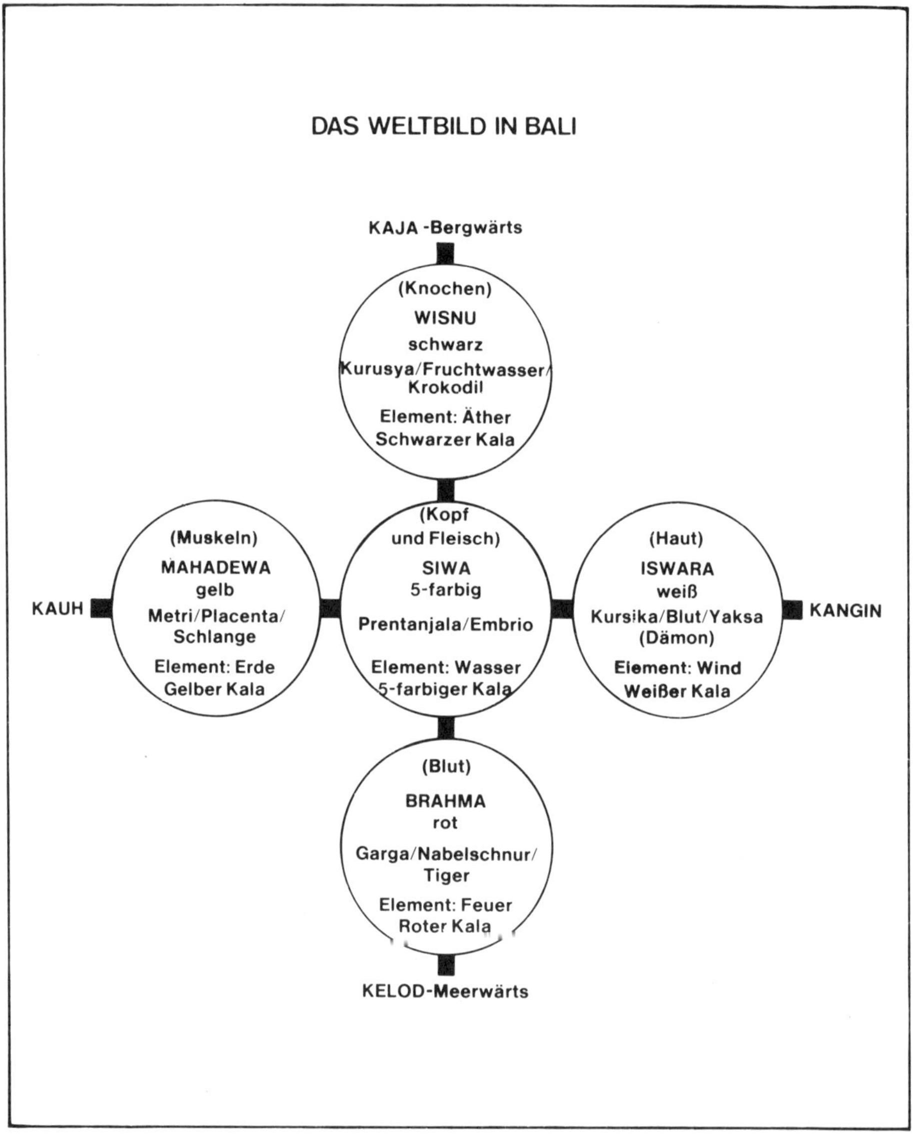

Der Bali-Kosmos mit den vier göttlichen Wächtern, die das Zentrum umgeben. Dieses Schema, das man gleicherweise als Vierer- wie als Fünfersystem ansprechen kann, wird durch unzählige Riten lebendig erhalten, gerade auch durch solche, die sich an chtonische Mächte wenden. Die Namen von Kursika, Garga, Metri, Kurusya und Prentanjala sind von fünf indischen Weisen abgeleitet (Panca Resi), werden jetzt aber als die der vier Geschwister in Form der Nachgeburt beziehungsweise als das Neugeborene selbst angesehen

nicht in der Lage. Deshalb verbannte Gott sie, umgewandelt in die vier Ungeheuer Dämon, Tiger, Schlange und Krokodil, nach Osten, Süden, Westen und Norden. Nur sein jüngster Sohn und seine Tochter gehorchten. Sie erhielten nun neue Namen, Siwa und Uma, und Siwa setzte sich ins Zentrum des (durch die Verbannung der vier Söhne an den vier Enden der Welt entstandenen) Lotosthrones und erleuchtete das Universum, indem er seine Erscheinungsform Surya, Sonnengott, annahm. So war nun die Welt geworden, und Siwa erschuf durch Yoga-Meditation den heiligen Fluß Gangga (Wasser des Lebens, Tirtha) und rief anschließend zusammen mit Uma Erde, Himmel, Sonne, Mond, Wolken und Sterne hervor. Dann vereinigten sich Siwa und Uma zu einem Gott, ›Halb-Mann-und-halb-Frau‹. Sie zeugten vier Kinder. Bei deren Geburt eilten die vier Ungeheuer herbei und sprachen respektvoll Uma und Siwa (den Jüngstgeborenen!) als ältere Schwester und älteren Bruder an, erbaten auch Vergebung für ihren Frevel. Auf Umas und Siwas Fürsprache hin schickte Sanghyang Widi die Vier, wieder umgewandelt, und zwar in die Wächter-Gottheiten Iswara, Brahma, Mahadewa und Wisnu, zu ihren Sitzen an den vier Enden des Lotosthrones (der Welt). Siwa und Uma jedoch besetzten die Mitte. Siwa wird von seinen Brüdern als der große Lehrer (Batara Guru) verehrt anstelle Sanghyang Widis, vor dessen Antlitz sie auch jetzt nicht treten dürfen.

Gott Halb-Mann-halb-Frau schuf den fünfgipfligen Weltenberg mit den fünf verschiedenen Quellen heiligen Wassers. Auch die vier Richtungsgötter begannen, die Welt mit Geschöpfen zu füllen. Ein jeder von ihnen schuf etwas anderes, und so entstanden die Berge, die Reispflanzen, die Bäume, die verschiedenen Arten von Tieren. Alle fünf gemeinsam jedoch erschufen den Menschen. Iswara gab die Haut, Brahma das Blut, Mahadewa die Muskeln, Wisnu die Knochen, der zweigeschlechtliche Siwa Kopf und Fleisch. Weil in ihnen etwas von allen Göttern steckt, sind die Menschen unvergleichliche Wesen geworden.

Ganz überraschend taucht nun die Reisgöttin Dewi Sri auf, in einer Riesengestalt, fast bis zum Himmel reichend und in ihrer schrecklichen Erscheinung als Durga. (Uma hat also ihre zerstörerische Gestalt angenommen und leitet die Schöpfung der Vernichtungskräfte ein.) Durch Yoga-Meditation erschafft sie die üblen Wesen im Meer (der Unterwelt). Als Siwa sie erblickt, ruft er aus: »Dein Anblick, jüngere Schwester ist grauenerregend.« Er selbst wächst und wächst ins Riesenhafte bis zum Himmel und verwandelt sich in Batara Kala (die Schreckensgestalt Siwas). Beide erzeugen jetzt einträchtig durch Yoga das Heer der dämonischen Zerstörungskräfte, Krankheitsdämonen und sonstigen Gespenster.

Auch die Richtungsgottheiten bekommen jetzt die Macht, als dämonische, unterweltliche Gestalten aufzutreten, als weißer, roter, gelber und schwarzer Kala, während Durga und Batara Kala sich als fünffarbiger Kala verkörpern können.

Bewußtsein bringt Ordnung ins Chaos

Spricht aus diesem Mythos wirklich nichts weiter als nur eine überschäumende Phantasie? Betrachtet man ihn nicht als Aussage über die Schöpfung, sondern darüber, wie im

Bewußtsein der Menschheit erstmalig die Erfahrung ›Welt‹ erwuchs, dann entpuppt sich der Mythos plötzlich als ein bildhaft ausgeformter Tatsachenbericht:

Bevor der Mensch den Begriff ›Welt‹ erlebte, hat er sie als Leere oder Chaos erfahren. Er füllte dann diese Leere mit einem Ordnungssystem, das sein Bewußtsein aus sich selbst heraus entwickelte. Interessanterweise haben Psychologen festgestellt, daß sich die Erfahrung des Raumes generell auf dem Umweg über die Richtungserfahrungen vorn/hinten, links/rechts in Verbindung mit Nähe und Ferne entwickelt. Die menschliche Persönlichkeit grenzt sich so gegen ihre Umgebung ab, und im Mythos wird diese ›Selbst‹erfahrung auf das Bild, das man sich von der Welt macht, übertragen. Tatsächlich sind Schöpfungsberichte allgemein weniger an der Frage interessiert, wie die Dinge entstanden sind, sondern vielmehr daran, wie aus dem Chaos ein Kosmos wird – ein Ordnungssystem, in dem jedes Ding und auch der Mensch selbst seinen Platz kennt. Und daß die Welt ausgerechnet aus einer Freveltat und deren Bestrafung erwächst – das erinnert doch an die Mythen von der Entstehung eines Heiligtums aus dem Blute des getöteten Gottes oder Heros. Das Drama ist der Vater aller Dinge. Etwas Neues kann nur entstehen aus der Übertretung eines Tabus – auch wenn diese gleichwohl zu ahnden ist.

Der Mensch als Mikrokosmos im Makrokosmos

Wenn es stimmt, daß die Welt, wie sie in Bali erfahren wird, die gleiche Ordnungsstruktur besitzt wie der Mensch als Einzelpersönlichkeit selbst, dann wäre die Welt ein Abbild des menschlichen Bewußtseins (oder, wenn man so will, das menschliche Bewußtsein ein Abbild der Welt). Mensch und Welt würden sich entsprechen im Sinne eines Mikrokosmos im Makrokosmos. Und genau das ist es, was im Mythos selbst, aber auch in den Weltbilddarstellungen in Bali und den vielen darauf bezogenen Riten ausgedrückt wird: Die große Welt ist die Buwana Agung und der Mensch die kleine Welt, die Buwana Alit – mit dem Kopf, der der Oberwelt, dem Körper, der der Mittelwelt, und den Füßen, die der Unterwelt entsprechen. Daneben gibt es noch eine Menge Zwischenwelten und Kleinstwelten, die alle dadurch miteinander verknüpft sind, daß sie das gleiche Ordnungssystem aufweisen:

* 4 + 1, Vier umgeben das Zentrum (Panca Dewata, Kreuz, Vierblättrige Blume): Dieses System enthält die fünf Elemente, die den Atman an seiner Vereinigung mit dem göttlichen Prinzip hindern, und hat deshalb eine starke Beziehung zu den unterweltlichen Kräften. Mehr nach oben hin orientiert ist dagegen das Neunersystem, d. h. das zusätzlich mit den Zwischenhimmelsrichtungen ausgebaute Fünfersystem:

* 8 + 1, Acht umgeben das Zentrum. (Nawa-Sanggah, achtblättriger Lotos = Padma): Das achtblättrige Padma wird besonders häufig in Malereien, in Reliefs sowie als plastisches Gebilde (Padmasana, vgl. S. 90) dargestellt. Das 4 + 1-System wird dagegen im Ritus und als Struktur der verschiedenen Mikrokosmosformen bevorzugt.

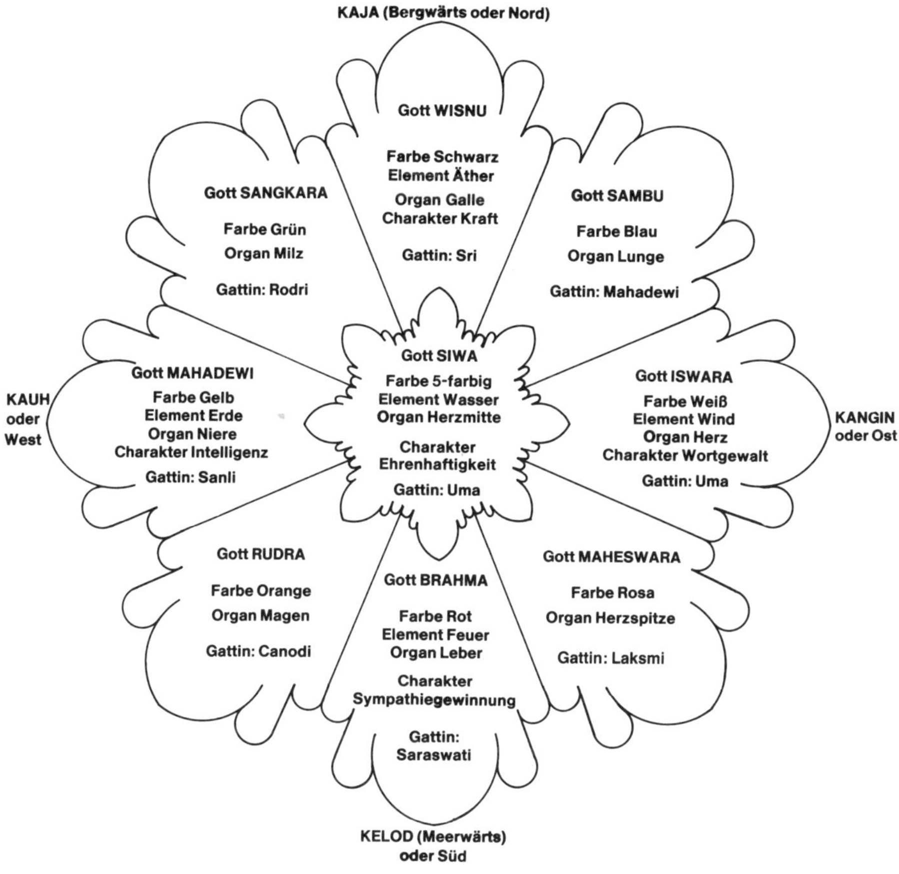

Das Bild des Weltsystems mit acht Wächtern um das Zentrum in Lotosform ist vielleicht das am häufigsten dargestellte Symbol in Bali. Die Zeichnung gibt nur einen Bruchteil der Bedeutungen wieder, die dem Padma zugesprochen werden

Als eigener Kosmos werden zum Beispiel aufgefaßt:
- die Lotosblüte, die natürliche wie auch die künstlich geschaffene.
- Die vier Farben.
- Der Mensch. Die Kosmosstruktur des Menschen wird besonders deutlich durch das Angenan ausgedrückt. Dieses Symbol des Gedächtnisses an einen Verstorbenen benötigt man bei der Verbrennungszeremonie. Es besteht aus einer Öllampe in Eiform und einem Pyramidendach, das mit Fäden in vier verschiedenen Farben bespannt ist (vgl. S. 69).

Die Waffen der Richtungsgottheiten – oft alleine in Vertretung des Padma dargestellt:
Ost: Bajera (Klöppelwaffe); Südost: Dupa (Brandfackel); Süd: Danda (Keule); Südwest: Moksala (Doppelkeule); West: Nagapasa (Schlangenpfeil); Nordwest: Angkusa (Gedrehte Keule); Nord: Cakra (Radwaffe); Nordost: Trisula (Dreiteilige Keule); Mitte: Padma (Lotoswaffe)

– Der Lotosthron, der Padmasana, als Steinthronsitz wie auch als Transportsarg des Priesters.
– Das Gehöft mit seinen Bales, die u. a. auch nach den Himmelsrichtungen, in denen sie angeordnet sind, benannt werden.
– Das Dorf mit seiner Statue der vier Richtungsgottheiten auf der zentralen Kreuzung.
– Die ›Reichstempel‹ der Rajas (vgl. S. 262f.).
– Die Insel Bali mit dem Gunung Agung als Zentrum, dem Sitz Siwas, dem Zentrum des Padma.
– Die Welt (wobei nach einer verbreiteten Auffassung Bali selbst nichts anderes als die Welt schlechthin ist).

Alle diese Dinge sind miteinander verkettet, und der Großteil der Riten dient dazu, diese Verkettung insbesondere des Mikrokosmos des Menschen mit dem Makrokosmos zu bestätigen und aufrecht zu erhalten. Darüber hinaus sind die Zentren aller kleineren Welten auf den Gunung Agung ausgerichtet, genauso wie die entsprechenden Schreine in den Tempeln.

Der Mensch als Mikrokosmos (Buwana Alit)

Die vier mythischen Geschwister

Die Verzahnung der ineinandergeschachtelten Welten kommt auch im Mythos zum Ausdruck. Der Mensch ist deshalb ein Mikrokosmos, weil alle seine Einzelteile von den Richtungsgöttern des Weltenlotos stammen. Gleichzeitig sind aber auch die vier Götter an den Enden der Welt die mythischen Geschwister (Kanda Mpat) eines Menschen. Als Kursika, Garga, Metri oder unter einem anderen ihrer häufig wechselnden Namen schützen sie ihren Bruder oder ihre Schwester, falls man sie mit Speise- und Trankopfern reichlich bedenkt. Andernfalls können sie in ihrer Gestalt als Ungeheuer, als Dämon, Tiger, Schlange oder Krokodil, ihrem Bruder oder ihrer Schwester schaden. Diese Götter und Ungeheuer gelten deshalb als die Geschwister eines Menschen, weil sie seine Nachgeburt (Blut, Nabelschnur, Fruchtwasser, Placenta) verkörpern. Von vielen malayischen Völkern wissen wir, daß sie die Nachgeburt als Geschwisterkind des Neugeborenen ansehen und sie neben der Pforte des Gehöftes begraben, links, wenn es sich um ein Mädchen, rechts, wenn es sich um einen Jungen handelt. Doch nur in Bali wird daraus eine ganze Geschwisterschar, die noch dazu in das kosmische Prinzip eingebunden ist.

Gleichzeitig sind die Richtungsgottheiten aber auch die den Weltenlauf bestimmenden Hochgötter – alle übrigens Erscheinungsformen Siwas selbst, denn dazu werden in Bali auch Brahma und Wisnu gerechnet.

Das Lingga-Juwel im Yoni Padma

Die Lotosblüte im Kleinen und die Lotoswelt im Großen sind gleichzeitig auch Verkörperungen des weiblichen Geschlechtsorganes, der Yoni (vgl. 184). Wenn Siwa, der gleichzeitig der Lingga (Phallus) ist, in der Mitte des Padma sitzt, dann bedeutet das die Vereinigung der Gegensätze, die göttliche Vollkommenheit. Im Mythos selbst wird das ausgedrückt durch Siwas und Umas Zusammenfassung zur Gottheit Halb-Mann-halb-Frau. Das Lingga-Juwel in der Lotosblüte hat übrigens auch das bekannte tantrische Mantra aus Tibet, ›OM mani patme hum‹, zum Inhalt.

In Bali gibt es kaum eine Zeremonie, zu der nicht auch die vier Wächtergottheiten als die Konstituierenden der Welt eingeladen, bei der nicht Symbole in ihrer 4 + 1-Form oder auch in ihrer Nawa-Sanggah-Form aus Flechtwerk und Blumen verwendet, in die nicht auf die Himmelsrichtungen orientierte Riten einbezogen würden. Die Verbreitung und Bedeutung des 4 + 1- und des 8 + 1-Systems belegen folgende Beispiele:

* Padma-Zeichnungen zur religiösen Unterweisung.
* Stoffähnchen mit dem Padma, die am Dach von Tempelschreinen flattern.
* Padma-Reliefdekor an Tempelmauern und Schreinen sowie in Palästen.
* Die Pamurtian Wayang Kulit-Figuren, vielköpfige Dämonengestalten, die die Waffen der Richtungsgottheiten in den Händen halten. Sie werden links und rechts vom Schattenspielschirm aufgesteckt und haben die Aufgabe, die Spielfläche zu schützen.

* Flechtwerk in Padma-Form mit oder ohne Blumen in den vier Farben zur Dekoration von Tempeln, von Haustoren oder auch von Fahrzeugen an Festtagen.
* Puspa-Blütenanbetung der Richtungsgottheiten – viermal mit vier Blüten in weiß, rot, gelb und schwarz (blau).
* Rituelle Anordnung der Opfer in den verschiedenen Himmelsrichtungen, wenn der Tempelpriester die Götter der vier Richtungen einlädt (Zeremonie Mendah Nyawang). Sie werden übrigens zu allen Tempelfesten gebeten.
* Rituelle Anordnung von Altaraufbauten sowie von fünf Pedanda Siwa- und einem Pedanda Boda-Priester in den Himmelsrichtungen während der Weihe eines neuen Rajas.
* Die Ausbildung der Candis als plastische Darstellungen des 4 + 1- oder 8 + 1-Systems, und zwar sowohl der klassischen, altjavanisch geprägten Candis als auch der nordbalischen, in Tempeltore und Mauern eingebauten Candi-Formen.
* Weitere plastische Darstellung der Systeme in Form von Pfeilern, die in die Tempelmauern eingebaut sind und die den Schutz des Tempelterritoriums durch die Richtungsgottheiten gewährleisten sollen.
* Achtteilige Kopfbedeckungen wie etwa die Krone des Jauk-Tänzers, die nichts weiter ist wie ein plastisches Padma. Die Aufsätze auf der Spitze mancher Tempeltore haben häufig ebenfalls die Form der Jauk-Krone.

Im Grunde genommen werden alle Erscheinungen des täglichen und religiösen Lebens in irgendeiner Form in den Padma-Kosmos eingewoben, so daß alles darin seinen ihm zustehenden Platz findet. In diese feinteilige Durchstrukturierung des Raumes versucht man in Bali sogar die Gliederung der Zeit zu integrieren. Die Richtungsgottheiten werden den verschiedenen Tagen der verschiedenen balischen Wochensysteme zugeordnet (vgl. S. 47f.).

Auch die Vorstellung von Siwa als Lingga ist sehr viel weniger abstrakt, sehr viel greifbarer, als man zunächst bei uns im Westen vermuten mag. Ganz bezeichnend ein Mythos, der ausdrückt, daß Siwa in der Göttertrinität Brahma – Wisnu – Siwa – allmählich die oberste Position eroberte:

Brahma und Wisnu stritten sich darüber, wer von ihnen der Mächtigste sei. Da erschien Siwa in der Gestalt eines riesenhaften, leuchtenden Lingga, der sich immer mehr in die Tiefe der Erde und in die Höhe des Himmels hinein ausdehnte. Brahma wurde zum Vogel und versuchte das obere Ende zu erreichen. Wisnu bohrte sich als Eber tief in die Erde hinein. Er traf dort zwar auf Dewi Prtiwi, die Erdmutter, er vergewaltigte sie und zeugte so den Erdsohn Boma. Das untere Ende vom Lingga Siwa jedoch konnte auch er nicht erreichen. Gescheitert in Ihrem Vorhaben, beteten die beiden Götter Siwa als den Größten an.

Nun wird aber in Bali das aus den Bergen sprudelnde Wasser – Grundlage der Reiskultur – als direkt als dem Lingga Siwas entquollen gedacht. Und auch das Tirtha, das heilige Wasser, mit dem die Priester die dämonischen Kräfte in Schach halten, entstammt derselben Quelle. Das Sprühstäbchen des Pedanda-Priesters, mit einer Blume verziert, wird ganz unverblümt als Lingga Siwa bezeichnet.

Sicherlich ist es einigermaßen mühsam, sich mit einem derartig fremden Weltbild vertraut zu machen. Doch ist es einfach wichtig zu erkennen, daß die Kunst fremder Völker kein nach ästhetischen Gesichtspunkten zurechtmodelliertes Hirngespinst darstellt, sondern der Ausdruck einer Wirklichkeit ist, angenommen und wahrgenommen von Menschen, die die Dinge anders sehen und anders empfinden als wir.

Quellen: 5, 8, 56, 104, 112

Die körperliche und seelische Balance in der Padma-Welt

* Auf die Frage nach dem Weg werden in Bali immer die Himmelsrichtungen angegeben. Statt »zunächst geradeaus, dann rechts und dann links« heißt es: »Zunächst Nord, dann Richtung Ost, dann wieder nach Norden«.
* Die Balier sind sich zu jeder Zeit und in jeder Situation ihrer individuellen Ausrichtung innerhalb des Padma-Systems bewußt. (Ständige Abstimmung des eigenen Mikrokosmos mit dem Makrokosmos!). Sie wenden sich beim Opfern, aber auch beim Schlafen (Ausrichtung des Kopfendes der Liegestatt nach Kaja) in bestimmte Himmelsrichtungen. Der Wayang Kulit-Schirm muß ebenfalls richtungsbezogen aufgestellt werden.
* Sowohl die Reisfelder als auch das Einzelgehöft als auch das gesamte Dorf mit der von Kaja nach Kelod verlaufenden Hauptstraße und der dazu rechtwinklig (Kangin-Kauh) angeordneten Straße, deren Kreuzung die Dorfmitte bildet, sind einschließlich der drei Haupttempel auf das Padma-System ausgerichtet. Die Kreuzungen werden vielfach, z. B. in Bedulu, von vierteiligen oder vierköpfigen Gottheiten bewacht.
* Ungewißheit über die Orientierung z. B. bei Reisen in unbekannte Gebiete Balis kann zu seelischen Störungen führen. Es gibt Berichte über Einheimische, die deswegen derart aus dem Gleichgewicht geraten sind, daß sie depressionsähnliche Erscheinungen zeigten.
* Einheimische, die in verhältnismäßig schnellen Fahrzeugen durch die Insel reisen, schlafen mit schöner Regelmäßigkeit kurz nach Fahrtantritt ein. (Da ihre Seele während des Schlafens unabhängig vom Körper umherschweifen kann, ist sie wesentlich besser in der Lage, sich zu orientieren als der im Fahrzeug befindliche Körper.)
* Das Padma bietet nicht nur eine horizontale Gliederung an, sondern mit dem Gegensatz von Berg als innen (im Zentrum) – Meer als außen (außen um die Welt herum) auch eine vertikale: Der Berg steht für ›hochgelegen‹, das Meer für ›tiefgelegen‹. Und in dieses Oben-Mitte-Unten-System fügt man sich in Bali ebenfalls strikt ein. Das gilt nicht nur, aber insbesondere für rituelle Handlungen.

Der Pedanda-Priester sitzt während der Zeremonie auf einer erhöhten Plattform. Keiner der vor ihm Stehenden darf ihm gleichkommen oder ihn gar überragen. Grundsätzlich sitzen Tiefrangige immer etwas niedriger als Höherrangige. Ein Europäer kann sich schnell Sympathien verscherzen, wenn er sich etwa aus Bescheidenheit auf einen tiefergelegenen Sitz setzt, obgleich ihm der Gastgeber einen höheren zugedacht hat.

* Von größter Bedeutung ist die aufrechte Haltung. Der Balier bückt sich nicht, um eine Last zu tragen. Eine Frau trägt sie auf dem Kopf, der Mann meist mit Hilfe einer Tragstange auf den Schultern.
* Bei einem physischen Zusammenbruch vermeiden es die Einheimischen, sich tragen zu lassen. Sie rappeln sich lieber unter Schmerzen auf. Auch der sehr zurückhaltende Umgang mit Alkohol (außer als Hilfsmittel bei Yoga-Übungen) scheint auf das Bedürfnis zurückzuführen zu sein, stets das körperliche und damit auch das seelische Gleichgewicht zu erhalten.
* Ihre Fähigkeit, die Balance zu halten, benötigen Reisbauern auch, wenn sie über die Dämme ihrer Reisfelder gehen. (Europäer bieten dabei ein weniger elegantes Bild, vor allem wenn sie versuchen, die ungewöhnlich hohen Erdstufen zwischen den Terrassen zu bezwingen.)
* Kinder dürfen niemals krabbeln wie ein Tier. Damit sie das unterlassen, werden sie immer von ihren Müttern oder älteren Schwestern getragen.
* Der Mann versucht immer, die Balance zwischen der Dämonenwelt und der Götterwelt zu halten. Gefährlicher als alle Dämonen sind jedoch Menschen, vor allem Frauen, die als Dienerinnen der Durga, als sogenannte Leyak, schwarze Magie betreiben und – das ist das schlimmste, was passieren kann – die Ordnung auf den Kopf stellen.

Kalendersysteme

Angesichts der Bedeutung, die der Untergliederung des Raumes in Bali zukommt, wäre es verwunderlich, wenn man nicht auch den Ablauf der Zeit sorgfältig strukturierte. Tatsächlich werden nach einem komplizierten Kalendersystem sowohl die für die verschiedenen alltäglichen Vorhaben glücklichen und weniger glücklichen Tage als auch die Tempelfeste bestimmt.

Der hindubalische Kalender beruht auf einem Sonnenjahr von meist 355 Tagen, eingeteilt in 29- bzw. 30-Tage-Monate (und einem zusätzlichen Schaltmonat alle 30 Monate). Dieser Kalender hat lediglich Bedeutung für die Tempelfeste im zentralen Bergland und in einigen Teilen des Nordens und Nordostens, jedoch wird das in ganz Bali sehr wichtige Fest der Jahreswende (Nyepi – nach unserem Kalender im Vorfrühling) danach festgelegt.

Der hindujavanische Kalender basiert auf einem Jahr von nur 210 Tagen, eingeteilt in 30 Sieben-Tage-Wochen (Uku) und sechs 35-Tage-Perioden (Tumpek). Danach festgelegte Tempelfeste werden also häufig zweimal in unserem 365-Tage-Jahr gefeiert. Jede Tumpek ist in fünf Sieben-Tage-Wochen und in sieben Fünf-Tage-Wochen unterteilt. Daneben existieren auch noch eine Sechs-Tage-Woche sowie die Marktwoche, die in einem dreitägigen Rhythmus abläuft. Die Saptawara (sieben) und die Pancawara (fünf) sind besonders wichtig, weil die Kombination der Wochentage aus beiden Systemen etwas darüber aussagt, ob der jeweilige Tag für das Anpflanzen von Reis, für einen Geschäftsabschluß oder aber für eine Zeremonie günstig sein wird oder eben nicht. Astrologische Voraussageschemata für je eine Tumpek stellen die fälschlich als ›Bali-Kalender‹ bezeichneten Palalintangan-Tafeln mit 7 × 6 Bildern dar. Die oberste Reihe enthält die Gottheiten der Sieben-Tage-Woche, darunter folgen die Wochentag-Kombinationen – waagerecht ist die Sieben-Tage-, senkrecht die Fünf-Tage-Woche abzulesen.

Die balischen Erdbebenkalender hingegen dienen nicht etwa der Voraussage von Erdbeben, sondern der Voraussage mit Hilfe von Erdbeben. Je nachdem zu welcher Zeit die Erde wackelt, wird das Beben als eine Warnung oder aber als eine günstige Voraussage gewertet.

Englischsprachige Übersichten über Tempelfeste (Calender of Events) stellt das Badung Tourist Promotion Board, Jalan Surapati 2, Denpasar, zur Verfügung. Einen ausführlichen Hindu Dharma-Kalender in indonesischer Sprache gibt alljährlich die Bali Post, Jalan Kepundung 67a, Denpasar, heraus.

Quellen: 15, 87, 94

Die Durchgangsriten zur Meisterung der Lebenskrisen

Durch eine Lebenskrise muß ein Mensch hindurch, wenn er sich verändert. In vielen Kulturen finden sich derartige Krisen als fest in den Lebenszyklus eingebundene rituelle Institutionen – so auch in Bali. Der Mensch ändert seinen Status oder seine Existenzform in einer vom Adat vorgegebenen Art und Weise. Er wird dabei von der Gemeinschaft, von der Großfamilie und vom Banjar, getragen, ja im Grunde genommen ist es nicht der Einzelne selbst, der die Lebenskrise bewältigt, sondern die Gemeinschaft, die dies für ihn leistet.

Die Durchgangsriten setzen sich in der Existenz nach dem Tod fort, bis mit der Wiedergeburt das alte Spiel von neuem beginnt. Aber jeder dieser Durchgänge stellt selbst eine Art von symbolischem ›kleinen Tod‹ mit anschließender Wiedergeburt dar. Deshalb ist ja auch mit der Ausrichtung dieser Riten der chtonisch orientierte Banjar vertraut und nicht das uranisch orientierte Desa.

Die Durchgangsriten sind wegen des unmittelbaren Kontaktes mit göttlichen und vor allem mit dämonischen Kräften die wichtigsten und gleichzeitig die gefährlichsten Ereignisse

2 Der Elf-Tumpang-Meru für Gunung Manu im Pura Ulun Danu
◁ 1 Candi Kurung zum Innenhof von Pura Samuan Tiga, Bedulu

3 und 4 Kala Boma-Fratzen vom Pura Dalem Sidan (oben) und vom Pura Desa Tambaksiring (unten)

5 Der Kala Boma-Kopf im Pura Kehen (Bangli) ist besonders ausdrucksvoll

6–9 Vier Wayang Topeng-Masken (Museum Denpasar)

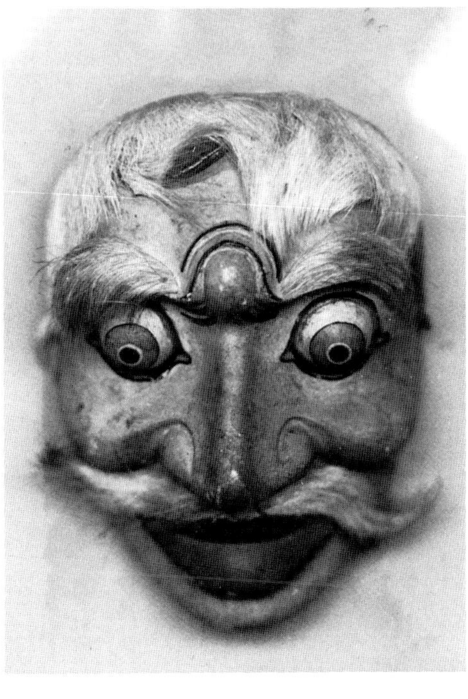

10–13 Lingga-Steine – oben einfache Formen, unten Doppel-Linggas

14 Lingga-Yoni nach tantrischen Vorbildern in Tirtha Empul

15 Siwa zeigt sich seinen Mitgöttern Brahma und Wisnu in seiner göttlichen Herrlichkeit als unendlicher Lingga, Gemälde von J Gusti Dokhar (1911–36) im Puri Lukisan, Ubud

16 und 17 Kinder haben sich aus Papier Schattenspielfiguren gebastelt

18 Figuren am Pura Beji, Sangsit

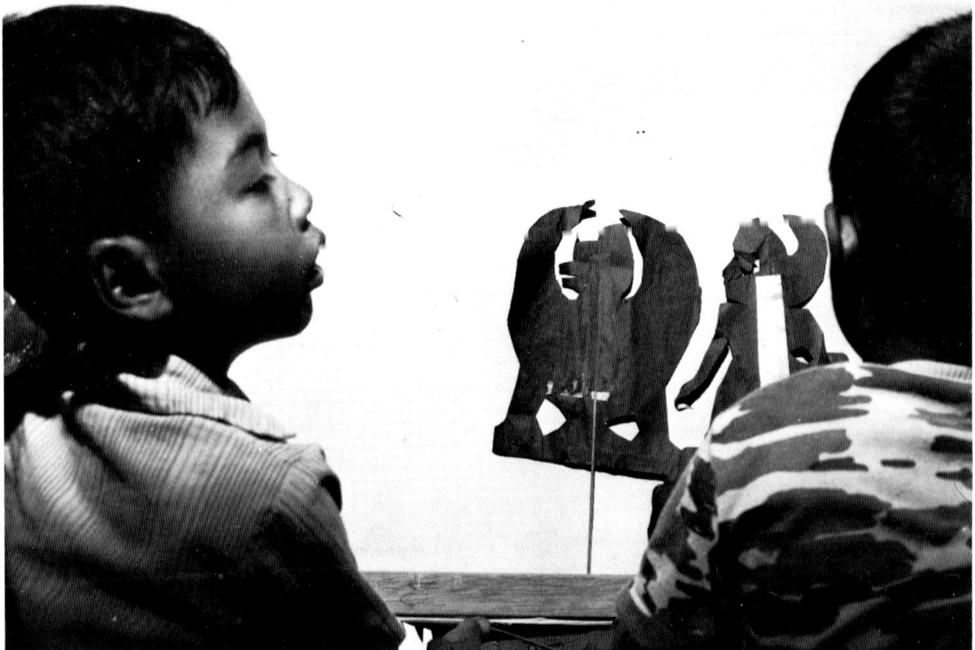

19 Tänzerin beim Oleg Tambulilingan (›Hummeltanz‹)

20 Der männliche Partner des Tanzes, der pantomimisch das Liebeswerben darstellt ▷

21 und 22 Der Pura Maospait in Denpasar ist einer der traditionsreichsten Tempel Balis (links ein riesiger Götterkopf, rechts Tor zum Vorhof)

23 und 24 Ansichten vom Eingang zum Puri Saren, einem Palast in Ubud

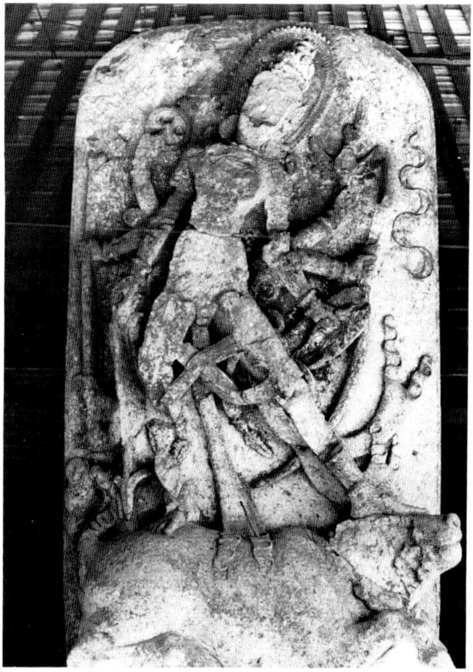

26 und 26 Durba-Statuen, die deutlich indischen Einfluß verraten (links im Pura Samuan Tiga, Bedulu, rechts die berühmte Durga von Kutri)

27 Moderne Durga-Darstellung aus einem Tempel in Gyanyar

28 Dämon mit Totenkopfornamenten (Pura Kebo Edan, Pejeng)

29 und 30 Drachen vor dem Start (links eine Himmelsnymphe mit Tirtha-Gefäß, rechts Dewi Saraswati, die Gattin Brahmas und Herrin der schönen Künste)

31 Arjuna als Brunnenfigur mit einem Tirtha-Gefäß (Pura Arjuna Mentapa, Pejeng)

32 Frau mit Tirhta-Gefäß, Pura Beji, Sangsit

33 Relief eines Musikanten vom Pura Dalem, Sidan

34 und 35 Moderne Motive am Pura Merajan, Sidan: oben Mutter-Kinder-Darstellung, die auf das buddhistische Hariti-Motiv zurückgeht, unten Pilot im Flugzeug

36 Pura Dalem, Sidan (Gyanyar)

im diesseitigen und jenseitigen Dasein, und sie finden ihren bildhaften Ausdruck in der imposantesten architektonischen Form, die Bali hervorgebracht hat, im Tempeldurchgang (vgl. S. 85 ff.).

Die an sich vorhinduistischen Riten wurden an den Raja-Höfen immer mehr verfeinert und mit hinduistischen Elementen angereichert. Das eindrucksvolle höfische Gepränge hat aber dann auch die Riten der einfacheren Leute beeinflußt. So wird heute allgemein der die hinduistische Tradition vertretende Pedanda-Priester zu den Riten hinzugezogen (allerdings nicht zur Bestattung). Seine Aufgabe besteht darin, sich durch Meditation in den Surya Siwa, die Quelle allen heiligen Wassers, zu verwandeln und in dieser Erscheinungsform Tirtha herzustellen. Damit wird sowohl der kultische Bereich als auch (und vor allem) der Mensch in der Übergangssituation gereinigt. Zu allen diesen Manusia Yadnya-Zeremonien (mit Ausnahme der Bestattung) werden die Götter geladen, mit Speisen versorgt, mit Tanz und Spiel unterhalten, aber auch die Dämonen besänftigt und in Schach gehalten.

Daß sich gerade diese Zeremonien in Bali so üppig entwickelt haben, mag damit zusammenhängen, daß die balischen Gemeinschaften eine ausgesprochene Scheu vor Änderungen haben – kein Wunder in einem Land, wo Vulkanausbrüche und Erdbeben ohnehin vielmehr verändern als der Mensch verkraften kann. Wichtige Riten:

Schwangerschaft

Zeremonie im 3. oder 4. Monat. Die Frau gilt als kultisch unrein (Sebel), sie muß Tempel und Reisfelder meiden.

Geburtszeremonien

Zeremonie beim Abfallen der Nabelschnur, Bestattungs- und Opferfeierlichkeiten für die mythischen vier Geschwister (Kanda Mpat, vgl. S. 44). Aufhängen eines Opferplatzes für den Wächtergott der Kinder, Rare Kumara (vgl. S. 102), über der Wiege in Gestalt einer geflügelten Himmelsnymphe oder eines Flügeltieres. Das Kind darf noch nicht den Boden berühren, es erhält einen vorläufigen Namen (12. Tag).

Reinigungszeremonie

Die des Kindes und vor allem die der Mutter (42. Tag). Nach dem Besuch eines besonderen Badeplatzes, verbunden mit einem Opfer an Wisnu, darf die Muter wieder den Tempel besuchen. Das Kind wird von Geburtsunsauberkeiten befreit, seine ›vier Geschwister‹ erhalten Opfer. (Wasser für die Reinigung, aber auch für die Reisfeldbewässerung und insbesondere heiliges Wasser gilt als Verkörperung des Gottes Wisnu, dessen Gattin die

Reisgöttin Dewi Sri ist. Siwa hingegen, Herr der Berge, von denen die Wasser kommen, betrachtet man als die Quelle des heiligen Wassers. Sowohl Wisnu wie Siwa sind also für heiliges Wasser zuständig. Das ist kein Widerspruch, da Wisnu ohnehin als eine der vielen Erscheinungsformen Siwas gilt.)

Der halbe und der ganze Geburtstag

Nach 105 und 210 Tagen (vgl. balisches Jahr, S. 47f.) findet jeweils ein Fest statt. Bei einem davon wird das Kind erstmals auf die Erde gesetzt – es geht also von der göttlichen in die menschliche Sphäre über. Allerdings müssen die Mutter oder die ältere Schwester es weiterhin mit sich herumschleppen, denn auf dem Boden krabbeln wie ein Tier darf es nie. Das Kind und auch seine vier mythischen Geschwister erhalten einen neuen Namen. Der alte Name wird – ebenso wie ein puppenähnliches Gebilde, gewissermaßen eine Ersatzfigur für das Kind – den zerstörerischen Kräften zum Fraß vorgeworfen – ein trickreiches Ablenkungsmanöver. Ein Priester vollzieht den ersten Haarschnitt. Das Jahresfest wird besonders ausgiebig gefeiert, mit Vorführungen und mit einem Festessen. Auch Rare Kumara bekommt seinen Opferanteil – an diesem Tag allerdings zum letztenmal.

Die Durchgangsriten des Lebensrades

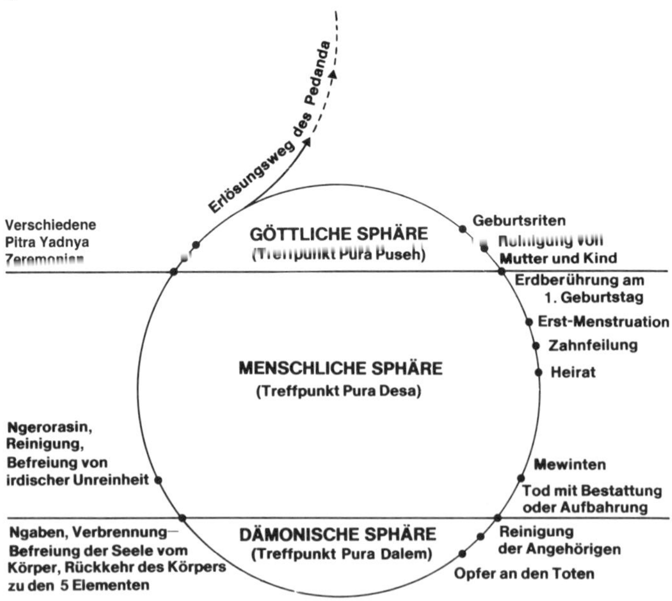

Reifefeiern

Angesehene Balier richten für Mädchen eine Zeremonie anläßlich der ersten Menstruation aus. Sowohl Jungen als auch Mädchen unterziehen sich an der Schwelle zwischen Jugend und Erwachsenenalter einer schmerzhaften Trennung von einem Teil ihres Körpers. Die Zahnfeilung ist eine symbolische Verstümmelung und bedeutet als solche einen rituellen Durchgang durch den Tod. (Eine ähnliche Funktion hat die Entfernung eines Zahns bei australischen und bei afrikanischen Stämmen oder auch die Beschneidung bei den Moslems). In Bali werden die oberen und daher der Götterwelt angehörigen sechs Zähne geradegefeilt, während die unteren, die dämonischen oder tierischen, ungeschliffen bleiben. Die Wirkung entspricht derjenigen, die man erreicht, wenn man ›jemandem einen Zahn zieht‹ – es besänftigt den Charakter. Es werden die sechs dem Jugendlichen noch zugestandenen Übel des Menschen abgeschliffen – maßlose Lust, Zorn, Habgier, Verwirrtheit, Berauschtheit und Mißgunst. In der Tat ist es erstaunlich, wie unmittelbar nach der Zahnfeilung Jungen, die am Tag zuvor noch in ziemlich dreister Weise Touristen anbettelten, oder Mädchen, die in fremden Handtaschen herumstocherten, nun ganz unvermittelt ein gesetztes Betragen an den Tag legen. Aus Kostengründen unterbleibt heute bisweilen die Zahnfeilung, und das, obwohl sie die Voraussetzung für die Heiratsfähigkeit darstellt.

Die Hochzeitszeremonie

Die Hochzeitszeremonie enthält auch dann, wenn die Eltern die Heirat arrangierten, noch Hinweise auf den romantischen Brauch des Brautraubes. Die Braut wird nämlich in einer feierlichen Prozession auf einem Tragestuhl nicht etwa aus dem Gehöft der Eltern, sondern aus dem Gehöft des Bräutigams in das der Eltern gebracht, eine Demonstration der friedlichen Rückführung des entführten Mädchens. Aber auch mal mehr, meist aber minder ernstgemeinte Entführungen mit augenzwinkerndem Einverständnis der Braut und mit der Hilfe guter Freunde, für die das alles ein Mordsspaß ist, kommen noch vor. Das Paar schafft dann Fakten und überläßt es den Familien, sich hinterher über den Brautpreis zu einigen. Erwünscht ist immer noch eine innerfamiliäre Heirat: Der Mann soll möglichst die Tochter seines Vaterbruders freien. Solche ›endogamen‹ Heiraten halten Veränderungen von Generation zu Generation in Grenzen, da beide Partner ja mit der Familienathmosphäre vertraut sind. Und dennoch ändert sich für beide noch genug:

Die Frau siedelt über in das Gehöft des Mannes, in dem gegebenenfalls auch sein Vater und möglicherweise dazu noch sein Großvater lebt, und übernimmt die Gottheiten des dortigen Haustempels. Der Mann wird – eine Ehe ist eben eine Angelegenheit der ganzen Gemeinschaft – nunmehr vollberechtigtes Mitglied der kultischen Dorfgemeinschaft (Krama Desa), die sich jeweils bei Vollmond (in manchen Dörfern auch bei Neumond) im Bale Agung des Pura Desa versammelt. Bisher wurden alle Zeremonien von seinen Eltern für ihn ausgerichtet. Von nun an wird er, außer in Sonderfällen, vor seinem Tode selbst keinen Durchgang mehr vollziehen. Und bis dahin lastet auf ihm die Durchführung aller Zeremonien – die für die Eltern, wenn sie dahingehen, wenn sie gereinigt werden und vergöttlicht in den Himmel aufsteigen, und die für diejenigen Ahnen, die wieder herunterschweben als seine Kinder.

Sonderzeremonien

Solche gibt es nur zur Weihe von bestimmten Dalangs und vor allem zur Priesterweihe. Dieser sogenannten Mewinten-Zeremonie mußten sich früher allerdings auch Laien unterziehen, sofern sie die heiligen Bücher lesen wollten. Bei einer besonders feierlichen Form der Mewinten muß der Initiant den Einweihungstag reglos liegend, in weiße Tücher eingehüllt, in einem engen Gemach verbringen. Ganz offensichtlich ein ritueller Durchgang durch den Tod.

Tod und Begräbnis

Möglichst schnell, wenn es der astrologische ›Kalender‹ zuläßt, noch gegen Abend desselben Tages, wird der Verstorbene zum Gräberfeld in der Nähe des Pura Dalem gebracht und in einer auffällig knapp gehaltenen Zeremonie bestattet. Aus manchen frischen Gräbern ragen Bambusrohre mit durchstoßenen Knoten, durch die der Totengeist das dunkle Verlies verlassen kann. Geburt auf der einen Seite und Tod und Bestattung auf der anderen – beides sind verhältnismäßig schlichte Ereignisse. Tatsächlich mag der Tod als ein Gegenstück zur Geburt betrachtet werden, die auch ein Begräbnis beinhaltet, nämlich das der vier mythischen Geschwister. Ein geflügeltes Wort in Bali besagt: »Wenn ein Mensch geboren wird, so stirbt ein Geist, und wenn ein Mensch stirbt, wird ein Geist geboren.« Wie nach einer Geburt sind auch nach einer Bestattung der 12. und der 42. Tag von besonderer Bedeutung. Nach zwölf Tagen reinigen sich alle, die mit dem Toten in Berührung gekommen sind (wie die Mutter am 42. Tag nach der Geburt). Bis zum 42. Tag jedoch werden für den Toten auf dem Grab Speiseopfer dargebracht.

Brahmanen-Priester dürfen nicht der Erde überantwortet werden, denn sie repräsentieren Siwa. Wie könnte aber Siwa dem Totengott Yama jemals dienstbar sein? Überhaupt vermeidet jeder, der es sich finanziell irgendwie leisten kann, seine Angehörigen bestatten zu lassen. Die Toten werden im Bale Layon, im Kelod-wärts gelegenen Teil des Gehöftes, aufgebahrt. Die Verbrennung darf frühestens 42 Tage nach dem Ableben stattfinden.

Die Verbrennung (Ngaben), das wichtigste Freudenfest

Die Verbrennungszeremonien (Farbabb. 31–34) sind so reichhaltig und laufen auch in benachbarten Orten in so unterschiedlicher Art und Weise ab, daß man sie nur in groben

Zügen beschreiben kann. Eins fällt jedoch immer wieder auf: Die Teilnehmer scherzen, lachen, sind fröhlich bis an die Grenzen der Ausgelassenheit. Sicher, weil die Verbrennungen teuer sind, haben die Toten vorher oft mehrere Jahre hindurch unter der Erde dem Totengott zu dienen. Hinterher ist dann der Schmerz der Angehörigen nicht mehr ganz so aktuell. Bisweilen müssen die Totengeister sogar ihren eigenen Familien Krankheit oder anderes Unbill zufügen, damit die Söhne endlich ihren Verpflichtungen gegenüber den verstorbenen Eltern nachkommen. (Wer keine Söhne oder wenigstens Adoptivsöhne hat, um dessen Seelenreise ist es in Bali schlecht bestellt.) Andererseits ist die Ngaben-Zeremonie tatsächlich ein Grund zur Freude – wird doch jetzt die Totenseele von der Last der fünf Elemente (vgl. S. 35) und gleichzeitig von der Fron in der Unterwelt befreit. Verständlicherweise warten einfachere Leute gern eine kostensparende Gelegenheit ab. Wenn etwa wohlhabende Angehörige der oberen Kasten eine Luxusverbrennung inszenieren, so kann man sich gewissermaßen daran anhängen. Ansonsten richtet auch der Banjar Massenverbrennungen aus, sobald sich genügend Verstorbene angesammelt haben und der Zeitpunkt günstig ist.

* **Vorbereitungen:** Jeweils ein Transport- und ein Verbrennungssarg muß hergestellt werden. Oft zieht auch noch eine Gruppe junger Männer los, begleitet von einem Gamelan-Orchester des Banjar, um von einer bestimmten Quelle heiliges Wasser zu holen. Es wird zur rituellen Reinigung des Toten benötigt.

* **Die Zeremonien vor der Verbrennung:** Die ausgegrabenen Reste oder aber, wenn nach Jahren überhaupt nichts mehr gefunden wird, eine ›Ersatzpuppe‹ (Effigie) des Toten werden mancherorts erst nochmal ins heimische Gehöft zurückgebracht. In anderen Dörfern ist es Sitte, die sterblichen Hüllen auf Bales, die man extra dafür auf dem nahe der Gräber gelegenen Verbrennungsplatz errichtet hat, auszustellen. Die nichtbestatteten Toten müssen dagegen immer im Gehöft verbleiben. Wenn noch möglich, werden die Körper der Toten symbolisch geschmückt. So sollen etwa auf die Augen gelegte Spiegelscherben diese hell machen bei der Wiedergeburt oder Blüten in den Nasenlöchern durch ihren Duft den Seelenatem stärken.In jedem Fall aber werden einige Figuren hergestellt, die mit verbrannt werden. Sie alle verkörpern bestimmte menschliche Eigenschaften – und zwar solche, die im Abendland unter dem Begriff ›Seele‹ oder ›Geist‹ zusammengefaßt werden. Wichtig sind:

Die Figur der Abmessungen des Verstorbenen (Ukur). Sie besteht aus chinesischen Münzen (Kepeng), die die Knochen darstellen. Sie sind mit Garnstricken verbunden, deren Längen den Originalmaßen des Verstorbenen entsprechen. Diese Figur gewährleistet, daß bei der Wiedergeburt jedes Knöchelchen auch wieder seinen richtigen Platz erhält.

Die Figur der Erinnerung (Angenan). Diese Öllampe, geschmückt mit den Farben der vier Himmelsrichtungen, stellt den Menschen als Mikrokosmos in seiner Beziehung zum Makrokosmos dar. Der menschliche Geist und das Weltall haben die gleiche Struktur.

Die Figur der ›Selbstvergegenwärtigung‹ des Toten besteht aus einer jungen Bananenstaude, Sinnbild neuen Lebens, und einem fächerförmigen, buchähnlichen Gebilde aus Lontar-Blättern.

Bevor der Tote das Gehöft verläßt, erweisen ihm Besucher die letzte Ehre. Man versorgt sie mit Speise und Trank. Bei großen Verbrennungen, etwa von Angehörigen der Raja-Familie, werden heilige Schriften verlesen. Ein Pedanda-Priester auf einem Hochsitz (Bale Pawedaan) verwandelt sich durch Yoga-Meditation in Surya Siwa und stellt Tirtha her. Damit werden der Tote und seine Bildmodelle rituell gereinigt. Solange der Priester zelebriert, führt gleichzeitig zu ebener Erde ein Dalang ein sogenanntes Tageslicht-Schattenspiel vor (vgl. S. 125).

* **Der Transport zur Verbrennungsstätte:** Das ist durchaus kein stiller letzter Gang – im Gegenteil – ein ekstatisches Bad in der Menge! Man merkt erst gar nicht, wie es passiert. Eben noch lag der Tote ruhig da, wurde den Göttern Weihrauch zugefächelt – und plötzlich rangeln sich weißgekleidete Gestalten um den weiß eingehüllten Verstorbenen. Irgendwie hat das Gamelan eingesetzt, und ehe man sich versieht, haben alle Menschen das Gehöft verlassen. Der Verbrennungssarg in Form eines Tieres ist bereits abgeholt worden, ihm folgt der Transportsarg mit dem Toten. Das Geschrei und Gedränge ist unbeschreiblich. Insbesondere die schweren, mehrstöckigen Türme, die die Toten aus der Ksatria-Kaste transportieren, torkeln oft gefährlich hin und her (Farbabb. 31). Selbst das schwere Gegengewicht aus Bambus, das unter dem Tragrost aus Bambusstangen befestigt ist, vermag sie nicht zu stabilisieren. Die Träger sind hochgradig erregt, stoßen heulende Schreie aus, fangen an, in Laufschritt zu verfallen, stoppen wieder abrupt ab, so daß der Turm nach vorne kippt. Der Sohn des Toten in einem hochgelegenen Geschoß des Turmes muß sich krampfhaft festhalten, um nicht heruntergeschleudert zu werden. Riskant auch die Versuche, mit dem Turm unter elektrischen Leitungen hindurchzutauchen. Als im Februar 1979 der Neun-Tumpang-Turm des Cokorda Gede Agung Sukawati durch Ubud zog, hatte man vorsichtshalber zuvor alle elektrischen Leitungen abgebaut!

Beim Transport des Toten kommen die echten Empfindungen der Hinterbliebenen dem Toten gegenüber zutage – die maßlose Verehrung ihm gegenüber bis hin zur Vergöttlichung und gleichzeitig auch die maßlose Furcht vor ihm. Es wird kaum Balier geben, die diese Empfindungen in Worte fassen können, aber sie drücken sie in der ihnen gemäßen Art und Weise aus, nämlich durch ihr Brauchtum.

Verehrung: Der Bade, der auffällige Transportschrein, kennzeichnet die Herkunft des Toten, seine Kaste, und zeigt zugleich auch an, wohin die Reise geht – nämlich zu seiner Vergöttlichung. Alle Transportschreine gleichen einem der Tempelschreine, sind nur noch viel kostbarer ausgestattet als diese.

Furcht: Es wird alles getan, damit die Totenseele von nun an nicht mehr heimfindet in ihr Gehöft und daß sie die dort Lebenden nicht heimsuchen kann. In den letzten Tagen vor der Verbrennung war nachts noch eine Art großer Lampion vor dem Eingang des Gehöfts angezündet worden, um der Seele den Weg zu weisen. Jetzt soll sie vergessen, wo der Eingang zu finden ist. Deshalb hat man die sterblichen Reste auch über ein besonderes Gestell, das die Hofmauer überbrückt, aus dem Haus und auf den Bade gebracht. Immer, wenn der Bade an einer Kreuzung anlangt, wird er unter Ächzen und Stöhnen von den

Kaste	*Transportschrein*	*Verbrennungsschrein*
Einfacher Mann (Jaba)	Einstöckiges, tragbares Bade (Wadah), reich mit Spiegeln, Gold und Ornamenten geschmückt	Einfache, aber reich geschmückte Kiste oder aber stattlicher Flügellöwe (nach chinesischem Vorbild)
Ksatria	Bade in der Form eines Meru-Götterschreins mit Schildkröte/Schlange-Basis und Boma-Kopf. Hat je nach Rang des Verstorbenen sieben, neun oder elf Dächer	Schwarzer Stier, für Frauen auch schwarze Kuh
Wesia	Meru-Bade mit bis zu sieben Tumpang	Hirsch oder aber elefantenköpfiger Flügellöwe.
Angehöriger der Pasek-Gruppe (eine herausgehobene Gruppe der Jaba)	Meru-Bade mit bis zu fünf Tumpang	Elefantenfisch Gajah-Mina (Schiffsform entsprechend der altmalayischen Tradition, den Toten in Schiffen über das Meer fahren zu lassen)
Pedanda-Priester	Trage in der Form des Padmasana-Lotosthrons. Auf dem Sitz die sterbliche Hülle des Priesters, der Surya selbst, den Sonnengott, verkörpert	Schwarzer, gefleckter Stier bzw. Kuh (Farbtafel 34; für Brahmana-Angehörige, die keine Priester sind, weißer Stier)

Trägern um seine eigene Achse gedreht, und wenn er am Ziel ankommt, dreimal um die Verbrennungsstätte herumgetragen. Das alles dient dazu, die Seele zu verwirren. Von nun an führt kein Weg zurück.

* **Die Verbrennung:** Der Tote wird nun vom Bade bzw. vom Wadah heruntergeholt und aus seinen mehrere Meter langen, weißen Tüchern ausgewickelt. Frauen nehmen sie beiseite, spannen sie in ihren hochgereckten Armen aus zu einer langen, weißen Seelenstraße. Nun gilt es, das Verbrennungstier zu öffnen. Früher hatte man eine hölzerne Klapptür auf seinem Rücken angebracht, heute wird das kunstvolle Gebilde einfach an der Oberseite aufgerissen, und der Tote mit den Effigien, die ihn repräsentieren, hineingesteckt. Auch jetzt, bevor seine Seele im Feuer emporfliegt, wird er noch mit dem reinigenden heiligen Wasser versehen. Schließlich besteht der Mensch selbst aus den beiden großen Urgegensätzen Wasser und Feuer (→ Ruwa Bineda).

Damit das Tier unter dem großen Baldachin rasch von den Flammen verzehrt wird, bedient man sich bei dieser traditionellen Zeremonie modernster Mittel in Form von Gasdruckgebläsen. Mit Ausnahme der einfachen Kiste und des Gajah Mina-Seelenschiffes (vgl. S. 323) können die Verbrennungstiere alle fliegen. Der Stier ist Siwas himmlisches Reittier, das den Toten nach oben trägt, und auch der Löwe hat Flügel. Alles deutet darauf hin, daß hier die uralte und weltweit verbreitete Vorstellung vom Seelenvogel mit im Spiele ist (vgl. S. 77). Bisweilen werden in einem kleinen Strohfeuer neben der Verbrennungsstätte piepsende Küken verbrannt. Und dann lassen sich die durch das Feuer befreiten Seelen zunächst einmal in den Zweigen benachbarter Waringin-Bäume nieder – eine Zwischenstation auf dem weiten Weg nach oben. Obwohl das nirgends ausdrücklich gesagt wird, scheinen die Seelenvögel oder, wenn man so will, vogelähnlichen Seelen ohnehin noch in der Mittelwelt zu bleiben. Zum Übergang in die Götterwelt sind noch weitere Zeremonien erforderlich, die, wenn überhaupt, zu einem späteren Zeitpunkt durchgeführt werden.

Wenn das Feuer herabgebrannt ist, geht auch der Bade in Flammen auf. Immer wenn ein Teil der Bambuskonstruktion birst, knallt es, und die Fetzen fliegen. Die glimmenden Reste des Leichenbrandes werden schließlich mit Wasser gelöscht. Die engsten Angehörigen lesen sorgfältig die weiße Knochenasche heraus oder nehmen bei Verbrennungen einer Effigie als Symbol einige Holzkohlestückchen an sich. Alles hat das Feuer zerstört mit Ausnahme der Kepeng, die den Toten mit auf die Reise gegeben worden sind. Auch der Ukur (vgl. S. 69) wird ja aus diesen chinesischen Münzen mit dem viereckigen Loch in der Mitte hergestellt. Und auf diese rußgeschwärzten Geldstücke stürzen sich jetzt Kinder und arme Leute, allerdings wohl nur solche, die sich bisher noch keine Zahnfeilung haben leisten können. Gar nicht so selten kommt es sogar zu heftigen Auseinandersetzungen zwischen den aggressiven ›Schatzgräbern‹ und den Angehörigen. Dabei fliegt dann die Asche hoch und die

Die Chaosschlange, besiegt durch den Ritus der kosmischen Ordnung

Vor den Bade wichtiger Persönlichkeiten aus der Ksatria-Kaste wird eine prachtvolle Drachen/Schlangenfigur einhergetragen. Diese Nagabanda ist durch weiße Tuchbahnen mit dem Turm-Bade verbunden. Am Verbrennungsplatz schießt ein Brahmanen-Priester mit einem Bogen Blumenpfeile aus allen vier Richtungen auf die Chaosschlange ab, tötet sie also rituell. Allein das Ordnungssystem des Lotoskosmos überwindet das Chaos, und nur der Priester kann als Sachwalter dieses Kosmos auftreten und ist daher auch dem mächtigsten Raja überlegen. Die Nagabanda-Zeremonie wird übrigens auf folgende Geschichte zurückgeführt:

Um einen Brahmanen bloßzustellen, steckte ein Raja eine Gans in einen Brunnenschacht. (Wohl eine Anspielung auf Brahma, als dessen Reittier die Gans oder der Schwan gilt!) Auf die Frage, was denn wohl der Brunnen enthielte, antwortete der Brahmane: »Eine Schlange«. Der Raja stimmte ein fröhliches Gelächter an, was ihm jedoch sehr schnell vergehen sollte. Denn als er den Brunnen öffnete, schoß eine riesige Schlange heraus und wollte ihn verschlingen. Die Geschichte wäre übel ausgegangen, hätte der Brahmane nicht das Untier getötet.

Funken stieben. Das ist einer jener seltenen Augenblicke, in denen einige wenige jener Menschen, die man sonst als so sanftmütig erlebt, plötzlich eine ekstatische Wildheit zeigen, die einen schon ein bißchen erschrecken kann.

* **Der Weg der Asche ins Meer:** In ein weißes Tuch verpackt, mit Blumen, Kepeng und Tüchern geschmückt, so wird die Asche in eine Sänfte gelegt. Diese bezeichnet man genau wie die Tragen der kleinen Sandelholz-Götterbilder als Jempana. In einer feierlichen Prozession geht es nun zum Meer oder zu einem Fluß, der sich darein ergießt. Ein Pedanda-Priester konzentriert sich nun auf die Herstellung des Lebenswassers, um damit die Asche auf symbolische Weise für eine neue Geburt in anderer Gestalt wiederzubeleben. Und dann wird die Asche dem Wasser übergeben, am Meer bisweilen von einem Auslegerboot aus, eine Erinnerung an das Totenschiff.

Durchgänge zur Götterwelt

Schon zwölf Tage nach der Verbrennung, aber auch später noch, kann eine weitere Reinigungszeremonie, Ngerorasin, durchgeführt werden. Alles was dann noch kommt, geschieht erst nach Jahren. In den aufwendigen Pitra Yadnya-Zeremonien, in deren Mittelpunkt ein aus Blumen gefertigtes Symbolbild des Toten steht, geht es darum, der Seele den Durchgang zur Götterwelt zu öffnen. Einige wenige Seelen, insbesondere die der Pedanda-Priester, werden letztendlich in einer abschließenden Zeremonie aus der Umlaufbahn des Lebensrades nach oben hinausgetragen, gelangen zu Gott und gehen in ihm auf. Alle anderen bleiben eingespannt in den Samsara-Kreislauf und erscheinen zunächst als Kinder (und das heißt immer noch als eine Art von Göttern) wieder in Bali.

Die Durchgangsriten in Bali erfüllen perfekt auch noch eine andere Aufgabe, nämlich die, harte Übergänge abzumildern. Der Tod verliert, aufgeteilt in die vielen rituellen ›kleinen Tode‹, seinen Schrecken. Und auch bei der Geburt plumpst das Kind nicht einfach so auf die Erde, sondern schwebt noch über ihr, ist noch dem Himmel verbunden. Das Hauptfest, sowohl das nach der Geburt (Einjahresfest) als auch das nach dem Tod (Verbrennung), wird jeweils wegverlagert vom biologischen Ereignis. Die rituelle Gliederung des Menschendaseins triumphiert über die biologische – das Göttergeschenk der Kultur reicht über das bloße tierische und dämonische Dasein hinaus. Den Übergängen alles Abrupte zu nehmen, das ist etwas, was der Mentalität der Menschen in Bali entspricht. So darf dort ein Schlafender unter keinen Umständen je geweckt werden. Seine Seele, die gerade in unbekannten Fernen spazieren geht, muß Gelegenheit haben, zu ihm zurückzufinden.

Quellen: 9, 15, 30, 77, 81, 87, 94, 113, 117, Q6, Q7, Q9, Q 14–17

Pura – der balische Tempel

Nach einer vorsichtigen Schätzung gibt es in Bali 20000 Tempel – und darin sind die sogenannten Familientempel noch nicht einmal eingerechnet. Jedes Haus – oder sprechen wir besser von Gehöft (Pekarandan) – einer Hindu-Bali-Familie hat seinen eigenen Familientempel, und deshalb gibt es in Bali insgesamt mehr Tempel als Behausungen. Darüber hinaus muß man auch die ganze Insel Bali selbst als einen einzigen Tempel auffassen – mit dem gespaltenen Tor (Candi Bentar) ganz im Westen, in Gilimanuk an der Anlegestelle der Fähre aus Java, und den natürlichen Meru, den hohen Bergen, im Osten. Der höchste davon ist der Gunung Agung, und zwischen diesem und jedem einzelnen Tempel Balis besteht eine zwar unsichtbare, aber dennoch starke Verbindungslinie.

Das Gehöft und sein Tempel

Das Gehöft in Bali gleicht einem aufgeschlagenen Buch, aus dem sich das Verhältnis der Bewohner untereinander und zu ihrer Umgebung ablesen läßt. Was in Europa die abschließbaren Zimmer sind, das sind in Bali die offenen, freistehenden Bales – Pavillons mit je vier bis zwölf Pfosten, bisweilen auch mit Rück- oder Seitenwänden ausgestattet. Ein mannshohes Mauerrechteck aus Lehmziegeln, Stein oder Flechtwerk umgibt die Bales eines Familienverbandes. Diese schroffe Abgrenzung wird durch nur einen Zugang unterbrochen, der als ›kritischer Punkt‹ der Schutzmauer mit einem sorgfältig angelegten gedeckten Tor (Kori) gesichert ist. Davor tummeln sich die Dämonen, die unablässig ins Innere eindringen wollen. Mit allen Mitteln, mit ›Zuckerbrot und Peitsche‹, versucht man das zu verhindern: An einem Schutzmäuerchen (Aling-Aling) hinter dem Durchgang rennen sich die Dämonen die Köpfe ein, denn blindwütig, wie sie sind, begreifen sie nicht, daß man vor der Mauer auch nach links oder rechts abbiegen könnte. Und dann werden sie auch noch mit Opfergaben beschwichtigt, die vor dem Tor auf dem Boden oder in Opfernischen an beiden Seiten des Durchganges ausgelegt werden.

Eingang eines Gehöfts und Blick in ein Gehöft (Zeichnungen von W. O. Nieuwenkamp 1906) ▷

Die Mauer dient also einerseits als Abgrenzung nach draußen, und zwar tatsächlich in erster Linie gegen Dämonen. Sie schließt aber gleichzeitig auch die Familie zusammen und ist ein sichtbares Zeichen für deren enges Zusammengehörigkeitsgefühl. Nur ein oder allenfalls zwei Bales in einem Gehöft haben eine Tür, die man hinter sich schließen kann. Das erlaubt eine Schlußfolgerung: Die entscheidende Abgrenzung gegenüber der Außenwelt bedeutet in Europa das ›Ich‹ des Individuums, in Bali dagegen das ›Wir‹ der Großfamilie.

In den offenen, locker um einen zentralen Hof gruppierten Bales ist das Leben recht naturverbunden. Im Dezember und Januar verwandeln sich die Höfe in den Hauptregengebieten Balis um Bangli, Ubud und Bedulu in morastige Seen. Wer sich innerhalb des Gehöfts

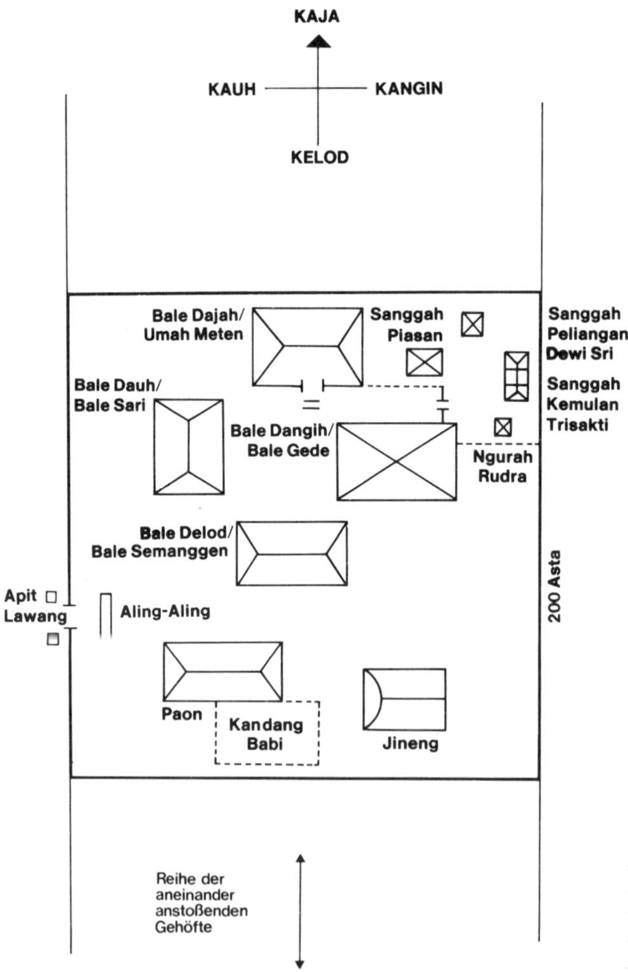

Grundprinzip des Gehöftes einer Reisbauernfamilie in Südbali (nach I Wayan Patera, Art Teacher, Ubud). Das Gehöft des einfachen Bauern ist 200 × 100, das des Dorfoberhauptes 200 × 200 Asta groß. (1 Asta = Strecke von Fingerspitze zu Fingerspitze bei seitlich ausgestreckten Armen)

bewegen will, muß von einem hohen Trittstein zum anderen hüpfen. Da ist es dann auch von Vorteil, daß sich die Bales auf Steinsockeln erheben, die höher sind als die Spritzwasserzone. Die Reisscheune ist, wie übrigens auch so manches Gebäude der Bali Aga (vgl. S. 323), ein Pfahlbau.

Der Familientempel

Von vielen Gehöften aus können die Bewohner den Gunung Agung (oder einen anderen Götterberg) sehen, sind also ganz unmittelbar in den balischen Kosmos eingebunden. Der Familientempel liegt ausgerichtet auf den Gunung Agung an der Kaja Kangin-Seite (vgl. S. 80) des Gehöfts. Es ist selbstverständlich, daß den Göttern und den Ahnen der beste und angesehenste Platz im Gehöft zusteht. Der Haustempel wird zudem häufig mit einem besonderen Mäuerchen umgeben, der Untergrund, auf dem sich die Schreine erheben, meist auch etwas aufgeschüttet. Den hochgestellten Göttern und Ahnen widmet man also eine Art kleiner Terrasse. Je mehr Leute in einem Gehöft wohnen, desto mehr Schreine sind vorhanden. Ein ausgebauter Haustempel (Sanggah) einer Jaba-Familie muß jedoch mindestens vier Schreine enthalten:

1. **Sanggah Kemulan Trisakti** (Schrein des Ursprungs und der Trinität) – der wichtigste, dreiteilige Ahnenschrein. Das Mittelstück ist für den Gründerahnen der Familie bestimmt, die Seitenteile für die gereinigten männlichen bzw. weiblichen Ahnenseelen (der bereits verbrannten Toten). Gleichzeitig gelten die drei Abteilungen auch als die Besuchssitze von Brahma, Siwa und Wisnu. Bei festlichen Zeremonien werden sowohl die Ahnen als auch die Götter eingeladen. Sie steigen vom Gunung Agung herunter, nehmen in den Schreinen Platz, genießen Speise und Trank und schauen sich oft auch zusammen mit den Familienangehörigen und zahlreichen Besuchern Schattenspiele oder Tänze an, die ihnen zu Ehren veranstaltet werden. Alle diese Familientempel-Häuschen ähneln im Prinzip den Bales der übrigen Bewohner, allerdings sind sie viel kleiner und mit einem so hohen Sockel ausgestattet, daß sie über die Mauer ragen. Der Blick zu den Bergen ist unverstellt. Uns erscheinen die Hüttchen wie Vogelhäuschen – ein Eindruck, der überraschend genau den Kern der Sache trifft. Tatsächlich stellt man sich vielerorts in der Welt die toten Seelen als Vögel vor. Auch der Vogel im deutschen Volkslied, der da geflogen kommt und von der Mutter einen Gruß bringt, verkörpert ja die Seele der entschlafenen Mutter selbst. In Samoa nisten die Seelen der Verstorbenen in den Zweigen großer Bäume, und in Bali fliegen sie nach der Verbrennungszeremonie hoch zu den großen Waringin-Bäumen. Auch die Vögel im Gezweig des Kayonan sind Ahnenseelen. Sogar die Götter finden Platz in den kleinen Schreinen der Familientempel (man stellt sich die Gottheiten nicht größer vor als die Ahnenseelen oder die Vögel). In Bali kommt es weniger darauf an, wie groß einer ist, als vielmehr darauf, wie hoch einer sitzt.
2. **Sanggah Peliangan Dewi Sri** – Schrein für die Reisgöttin Dewi Sri.
3. **Ngurah (Ngerurah) Rudra** – Schrein für den Herrn des Bodens, über dem das Gehöft

Familientempel (Zeichnung von W. O. Nieuwenkamp 1906)

errichtet wird. Ngurah Rudra gehört zu den unterirdischen Mächten. Wie die meisten bedrohlichen Gottheiten in Bali nimmt er aber, wenn man ihn nur richtig behandelt, auch Aufgaben als Schutzgott wahr.

4. **Bale Piasan** – Pavillon für das Zubereiten und Darbringen von Opfern.

Übrigens: Im Familientempel werden auch die aus Kepeng (chinesischen Lochmünzen) hergestellten Figuren von Dewa und Dewi Sedana, Gott und Göttin des Reichtums, aufbewahrt. Sie gelten als Erscheinungsformen von Wisnu, der für das heilige Wasser und die Bewässerung der Reisfelder zuständig ist, und der Reisgöttin Dewi Sri.

Ein junges Paar, das eben ein neues Gehöft gegründet hat, errichtet zunächst einen provisorischen Opferaltar aus Bambus und Flechtwerk. Es nimmt auch weiterhin an den Feierlichkeiten im väterlichen Gehöft teil.

Die Familientempel der höheren Kasten (Pamerajan) sind ebenso wie die größeren Tempel von Familiengruppen (Pura Dadia) fast schon so reich ausgebaut wie Dorftempel (Padmasana für Surya, Schreine für Berggottheiten, Gottheiten der See und der Ahnen von Maospait, vgl. S. 82ff.).

Der Wohnteil des Gehöftes

Im Wohnteil des Gehöftes sind die Gebäude nach der Wichtigkeit ihrer Bewohner verteilt.

* Das **Umah Meten** nehmen die angesehensten Leute, die Großeltern, in Anspruch oder die Schutzwürdigsten, nämlich die unverheirateten Mädchen. Es liegt bergwärts an der vornehmsten Stelle neben dem Familientempel und hat die höchste Plattform. Heutzutage pflegt die hintere Hälfte vollständig ummauert zu sein, während die vordere offen bleibt und auf diese Weise eine Art von Veranda bildet.
* Das **Bale Dangin** (Ostpavillon) oder Bale Gede (großes Bale), ein offener Schlafpavillon für die Eltern, ist zur Kangin-Seite (in Südbali = Osten) hin ausgerichtet.
* Das **Bale Dauh** (Westhaus) oder Bale Sari (Blumenhaus) ist nach der weniger günstigen Kauh-Richtung orientiert und dient als Schlafpavillon des männlichen Nachwuchses.
* **Paon** ist die Küche, die an der ungünstigen, meerwärts gelegenen Seite angeordnet wird. Sind in einem Gehöft mehrere Küchen vorhanden, so verrät das, daß der Hausherr ebensoviele Frauen geehelicht hat.
* **Jineng** oder **Lumbung** heißt die Reisscheune, ein Pfahlbau mit fast hufeisenförmig durchgebogenem Dach.
* **Kandang Babi** heißt ein umzäunter Bezirk südlich der Küche, wo die Schweine zu Hause sind und wohin auch die Abfälle wandern. Wie der bergwärts gelegene Familientempel als reiner Ort besonders abgegrenzt ist, so wird auch der meerwärts gelegene, unreine Bezirk des Schweinestalls mit einem Mäuerchen umgeben.

Gehöft in Bali

* **Bale Delod** (meerwärts gelegenes Bale) oder Bale Semanggen (Geisthaus). In vielen Gehöften vorhanden, nicht jedoch in allen, liegt dieses Bale zwischen Küche und Bale Dangin dem Umah Meten gegenüber. Hier werden die Toten aufgebahrt. Bisweilen benutzt man dieses Bale auch als Gästepavillon.

Ein komplett ausgestattetes Gehöft hat also vier nach den vier Himmelsrichtungen ausgerichtete Bales, von denen jedes einem anderen Lebensabschnitt zugeordnet ist. Das Pekarangan (Gehöft) in Bali spiegelt also sowohl die Welt wie den Lebenslauf.

Mitunter werden für die einzelnen Bales andere Bezeichnungen verwendet, die sich nicht auf ihre Lage im Gehöft beziehen, sondern auf die Anzahl der dachtragenden Pfosten.

Banjar und Desa

Das Gehöft ist fest in Banjar und Desa eingegliedert. Das ursprüngliche balische Dorf – **Desa** – dient als der Siedlungsraum einer großen Familiengruppe, die sich auf einen gemeinsamen Vorfahren beruft. Die Hauptstraße des Dorfes mit ihren Parallelstraßen verläuft von seewärts (Kelod) nach bergwärts (Kaja). Meerwärts und möglichst etwas außerhalb des Dorfes befindet sich nahe dem Begräbnis- und Verbrennungsplatz der Unterwelttempel Pura Dalem, in der Mitte der Pura Desa, der Dorftempel mit dem Versammlungs-Bale der Desa (Gesamtheit der verheirateten Männer), und an der Kaja-Seite der wichtigste Tempel, der Pura Puseh. Bei einer Dorfneugründung wird dieser Tempel für den Dorfgründer und Stammvater aller Bewohner als erster Bau errichtet.

Im Zentrum des Dorfes kreuzt sich mit der Hauptstraße ein von Kauh nach Kangin verlaufender Weg. Vielfach wird dieser magisch-gefährliche Punkt, an dem man sowohl in der Mittags- als auch in der Mitternachtsstunde besser nicht verweilt, durch eine Statue der vier Richtungsgottheiten beschützt (vgl. S. 237). Wie das Gehöft, so sieht sich auch das Dorf als eine eigene kleine Lotoswelt, Abbild des Makrokosmos. Gar nicht so selten findet man auch Eingangstore in Candi Bentar-Form (vgl. S. 85) aus Bambus oder Geflecht – der Versuch des Dorfes, sich gegen den Rest der Welt abzugrenzen.

Größere und ältere Dörfer sind untergliedert in Dorfbezirke **(Banjar).** In ihrem Zentrum an der Hauptstraße steht die Versammlungshalle, das Bale Banjar, das normalerweise keine Verbindung mit einem Tempel hat. (Allerdings gibt es durchaus auch größere Banjars, die sich in ihrer Entwicklung an der Schwelle zum Desa befinden und bereits über drei eigene Tempel verfügen.) Während sich nämlich die Desa-Versammlung vorwiegend mit religiösen Angelegenheiten des Dorfes beschäftigt, hat der Banjar mit den ›weltlichen‹ Dingen zu tun. Und so fügen sich auch Banjar und Desa in das große Gegensatzsystem (→ Ruwa Bineda) ein:

Kaja – Oberwelt (Himmel) – Desa – Wasser
Kelod – Unterwelt – Banjar – Feuer

Der Banjar ist es, der mit Bestattung und Verbrennung zu tun hat und natürlich auch mit Reinigungszeremonien, also der Absicherung des Dorfes gegen dämonische Einflüsse. Der Gegensatz ›weltlich – religiös‹ muß in Bali allerdings immer in Anführungszeichen gesetzt

Balisches Dorfleben
(Zeichnung von
W. O. Nieuwenkamp 1918)

werden, weil es eben überhaupt nichts gibt, das nicht irgendwie doch mit einer religiös-magischen Sphäre zu tun hat.

Entlang der Straßen reiht sich ein Gehöft an das andere, alle haben die gleiche Größe, in Ubud z. B. 100 × 200 Asta (Elle = Abstand Ellenbogen–Fingerspitzen). Die Gehöftmauern bilden die Seiten der Straßen und geben dem Dorf seine regelmäßige Gestalt. Ihre Abmessungen sind unveränderlich. Innerhalb der Mauern jedoch, im Gehöft selbst, ist alles im ständigen Fluß, verändert sich alles mit der Situation der Familie.

Die Kasten und ihre Gehöfte

Kaste	Name des Gehöftes	Name des Familientempels
Jaba	Pekarangan	Sanggah Kemulan
Wesia	Jero	Pemerajan
Brahmana	Jero	Pemerajan
Pedanda-Priester	Gria	Pemerajan
Ksatria	Jero	Pemerajan
Herrscher aus der Ksatria-Kaste	Puri	Pemerajan

Das Tempelsystem und das Gruppensystem

Die Tempel sind Treffpunkte für Götter und Menschen. Anläßlich der großen Tempelfeste ruft der Priester die Götter, die Menschen verehren sie, geben ihnen zu essen und essen auch selbst, erfreuen sie mit Spielen und Tänzen. Die Götter revanchieren sich, indem sie die Menschen segnen und heiliges Wasser spenden. Sind die Götter wieder auf den Gunung Agung zurückgekehrt, so bleibt der Tempel funktionslos bis zum nächsten Fest.

Der Tempel bildet das Rückgrat einer Gruppe. Das bedeutet, er ist keine universelle Verehrungsstätte wie eine Kirche oder eine Moschee, in der Gläubige ihre Andacht verrichten können. Die Tempel werden vielmehr von ganz bestimmten Gruppen innerhalb der Bevölkerung unterhalten und in der Regel auch nur von diesen benutzt. Alle wirklich stabilen Gruppen in Bali drücken sich dadurch aus, daß sie einen Tempel gründen. Man kann sogar sagen, daß es der Tempel ist, der die Existenz dieser Gruppe sichert. Hätten etwa die verschiedenen Künstlergruppen einen Tempel errichtet, wären sie bestimmt nicht so schnell wieder auseinandergefallen.

Abstammungstempel

* Pura Sanggah Kemulan	Familientempel einfacher Leute (Jaba)
* Pura Pemerajan/Merajan	Familientempel der höheren Kaste. Diese Tempel liegen normalerweise im Gehöft einer Familie, einige Pura Pemerajan allerdings werden von den Bewohnern mehrerer Gehöfte verehrt.
* Pura Dadia/Pedadian/Pemaksaan/Ibu	Gemeinsamer Tempel mehrerer Familien, einer Familiengruppe, die gemeinsame Vorfahren verehrt.
* Pura Krabitan/Panti/Pemaksaan	Tempel mehrerer Familiengrupen, einer Familiengroßgruppe, für die Verehrung der gemeinsamen Stammeltern. (Aus einem solchen Tempel kann sich mit der Zeit ein neues Pura Puseh entwickeln).
* Pura Kahyangan Tiga – die drei Dorftempel: Pura Dalem (Unterwelt) Pura Desa/Bale Agung (Menschenwelt) Pura Puseh (Himmel)	Die drei obligatorischen Dorftempel, in der alle Gruppen der Desa die Gründerahnen als ihre gemeinsamen Stammeltern verehren. Bisweilen sind Pura Puseh und Pura Desa (in Buleleng) oder auch Pura Desa und Pura Dalem zusammengefaßt.

* Pura Kerajaan, z. B.:
  Pura Prasada/Candi (Abstammungstempel der Raja-Familie)
  Pura Panataran (Territorialtempel)
  Pura Pusar ing Jagat (Weltnabeltempel)
  Pura Kentel Gumi (Tempel der Verfestigung der Erde)
  Pura Pusar ing Tasek (Nabeltempel der See)

Tempel für die einzelnen Herrschaftsgebiete der Rajas, sie sind geknüpft an die Raja-Ahnen oder – dies gilt für sehr alte hindujavanische Tempel – an die Entstehung der Welt.

* Pura Sadkahyangan:
  1. Pura Besakih (Karangasem)
  2. Pura Goa Lawah (Klungkung)
  3. Pura Luhur Lempuyang (Karangasem)
  4. Pura Batukau (Tabanan)
  5. Pura Ulu Watu (Badung)
  6. Pura Pulaki (Buleleng)

Sechs Tempel, die für ganz Bali gelten. Allerdings gibt es sehr unterschiedliche Listen für diese sechs Tempel. Oft werden noch dazugerechnet: Pura Kehen (Bangli), Pura Sakenan auf Serangen, Pura Rambut Siwi, Pura Andakasa (Klungkung). Der absolut höchste Tempel ist Pura Besakih.

* Pura Pasek

Tempel für Angehörige der Pasek-Gruppe, einer bevorzugten Gruppe innerhalb der untersten Kaste. (Vielleicht gehörten ihre Vorfahren in vorhinduistischer Zeit zu einem Geschlecht von Stammeshäuptlingen).

Tempel von Berufsgruppen

* Pura Subak
  Pura Bedugul (Bewässerung von einem See aus)
  Pura Beji
  Pura Ulun Siwi (größeres Bewässerungssystem)
  Pura Mas Ceti (Gyanyar)
  Catu (Opfersäule an Wasserwerk)
  Pura Empelan (kleiner Wehrtempel)
  Pura Ulun Carik (für Dewi Sri am oberen Ende der Reisfelder)
  Pura Penyungsungan Subak (kombinierter Subak- und Dorftempel)

Tempel und Opferstätten für die Gemeinschaft, die ein Bewässerungssystem unterhält (Subak).

* Pura Pebiyanan/Binoa

Für eine Gemeinschaft, die Trockenfrüchte anbaut.

* Pura Melanting

Tempel für Verkäufer und Marktfrauen, an Marktplätzen.

Naturheiligtümer

* Pura Pucak/Puncak/Bukit	Bergheiligtümer für die Götter, die die Höhen beherrschen.
* Pura Kayehan	Quell- und Brunnentempelchen.
* Pura Segara	Für die Gottheiten, die die See (Unterwelt) beherrschen.

›Sondertempel‹

* Tempel in Verbindung mit Badeplätzen für die Götter, z. B. Pura Beji, Sangsit, Tirtha Empul, Goa Gajah Yeh Pulu	Häufig bereits in altjavanischer Zeit eingerichtete größere Tempel mit Badeplätzen für die Götter und bisweilen auch Badebezirken für die Menschen.

Der Tempelbereich

Von der Anlage her ist ein Tempel ein balisches Gehöft, nur größer, schöner ausgeschmückt und vervielfacht in zwei bis drei aneinander anstoßende, mauerumfaßte Bezirke. Diese Höfe liegen in Südbali gewöhnlich auf einem gleichmäßigen Grundniveau, im Norden (manchmal aber auch in Seetempeln an der Südküste sowie in den Bergen) steigen sie dagegen stufenförmig an und bilden so Terrassentempel.

Im Gegensatz zu den höhlenartigen Innenräumen für die Götterbilder in Indien gibt es in Bali lediglich umgrenzte Bezirke, die die unreine Außenwelt ausgrenzen. Nach dem Ende des direkten hindujavanischen Einflusses vor gut 500 Jahren wurden nur noch selten Götterbilder in der Form von Großplastiken geschaffen. In den Schreinen warten kleine Figuren (Arca) aus Holz, Kepengs oder Stein und auch sonstige Heiligtümer wie Krise (Dolche)oder Masken darauf, daß sich beim nächsten Tempelfest die Götter für ein paar kurze Tage in ihnen verkörpern. Aber nicht alle Götter legen Wert auf eine äußere Hülle. Manche erscheinen auf den Tempelfesten unsichtbar – wenigstens für die normalen Sterblichen. Der Pedanda-Priester oder ein ekstatisch begabter Laie kann sie sehen, und sichtbar sind sie auch für die Gekkos, die mit ihrem lauten »tschak – tschak – tschak« allen Tempelbesuchern mitteilen, daß die Götter soeben angekommen sind. In vielen Tempeln befinden sich kleine Schreine mit winzigen Sitzen, wie für Puppen. Und manchmal hängen vom Dach des Schreins kleine Krönchen herab. Wenn die Zeremonien beginnen, müssen die Götter nur in unsichtbarer Form auf die Sitze schlüpfen und ihren Kopf unter die Krönchen stecken.

Die Tempelhöfe

Sie bilden eine Art von Schleuse, die die Gefahr von Verunreinigung durch übelwollende Geister vom Inneren des Jeroan fernhalten sollen. Meist sind die Tempel dreihöfig:

Hof	Gelegen in Richtung:	in Nordbali auch:	Niveau beim Terrassentempel	Kosmische Beziehung
Jeroan (innen)	Kaja	Osten	Hoch	Oberwelt
Jaba Tengah (Mitte)	–	–	Mitte	Mittelwelt
Jaba Sisi (außen)	Kelod	Westen	Tief	Unterwelt

Der Innenhof ist Götterschreinen und Opferstätten vorbehalten, der Mittelhof meist Bales für Versammlungen und für die Musik, der äußerste den Wirtschaftsgebäuden. Bisweilen fehlt der äußerste Vorhof oder er ist nicht ummauert. Gar nicht so selten erfolgt der Zugang zu zwei verschiedenen Tempeln, z. B. einem Pura Puseh und einem Pura Desa, durch einen gemeinsamen Vorhof.

Candi Bentar – das gespaltene Tor

Man stelle sich ein flaches, in der Mitte durchschnittenes Candi (eine Art Stein-Meru) vor, dessen beide gleich großen Teile gewaltsam nach der Seite gezerrt wurden, so daß sich ein Durchgangsspalt ergibt – genau so sieht ein Candi Bentar aus. So manches gespaltene Tor ist mit einem steinernen Kala Boma-Kopf geschmückt, der die Auseinandergerissenheit dieses Bauwerks nachvollzieht. Das gespaltene Tor soll daran erinnern, daß der indische Götterberg Mahameru bei seinem Transport nach Bali in den Gunung Agung und den Gunung Batur auseinandergefallen ist. Allerdings kommt das Candi Bentar schon im ostjavanischen Reich Majapahit vor.

Das Innerste des Tempels beschützt ein gedecktes Tor. Doch keine Regel ohne Ausnahme, in Bali schon gar nicht: Gelegentlich werden die beiden Tortypen auch vertauscht angeordnet.

Kori Agung – der gedeckte Durchgang

Das Kori Agung – auch Gelung Agung, Candi Kurung oder Paduraksa genannt – stellt insbesondere in Südbali (jedoch nicht nur dort) den auffälligsten und mit Abstand am aufwendigsten ausgestatteten Teil eines Tempels dar. Daß ausgerechnet ein Durchgang

Candi Bentar (links) und Kori Agung (Zeichnungen von W. O. Nieuwenkamp 1906)

derart imposant ausgebaut wird, bei weitem eindrucksvoller als sogar das Allerheiligste, mag den Abendländer zunächst befremden. Aus balischer Sicht ist es nur konsequent. Für den Christen gilt der Chor in einer Kirche als das Wichtigste, weil dieser bildhaft das Ziel veranschaulicht, das der Mensch erreichen will – den Himmel. Für den normalen Sterblichen in Bali hingegen ist die endgültige Bestimmung seiner Existenz, das Entkommen aus dem Kreis der Wiedergeburten, in sehr, sehr weite Ferne gerückt, weit hinaus hinter noch unzählige Wiedergeburten. Viel aktueller für ihn sind die Durchgänge von einer Existenz zur anderen, vom Kind zum Erwachsenen, vom Menschen zum Totengeist, vom vergöttlichten Ahnen zur Wiedergeburt. Wenn aber nun tatsächlich die Durchgangssituationen mit ihren aufwendigen Riten (näheres vgl. S. 48ff.) und ihren magischen Absicherungen gegenüber dämonischen Einflüssen als die wichtigsten Stationen im Leben wie auch der Nach- und Vorlebens-Existenz empfunden werden, in welcher anderen architektonichen Form könnte dies überzeugender ausgedrückt werden als eben in der des reich ornamentierten Durchganges?

So wie die Durchgangsriten einen besonders gefährlichen Zeitraum darstellen, so ist der Zugang zum dämonenfreien Bezirk, eben das Tor, eine besonders bedrohte Stelle. Daher muß der Durchgang auch von schwerbewaffneten Wächterdämonen oder Wächterhexen beschützt werden, die alle genau so aussehen und alle genau so heißen wie das, was sie abwehren sollen. Daß man sich am besten mit dem verteidigt, was einen bedroht, das ist eben ein weltweit verbreitetes Prinzip. Die Dämonenschutzmauer (Aling-Aling, schon vom Gehöft her bekannt) unmittelbar hinter dem Durchgang zwingt den Eintretenden, nach links oder rechts hin auszuweichen.

Das Tor hat darüber hinaus eine bildhafte Bedeutung, die ebenfalls in einem unmittelbaren Zusammenhang mit den ›kleinen Durchgängen durch den Tod‹ der Durchgangsriten steht: In Asien und Ozeanien existiert nämlich, abgesehen von der Tradition der Lotoswelt (vgl. S. 40ff.), auch noch ein anderes, uraltes Weltbild, die Vorstellung von der Weltenachse als Weltenberg und als Weltenbaum. Das gedeckte Tempeltor ist zentraler Götterberg und Weltenbaum zugleich. Eine Schlüsselrolle spielt dabei der besonders im Süden eindrucksvoll ausgestaltete Kala Boma-Kopf (Kala = Dämon, vgl. S. 163) über dem Durchgang. Boma, der Sohn der Erde, Herr der Wälder, eine Erd- und Baumgottheit, verschlingt die, die von einer Existenz hinübergehen in die andere. Die Boma-Maske mit dem aufgerissenen Schlund hat es schon auf altjavanisch-buddhistischen (Borobodur) und hinduistischen (Dyeng-Plateau) Monumenten des 8. Jahrhunderts gegeben. Ursprünglich wurde die Fratze ohne Unterkiefer dargestellt – Ersatz hierfür war die Türschwelle. Der Eintretende verschwand also im Rachen wie einst Jonas im Maul des Walfisches (eine Geschichte, die das ekstatische Erlebnis eines Durchgangsritus von der Existenz eines normalen Menschen zu der eines Propheten beschreibt). In Bali gibt es heute noch ein Monument, das man wortwörtlich durch ein geöffnetes Felsenmaul betritt: die Goa Gajah (vgl. S. 182ff.). Aber einmal ganz abgesehen vom Tor: Der Boma-Kopf taucht noch an einer ganz anderen Stelle auf, nämlich auf dem Bade – dem Bade Boma, wie er genannt wird –, dem Transportsarg, der den Toten zum Verbrennungsplatz bringt. Auf alten Fotos (vor 1914 und Anfang der 20er Jahre) ist sogar zu sehen, wie der Verstorbene direkt durch den Rachen des Boma-Kopfes hindurch in einen Bade geschoben bzw. aus ihm herausgezogen wird.

Der dem Boma-Kopf entwuchernde Rankendekor und die astähnlichen Ranken der Dachstufen weisen ebenfalls auf den Lebensbaum hin. Dieser wurzelt in der Unterwelt, und sein Wipfel ragt in den Himmel, wo die Ahnenseelen als Vögel zwischen seinen Zweigen hausen. Es gibt Künstler in Bali, die auf ihren Bildern aus einem Tempeltor anstelle des Steingeästes der Dachstufen einen Baum herauswachsen lassen. Und heute noch werden, wie in altmalayischer Zeit, Bäume und Steine verehrt. In jedem Dorfzentrum steht ein heiliger Waringin-Baum. Auch in südbalischen Tempeln oder in ihrer Nähe finden wir meist hohe Bäume, oft ebenfalls Waringin-Bäume.

Die Schamanen aller Zeiten und Länder sind in Trance auf einen Baum geklettert, um den Himmel zu erreichen oder auch, um sich in die Hölle zu begeben oder um die Ahnenseelen zu veranlassen, über den Baum in die Menschenwelt herabzusteigen. Und das gedeckte Tempeltor müssen wir gewissermaßen als eine Art von Himmelsleiter ansehen. Oft führen auch hohe, vielstufige Treppen hoch hinauf zum mittleren Durchgang. Der ist nur geöffnet, wenn sich die Götter im Tempel aufhalten. Ein solches Tor ist in Bali also nicht nur der Durchgang für die Menschen, sondern sein abgetrepptes Steingezweig dient auch als Stelle für das Herabsteigen der Ahnen und Götter.

Links: Nordbalisches Kayonan – Weltenbaum und Weltenberg des Schattenspiels (Wayang Kulit). Rechts: Gunungan – der Weltenbaum und Weltenberg des javanischen Wayang Kulit.

Haben wir wirklich das Recht, so eine alte schamanische Praxis auf das Bali von heute zu übertragen? Durchaus, denn es gibt heute noch in Bali und Java schamanische Rituale, die darauf anspielen, und zwar die Schattenspiele. Jede Vorstellung wird eröffnet und abgeschlossen mit dem Tanz einer baumähnlichen Figur, in Java Gunungan (›das Bergige‹), in Bali Kayonan (›das aus Holz‹) und in Kelantan (Malaysia), sogar ganz deutlich Pohon Beringin (Waringin-Baum) genannt. Über den Schattenspiel-Baum steigen die Götter und Ahnen herab und schlüpfen dann in die Heroen- und Götterfiguren des Schattenspiels, um diesen Leben zu verleihen. Sie benutzen also das Kayonan in der gleichen Weise als Himmelsleiter wie den Torbau.

Noch deutlicher als die Lebensbaumfigur aus Bali enthält das javanische Gunungan alle Elemente eines Tempeltores, einschließlich des großen Boma-Kopfes und der Wächterfiguren vor einer gewaltigen zweiflügeligen Tür. Bei vielen der Gunungan-Schattenspielfiguren erscheinen Garuda-Köpfe. Nach einer Überlieferung reitet Boma auch auf diesem Himmelsadler Wisnus. Deshalb ist die grimmige Fratze auf dem Bade Boma stets von Garuda-

Flügeln flankiert, ebenso auch auf einigen (allerdings wenigen) Tempeltoren. Dafür haben andere Tempeltore wieder seitliche Zacken, so daß das gesamte Tor wie ein geflügeltes Wesen aussieht. Der Unterweltsdämon in Verbindung mit dem Himmels-Garuda symbolisiert, besonders deutlich im Bade Boma, den Durchgang der Totenseele erst durch die Unterwelt, dann hinauf in himmlische Höhen. Gleichzeitig lassen die Garuda-Flügel an die ›gute alte‹ und auch weit verbreitete schamanische Tradition denken, rituell oder im Tranceerlebnis auf Vogelflügeln zum Himmel zu schweben.

Gunungan und Kayonan zeigen die Grenzen der heiligen Zeit des Schattenspiels an, in der die erleuchtete Leinwand zum Tempel wird. Das Tempeltor grenzt als Eingang und Ausgang den heiligen Raum für das Tempelfest aus. Der Name Gunungan deutet auf den Bergcharakter dieser Figur aus Rinderhaut hin. Sie ist gleichzeitig Baum und Berg – ebenso wie die Meru-ähnlichen Dachstufen des Kori Agung nicht nur den Lebensbaum, sondern auch den Göttersitz Gunung Agung repräsentieren. Interessant in diesem Zusammenhang: Die Spitze vieler, besonders auch älterer Tempel krönt ein Tirtha-Gefäß. Und damit werden diese Tempel mit dem Gunung Agung gleichgesetzt, denn der gilt ja als der große Behälter des von den Göttern eifersüchtig bewachten heiligen Wassers. Wenn sie zu Besuch in den Tempel kommen, dann geben sie dem Menschen davon einige Tropfen ab. Das Eintreten in einen gerade von den Göttern besuchten Tempel stellt einen Ausflug in die Götterwelt dar. Und die ist normalerweise nur zu erreichen, wenn man durch den Durchgang des Todes hindurchgeht. Kein Mensch kann jedoch, wenn er einen Durchgang einmal rituell passiert hat, zum alten Status zurückkehren. Es gibt nur eine Ausnahme: Der Schamane hat sich die Freiheit erworben, zwischen Himmel und Erde hin- und herzupendeln, gewissermaßen die Durchgangsriten vorwärts und rückwärts zu vollziehen. Ein Tempelbesuch anläßlich eines Festes aber ist wie das Schattenspiel eine Begegnung mit den Oberweltlichen. Es setzt voraus, daß man durch das Tor des Tempels hindurchgeht, was einem rituellen Sterben gleichkommt. Allerdings bleibt auch der Weg zurück offen, und daher ist der Tempelbesuch eine jedem Hindu mögliche ritualisierte Form einer ursprünglich den Schamanen vorbehaltenen ekstatischen Praxis.

Andererseits ist der Durchgang durch das Tor, das Verschlungenwerden durch die Gottheit also, eine Art von bildlicher Darstellung des Erlösungszieles. Denn die Vereinigung des Atman mit dem göttlichen Prinzip ist durchaus auch als Vorgang des Einverleibtwerdens vorstellbar.

Weder Mitte noch Symmetrie ist südbalischen Tempeln eigen. Ihr Schwerpunkt liegt nicht in ihrem Inneren, sondern weit außerhalb im Gunung Agung. Das gilt für alle südbalischen und ostbalischen Tempel, von denen aus die Spitze des Gunung Agung zu sehen ist. Viele Tempel in Buleleng hingegen sind symmetrisch angelegt und besitzen auch ein Zentrum in Form eines Götterthrones. Möglicherweise hat das damit zu tun, daß im größten Teil des Gebietes von Buleleng der Gunung Agung nicht zu sehen ist, und daß man die Tempel dann nach Osten, gen Sonnenaufgang, ausgerichtet hat.

Quellen: 9, 15, 16, 19, 20, 64, 79, 81, 83, 93, 94, 113, Q3, Q 6, Q 16, Q 17

Baumdämonen (Ausschnitte aus Gemälden)

Die weitere Ausstattung des Tempels

Nicht alle der hier genannten Baulichkeiten kommen in sämtlichen Tempeln vor. Im Jeroan (Innenhof) befinden sich meist:

Padmasana oder Sanggah Agung

Dieser reichgeschmückte Lotosthron aus Stein wird in der Kaja-Kangin-Ecke (in Südbali Nordost) aufgestellt. Seine Rückenlehne ist genau auf den Gunung Agung ausgerichtet. In Nordbali steht der Padmasana zentral im Innenhof an der Rückseite des nach Osten orientierten Tempels. Bei den Tempelfesten läßt sich Siwa als Sonnengott Surya in Yogahaltung auf diesem Thron nieder. Neuerdings wird Siwa immer häufiger mit Sanghyang Widi (vgl. S. 244) gleichgesetzt, dessen Abbildung fast immer die Rückseite des Thrones schmückt. Padmasana heißt auch die Yogasitzhaltung des Pedanda-Priesters, wenn er in der Meditation selbst zu Surya wird und heiliges Wasser herstellt. Auf einem weißen, goldgeschmückten Padmasana wird der verstorbene Pedanda-Priester zur Verbrennungsstätte gebracht (S. 71).

Der menschenverschlingende Baumdämon

Die Vorstellung, daß ein Baum gleichzeitig ein gefährlicher Dämon sein kann, ist in vielen Kulturen verbreitet. Durch den Baum, auf dem der Schamane in den Himmel zu klettern vermag, drohen gleichzeitig Gefahren, denn das Erreichen der anderen Welt erfordert einen Durchgang durch den Tod – das Gefressenwerden. Und so drückt die Kala Boma-Fratze einerseits etwas Schauerliches aus, andererseits aber auch zugleich eine Hoffnung, weil das Gefressenwerden letztlich ja nur die Durchgangsstation zu einem besseren Status ist. Interessanterweise kommen gefährliche Bäume sowohl in den Träumen als auch in den bildlichen Darstellungen europäischer Gemütskranker vor, und zwar gerade auch dann, wenn ein Heilungsprozeß eingesetzt hat – wenn sich die Kranken also sozusagen in einer Durchgangssituation befinden. Dr. Gaetano Benedetti veröffentlichte interessante Gemälde einer gemütskranken Frau, deren künstlerische Arbeit zu ihrem eigenen Beitrag für ihren Heilungsprozeß wurde. Eines der Bilder zeigt im Vordergrund sie selbst als kranke Persönlichkeit in weiblicher Gestalt, dahinter einen Baum mit roter Fratze und weit geöffnetem Maul. Dieser ist als ihr triebhaftes, ›erdverwurzeltes‹ Empfinden anzusehen, von dem sie befürchtet, es könne sie auffressen. Gleichzeitig bildet diese bodenverwurzelte Kraft auch den (im Bilde sichbaren) Antrieb für die Geburt eines grünen (also in der Farbe der Hoffnung dargestellten) Kindes – ihrer neuen, gerade heranreifenden heiteren Persönlichkeit. In der sind dann Triebhaftigkeit und Geistigkeit, die zuvor so heftig in ihr miteinander kämpften, zu einem harmonischen Ganzen zusammengefügt, gleichermaßen enthalten. Bezeichnenderweise enthält die umfangreiche Bildserie dieser Malerin noch eine ganze Reihe anderer Leben/Tod-Durchgangsmotive – Geburt, Schiffahrt in eine andere Welt und auch die Himmelsleiter Jakobs.

Die balischen Tempeldurchgänge faszinieren uns deshalb so, weil sie gestaltgewordene Bildvorstellungen sind, die irgendwo ganz tief in uns selbst ihr Wesen treiben, aber nur selten, in besonders kritischen Situationen, an die Oberfläche treten.

Quelle: Q 6

Die Basis des Padmasana ist die Unterwelt, verkörpert durch die Feuerschildkröte Bedawang, umwickelt von ein oder zwei Schlangen. Der Thronsitz Siwas ragt in den Himmel. Dazwischen, in der Mittelwelt, werden häufig die 8 + 1 Richtungsgötter des Padma dargestellt (Padma-Sana = Lotosthron, vgl. S. 39). Mancherorts, auch in Besakih, findet sich ein dreisitziger Padmasana für Siwa, Wisnu und Brahma. Er entspricht dem dreiteiligen Sanggah Kemulan in den Familientempeln.

Die Unterweltschildkröte Bedawang mit den Schlangen Antaboga und Basuki

Die Schildkröte ist in ganz Asien und im pazifischen Raum ein beliebtes Symbol. Mythen und Märchen weisen die Panzerechsen oder auch andere Reptilien wie Kröten und Eidechsen als Stammeltern der Menschheit aus. Wie zunächst auch die alten Inder faßten die Chinesen das Universum als eine Art von Schildkröte auf: Die obere, runde Schale ist das Himmelsrund, die untere, als quadratisch angesehene das Viereck der Erde. Nachdem die chinesische Sintflut glimpflich überstanden war, wurde das reichlich mitgenommene Himmelsgewölbe auf vier Schildkrötenbeinen aufgestützt. Die ältesten chinesischen Schriftzeichen sind in Schildkrötenpanzer und in Wirbeltierknochen eingeritzt (Zeichen für Orakel). Die Mongolen betrachteten die Schildkröte als Träger des Weltenberges, gleichzeitig der Weltachse.

Im indischen Mahabharata taucht dann erstmalig die von der Schlange umwundene Schildkröte auf. Wisnu, in Bali zuständig für heiliges Wasser, nimmt in der zweiten seiner insgesamt zehn Verkörperungen (Avatara) die Gestalt einer riesigen Schildkröte an. Sie trägt den Berg Mandara (die Weltachse). Die Götter winden nun die Weltenschlange Ananta (die Unendliche, balisch Antaboga) um Schildkröte und Berg und bringen damit beides wie einen Quirl zum Rotieren. Auf diese Weise wird aus dem Urozean zunächst das Wasser der Unsterblichkeit, Amertha, heraus›gebuttert‹. Dann geht der Weltschöpfungsakt weiter. Es entstehen der Götterarzt mit dem Amertha-Becher in der Hand, Laksmi, die Gattin Wisnus (in Bali die Reisgöttin Dewi Sri), der Gott des Rauschtrankes, Sura, weiter der Mond, eine Nymphe als Vorbild weiblichen Liebreizes, das Roß, das Juwel, ein Himmelsbaum (!), die Milchkuh, der Elefant, das Muschelhorn des Sieges, ein wertvoller Bogen und Gift.

In hindujavanischer Zeit bekommt die Schildkröte plötzlich eine andere Aufgabe. Sie bringt den Mahameru, den zentralen Götter- und Weltenberg, von Indien nach Java. Seine einzelnen auseinanderfallenden Teile werden zu den wichtigsten Bergen dieser Insel. In Bali weiß man aber ganz genau: Die Schildkröte bringt den Mahameru selbstverständlich nach Bali, wo er sich in den Gunung Agung und den Gunung Batur spaltet. Die Insel ruht heute noch auf dieser Schildkröte. Die Schlangen Antaboga und Basuki fesseln sie, damit sie wenigstens nicht allzu sehr strampelt, denn ihre unruhigen Bewegungen sind es ja, die die Erdbeben hervorrufen.

Auf Bedawang ruhen viele Steinthrone, Merus, Bades und sogar Tempeltore. Andererseits sind es oft auch die beiden Schlangen alleine, die an Tempeltoren und auf dem Kayonan des Schattenspiels die Unterwelt vertreten. Ananta stammt ab von der großen Ur-Ur-Ozeanschlange, die die Welt umzingelt. Basuki ist in Indien Wasuki, der König der Nagas, die unter der Erde leben in Patala. In Indien war das keine Hölle, eher so etwas wie ein Bild der Welt der unterschwelligen Triebe. Auch im Untergrund der balischen Tempel treiben die Schlangen der Leidenschaften ihr Wesen, sie bilden Brücken und Treppengeländer – man schreitet über sie hinweg, aber zertritt ihnen nicht den Kopf.

Meru/Pelinggih

Ein Pelinggih (Aufenthaltsort, Sitz) ist ein Schrein für eine Gottheit, die im betreffenden Tempel ständiges Wohnrecht genießt. Sowohl die eindächrigen (selten auch zweidächrigen) Schreine wie die hohen, pagodenähnlichen Merus mit drei, fünf, sieben, neun oder elf Tumpang (Dächern) gelten als Merus. Im Süden werden sie eingedeckt mit den widerstandsfähigen Blättern der Zuckerpalme, im Norden mit Wellblech. Die Schreine der bedeutendsten Gottheiten reiht man vor der Rückwand des Innenhofes auf, die der etwas rangniedrigeren vor einer Seitenwand. Die Tempelpriester antworten heute auf die Frage, wer denn in den drei höchsten Merus eines Tempels wohne, immer ganz spontan: Brahma, Siwa, Wisnu. Das scheint eine neuere Tendenz zu sein, denn 1935 stellte Dr. Goris noch fest, daß der Hauptgott in Bali der Sonnengott, gleichgesetzt mit Siwa, sei. Er würde unter einer Fülle von teils Hindu-, teils einheimischen Namen verehrt. Wenn also ein Elf-Stufen-Meru offiziell als Sitz Siwas – vielleicht auch in seiner Eigenschaft als Mahameru, als Herr des Gunung Agung – bezeichnet wird, dann ist damit noch lange nicht gesagt, daß der Pelinggih nicht ursprünglich für eine ganz andere Gottheit errichtet wurde. Die Pelinggihs wie auch die gleich noch näher zu besprechenden Bale Pesimpangan sind Empfangshallen, die Verbindungen schaffen ...

* zu den Bergen und ihren Göttern – stets zum Gunung Agung, aber auch zum Gunung Batur (Lebah), Gunung Batukau, gelegentlich auch zu kleineren lokalen Bergen.
* zur See – das heißt zu einem der Seeheiligtümer oder zu Dewi Danu oder einfach zum Herrn der See, Batara Segara.
* zu den Kulturbringern der Hindureligion: Empu Kuturan, Pedanda Bau Rauh oder Batara Maospait.
* zu vergöttlichten Herrschergestalten (nicht in allen Tempeln).

Die Schreine stellen also eine Art Kontaktstationen dar zur mythischen Zeit und zum mythischen Raum – zum gesamten Bali als Kosmos und zu seiner Entstehungsgeschichte. Das ist besonders deutlich an den Merus abzulesen:

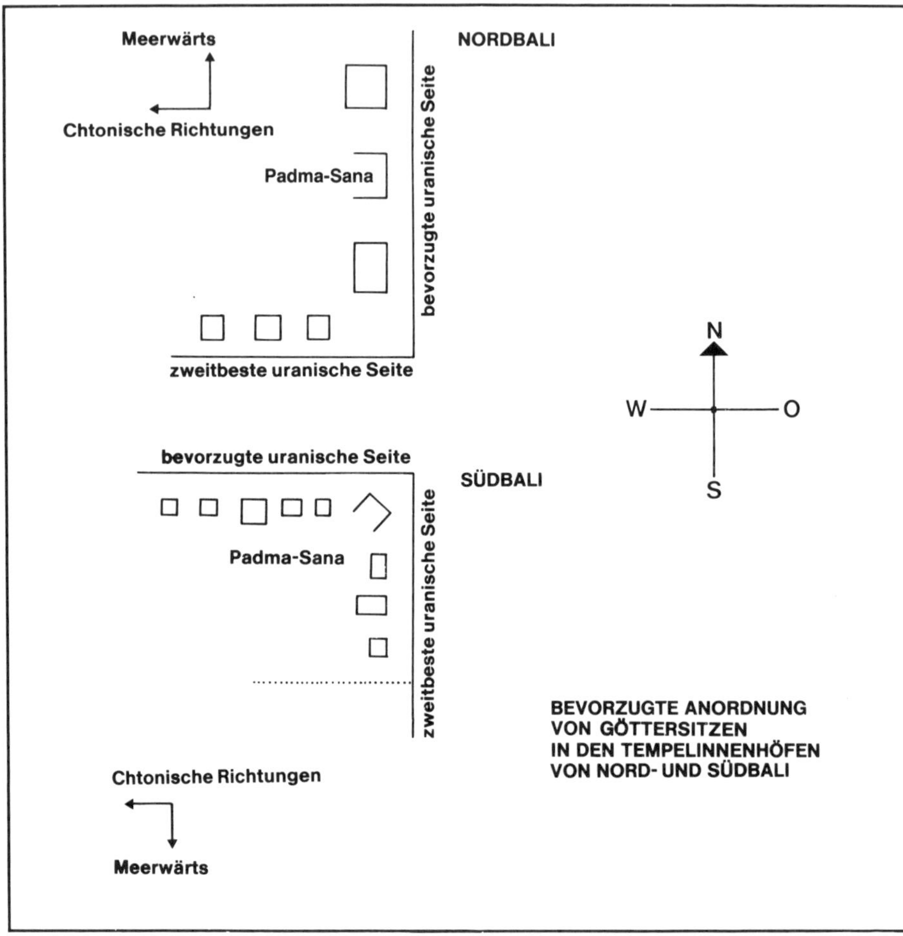

1. Sie verbildlichen die dreiteilige Welt – Unter-, Mittel- und Oberwelt.

2. Sie enthalten nach hindujavanischer Tradition an einer unzugänglichen Stelle ein Gefäß oder eine Platte mit neun verschiedenen Steinen, die die 8 + 1 Richtungsgottheiten verkörpern.

3. Die Anzahl der Meru Tumpang spielt auf die geschichtliche Entwicklung der verschiedenen Richtungssysteme an. Ein Angehöriger der Raja-Familie von Karangasem stellt das zumindestens so dar:

Die ersten Hindus kannten drei Richtungen: hoch, Mitte, tief	Dem entspricht Himmel, Erde, Unterwelt bzw. Trimurti: Brahma, Wisnu, Siwa.

Später fanden sie fünf Richtungen heraus: vorne, hinten, links, rechts und Mitte.	Die vier Kardinalshimmelsrichtungen und dazu das Zentrum.
Das Fünf-Richtungssystem wurde ergänzt zu sieben Richtungen: oben und unten kamen hinzu.	Zu den 4 + 1 Richtungen wurden oben (über dem Zentrum) und unten (unter dem Zentrum) hinzugenommen.
Schließlich entdeckte man neun Richtungen: vier Kardinalshimmelsrichtungen, vier Zwischenhimmelsrichtungen und das Zentrum.	8 + 1 Nawa Sanggah-Richtungssystem, verbildlicht in der Lotosblüte (Padma).
Zuletzt wurde dann das Nawa-Sanggah Richtungssystem auf elf Richtungen ausgebaut: Oben und unten kamen hinzu.	Acht Himmelsrichtungen + Zentrum + über dem Zentrum + unter dem Zentrum.

Weitere Bauten im Jeroan (Innenhof)

Bale Pesimpangan, Bale Penyayatan: größere Bales, die einander ähnlich sind und sich lediglich in der Anzahl ihrer Pfosten unterscheiden. Sie dienen als Empfangs- und Opferstätten für Götter, die keine eigene Besuchsstätte im Tempel haben. Dazu gehören auch die Götter der Himmelsrichtungen. In manchen Tempeln gibt es auch noch ein Bale Pesimpangan Butera, ein Ersatz-Empfangspavillon. Es wird dann benutzt, wenn bei einem Tempelfest zuviele Götter zu Besuch kommen, so daß das eigentliche Bale Pesimpangan sie alle gar nicht fassen kann.
Gedong Penimpanan: geschlossenes Gebäude für die Aufbewahrung kleiner Götterfiguren (Arca, Pratima) oder von einem Kris, von Juwelen, Steinen, Masken, auch einem Barong – kurz für alles, was zeitweilig von Göttern oder Ahnen beseelt werden kann.
Bale Paruman, Bale Pesamuan, Bale Blek: großes Bale, in dem sich während des Tempelfestes die Götter von fern und nah treffen. Dort werden auch die Arca und die anderen Objekte aus dem Bale Penimpanan ausgestellt.
Bale Piasan, Bale Gede: Darin werden bei Zeremonien große Opfer, beispielsweise siebenfach geschichteter Reis (Nasi Tumpang) aufgestellt. Das Piasan kann auch zur Vorbereitung von Opfern dienen oder als Pelinggih für eine Gottheit.
Bale Pawedaan: Dieses Bale kommt nur in den Innen- oder Mittelhöfen von sehr wichtigen Tempeln vor. Auf der hochgelegenen Plattform des Pawedaan (von Weda = heilige Schriften aus Indien) liest der Pedanda-Priester bei hohen festlichen Anlässen aus den heiligen Büchern, ruft die Götter herbei, meditiert und stellt heiliges Wasser her.
Bale Panggungan: kleiner Vier-Pfosten-Opferschrein mit Sitzfläche für den Pedanda.
Bale Pegat: Die erhabenen Sitzplätze dieses Pavillons sind durch einen Gang gespalten (Pegat). Im Bale Pegat werden die Arca-Götterbilder auf kleinen Tragen aufgestellt.
Paibon, Prasada: Steinstrukturen in Tempeln für die Ahnenverehrung der Raja-Familien.

Pepelik, Tajuk: kleiner, dreiseitig geschlossener Schrein für die Darbringung von Opfern an die Gottheiten bestimmter Pelinggih.

Bauten im mittleren oder äußeren Vorhof

Bale Agung: ein großes Bale nur im Pura Desa bzw. Pura Bale Agung. Dient für die Zusammenkünfte und Heilsmahlzeiten der Vollmitglieder des Dorfes.
Gedong Agung, Gedong Ibu, Gedong Batu: große Steingebäude zur Verehrung der Ahnen, spielen in den drei Dorftempeln eine ähnliche Rolle wie der Paibon in den Raja-Tempeln (vgl. S. 262f.). Die Namen Batu (Stein) und Ibu (Mutter) deuten auf einen unterweltlichen Kult hin, in dessen Mittelpunkt Lingga und Yoni (vgl. S. 184) stehen.
Bale Gong, Bale Pengongan: bis zu 70 m^2 großes, einfaches Bale, meistens im Mittelhof, für das Gamelan. In den Dörfern, die über Eisen-Metallophone verfügen, Bale Selunding genannt.
Gedong Mas Catu, Gedong Mas Sari: geschlossene Gebäude in einigen Tempeln für Dewa und Dewi Sedana – Wisnu und Dewi Sri in ihrer Gestalt als Geldgottheiten.
Wantilan: große, meist quadratische Halle mit zwei oder drei Dächern im Vorhof oder außerhalb. Dort finden Hahnenkämpfe, Tanz und andere Vorführungen statt.
Paon: Die Küche befindet sich im äußeren Vorhof oder in einem besonderen Seitenhof. Dort werden die Speisen für die Götter sowie die festlichen Heilsmahlzeiten der Dorfgemeinschaft vorbereitet. Im Bale Pawaregan Suci bereiten die Frauen den Reis, im Bale Paebaton richten die Männer Fleischspießchen (Sate) und balisches Tatar aus Schweinefleisch und Koskosflocken (Lawar) zu. Im Bale Kawos finden die Mahlzeiten während der Zeremonien statt.
Lumbung, Jineng: Vorratshaus für Reis in allen Tempeln, zu denen Reisfelder gehören. Ist gleichzeitig ein Pelinggih für Dewi Sri.
Tugu: kleine Steinlaterne, links und rechts vom Eingang, oft auch in den Höfen, Wohnsitz für niederweltliche Dämonen. Der Taksu (vgl. S. 30) fährt gelegentlich in einen Menschen und tut aus dessen Mund den Willen von Göttern, Ahnen oder Verstorbenen kund. Der Ngurah Gede oder Alit ist der große bzw. kleine Herr des Tempeluntergrundes oder auch eines Gehöftes. Er bietet Schutz, verleiht aber auch Klugheit und Schönheit.

Quellen: 15, 16, 94, 113, Q 6, Q 16, Q 17

Die drei Dorftempel und ihre Funktion

Die drei Tempel der Dorfgemeinschaft (Kahyangan tiga) in einer jeden Desa sind im zentralen Südbali (Ubud, Gyanyar) nach folgendem Prinzip angelegt:

Anlageprinzip für einen Pura Dalem-Tempel im Gebiet um Gyanyar (nach I Wayan Patera, Art Teacher, Ubud):
I Äußerer Vorhof, Gräberfeld; II Innerer Vorhof (Jaba Tengah); III Innenhof (Jeroan)

1 Lotosthron (Padmasana); 2 Gedong für die Todesgöttin Durga; 3 Tugu für den Meeresgott Waruna; 4 Tugu für Ngurah, den Herrn des Untergrundes; 5 Pelinggih für Gunung Lebah (Batur); 6 Pelinggih für Gunung Agung; 7 Pelinggih für Empu Kuturan; 8 Piasan; 9 Panggungan; 10 Küche (Paon); 11 Bale Gong für Gamelan Angklung; 12 Apit Lawang; 13 Apit Jajar für Gamelan Gong (die Besucher sammeln sich dort); 14 Gedecktes Tor (Candi Gelung, Candi Kurung 15 Gespaltenes Tor (Candi Bentar)

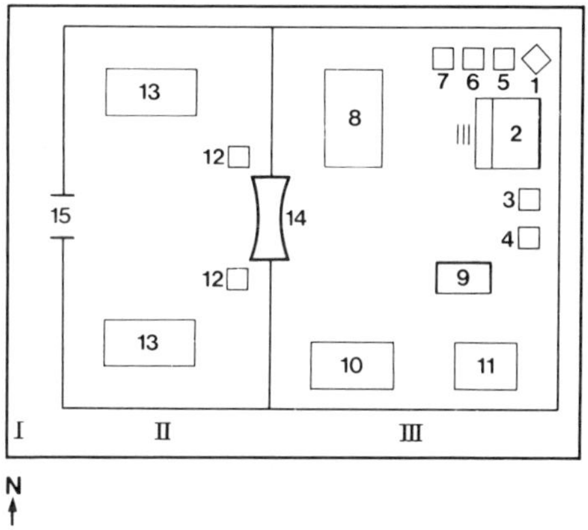

Die drei Dorftempel Pura Puseh, Pura Desa und Pura Dalem repräsentieren die verschiedenen Stationen des menschlichen Lebens

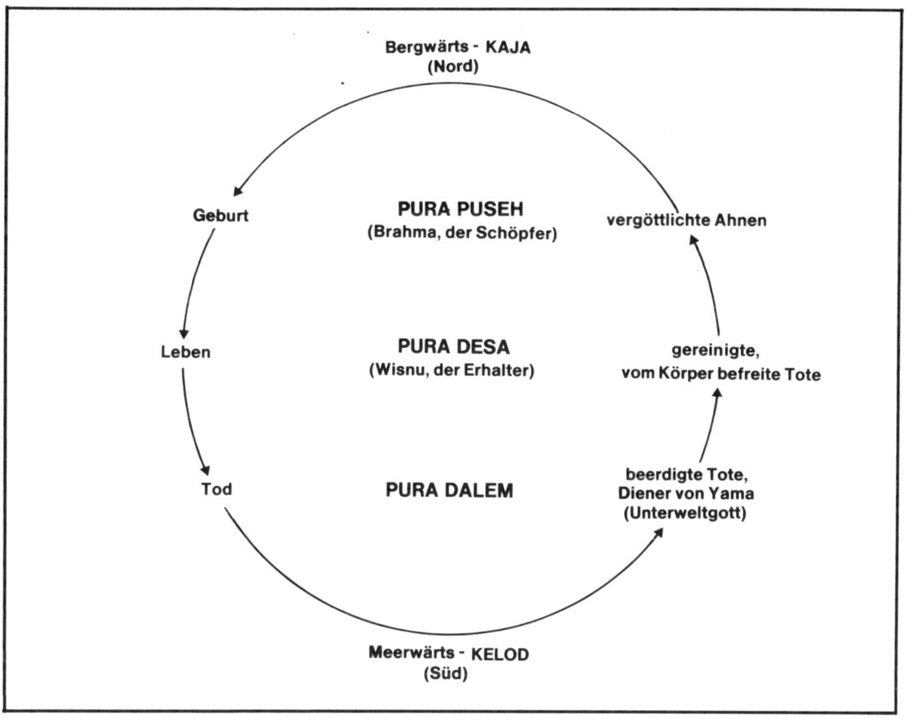

Der **Pura Dalem** liegt immer meerwärts außerhalb des Dorfes in der Nähe des Gräberfeldes. Obwohl nicht umfriedet, gilt er als ein Vorhof. Mit Siwa ist der Pura Dalem insofern verbunden, als dort die weibliche Energie Siwas in Gestalt der Todesgöttin Durga haust und verehrt wird.

Der **Pura Desa** gilt als Heiligtum Wisnus. In seiner Ausstattung entspricht er ziemlich genau dem Pura Dalem, allerdings mit folgenden Abweichungen:

* Kein festes Gedong für die Durga, dafür vielfach ein kleiner, offener Schrein (Pelinggih) für Wisnu.
* Keine Gräber vor dem Tempel. Dafür aber ein geschlossener oder offener äußerer Vorhof.
* Im Jaba Tengah ein großes Bale Agung, Treffpunkt der Desa-Gemeinschaft.
* Ebenfalls im Mittelhof der Pura Lumbung, eine Scheune für den Reis der zum Tempel gehörigen Felder, gleichzeitig aber der Pelinggih von Dewi Sri, der weiblichen Energie (Sakti) Wisnus.

Der **Pura Puseh** ist als der bergwärts innerhalb der Desa gelegene Nabeltempel (Puseh = Nabel = Ursprung) mit Brahma verbunden. Er hat kein Bale Agung, ansonsten ähnelt er dem Pura Desa.

Die drei Tempel repräsentieren von bergwärts bis seewärts die verschiedenen Stationen des menschlichen Lebens – Geburt, Leben, Tod. In umgekehrter Reihenfolge von Kelod nach Kaja finden die Zeremonien für die Begrabenen, für die gereinigten, vom Körper befreiten Toten und schließlich für die vergöttlichten Ahnen statt. Die Tempel sind zugleich Begegnungsstätten der lebenden mit den Dahingegangenen in ihren verschiedenen Existenzformen.

Quellen: 15, 16, Q 16, Q 17

Bildwerke in Stein und Holz

Archaische, rohe Formen

Im vorhinduistischen Bali waren seltsam geformte Steine die äußeren Hüllen, in die von Zeit zu Zeit die Ahnengeister schlüpften. Die rohen Fundstücke ähneln einer Lingga, einer Yoni oder einer Menschen- bzw. Tierfigur. Auch heute werden die Taulan (grober Klotz) genannten Brocken noch verehrt. Sie ruhen auf den Sitzen zahlreicher Götterthrone in ganz Bali und West-Lombok – insbesondere aber bei Gelgel und in den Bali Aga-Gebieten (Trunyan, Sembiran). Die völlig schmucklosen Tempelbezirke – Steine und gegebenenfalls ein paar bescheidene Bales – rund um Tenganan (vgl. S. 325f.) geben eine Vorstellung davon, wie altbalische Kultstätten ausgesehen haben mögen. Wahrscheinlich hat es im vorhinduistischen Bali auch schon Riesengestalten aus Stein und Ton oder auch aus Holz gegeben.

Quellen: 64, 94, 98, Q 16, Q 17

Vollplastik im indischen Stil

Dem indischen (8. Jahrhundert) und frühen hindujavanischen (nach 1000) Einfluß verdankt Bali vollplastische Götter-, Heroen- und Fürstenstatuen (Gunung Penulisan) sowie plastisch durchgebildete Hochreliefs (Yeh Pulu, näheres vgl. S. 188, Goa Gajah). Jetzt, da nicht mehr nur gesichtslose Ahnen, sondern Götterpersönlichkeiten verehrt wurden, bekamen auch die Steine ein Gesicht – die rohe Form wurde zur dem Menschen nachgebildeten Statue. (Holzstatuen aus jener Zeit sind mit Ausnahme einiger weniger in Blahbatuh entdeckter Fragmente zugrunde gegangen). Was von den damaligen Steinbildnissen Import aus Indien oder später aus Java ist, welche – wie bei vielen Stücken zu vermuten – von Indern oder unter Anleitung von indischen Meistern in Bali entstanden sind und wo einheimische Handwerker indischen Vorbildern nacheiferten, das alles läßt sich heute kaum mehr auseinanderhalten. Einheimische Vorstellungen von Riesendämonen scheinen sich allerdings bei den Gigantenköpfen (Goa Gajah, Blahbatuh) durchgesetzt zu haben.

Der balische Boden gibt eine erstaunliche Fülle von Fragmenten frei. Die Menschen verehren sie alle als Hüllen, von denen gelegentlich die Ahnen und Götter Besitz ergreifen – und zwar unabhängig davon, ob die Statuen gut erhalten oder – wie leider so oft – vom Zahn der Zeit zu einer Art von grobem Taulan zernagt worden sind.

Quellen: 64, 83, 84, 98, 108

Flachreliefs im hindujavanischen Sinne

Schon in Ostjava wurden die indischen Einflüsse erheblich umgeformt. Es bahnten sich dort einige Gestaltungstendenzen an, die mit den javanischen Einflüssen auf Bali übergriffen und dort später bis ins Extreme hinein übersteigert wurden.

Die Flächigkeit

Die monumentale Candi-Architektur Altjavas wurde zu schmalen und auf Flächenwirkung hin angelegten Tempeltoren (zeitweise um die Jahrtausendwende sogar zu Felsenreliefs, vgl. S. 203). Vollplastik und Hochrelief wandelten sich zum Flachrelief. Dies läßt sich aus der Orientierung der Menschen in Bali auf die geistige Schau hin erklären. Man will seine Ziele weniger durch körperlichen Einsatz, durch Eingreifen in die Raumtiefe erreichen als vielmehr durch Meditation und magische Fernwirkung.

Pflanzen-Kopf-Ornament aus dem Pura Desa, Kapal

Die Eingebundenheit der Details

Die einzelnen Elemente der Bauplastik stehen nicht etwa isoliert vor einer freien Fläche, sondern gehen ineinander über. Der Boma-Kopf zum Beispiel verwächst mit dem Rankenwerk, das aus ihm herauswuchert, und dieses verflicht sich wieder mit dem Dekor des darüber gelegenen Gesimses. Es besteht eine Scheu vor leeren Flächen und vor dem Herausheben eines einzelnen Elementes. In Nordbali sind die Tempeltore geradezu mit einer zweiten Haut von Flachrelief-Rankenwerk überzogen. Hier spiegelt sich die Eingebundenheit des einzelnen Baliers in seine Familie, in seine Dorfgemeinschaft. Der Einzelne ist nur ein Detail in der übergeordneten Gemeinschaft, so wie das einzelne, ornamentale Plastikelement einen Teil des Gesamtdekors darstellt.

Die wuchernde Vervielfältigung des einzelnen Details

In der Bauplastik Balis wie auch in der Architektur werden die einzelnen Details in gleicher, ähnlicher oder abgewandelter Form immer wieder und wieder wiederholt. Kulkul-Türme oder Padmasana-Throne gehen geradezu unter in Zierornamenten (Karang), die miteinander identisch sind oder Variationen ein und derselben Form. Das ist wie bei der Anlage der Tempeltore im Süden, bei denen ein Stockwerk und noch eins und noch eins aufeinandergesetzt werden, und auch wie bei den Toren des Nordens, neben die man links und rechts jeweil eine Candi-Form und noch eine und noch eine anfügt. In ganz entsprechender Weise sind auch die vielen Riten und Zeremonien ausgebaut. Da gibt es hier eine Reinigung und dort eine und dann noch eine, und damit man auch wirklich ganz sicher sein kann, daß das Haus oder der Tempelbezirk von allen Dämonen leergefegt ist, wird man darüber hinaus noch eine Reinigung vornehmen und dann hinterher noch eine. Bei den Verbrennungszeremonien werden eine ganze Reihe von Effigien, die die verschiedenen Eigenschaften des Toten darstellen, mitverbrannt. Solches Brauchtum entwickelte sich aus der Haltung, daß man vorsichtshalber lieber drei Effigien zuviel vernichten will als eine zuwenig. Die Unsicherheit ihres Daseins auf dieser vulkanischen, erdbebengeschüttelten Insel scheint die balische Kultgemeinschaft geradezu unter den Zwang zu stellen, ihre Riten immer weiter und weiter auszubauen – und das schlägt sich natürlich auch in den steingewordenen Riten der Skulptur, der Bauplastik und der Architektur nieder.

Entwicklung der Plastik in Bali

Seitdem die Abkömmlinge des Rajas aus Majapahit die Insel übernommen haben, ergibt sich folgendes Bild:

1. Monumentale Götter- und Fürstenstatuen gibt es kaum mehr. An Vollplastik in kleinerem Maßstab finden sich: Wächterfiguren vor Toren, Tirtha-Gefäßträgerinnen (vor 200 Jahren

hatten sie noch die Form gebärender oder kindertragender Frauen, eine deutliche Beziehung zwischen heiligem Wasser und Fruchtbarkeit; vgl. S. 246), Figuren von Flügellöwen, Himmelsnymphen und Dämonen als Sockel für Bale-Pfosten, unterlebensgroße Steinfiguren, die Tempelterrassen und Treppen flankieren (Ramayana-Heroen, Priesterfiguren, Musikanten). Aus Holz werden die kleinen Arca-Götterfiguren sowie Kris-Halter und Schwebefiguren als Opferplatz für Rare Kumara (vgl. S. 61) angefertigt.

2. An ornamentaler Bauplastik für Tempel, Paläste und Häuser hat sich ein weitgehend festgelegter Kanon herausgebildet (vgl. Kasten).

Übliche Architektur-Schmuckornamente

* Karang Asti	Eckmotiv	Elefantenkopf, Rüssel nach oben gereckt
* Karang Gajah	Eckmotiv	Elefantenkopf, Rüssel nach unten geneigt

* Karang Boma	Frontalmotiv	Boma-Kopf, Fratze mit drei Hörnern, ausgestreckte Hände

* Karang Tapel	Frontalmotiv	Boma-ähnliche Fratze ohne Unterkiefer

* Karang Sae	Frontalmotiv	Dämonenähnliche Tiermaske (Löwe, auch Krokodil, Fledermaus)

* Karang Bentulu	Frontalmotiv	Dämonischer Kopf mit einem Auge, Anspielung auf den Sonnengott

* Karang Kala	Eckmotiv	Dämonenfratze

* Karang Daun Punggelan	Frontalmotiv	Dämonenkopf aus Blättern geformt, stellt die beseelte Pflanzenwelt dar

* Karang Batu	Frontal- oder Eckmotiv	Stein- und Bergmotiv, stellt die beseelten Steine dar
* Karang Curing	Eckmotiv	Vogelkopf

* Karang Goak, Karang Manuk	Eckmotiv	Krähenkopf

* Karang Bunga	Eckmotiv	Lotosblüte in Schrägsicht

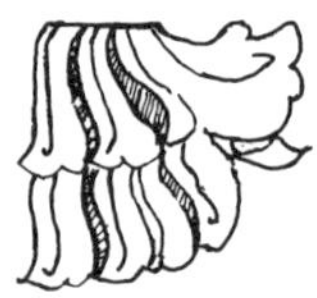

* Karang Simbar	Eckmotiv	Blätterbündel

* Patra Cina	Ornamentband	›chinesisches Muster‹

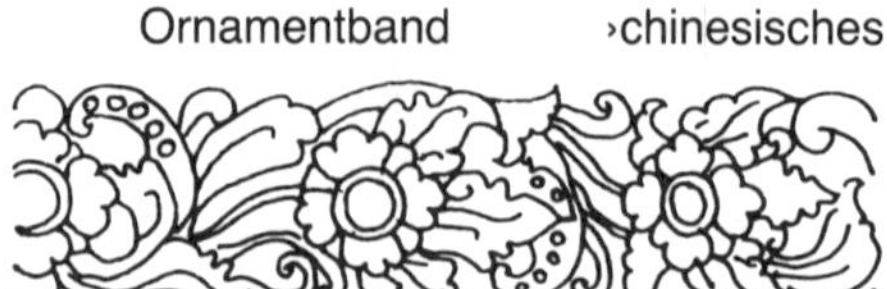

* Patra Ulanda	Ornamentband	›holländisches Muster‹

* Patra Sari — Ornamentband — Blütenmotiv

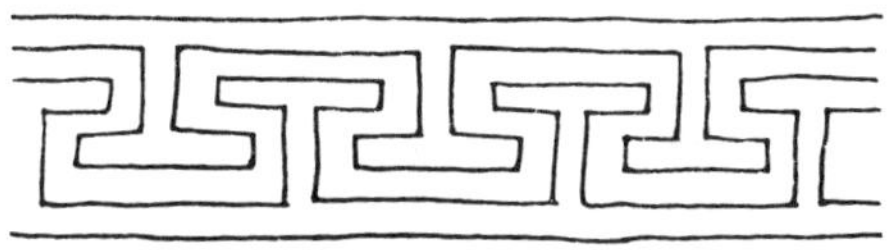

* Patra Mesir — Ornamentband — ›Ägyptisches Muster‹, Mäander- oder Swastikageflecht

* Patra Punggel — Ornamentband — Pflanzenmotiv

* Patra Samblung — Ornamentband — Pflanzenmotiv

* Patra Bali — Ornamentband — ›Bali-Muster‹, Pflanzenmotiv

* Patra Banci — Ornamentband — Pflanzenmotiv

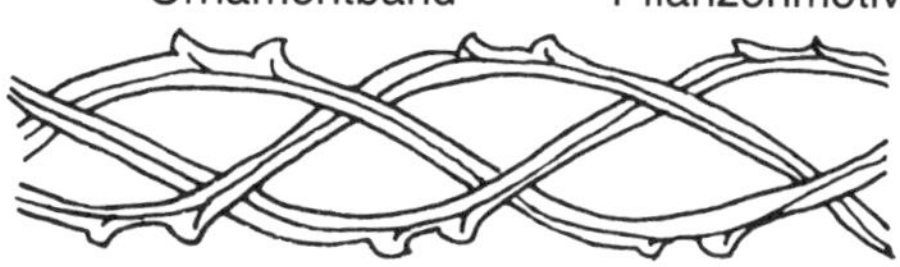

* Patra Sulur Piceng — Ornamentband — Schlingrankenwerk

3. Die Mauern von Tempeln und Palästen sind mit Flachreliefdarstellungen, ausgemeißelt aus Tuffstein, aber auch aus Ziegelwerk, geschmückt. Bevorzugt werden Darstellungen aus den indischen Epen Mahabharata und Ramayana, aus den buddhistischen Tantri-Geschichten sowie aus Märchen. Gelegentlich finden sich auch Szenen von Zeremonien, von erotischen Begebenheiten oder von irgendwelchen modernen Erscheinungen, die einen besonderen Eindruck gemacht haben. Darstellungen, die in der europäischen Literatur gelegentlich als profan bezeichnet werden, dürften aus balischer Sicht durchaus eine religiös-kultische Bedeutung haben. Interessant sind Darstellungen von Dämonen, Garudas usw. in Flachrelief, aber mit vollplastischem Kopf.

4. Insbesondere Dämonen- und Tiergestalten werden heutzutage übersteigert expressiv, grotesk wiedergegeben. So haben manche Kala Boma-Köpfe derart große Augen und bärtige Lefzen, Hauerzähne, Knollennasen und Flatterohren, daß die freien Hautflächen, die eigentlich zwischen den einzelnen Sinnesorganen stehenbleiben sollten, total überlagert sind. Bei der recht typischen Fratze aus Pura Kehen, Bangli, stoßen die Ränder der Quellaugen direkt mit der Nase und der Oberlippe zusammen. Das Bedrohliche der einzelnen Organe wird derart betont, daß das Grauenerregende und Abscheuliche im Grunde schon wieder vom ornamentalen Charakter der Gesamtwirkung überlagert wird. Im Buleleng werden die Boma-Köpfe nur angedeutet, dafür gibt es dort die bizarrsten Rangda-Hexen. Bisweilen wird behauptet, daß es der weiche Tuff des Nordens erlaube, den Figuren eine besonders verwegene Groteskheit zu verleihen. Dagegen spricht allerdings, daß auch die Schattenspielfiguren des Nordens bei weitem größere Kulleraugen und gewaltigere Hauerzähne haben als die des Südens.

Die modernen Steinarbeiten

Bei allen Werken balischer Kunst, auch bei den Steinmetzarbeiten, handelt es sich um Verbrauchskunst. Es dauert nur wenige Jahre, und die Steinskulpturen sind mit Moos und Flechten überwachsen, vom Regen zernagt. Was macht das schon aus, es werden eben neue angefertigt. Schließlich stattet man auch die kostbaren Verbrennungstürme liebevoll aus, nur um sie schon kurz nach ihrer Fertigstellung in Flammen aufgehen zu lassen. Und weil in Bali alles so schnell zugrunde geht, gibt es dort wenig gut erhaltene alte Kunst, dafür aber um so mehr geschickte Künstler. Der Nachholbedarf muß befriedigt werden! Ein Zentrum der Steinmetzkunst ist Batubulan (vgl. S. 233), wo man hauptsächlich für Bali selbst produziert – die Luftfracht nach Europa ist zu teuer. Nur ab und zu wird eine Steinskulptur oder ein rundum geschnitzter Baumstamm nach Australien verschifft. Den Steingöttern erwächst derzeit eine immer größere Konkurrenz – in den Göttern aus Zement (vgl. Kapal, S. 256).

Quellen: 60, 64, 69, 94

Figuren aus Holz

Die hölzernen Dachstühle der heutigen Tempel-Bales sind reich mit bemalter Schnitzerei verziert. Leider wissen wir wenig darüber, wie das früher einmal ausgesehen hat. In jedem Fall war die Holzschnitzerei immer wichtig, um Gebrauchsgegenstände herzustellen, Gefäße, Einbäume und die auf ähnliche Weise hergestellten Schlitztommeln. Auch Holzgegenstände haben Leben in sich: Mit dem Fällen des Baumes ist dieser durchaus noch nicht tot, der Geist des Baumes bewohnt weiterhin das Holzobjekt. Das gilt nicht zuletzt für ein ganz besonders wichtiges Produkt aus Holz, für die Maske.

Nach westlichen Vorstellungen ist es der Träger, der durch sein geschicktes Agieren der Maske Leben einhaucht. In Bali jedoch kommt es vor, daß der Maskenträger samt der Maske besessen wird vom Geist desjenigen Wesens, das die Maske darstellt. Aber dieser Geist kann auch vorübergehend von der Maske allein Besitz ergreifen, z. B. dann, wenn diese bei einer Zeremonie im Tempel aufgestellt wird (vgl. S. 274ff.). Besonders heilige Masken müssen aus dem Baum gefertigt werden, in dem das Geistwesen oder die Gottheit wohnt. Hier der Bericht eines Pädagogen einer höheren Schule aus Südbali: »Für eine echte heilige Rangda-Maske wird das Holz des Pohon Puli, des Rangda-Baumes, verwendet. Der Baum muß um Mitternacht ausgegraben und geholt werden. Wenn die Maske fertig und trocken ist und es wird geopfert, fließt aus ihr alle 32 Tage Tirtha, heiliges Wasser, heraus, ein ganzes Glas voll. Ich habe selbst erlebt, daß die Maske um Mitternacht auf den Friedhof gebracht wurde. Einige haben (→) Sembah gemacht. Da kam Feuer aus ihrem Mund heraus, blaues Feuer. Ich habe es selbst gesehen, aber ich kann es nicht erklären.« Ein Europäer hätte die Flammen wohl kaum gesehen. Dennoch kann nicht bezweifelt werden, daß sie mein Gewährsmann wirklich wahrgenomen hat (mehr über Masken vgl. S. 176).

Die moderne Holzschnitzerei

In Bali besteht für den kultischen Gebrauch ein großer Bedarf an traditioneller Schnitzerei. Aus diesem Grund finden sich auch im Angebot für Touristen zahlreiche neue, aber durchaus unverfälschte Stücke. Seit den 20er Jahren werden daneben auch Reisbauern und Tänzerinnen in einem glatten, überschlanken Stil dargestellt. Diese Kunstrichtung eignet sich dazu, die aufs gleichgeschlechtliche orientierte Komponente in der Empfindungswelt eines Menschen auszudrücken. Walter Spieß und Rudolf Bonnet hatten zu ihrer Zeit solche langgestreckten Figuren in einigen ihrer Gemälde untergebracht. Da es aber für alles, was neu entsteht, in Bali ein mythisches Vorbild geben muß, so wird erzählt, Walter Spieß habe einem Schnitzer ein sehr langes Holzstück gegeben, um daraus zwei Figuren, eine männliche und eine weibliche, zu schnitzen. Dem Schnitzer aber sei es so vorgekommen, als sträube sich das Holz gegen die Aufteilung, und so habe er eben eine einzige überschlanke Figur daraus gefertigt.

Quellen: 41, 60, 69, 94, Q 6

Traditionelle und zeitgenössische Malerei in Bali

Das Eiland Bali selbst ist malerisch – und daher hat es auch von jeher Maler aus der westlichen Welt angezogen. Außerdem besitzt es eine reiche eigene Tradition an Handwerk und Malerei. Ein Kulturwandel in den 20er Jahren – ausgelöst durch die holländische Besetzung der letzten unabhängigen balinesischen Fürstentümer 1906 und 1908 sowie das Aufeinanderprallen traditioneller einheimischer Kunstäußerungen und fremder Einflüsse – hat dazu geführt, daß eine interessante Vielfalt unterschiedlicher Stile entstanden ist. Malende Künstler sind in ganz Bali zu finden, vorzugsweise aber in der Umgebung von Ubud-Peliatan, Batuan-Sukawati, Denpasar-Sanur und Klungkung-Kamasam.

Traditionelle Malerei im Wayang-Stil

Götter, Heroen und Dämonen werden als untersetzte Figuren nach dem Gestaltungsschema der Schattenspielfiguren (Wayang Kulit) dargestellt. Die Schultern sind meist frontal nach vorne gedreht, während die Köpfe im Viertel- bis Dreiviertel-Profil erscheinen (demgegenüber werden die Wayang Kulit-Köpfe nicht immer, aber doch meist im Profil dargestellt, vgl. S. 123f.). Interessanterweise stellten früher die Wayang-Maler vielfach zugleich auch Wayang-Figuren her. In farblicher Hinsicht überwiegen warme Töne – Elfenbeinweiß, Gelb, Orange, Rot, Ocker, Braun. Jüngere Bilder enthalten auch kleinere blaue und gelegentlich sogar grüne Farbflächen. Die meist bräunliche Hautfarbe erinnert an die Naturfarbe der Schattenspielfiguren aus Rinderhaut. Umriß und Binnenzeichnung sind mit dünnen schwarzen Linien, gelegentlich auch mit breiten dunklen Farblinien konturiert, was die Bilder in die Nähe kolorierter Zeichnungen rückt.

Das Licht erscheint ausschließlich als das Elfenbeinweiß des Hintergrundes, erfüllt in den Bildern also die gleiche Funktion wie einerseits die Helligkeit des Wayang-Spielschirms, gegen den der Schattenwurf der Figuren kontrastiert, und wie andererseits auch der Goldgrund der europäischen Malerei des Mittelalters. In die Schattenspielfigur müssen zahlreiche Durchbrechungen eingestanzt werden, damit Details der Kleidung, des Schmukkes, der Haartracht und auch des Gesichtes (Augen, Bart, Zähne) deutlich erkennbar zu unterscheiden sind. Diese ornamentalen Ausstanzungen hat die Wayang-Malerei, obwohl dort eigentlich überflüssig, übernommen in Form winziger elfenbeinweißer, aber mit einer schwarzen Linie umrissener Flächen in Kreis-, Halbmond- oder Rechteckform. (Es gibt allerdings auch einige Figuren mit weißer, körperfarbener Aufhellung – insbesondere den weißen Affen Hanoman sowie edle Frauengestalten). Die Figuren wirken tatsächlich unkörperlich flächig wie beim Schattenspiel – schon deshalb, weil die Farbflächen völlig gleichmäßig nebeneinander gesetzt werden, ohne Verläufe in Farbigkeit, Helligkeit oder Farbsättigung. Die Flächen werden lediglich mit zeichnerischen Mitteln, durch regelmäßig angelegte und daher ornamentierende Striche belebt.

Die Räumlichkeit beschränkt sich auf eine Zweizonigkeit – im Vordergrund die Figuren (beim Wayang-Kulit der Schatten), dahinter die Elfenbeinfläche (das Licht). Wir nehmen normalerweise Dunkles als nah und Helle als weiter entfernt wahr. Überschneidungen von Figuren kommen, wo nicht zu vermeiden, vor. Die Figuren und auch ›Requisiten‹ wie Bäume oder Architekturdetails werden stets frontal von vorne – etwa aus Augenhöhe – gesehen. Auch den Untergrund gibt man, wenn möglich, frontal wieder. Über dem unteren Bildabschluß erhebt sich meist eine Reihe von Hügeln oder Steinen, oft streng ornamental angeordnet und ausgeformt zu Figuren, die auch in der Bauplastik Verwendung finden (vgl. Karang Batu/Karang Bentulu, S. 103f.). Falls erforderlich, wird der Untergrund einfach nach oben geklappt. (Gelegentlich geht er nahtlos in eine wiederum frontal dargestellte Hintergrundszenerie über). Als hintereinanderstehend gedachte Menschen ordnet man dann übereinander an – je weiter entfernt, desto höher. Diese Spannung von Frontalsicht der einzelnen Figuren und von Hochklappen des Untergrundes, die eine Quasi-Obersicht erzeugt, ist ganz charakteristisch für die balische Malerei und bricht auch in jüngeren Einzelbildern oder ganzen Stilrichtungen immer wieder durch. Diese Darstellungsweise kommt auch der Tendenz in der Wayang-Malerei entgegen, den Lichthintergrund so dicht wie nur möglich mit Figuren zu besetzen. Was dennoch freibleibt, wird mit zwar gegenständlich gemeinten, aber dekorativ ausgebildeten Darstellungen von Tirtha-Tropfen (heiliges Wasser), Flammenzungen und Wolkenformen oder – bei Kämpfen – einem Regen von Pfeilen ornamentierend übertüpfelt.

Wenn dies auch bisher nicht geschehen ist, so dürfte es prinzipiell doch möglich sein, auch innerhalb der Wayang-Malerei verschiedene Stiltraditionen zu unterscheiden. Die Behandlung des Untergrundes (Frontalsicht oder hochgeklappt) könnte dafür ebensolche Bedeutung haben wie die Beweglichkeit der Figuren. Auf einigen Bildern halten sich die Bewegungen mit Ausnahme der Beinstellungen allerdings weitgehend in dem engen Rahmen, der auch der Schattenspielfigur gesetzt ist. Es werden also vor allem die Arme bewegt. Auf anderen kommen auch noch zusätzliche Kopfneigungen und Körperbeugungen – kaum jedoch Körperdrehungen – vor.

Die Bilder stellen nichts so dar, wie es das Auge sieht – und wollen dies auch gar nicht. Sie werden nach ornamentalen Gesichtspunkten aus festliegenden Details und Figuren zusammengefügt. Dabei bestehen die Figuren (wie die Wayang-Figuren) in sich wiederum aus verschiedenen Details, z. B.: Gesicht mit Bart oder ohne Bart, mit großen gewalttätigen oder

Wayang-Malerei aus dem Bale Kembang, Klungkung

schlitzförmigen feinen Augen, mit einer Krone oder einer Haartracht bestimmten Typs usw. Jede Figur wird aus gleichartigen Details in unterschiedlicher Zusammensetzung gebildet. Es gibt keine Charakterisierung der Persönlichkeit. Die einzelnen Bildkomponenten ähneln den Zeichen einer Bilderschrift – nur daß sie das, was sie darstellen, nicht einfach beschreiben, sondern ›bedeuten‹. Tatsächlich werden mit der Wayang-Malerei auf langen Stoffbahnen ganze Abläufe von Geschehnissen geschildert. Häufig sind auch erläuternde Texte in Bali-Schrift in die Bilder eingefügt.

Westliche Kritik, die von im Religiösen erstarrter Kunst spricht, zielt ins Leere. Ein Wayang-Gemälde soll gar nicht die individuelle Sicht eines einzelnen Künstlers darstellen. Es drückt vielmehr die Grundüberzeugung einer Gemeinschaft – und zwar der derzeit lebenden Menschen einschließlich ihrer Vorfahren — aus. Dazu wird ganz konsequent eine Bildsprache benutzt, die nur dieser Gemeinschaft verständlich ist. Die einzelnen Figuren bedeuten Grundwerte und Grundideen der Gemeinschaft, die als lebendige Wesenheiten verstanden werden. Der Pandawa-Heros Arjuna verkörpert z. B. die Verknüpfung von Treue zu den Prinzipien des eigenen Standes mit entbehrungsreicher Hinwendung zu den

Göttern ebenso wie die mit irdischer Liebeslust. Für die Menschen werden die gemalten sowie die als Schatten auftretenden Figuren nicht nur Vor-, sondern Überbilder. Die Menschen verstehen sich selbst und die Ihren lediglich als Abbilder der eigentlich originalen, das geistige und damit das wirkliche Leben verkörpernden bildgewordenen Urideale. Es ist selbstverständlich, daß angesichts dieser Aufgaben die Künstler auch einer überpersönlichen Darstellungsweise verpflichtet sind. Es geht nicht um das jeweilige ›Ich‹ des Künstlers, sondern sozusagen um ein ›Über-Wir‹ der Gemeinschaft aus Lebenden und bereits Verstorbenen bzw. der noch nicht Wiedergeborenen.

Heute werden Wayang-Bilder als Wohnzimmerschmuck in kleinen Formaten und mit wenigen Figuren angeboten. Die Ausführungsqualität in der Figurenzeichnung reicht vom höchsten traditionellen Standard bis zum Schluderwerk. Früher wurden nur zweckbestimmte Werke im Dienste der Fürstenhöfe oder aber der Gemeinschaft angefertigt. Als Malgrund dienten, abgesehen von Kürbiskalebassen:

* Längsrechteckige Tücher (Langsé-Vorhangstoff) als Wandbehänge in den Opfer-Bales von Tempeln oder als Vorhänge für Schlafbales der Vornehmen.
* Ca. 30 cm breite und mehrere Meter lange Tücher (Ider-Ider = ›immer rund herum‹) als Schmuck für die Tempelpavillons und Schreine. Sie wurden und werden um die Dachränder herumgehängt.
* Bemalte Fahnen: Die langgestreckten Umbul-Umbul werden bei Tempelfesten immer vor dem Tempel aufgestellt und auch Prozessionen vorangetragen. Oft sind sie mit einer Götter- oder Heroenfigur bemalt.
* Holzmalereien als Hintergründe für Opfer-Bales oder zur Ausschmückung des Kopfendes der Betten Vornehmer.
* Holzplatten, die als Innenverkleidung von Pavillon-Dachstühlen oder vorkragenden Dächern (Klungkung, Kertha Gosa; Karangasem, alter Palast) benutzt werden.

Die Motive werden den altindischen Epen Ramayana und Mahabharata entnommen, der balinesischen Calon Arang-Mythe, der Sutasoma-Geschichte und den Legenden um den Prinzen Panji. Auf den Ider-Ider sind die Bilder in erzählender Abfolge angeordnet. Das Umschreiten der Tempelgebäude erschließt einem sozusagen eine stumme Wayang-Vorführung. (Hier ist an das javanische Wayang Beber zu denken. An den beiden Enden einer langen, bebilderten Stoffbahn ist jeweils ein Aufwickelstab befestigt. Der Dalang rollt Bild für Bild ab und gibt dazu Erläuterungen!) In der überwiegenden Mehrzahl der Bildszenen treten auch die lustigen Dienergestalten Twalen, Merdak, Sanggut und Delem auf. Sie, die ins Drollige und Grobe verzerrt die Taten ihrer Herren spiegeln, kommen in den Originalmythen nicht vor – nur in deren Bearbeitung fürs Schattenspiel.

Die Wayang-Malerei ist spätestens im 17. Jahrhundert, in der Zeit, da der Fürstenhof von Gelgel nach Klungkung verlegt wurde, entstanden. Die Maler des nahen Künstlerdorfes Kamasam arbeiteten für den Hof und die Tempelfeste. Heute noch pflegt man dort den Kamasam-Stil.

Die traditionelle Palalintangan-Malerei (›Kalender‹)

Die Künstler aus Kamasam stellen unter anderem auch ›Kalender‹ mit meist 8 x 5 Feldern auf rechteckigen Stoffen oder Holztafeln her. Auffällig ist jedoch, daß sie sich in diesem Falle beachtliche Freiheiten erlauben. Auf unterschiedlichen ›Kalendern‹ weicht die Darstellung der einander entsprechenden Motive radikal voneinander ab. Das hat sicherlich damit zu tun, daß neben Göttern und Dämonen vor allem Reisbauern, Menschen aus Fleisch und Blut also, mit ihren alltäglichen Verrichtungen abgebildet sind. Da werden dann physiognomische Unterschiede angedeutet, mitunter kommt sogar ein mehr oder minder ausgeprägtes Mienenspiel vor. Die Lichtdurchbrüche des Hintergrundes, charakteristisch für den Wayang-Stil, fehlen. Den barbusigen Frauengestalten ist auf ›Kalendern‹ hoher handwerklicher Qualität ein gewisser erotischer Reiz durchaus nicht abzusprechen. Aus vielen Kalendern spricht eine unverbildete Lust am Deftigen. Diese ›Kalender‹-Bilder haben mit den Wayang-Bildern im Grunde genommen recht wenig zu tun, sie entwickelten sich wohl eher aus den kultischen und magischen Zeichnungen. Andererseits ist auch der Weg von den bäuerlichen Szenen auf den ›Kalendern‹ zu den modernen Darstellungen des Landlebens durchaus nicht weit.

Traditionelle kultische und magische Zeichnungen

Figürliche Darstellungen, oft in Verbindung mit magischen balinesischen Buchstaben – sozusagen geschriebene (→) Mantras –, oder auch Symbole werden auf weiße Stoffetzen

Zeichnungen auf den kleinen weißen Stoffähnchen, die an den Tempeldächern und -toren aufgehängt werden

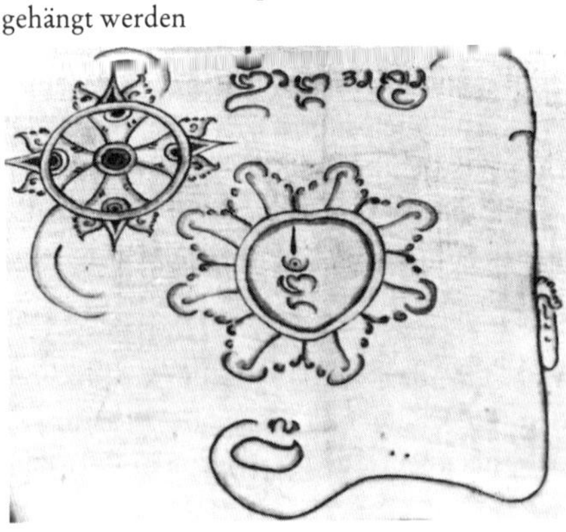

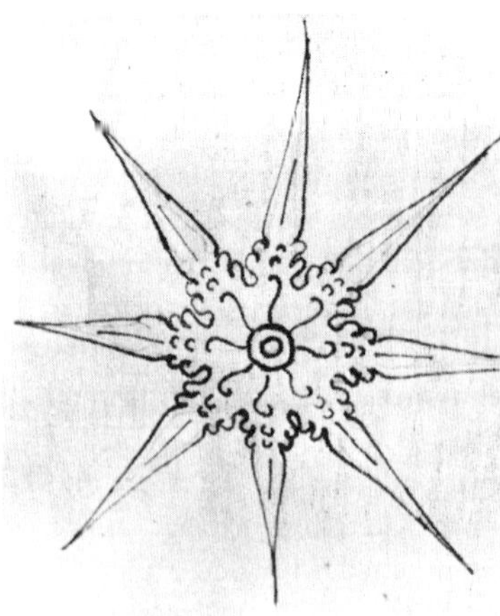

gemalt und vor Festtagen an Tempeldächer oder -tore gehängt. Abgebildet finden sich verschiedene Gottheiten, das Padma als Symbol der Richtungsgottheiten – neuerdings auch Sanghyang Widi. Man kann die im Winde flatternden weißen Tüchlein sozusagen als ›Tischkarten‹ für die besuchenden Götter ansehen. Wie sollten sie sonst wissen, wo ihr Platz ist? Balinesische Götter sind zwar mächtig, aber nicht allmächtig. Sie bedürfen der Hilfe der Menschen – auch deren magischer Kräfte. Es gibt aber auch Papiere oder Tuchfetzen als magische Schutzzeichen mit Götter-, Dämonen- oder Waffenabbildungen. Als schwarzmagischer Angriffszauber werden ähnliche Papiere im Gehöft dessen, den man schädigen will, versteckt. Derartige Zeichen enthält auch weißmagischer Abwehrzauber. Die Tüchlein werden Opfergaben beigefügt. Daneben gibt es noch die als neutral angesehene gelbe Magie – weder gut noch böse.

Quellen: 49, 50, 115

Traditionelle Ritzzeichnungen

Lontar heißen die balinesischen Bücher, die nach indischem Vorbild aus den getrockneten, in der Regel 3 × 17 cm langen Blättern der Lontar-Palme bestehen. Text und Bilder werden mit Metallgriffeln in das Blatt eingeritzt. Rußöl, erst auf die Blätter aufgetragen und dann wieder säuberlich abgewischt, macht die winzigen Figuren, mythische, magische oder auch medizinische Illustrationen, sichtbar.

Chinesische Malerei

Die Fürstenhöfe – insbesondere die im Norden und Osten – haben sich von chinesischen Kaufleuten Künstler aus dem Reich der Mitte vermitteln lassen. Diese führten dann in den Puris (Palästen) Wandmalereien mit Motiven aus dem täglichen Leben – Genreszenen, Tier- und Pflanzendarstellungen – aus (z. B. in Bangli, vgl. Farbabb. 23–25).

Stoffarbeiten

Wer bei Tempelfesten opfern und beten will, muß unbedingt zumindest Teile der traditionellen balinesischen Tracht (Pakaian Adat Bali) tragen. Auch im Alltag werden – insbesondere von Frauen – noch häufig traditionelle Kleidungsstücke verwendet, allerdings meist billige Importware aus Java in dunklen, rötlich- und schwärzlich-braunen Tönen. Die

leuchtenden Farben und schönen Muster bleiben den Göttern vorbehalten! Bei den Kleidungsstücken handelt es sich vorwiegend um rechteckige Tücher, die sich recht gut zum Ornamentieren oder Bebildern eignen.
* Der ca. 1 × 2 m große Sarung (Kamben) wird sowohl von Männern als auch von Frauen als Beinkleid (Hüfttuch) benutzt – bei Festivitäten immer, im Alltag häufig.
* Das Kampuh, ein Männer-Brusttuch, ist nur noch bei Tänzern oder Wayang Wong-Darstellern zu sehen. Zu feierlichen Anlässen trägt der Balinese heute ein weißes Hemd.
* Der Dastar (Destar) ist das Männerkopftuch. Es wird, wenn man vor eine Gottheit tritt, immer, im Alltagsleben dagegen so gut wie nicht getragen.
* Das Anteng ist ein längliches Frauenbrusttuch, das man spiralig um den Oberkörper wickelt. Es wird gelegentlich noch bei Zeremonien, insbesondere aber von Tänzerinnen getragen.
* Der Slendang, ein Schal, der den Sarung festhält, muß bei Betreten eines Tempels oder bei der Teilnahme an einer Zeremonie angelegt werden. Das gilt auch für Touristen!

Mit Goldfolie beklebte Stoffe (Kain/Perada) sowie solche, in die Gold- und Silberfäden eingewebt sind (Songket), zeigen traditionelle Muster – besonders häufig ein Padma-Muster (vgl. S. 40). Sogenannte Ikat-Gewebe enthalten sowohl Muster wie auch figürliche Darstellungen von Wayang-Figuren (Näheres vgl. S. 328).

Besonders reich an figürlichen Darstellungen und daher in unserem Zusammenhang interessant sind die balinesischen Stickereien aus der Gegend von Singaraja:
* Die Ider-Ider mit fortlaufenden Erzählungen in Form farbiger Stickereien entsprechen in Anwendung und Bildthematik den Ider-Ider im Wayang-Stil (vgl. S. 111).
* Lamak-Altargehänge (Abb. 74–76), im Süden aus Palmblättern geflochten, bestehen in Singaraja aus ornamental und figürlich bestickten, auch mit Perlen besetzten gelben Seidenstoffen.
* Tücher werden figürlich bestickt – mit Wayang-Figuren, aber auch mit profanen Darstellungen wie z. B. holländischen Dampfern. Die bestickten Sarung verdienen besonderes Interesse, weil sie beweisen, daß schon lange vor den 20er Jahren dieses Jahrhunderts von Baliern profane Motive dargestellt wurden, übrigens sogar auf dunkelrotem oder violettem Hintergrund. (Allerdings ist nicht auszuschließen, daß selbst solche anscheinend profanen Motive nicht doch auch irgendeine rituelle Bedeutung haben.)

Ob die Balier das Sticken (vermutlich in der zweiten Hälfte des vergangenen Jahrhunderts) von den Holländern oder von den Chinesen (Seidenstickerei), möglicherweise auch von beiden übernommen haben, muß erst noch untersucht werden. (Gerade in Nordbali hat es starke chinesische Kultureinflüsse gegeben.)

Der ›Stil des neuen Hintergrundes‹ (20er und 30er Jahre)

300 Jahre lang hat sich in der bildlichen Darstellung (mit Ausnahme der Stickerei) verhältnismäßig wenig verändert. Dies wurde Ende der 20er Jahre schlagartig anders. Es entstand zunächst, getragen vor allem von Anhängern der drei oberen Kasten (Triwangsa), in den Gebieten um Ubud, Batuan, Sanur und Kamasam der ›Stil des neuen Hintergrundes‹ (gelegentlich auch nicht ganz glücklich als ›Übergangsstil‹ bezeichnet). Es änderten sich ...

* ... der Bildinhalt. Neben die religiös-mythischen Motive treten Darstellungen aus dem Leben der Reisbauern (Menschen in der Landschaft), Dorfszenen, Tiere und Pflanzen, vor allem aber Bilder von Festen. Zu betonen ist allerdings, daß auch die zunächst als profan erscheinenden Motive bei näherem Hinsehen doch mit religiösem Brauchtum verknüpft sind – ausschließlich Profanes ist selten in Bali, falls es dort überhaupt existieren kann.

* ... das Material. Stoffe und Naturfarben werden von Papier und farbiger Tinte bzw. von Leinwand auf Keilrahmen und Temperafarben abgelöst.

* ... der Stil. Dies setzt mit der Behandlung des Hintergrundes ein. Der elfenbeinweiße Lichthintergrund wandelt sich – wie das aus historischen Bildzeugnissen in den Museen, aber auch an zeitgenössischen, den vorausgegangenen Werken verpflichteten Gemälden in Malerstudios und Galerien abzulesen ist – zu einem Landschaftshintergrund, dargestellt entweder in radikaler Obersicht oder in der Form von Durchblicken (mit recht unterschiedlicher Behandlung der Perspektive!).

Vorläufig lassen sich folgende Zwischenstufen unterscheiden :

a) Traditioneller Wayang-Stil mit frontal gesehenen Figuren. Der Hintergrund ist durch eine Ornamentik, die Gewebemustern ähnelt, vollständig verdeckt. Es findet sich kein Licht mehr (I. B. Gelgel).

b) Traditioneller Wayang-Stil mit frontalen Figuren, wobei der Hintergrund jedoch vom lichtem Weiß in Schwarz umgeschlagen ist. Der Untergrund kann völlig fehlen, frontal dargestellt oder aber leicht hochgeklappt sein, also etwas von oben gesehen werden und dennoch nachher in einen frontal aufgefaßten Hintergrund übergehen (I. B. Kembang, I. G. Dohkar). Bei den frühesten Bildern scheint der schwarze Hintergrund bis auf wenige schwarze Flecken mit ornamentalen Bäumen und Pflanzen überdeckt zu sein (I. B. Gelgel, D. B. Buda).

c) Einzelne, groß aufgefaßte Figuren stehen freigestellt vor schwarzem Hintergrund, der nur noch mit Feuerflammen oder Sternen ornamentiert ist (A. A. Gd. Sobrat). Auch heute noch werden Hexen, Heroen, Jauk-Tänzer gerne vor dunklem Hintergrund dargestellt.

d) Schwarzer Hintergrund wird zum Nachthimmel mit Sternen und Mond. Figuren und Hintergrund erscheinen ähnlich wie im Wayang-Stil frontal (I. G. Dohkar) oder von oben gesehen (I. M. Gria). Im Mondfinsternisbild ›Kala Rau frißt den Mond‹ (Museum Ubud) schwebt ein im Wayang-Stil gehaltener Mond mit Dämonenkopf über einem bereits in moderner Weise dargestellten Dorf mit Menschen, die sogar Mondschatten werfen – eine interessante Verknüpfung von einem alten, im traditionellen Stil dargestellten und einem neuen, in freier Weise behandelten Motiv. Übrigens: Groß aufgefaßte Kala Rau-Darstellungen, beschränkt auf den Ausschnitt Mond und Dämon, sind auch in der zeitgenössischen Malerei Balis häufig.

e) Schwarz, in das Figuren frei hineingestellt sind, wirkt doppeldeutig – gleichzeitig als Unter- wie auch als Hintergrund (I. Patere, D. Kompiang Kandel, beide aus Batuan). Auch die Anordnung der Figuren – Menschen, Tiere, Bäume – deutet zugleich räumliche Tiefe (in sehr steiler Obersicht) und flächige Ornamenthaftigkeit an. Die scheinbar weiter entfernten Figuren sind höher im Bild angeordnet, verweben sich aber dennoch mit den in gleicher Größe tiefer dargestellten Figuren zu einem dekorativen Muster. Die reizvolle Ungewißheit zwischen Frontalsicht und Obersicht mit hochgeklapptem Hintergrund, zwischen der Wahrnehmung der Figur in der Raumtiefe und ihrer gleichzeitigen ›Vernetzung‹ mit dem Vordergrund scheint ein Grundmuster balischer Malerei zu sein, das besonders auch bei den ›Young Artists‹ wiederkehrt. Balische Figuren werden durch die Linie zusammengehalten, und der balische Raum besteht aus kulissenartig hintereinandergestaffelten Ebenen. Das kann sich unter europäischem Einfluß vorübergehend ändern – aber eben wohl nicht auf Dauer.

f) Der dunkle Hintergrund schlägt eindeutig in einen von oben her gesehenen Untergrund um. Er läuft am oberen Bildrand in eine ebenfalls von oben her gesehene, perspektivisch verjüngte Szenerie (Bäume, Tempel, Reisfelder) aus (I. Reneh). Auch die Figuren, aus einem Standpunkt etwas über der Augenhöhe gesehen, werden in den Hintergrund hinein immer kleiner dargestellt. Im Vordergrund nimmt ihre Größe ganz allmählich, fast unmerklich ab, auf den Hintergrund zu wird die Verkleinerung immer extremer. Das ist ein reizvoller Widerspruch zu den Gesetzen der Zentralperspektive (im Nahvordergrund rapide Verkleinerung, die mit wachsendem Abstand immer mehr abklingt). Da dieser Widerspruch sicherlich nicht beabsichtigt ist, könnte man (unter Vorbehalt) von naivem Expressionismus sprechen.

g) Der Boden, der zugleich Hintergrund ist, wird hochgeklappt und in extremer Obersicht dargestellt, während die menschlichen Gestalten und Bäume frontal wiedergegeben werden (W. Tahjiwa).

h) Der dunkle Hintergrund weicht wieder einem hellen Hintergrund am oberen Bildrand – dem Himmel über dem Gunung Agung. Auf die frontal gesehene Fernlandschaft öffnet sich ein Durchblick, oder sie liegt als Raumfolie hinter dem in Obersicht dargestellten Vorder- und Mittelgrund (Kt. Liya, I. B. Wija, A. A. Gd. Meregeg, A. A. Gd. Sobrat).

Warum taucht plötzlich in den 20er Jahren ein neuer Stil auf? Ganz geklärt ist das nicht, dennoch kann folgendes dazu festgestellt werden:

1. Durch die holländische Kolonisation wurden die Fürstenhöfe nach 1908 ›arbeitslos‹. Es war ihnen auch unmöglich, den Künstlern, die zum Teil selbst aus vornehmen Familien stammten, Aufträge in früher gewohntem Umfang zu erteilen. Ab 1912 hat sich daher die holländische Verwaltung um Aufträge für die Künstler gekümmert. Ihre Absicht: Das Wissen um traditionelle künstlerische Techniken sollte erhalten bleiben.

2. Unter den Holländern wurden den Baliern europäische Malutensilien zugänglich – darunter auch das Papier. Neue Materialien regen zum Experimentieren an.

3. Noch vor 1930 kam auf Bali eine erste touristische Welle zu (ab 1913/14 gab es einen behördlich geförderten und gleichzeitig eingeschränkten Tourismus). ›König Kunde‹ trat an die Stelle der fürstlichen Auftraggeber, und die Nachkommen der Fürsten begannen sich wieder mit der Kunst zu beschäftigen – als Künstler, als Kunstförderer und als Kunsthändler.

4. Bali war ein Ziel für westliche Maler geworden, die als Vorläufer der Touristen gelten können. Der holländische Grafiker W. O. J. Nieuwenkamp hatte 1904, 1906/07, 1918 und 1925 (später noch 1937) in Bali Landschaften und Kunstwerke gezeichnet; seine Arbeiten erschienen als Druckgrafik-Mappen und in Büchern (Zwerftochten op Bali). 1927 siedelte der Maler und Musiker Walter Spies (vgl. S. 122) auf Einladung von Cokorda Raka Sukawati von Yokya (dort seit 1924 als Kapellmeister des Sultans) nach Ubud über, 1929 ließ sich der holländische Maler Rudolf Bonnet in Ubud, 1930 der mexikanische Karikaturist und Ethnograph Miguel Covarrubias bei Sanur nieder. Die immer wieder publizierte Ansicht, daß Spies und Bonnet den Anstoß zur Neuentwicklung der Malerei gegeben hätten, kann zwar in dieser Form nicht aufrechterhalten werden, aber es steht fest, daß die beiden Europäer wesentlichen Anteil an der Entdeckung der neuen Kunstrichtung hatten – sie durch internationale Ausstellungen förderten und ihnen den westlichen Markt erschlossen, bei der Beschaffung von Malutensilien behilflich waren und den Umgang damit demonstrierten und schon dadurch, daß ihre eigenen Bilder räumliche Tiefe sowie Licht- und Schattenwirkungen zeigten, den einheimischen Künstlern einen Anreiz boten, sich damit auseinanderzusetzen.

Ob der europäische Einfluß auf die balische Kunst wirklich segensreich war oder eher das Gegenteil davon, das läßt sich derzeit nicht unvoreingenommen klären. Die Tatsache jedoch, daß sich die Wandlung des Verhältnisses Vordergrund-Hintergrund besonders deutlich an der Malerei des von fremden Einwirkungen weitgehend unberührten Ortes Batuan ablesen läßt, spricht für eine eigenständige Entstehung der neuen Stile. Walter Spies hat auch selbst – im Gegensatz vielleicht zu Bonnet – durchaus nicht die Absicht gehabt, in Bali Nachahmer seiner eigenen künstlerischen Auffassung ›heranzuzüchten‹.

5. Die stilistische Entwicklung spiegelt gewissermaßen die Zeitgeschichte. Wird nun ausgerechnet die Behandlung des Hintergrundes als stilistisches Merkmal in den Vordergrund einer Betrachtung gestellt, so mag das auf den ersten Blick etwas merkwürdig erscheinen. Andererseits symbolisiert der Hintergrund nicht nur in der Kunst Balis das bildbedeutsamste Element: das göttliche Licht. Durch die holländische Eroberung Südbalis, die zu selbstmörderischen Vernichtungsschlachten (Puputan) der Fürstenhäuser von Badung, Klungkung und Tabanan führte, waren zumindest für die hochkastigen Familien Balis zunächst einmal tatsächlich die Lichter ausgegangen – weswegen der Umschlag der Bildhintergründe von hell in dunkel nur folgerichtig erscheint. Die holländische Verwaltung, einerseits erschüttert durch die schrecklichen Ereignisse bei der Einnahme des Südens, andererseits bewegt durch ein neuerwachtes Interesse an der Kultur Balis, tat (anders als auf

anderen indonesischen Inseln) hier alles, um die traditionelle Gesellschaft, Kultur und Religion zu erhalten (1938 kam es sogar zu einer Restaurierung der acht Fürstentümer in der Form von Selbstverwaltungen). Unabhängig davon ließen sich in Bali Europäer nieder, die ihre Vorliebe für das Land und ihre Hochachtung für dessen Kultur deutlich zeigten. So erwies sich der dunkle Hintergrund letztlich doch als tragfähiger Untergrund, und von oben her zog allmählich wieder Helligkeit in die Bilder ein. Der Berg Gunung Agung im hellen Licht verkörpert nunmehr das göttliche Prinzip, das als Hintergrund hinter allen Erscheinungen in Bali liegt, genauso, wie es früher das lichte Weiß hinter der Wayang-Malerei tat.

Die Pita Maha (1936–42) und ihre Folgen

Die Künstlervereinigung Pita Maha (= ›großer Vater‹, der Schöpfergott Brahma) wurde vor allem von Spies, Bonnet und Cokorda Gede Agung Sukawati ins Leben gerufen. Es ging dabei um den Vertrieb der Bilder und deren Publizierung, insbesondere in Form von internationalen Ausstellungen. Ein regelmäßiger Gedankenaustausch über Kunstfragen schaffte jene Gemeinschaftsathmosphäre, ohne die Balier im allgemeinen und balische Künstler im besonderen nicht existieren können. Zudem sollte auch damals schon vermieden werden, daß ein oberflächlicher Touristengeschmack der einheimischen Kunstproduktion den Stempel aufprägt. (Vorurteile gegen erotische Kunst scheinen dabei auch eine gewisse Rolle gespielt zu haben.) Gemalt wird auf Papier mit Tinten oder Wasserfarben. Es ist nicht zu übersehen, daß zunächst der westliche visuelle Illusionismus Wirkung hat. Der Augeneindruck in zentralperspektivischem Sinne ist dabei das Entscheidende für die Wahrnehmung und deren Darstellung. Die meisten Künstler finden jedoch über kurz oder lang zu ihrer eigenen Sicht der Dinge zurück. Grundideen mit Vorbildcharakter, die sich zu bildzeichenhaften Figuren verfestigen, bringt der Künstler dabei zu Papier. Der Wunsch nach Harmonie mit der gesamten Umwelt kommt in der ornamentalen Eingliederung der Figur in das Muster des Bildganzen zum Ausdruck. Es spiegelt sich auf diese Weise auch die Ornamentierung, die der Balier seinem Leben und dem Leben seiner Gemeinschaft aufprägt in Form von Tempelritualen, Festen, Opferhandlungen, Tanz- und Musikveranstaltungen sowie Schattenspielen. Die rituelle Ornamentierung seines Lebens ist es, die er dem Chaos der bebenden Erde, der feuerspeienden Berge und der brüllenden Meeresbrandung entgegensetzt, genauso wie er dem wuchernden Dschungel und der Bergwildnis die Ornamentstruktur seiner Reisfelder gegenüberstellt. Was von der westlichen Malerei bleibt, ist die Schattierung – die verlaufende Aufhellung und Abdunklung der farbigen Flächen mit Weiß und Schwarz. In Bali wird dieses Verfahren für eindrucksvolle Reliefwirkungen genutzt. Die Pita Maha-Mitglieder signieren ihre Bilder – womit sich gleichzeitig eine zuvor unbekannte Auffassung von individuellem Künstlertum verbreitet. John Darling unterscheidet drei wichtige Zweige der Pita Maha:

1) Die Ubud-Schule. Bevorzugte Motive sind Reisfelder und Dschungel, gelegentlich mit eingebetteten mythischen Szenen, religiöse Feste und Tanzveranstaltungen, Darstellungen aus dem Reisbauernleben.

2) Die Batuan-Schule. Kleinstteilige Dorf- und Festszenen mit dichtgedrängten, klein dargestellten Menschen, dunkle Ton-in-Ton-Bilder. Die Figuren werden zwar auch durch dunklere Striche, vor allem aber durch helle Zeichnung aus dem Untergrund herausgearbeitet.

3) Die Sanur-Schule. Fische und Meerestiere sind beliebt, aber auch andere Tiere wie Pferde und Elefanten. Die Tiere werden miteinander zu Mustern verwoben. Mitunter drängt sich der Gedanke an M. C. Escher auf.

Von den etwa 125 Künstlern der Pita Maha sind viele nach dem Krieg noch bedeutend geblieben. Der Schwerpunkt der Dauerausstellung im Art Center Denpasar liegt auf Nachkriegswerken von Pita Maha-Künstlern. Auch Neubelebungsversuche hat es gegeben. A. A. Gd. Sobrat gründete 1950 die Malergesellschaft Ubud (Golongan Petulis), die sich bis 1960 hielt. Dagegen besteht die von I D. N. Batuan und I D. Putuh Mokah gegründete Künstlergruppe Pengasekan heute noch. Sie knüpft bewußt an die Pita Maha an und bringt übrigens auch von mehreren Künstlern gemeinschaftlich gemalte Bilder hervor. I D. N. Batuan aus Pengasekan und I M. Budu aus Batuan gehören zu den wenigen, die sich in ihrer Malerei auch mit den Einflüssen der Zivilisation auseinandersetzen – insbesondere mit dem Tourismus und seinen Auswirkungen. Ansonsten wurzeln die balischen Künstler sogar dann, wenn sie westliche Stilelemente verwenden, noch derart fest in ihren eigenen Traditionen, daß sie diesen auch ausschließlich ihre Motive entnehmen. Diese Künstler arbeiten ja nicht nur für Fremde, sondern helfen auch bei der Ausgestaltung von Tempeln oder bei der Vorbereitung von Festen und Feiern mit.

Quellen: 4, 32, 41, 60, 69, 70, 113

Der ornamentale Reliefstil

Einige der Pita Maha verpflichteten Künstler widmen sich mitunter einem Stil, der es verdient, besonders herausgehoben zu werden. Figuren meist mythisch-religiösen Charakters sind in einen strengen, gelegentlich auch axialsymmetrischen ornamentalen Zusammenhang gebracht. Die Gesamtgestaltung wirkt wie eine Bauplastik im Flachrelief. Im Betrachter erzeugt dies eine gewisse Spannung. Die Figuren können als Abbildungen belebter Wesen und gleichzeitig als Wiedergabe von steinernen Statuen aufgefaßt werden, zumal die Bilder oft auch inhaltlich an plastischen Tempeldekor anknüpfen. Hier muß zwischen Flachrelief und Malerei eine Wechselwirkung vorliegen.

›Young Artists‹ – die Malerei der Reisbauernjungen

Arie Smit, in Holland geboren, jetzt indonesischer Staatsbürger, kam 1957 nach Bali und ließ sich 1960 in Penestanan bei Ubud nieder. Er berichtet über die Entstehung der ›Young Artist‹-Gruppe: »Ein 12jähriger Junge – er besuchte noch die Grundschule –, zeichnete nicht weit von der Stelle, wo ich Skizzen anfertigte, Häuser und Menschen in den Sand. Ich fragte ihn, ob er nicht lieber auf Papier zeichnen wolle – um später dann Farben zu benutzen. Wir mußten seinen Vater natürlich um Erlaubnis fragen. Der war nicht sehr erbaut davon. Wer sollte schließlich an Stelle seines einzigen Sohnes die Enten hüten? Aber nach Abschluß seiner Schule wurde Übereinstimmung darüber erzielt, daß der Junge malen lernen sollte, und der Vater lieh sich etwas Geld von mir, um einen Entenwächter anstellen zu können. Ich habe den Jungen niemals regelrecht belehrt, aber ich ermutigte ihn, alles zu zeichnen und zu malen, was nur in seinen Sinn kam.«

Dieser bescheidene Anfang entwickelte sehr rasch eine gewisse Eigengesetzlichkeit – und so kam es eben, daß Arie Smit, ohne daß er dies irgendwie forciert hätte, bereits 1965 eine Gruppe von vierzig 11- bis 15jährigen Jungen betreute. Er schulte ihre Zeichen- und Malfertigkeit, ließ ihnen aber stilistisch wie inhaltlich völlige Freiheit. Und tatsächlich – es scheint kaum ein größerer Gegensatz denkbar als der zwischen dem der Linie verpflichteten Stil der ›Young Artists‹ und Arie Smits eigener Malerei. Die ist eher malerisch, greift Anregungen des Impressionismus auf, legt jedoch dabei mehr Gewicht auf den harmonischen Zusammenhang starkfarbiger Flächen. Im Gegensatz zu den Pita Maha-Leuten, meist Angehörigen der Adels- oder Priesterkaste, kommen die ›Young Artists‹ samt und sonders aus dem Bauernstand. Das zeigt sich in der Motivwahl: Arbeit und Spiel auf den Reisfeldern und in den Kokospalmenhainen. Religion kennen sie nicht aus der mündlichen oder schriftlichen Darstellung, sondern vom rituellen Tun. Ganz folgerichtig malen sie weder Götter noch Dämonen oder irgendwelche mythischen Szenen, wohl aber die Vorbereitung und Durchführung religiöser Zeremonien – die ganz selbstverständlich zum Dorfleben gehören.

Der Unter- und Hintergrund wird in extrem starker Obersicht gesehen und geht am oberen Bildrand sehr häufig in die in Farbe und Helligkeit davon abgesetzte und wieder frontal aufgefaßte Gunung Agung-Bergszenerie über. Die klein gehaltenen Menschen, Einzelbäume und oft auch die Gehöfte werden frontal wiedergegeben. Es ist, als ob auf eine schräg gestellte Hintergrundfläche ausgeschnittene Figuren und Details senkrecht aufgesetzt würden. Die ›Young Artists‹ lieben leuchtende Farben. Erst legen die Künstler eine Vorzeichnung an, setzen dann reine, unschattierte Farbflächen nebeneinander und umreißen sie dann mit schwarzen und weißen, manchmal auch mit dunkelfarbenen Linien. Menschenfiguren werden insgesamt schwarz umrissen, Laub entweder schwarz oder weiß (oder auch dunkelgrün). Es entsteht so ein spinnwebartiges Liniennetz, das zum eigentlichen Vordergrund wird und in einem interessanten Gegensatz zum schräg von unten vorne nach oben links verlaufenden Unter- und Hintergrund steht. Wie beim Wayang-Stil – allerdings mit anderen stilistischen Mitteln – wird auf diese Weise wieder eine Art von

Zweischichtigkeit des Bildraumes erreicht. Die Konturen der Menschen, die einerseits die Figurenumrisse verdeutlichen sollen, dienen andererseits auch dazu, sie in das Liniennetz der Umgebung und der Hintergrundübersicht einzuknüpfen. Schließlich ist ja auch der balische Mensch fest mit seiner Umgebung, seiner Familie, seinem Dorf, der Natur seiner Heimat verknüpft. So drückt der Stil der ›Young Artists‹ das Lebensgefühl der Menschen dieser Insel aus.

Es handelt sich hier um ein Wiederanknüpfen an alte Darstellungstraditionen, von denen sich nicht alle, aber doch einige Pita Maha-Künstler zumindest vorübergehend zu weit in Richtung europäischer Illusionismus entfernt hatten. Konsequenterweise sind insbesondere die Nachfolger der ersten 40 ›Young Artists‹ auch wieder zur Gemeinschaftsarbeit übergegangen. Jeder bearbeitet das in einem Bild, was ihm am meisten liegt, der eine malt die Menschen, der andere das Laub, ein Dritter die Gebäude.

Deshalb ist es sicherlich ungerecht, wenn vom westlichen Standpunkt aus diese Arbeitsweise als ›unkünstlerisch‹ abgetan wird oder wenn man behauptet, Bali habe keine ›große Kunst‹ – was immer das auch sei – zu bieten. Sollte man nicht jeder Kultur die Kunst zugestehen, die ihr eigen und für sie erforderlich ist, und zwar ohne dabei Zensuren zu verteilen? Es gibt kaum jemanden, der nicht der Meinung wäre, daß die Menschen in Bali möglichst fest und noch möglichst lange an ihrer eigenen Kultur festhalten sollten – was sie mit Sicherheit auch tun werden. Dann kann man aber nicht gleichzeitig verlangen, daß sie sich in ihren künstlerischen Äußerungen an europäische Maßstäbe halten. Täten sie das, dann wären sie entweder reine Kopisten wie diejenigen, die – auch das gibt es – jugoslawische Naive imitieren, oder aber sie wurzelten eben nicht mehr in ihrer eigenen Tradition. Es kann hier auch nicht darum gehen, künstlich einen Gegensatz zwischen ›hoher Kunst‹ und Volkskunst zu konstruieren. Dagegen gibt es selbstverständlich innerhalb jedes Kunststiles qualitative Unterschiede. Nachdem sich der ›Young Artists‹-Stil über die ersten 40 Vertreter hinaus, die ihn an wiederum Jüngere weitergaben, epidemieartig verbreitet hatte, konnte es nicht ausbleiben, daß auch Bilder mit unproportionierten Figuren oder mit Farben, die absolut nicht harmonieren, auftauchten. Wer das Angebot jedoch sorgfältig mustert – gerade bei diesem Stil kommt es auf ein ausgiebiges Studium der Details an! –, wird sich sehr schnell in der Qualitäts-Vielfalt zurechtfinden. Man muß auch wissen, daß in Bali viel kopiert wird – eigene Motive und die anderer –, was jedoch nicht nur für die ›Young Artists‹ gilt. Obwohl Arie Smit jetzt in Sanur lebt, fördert er weiterhin die ›Young Artists‹. Vor einigen Jahren gab er einigen von ihnen die Gelegenheit, Bilder mit Darstellungen biblischer Geschichten im ›Young Artists‹-Stil für einen Kalender zu gestalten. Eine seiner wichtigsten Entdeckungen ist Ngurah K. K. Sein ›phantastischer‹ Stil enthält naturmagische Elemente, die an japanische Farbholzschnitte erinnern.

Die großflächigen ›Young Artists‹-Bilder, die auf einer Leinwand von etwa 2 × 3 m alle Aspekte des Reisbauernlebens im Alltag und bei Festen darstellen, gibt es heute kaum noch. Das ist schade – aber wo soll man für so große Stücke auch schon Käufer finden?

Quellen: 89, Q10, Q16–18

Die Gruppe der ›Westler‹

Die ›Westler‹, von Dr. Sudarmaji als ›Academic Group‹ bezeichnet, bilden eigentlich gar keine eigene Gruppe. Hier werden individualistische Einzelgänger zusammengefaßt, die weder den bisher beschriebenen Gruppen nahestehen noch sich selbst untereinander irgendwie verpflichtet sind. Es handelt sich um Javaner, westlich beeinflußte Balier und nicht zuletzt um Künstler, die in Europa, den USA oder Ausstralien geboren wurden. Gemeinsam ist ihnen, daß sie mit Hilfe unterschiedlicher westlicher Stile Motive aus Bali darstellen. Im Gegensatz zu den eigentlichen balischen Künstlern malen die meisten ›Westler‹ häufig nach der Natur.

Eine Ausnahme machte allerdings bereits Walter Spies (vgl. S. 117), der seine Begabungen, nach der Natur zu zeichnen und zu fotografieren, viel zu wenig ausnutzte. Basierend auf dem Expressionismus und – was insbesondere in der detaillierten Darstellung der Pflanzenwelt sichtbar wird – beeinflußt von der naiven Darstellungsweise Rousseaus, entwickelte er in Bali einen mit Hilfe realistisch-illusionistischer Mittel konstruierten magischen Realismus, dessen Verwirklichung nicht in allen, aber doch in einigen Bildern geglückt ist. Während der holländische Grafiker M.C. Escher ab 1922 versuchte, die Selbstverständlichkeit der europäischen Auffassung von Körper und Raum ins Wanken zu bringen, setzte Spies, wenn auch nicht mit der gleichen Konsequenz, den abendländischen Zeitbegriff ins Zwielicht. Spiegelreflexionen und Gegenlichtschatten – dafür hatte er sich auch schon in seinen Frühwerken interessiert – nutzte er aus, um einerseits Szenen aus verschiedenen Zeitphasen mit Hilfe von Durchblicken und Wasserspiegelungen zu kombinieren und andererseits auch gleichartige Bildelemente in unterschiedlicher Größe zu vervielfachen. Unterschiedliche Schattenwürfe, von einer wandernden, aber abgeschirmten Sonne hervorgerufen, werden in einem Bild zusammengefaßt. Offensichtlich haben die hindubalischen Vorstellungen vom Kreislauf des Lebens den Künstler mehr beeinflußt als Bilder balischer Maler. Das Werk ›Die Schattenkuh‹ von 1938 scheint Anregungen des Schattenspiels aufgenommen zu haben.

Völlig auf Darstellungen nach der Natur verzichtet I Nyoman Darsane. Seine Bilderwelt scheint ganz der balischen Kultwelt zu entstammen und läßt sich auch ohne weiteres so erklären. Gleichzeitig kann sie auch im christlichen Sinne erläutert werden, denn es geht ihm darum, christliches Gedankengut des westlichen Gewandes zu entkleiden und mit balischen Traditionen zu verknüpfen. Das Licht in seinen Bildern, das über den Schattenwurf die Tiefenräumlichkeit erzeugt, ist seiner eigenen Aussage gemäß Gott, von dem alles, was ist, ausgeht.

Gibt es noch die Möglichkeit, in Bali Bildfunde zu machen? Mitunter sind noch Bilder echter naiver Autodidakten zu entdecken. Manche von ihnen vereinen gelegentlich große künstlerische Ausdruckskraft mit nur bescheidenem technischen Vermögen. Vgl. die Liste balischer Maler S. 382ff.

Quellen: 89, 95

Drama und Tanz

Wayang Kulit – die Schattenwelt

Schattenspiel – das bedeutet, auf einem etwa 2 × 1 m breiten Schirm, erhellt vom Flackerschein einer dahinter aufgehängten Kokosleuchte, erscheinen durchschnittlich 35 bis 50 cm hohe Schattenfiguren mit bizarrem Umriß und ornamentalen Durchbrechungen. Ein kleines Gamelan – zwei große und zwei kleine Gender – läßt seine metallischen Glockentöne erschallen. Der Dalang, der Schattenspieler, flötet langgezogene, tremolierende Gesänge und leiht seine Stimme den Figuren. Für zwei bis vier Stunden füllt den Schirm ein dramatisches Spiel mit großen Dialogen, deftigen Clownerien und lautem Kampfgetümmel. Seinem Reiz kann sich kaum jemand entziehen, nicht die Balier, deren Augen wie verzaubert am Schirm hängen, und auch nicht der Fremde, der sich einbezogen fühlt in eine Welt voller Geheimnisse. (Eine detaillierte Darstellung des Schattenspiels finden Sie in dem Taschenbuch ›Das indonesische Schattenspiel‹ von Günter Spitzing, das ebenfalls im DuMont Buchverlag erschienen ist.)

Das Schattenspiel wird anläßlich von Tempelfesten im Vorhof oder auch bei Durchgangszeremonien im Gehöft einer Familie aufgeführt. Es unterhält, oft mit sehr viel Witz und Klamauk, aber es ist nicht nur Unterhaltung, sondern auch und vor allem Beschwörung und ›verlebendigende‹ Wiederholung mythischer Geschichte. Mitunter avanciert es sogar zum kultischen Ritual, in dessen Verlauf heiliges Wasser hergestellt wird.

Der Dalang ist die Schlüsselfigur des Spieles, der priesterliche Zeremonienmeister und Schamane (vgl. S. 87f.). Er allein erweckt die flachen Figuren zum Leben, seine beiden Helfer führen im wahrsten Sinne des Wortes nur Handlangerdienste aus. Obwohl der Dalang nur zwei Hände hat, ist er in der Lage, gleichzeitig bis zu sieben oder acht Figuren auftreten zu lassen. Die Wayang-Figuren, die er gerade nicht selbst führen kann, steckt er in die Basis der Leinwand, die aus einen frischgehauenen grünen Bananenstamm besteht. Allerdings ist Dalang nicht gleich Dalang. Manche gelten tatsächlich mehr als eine Art von Unterhaltungskünstler, andere, die Dalang Mangku, nehmen durchaus priesterliche Funktionen wahr. Dalang I Made Rai Mesi aus Bangli unterscheidet folgende Typen von Dalangs:

1. Dalang Samirana: ein sehr intelligenter und zugleich witziger Spieler. Einmal spielte einer vor einem Raja. Der hatte sich mit seinen Leuten verabredet, sich auch bei den besten Witzen das Lachen zu verkneifen, um den Dalang zu necken. Dieser spielte und spielte, gab einen Witz nach dem anderen zum besten – und kein Mensch lachte. Was war nur los?

Beunruhigt und gekränkt zog er seinen Kris, durchstieß damit von innen her die Leinwand, zog das Loch mit den Fingern auseinander und spähte hindurch zu seinem undankbaren Publikum – und da fingen der Raja und alle seine Leute lauthals zu lachen an. Seit dieser Zeit muß die Leinwand des Dalang Samirana immer einen Riß oder eine andere kleine Beschädigung aufweisen.

2. Dalang Antapan: Dabei handelt es sich um einen überaus intelligenten und klugen, aber nicht so sehr witzigen Spieler.

3. Dalang Buricek ist der mystische Dalang. Wenn er sein Spiel beginnt, trennt sich sein Kopf von ihm und steigt hoch hinauf in den Himmel. Bei Spielende schwebt er wieder herab, vereinigt sich mit dem Körper, und zwar so, daß dem Dalang hinterher überhaupt nichts anzusehen ist.

Die Geschichte vom Dalang Buricek läßt an die Aussagen einer Lontar-Schrift denken: Ein Dalang, der ganz besonders magisch gefährliche, auch für ihn selbst bedrohliche Stücke spielt, verschmilzt während der Vorführung mit Gott zu einer Einheit, wird gewissermaßen zu einer Erscheinungsform Gottes. Das Licht der Kokosöl-Leuchte, die vor seinem Kopf hängt, verwandelt sich in die Sonne (und gleichzeitig in das Auge des Dalang), die Figuren

Wayang Kulit; Ausschnitt aus einem Gemälde von I Made Jata aus Batuan, Banjar Pekandelan (Original im Art Center Denpasar)

Schattenspielfiguren von Nyoman Darsane; links Jesus Christus, rechts der Hohe Priester Kaiphas (mit Gesicht und Figur des Hindu-Priesters Drona)

werden zu Menschen, und der Spielschirm repräsentiert die ganze Welt. Und diese Welt wird abgesichert durch die neun verschiedenen Waffen der Wächtergottheiten (vgl. Pamurtian, S. 42).

Als Spielthemen werden im Wayang Kulit in erster Linie Episoden aus dem Mahabharata, gelegentlich auch aus dem Ramayana aufgegriffen. Der Fremde wird kaum Gelegenheit haben, an magisch gefährlichen Spielen zur Abwehr schwarzmagischer Kräfte (vgl. Calon Arang, S. 213) teilzunehmen.

Wayang Lemah heißt ein Spiel, das man eigentlich kaum als Schattenspiel bezeichnen kann, weil es bei Tageslicht stattfindet. Weder Licht noch Leinwand werden benutzt. Über einen Bananenstamm ist eine einfache Schnur gespannt, gegen die der Dalang die Figuren lehnt. Ein derartiges Spiel wird gleichzeitig mit der Zeremonie eines Pedanda-Priesters veranstaltet. Bei diesem Ritus agiert der Dalang zur ebenen Erde, während der Pedanda auf einem Hochsitz seines Amtes waltet. Obwohl bei einem Wayang Lemah die Figuren in all ihrer Farbenpracht zu sehen sind, schauen dem Dalang allenfalls ein paar kleine Kinder zu.

Ein **christliches Wayang Kulit** wird seit Anfang der 80er Jahre bei besonderen Anlässen in der protestantischen Kirche von Blimbingsari aufgeführt. I Nyoman Darsane verwendet dazu die bekannten, genau festgelegten Figuren aus den indischen Epen, verleiht ihnen allerdings alttestamentarische Namen. Einige neutestamentliche Figuren hat er etwas abgewandelt, die Figur des Christus total neu entworfen. Das christliche Schattenspiel befindet sich noch im Versuchsstadium.

Quellen: 52, 91, 101, Q2, Q4, Q14–17

Die magische Klangwelt

Die musikalische Begleitung des Wayang Kulit besteht in Südbali aus zwei kleinen und zwei großen Gender, Metallophonen mit Bronzeplättchen über einem Bambusresonanzkörper. Den Hauptfiguren wie auch den szenischen Standardsituationen sind ganz bestimmte Kennmelodien zugeordnet. Nicht nur das – darüber hinaus ist der Geist des gerade auftretenden Heros oder Gottes in dieser Kennmelodie lebendig. Lassen wir in Gedanken einmal den Schirm mit seinen Figuren weg. Nur noch die Melodien bleiben übrig. Auch in diesem Fall sind immer noch die Ahnen, Heroen oder Götter anwesend. Die jeweils zugeordnete Melodie bildet den Körper des betreffenden Geistwesens. Eine solche Melodie übernimmt also genau dieselbe Rolle, wie ein → Arca oder eine Maske, in die ebenfalls von Zeit zu Zeit ein Gott oder Geist fährt. Genau das aber, nämlich dem Gott oder Geist in Form der Melodie einen ›Klangkörper‹ zu verleihen, ist der Sinn der Musik des Gamelan (Orchester), gleichgültig ob es für sich allein spielt oder einen Tanz oder ein Drama begleitet. Den uralten Satz von Eisenmetallophonen (Selunding) im Bali-Dorf Tenganan bewohnt zum Beispiel Batara Selunding, der Herr des Eisen-Gamelan. Diese Instrumente dürfen von Uneingeweihten nicht berührt, geschweige denn gespielt werden. Besondere Melodien sind ganz besonders festlichen Anlässen vorbehalten, und sie über die Dorfgrenzen hinweg zu verbreiten ist strikt untersagt.

In Europa kann eine Melodie irgend etwas – beispielsweise auch das Erscheinen einer Gottheit – bedeuten. In Bali symbolisiert die Melodie nicht die Gottheit, sie ist die Gottheit selbst. Vielleicht erleichtert man sich den Zugang zur balischen Denkweise dadurch, daß man sich grundsätzlich eines klarmacht: In Bali gibt es überhaupt nichts, was eine symbolische Bedeutung hat! Die Darstellung einer Sache oder eines Wesens ist in jedem Falle die Sache oder das Wesen selbst!!

Ekstatische Besessenheit im Gamelan-Spiel erlebt man gar nicht so selten in Bali. Dazu muß man nur einmal beobachten, wie ein tragbares Gamelan, das eine Barong-Prozession oder etwas Ähnliches begleitet, so ganz allmählich in Gang kommt. Da sitzen zunächst Jungen oder Männer im Tempelvorhof herum, essen etwas, unterhalten sich, bis es dann irgendwann einmal, vielleicht erst nach mehreren Stunden, einem einfällt, ein paarmal auf eine Trommel zu schlagen. Geht es jetzt los? Nein, er hört gleich wieder auf. Etwa eine halbe Stunde später beginnt wieder einer zu trommeln. Der Gong setzt ein, ein dritter und ein vierter Spieler schließen sich an – ja und dann hört einer nach dem anderen wieder auf. Das kann sich in den nächsten ein, zwei Stunden noch mehrmals wiederholen. Doch irgendwann geht das spielerische Herumklimpern in eine rhythmische Melodie über. Ein Junge steht plötzlich auf dem Kulkul-Turm und unterstreicht mit dumpfen Schlägen den Rhythmus der Musik. Das Spiel wird stärker, flaut wieder ab, schwillt wieder an – und ganz überraschend, ehe man sich versieht, zieht die ganze Gruppe mit Barong und Begleitmannschaft im Schnellschritt los. Keiner hat einen Einsatz gegeben, alles ist einfach so gekommen – wie von außerhalb gelenkt. Es scheint, als hätten die Götter ganz von alleine angefangen, in den

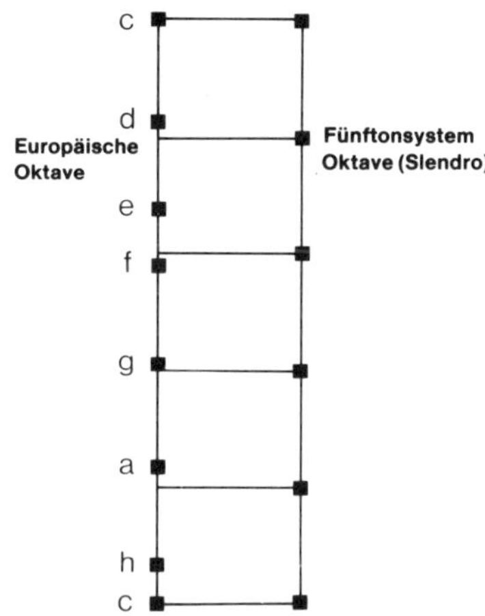

Vergleich zwischen dem westlichen und dem verbreitetsten balischen Tonsystem

Musikinstrumenten ihr Wesen zu treiben und darin herumzuklimpern. Sind es eigentlich wirklich die Spieler, die die Instrumente beherrschen oder werden sie selbst nur von den anklingenden Melodien getrieben?

Die Musik entsteht in einer Art von ›gehobenem Zustand‹, aber sie regt auch die Zuhörer zu derartigen Empfindungen an. Bei nächtlichen Tempelfesten dröhnen mitunter die Metallophone in einer derartigen Lautstärke, daß einem tatsächlich Hören und Sehen vergeht. Man braucht dann nur noch etwas zu viel Weihrauch in die Nase zu bekommen und hat dann keinerlei Schwierigkeiten mehr, in Trance hinüberzugleiten.

Fast alle Balier können in einem Gamelan mitspielen. Schon die kleinsten Knirpse hämmern nach Kräften auf allen Instrumenten herum, deren sie im Bale Banjar oder im Tempel habhaft werden. Nun läßt sich das, was die meisten Spieler zu leisten haben, auch tatsächlich spielend erlernen. Innerhalb eines Stückes müssen sie immer und immer wieder dieselbe Tonfolge wiederholen, solange, bis der Orchesterleiter die nächste Melodie intoniert. Die durchaus komplizierte Vielschichtigkeit der Melodien ergibt sich aus dem harmonischen Zusammenspiel der Gemeinschaft, weniger aus der virtuosen Einzelleistung. Tatsächlich besteht ein interessanter Kontrast zwischen der Einfachheit der Spielweise und der Kompliziertheit der anspruchsvollen Melodik (natürlich ist auch zu bedenken, daß gute Gamelan-Spieler ein geradezu unglaublich umfangreiches Repertoir beherrschen!).

Nur zwei Spieler können schon ein kleines Gamelan ergeben. So werden etwa das nordbalische Schattenspiel und auch das Wayang Lemah in Südbali von lediglich zwei Gender-Spielern begleitet.

Ein großes Gamelan – Gamelan Gong oder Gong Gede – umfaßt dagegen 30 bis 40 Instrumente. Dazu gehören:

* Melodieführende Instrumente – große und kleine Gender mit fünf und zehn Tonplatten, das Trompong und das Reong (langgestreckte, niedere Bänke mit zehn bzw. zwölf aufgelegten Buckelgongs. In Java werden beide Instrumente Bonang genannt).
* Melodieverzierende Instrumente. Sie umspielen ornamentierend die einzelnen Melodieabschnitte: Xylophone vom Typ Gangsa, aber auch Rasseln (Cenceng, sechs Schellen auf einem Holzbrett).
* Rhythmusinstrumente. Dazu gehören vor allem Trommeln (Kendang) unterschiedlicher Größe.
* Melodieunterstreichende Instrumente, wie die verschiedenen Gongs, die Schwerpunkte akzentuieren.
* Melodieunabhängige Instrumente, die die Klangfarbe abtönen, wie die Spaltflöte Suling und die aus dem arabischen Raum stammende Langhalsgeige Rebah.

In Bali soll es insgesamt etwa 300 große Gamelans geben. Die einzelnen Instrumente sind innerhalb eines Satzes unter sich abgestimmt. Da keine absolute, allgemeinverbindliche Abstimmung existiert, ist es völlig unmöglich, ein vernünftiges Zusammenspiel auf Instrumenten unterschiedlicher Herkunft zu erreichen. Am verbreitetsten ist ein Fünftonsystem, das Slendro. Die Abstände innerhalb der Töne einer Oktav sind dabei genau gleich. Das seltenere Siebenton-System (Pelog) bildet dazu insofern einen Kontrast, als dabei in der Oktav nur zwei gleiche Tonabstände vorhanden sind, während sich alle anderen erheblich voneinander unterscheiden. (Das Verhältnis zwischen dem größten und dem kleinsten Tonabstand überschreitet das Zweieinhalbfache).

Neben den großen Gong Gede gibt es noch eine ganze Anzahl kleinerer Gamelans, zum Beispiel das Gamelan Legong oder Semar Pegulinggan für den Legong-Tanz, das Gamelan Joged mit Bambusinstrumenten, das Gamelan Gambuh oder Arja mit melodieführenden Flöten und Rebah, das Gamelan Angklung, das gut tragbar ist, weil es aus leichtgewichtigen Bambuphonen besteht. Ein spezielles, sehr ländliches Orchester stellt das Gamelan Genggong dar. Etwa 30 oder mehr junge Leute spielen eine Maultrommel aus Bambusstäbchen. Die Mundhöhle wird zum Resonator. Mit der Änderung seines Volumens wechselt auch die Tonhöhe. Das volkstümliche Ensemble wird durch eine oder zwei Flöten und durch Metallschlag-Instrumente verstärkt. Mitunter entwickeln sich aus den zwanglosen Darbietungen improvisierte, parodistische Tänze.

Quellen: 94, 119, Q18

1 Quelltempel Pura Gunung Kawi in Sebatu bei Pujung ▷

2 Barong-Tanzspiel Sadewa in Batubulan ▷ ▷

3 Pura Dalem Slaungan, einer der fünf Unterwelttempel von Bangli

4 Reich verzierter moderner Durchgang eines nordbalischen Tempels (Pacung)

5 Barong-Prozession vom Pura Dalem Slaungan (Bangli) zu einer Badestelle

6 Auf dem Weg zum Pura Sakenan auf der Insel Serangan

7 Frauen mit Opfergaben auf einer Barong-Prozession bei Bangli

8 Auf dem Rückweg vom Tempelfest (Pura Lebah, Campuan)

9 Opfer werden den Göttern dargebracht (Pura Lebah, Campuan)

10 Die Gläubigen erhalten Tirtha (heiliges Wasser)

11 Heilige Wasserzeremonie in einem abgelegenen Tempel bei Bangli

13 Barong-Tanzspiel Sadewa in Batubulan ▷

12 Frauen bringen während eines nächtlichen Festes Opfergaben dar

15 Geflügelter Boma-Kopf über der Unterweltsschildkröte am Bade Boma (Trageschrein zur Verbrennung)

◁ 14 Eine der beiden Wächterhexen vom Pura Dalem, Sangsit (Buleleng)

16 Schweinskopf-Barong, Campuan

17 und 18 Topeng-Pantomime (Campuan bei Ubud)

20 Reisfelder als Landschaftskunst (bei Thista) ▷

19 Rangda und Barong; Barong-Tanzspiel in Batubulan

21 Während eines Tempelfestes versuchen sich Jungen an Gamelan-Instrumenten

22 Maler bei der Arbeit (Tanah Lot)

23–25 Verwitterte chinesische Malereien im Empfangspavillon des Puri Artha Sastra, Bangli

27 Tempel in Sangsit

◁ 26 ›Blick auf eine Siedlung in Bali‹, Gemälde von Anak Agung Anom Sobrat, 1942 (Art Center Denpasar)

28 Wächterhexe am Pura Manik Dalang, Pemaron (Buleleng)

29 Mit Moos überwachsene Figur eines alten Weisen (Wongaya Gede)

30 Kala Boma-Kopf am Pura Desa in Kapal

32 und 33 Massenverbrennung in Ubud. Für jeden Verstorbenen wird ein geflügelter Löwe hergestellt

31 Die Meru-artige Spitze des Bade Boma, des Trageschreins für einen Verstorbenen der Ksatria-Kaste

Tänze und Tanzspiele

Die Tänze in Bali sind reine Schautänze, eine Schau für Menschen und vor allem für Götter. Bei den Tänzern und Tänzerinnen handelt es sich jedoch mit wenigen Ausnahmen um Amateure. Alle Tänze und Tanzspiele weisen eine Spannung auf zwischen unterhaltender Volksbelustigung und religiöser Hingabe. Immer ist beides enthalten – allerdings jeweils in recht unterschiedlicher Gewichtung. Drei Stufen sind hinsichtlich der religiösen Verbindlichkeit auseinanderzuhalten:

1. **Tari Balih-Balihan** = Schautanz; neuere Tänze, die sich aus alten, traditionellen Tanzformen entwickelt haben. Schwerpunkt ist eine breit angelegte, oft ziemlich frei gestaltete Spielhandlung. Vorgeführt werden diese Tänze im Rahmen von regelrechten Theateraufführungen mit Eintrittsgebühr, an Nationalfeiertagen, aber gelegentlich durchaus auch im Rahmen eines Tempelfestes.
2. **Tari Bebali** = Zeremonial- (Opfertanz); traditionelle Tänze und Spielhandlungen, die auch noch in traditioneller Weise inszeniert werden. Ihr Schauplatz ist sowohl der Tempel als auch das Puri eines Raja. Sie entstammen ganz zweifelsfrei der höfischen Tradition in Bali, die wiederum auf hindujavanischen Anregungen basiert.
3. **Tari Wali** = Kulttanz; heilige Tänze, die normalerweise nur im Rahmen der Tempelzeremonien stattfinden. Trance spielt dabei eine große Rolle, die Tänzer werden zu ›Gefäßen‹ der Gottheit. Die Tari Wali haben sich aus Kulthandlungen entwickelt, ihre Wurzeln reichen in vorhinduistische Zeiten zurück. In diesen Zusammenhang gehören auch magische Reinigungstänze, mit deren Hilfe ein Dorf vor schwarzmagischen Einflüssen geschützt wird (vgl. Barong, S. 176 und 234, Calon Arang, S. 209).

Die wichtigsten Tänze und Tanzspiele in alphabetischer Reihenfolge

Arja – sentimentales Singspiel (Balih-Balihan): Das ›Bali-Musical‹ mit Gesang, Tanz, Musik und Clownerie, aufgekommen Ende des 19. Jahrhunderts, greift alle möglichen Erzählungen auf und schneidet sie auf bestimmte Rollentypen zu, darunter: die Prinzessin und ihre Dienerin, die Königin, der Prinz mit zwei Clowndienern (ähnlich den Penasar im Wayang Kulit), verschiedene Volkstypen. Die wichtigste Themenquelle für das Arja ist der Panji-Zyklus, aber auch das Mahabharata, die Cupak-Geschichte, Jayaprana (vgl. S. 380) und chinesische Liebesgeschichten werden ausgeschlachtet. (Kurzdarstellungen der verschiedenen Inhalte im nächsten Kapitel.)

Baris – heiliger Kriegstanz (Wali): langsamer und feierlicher Tanz mehrerer Krieger mit Waffen, gelegentlich auch als Solotanz ausgebildet. Charakteristisch die Dreiecksform der

◁ 34 Der schwarze Stier ist der Verbrennungsschrein eines Ksatria-Angehörigen

Balische Tänzer (Zeichnung von W. O. Nieuwenkamp 1906)

Kopfbedeckung. Der Baris wird ausschließlich innerhalb des Tempels getanzt, und zwar vor allem in den Berggebieten Balis. Die Tänzer richten sich nicht etwa nach der Musik, diese muß vielmehr deren Bewegungen folgen. Das erinnert an die Blut-Fruchtbarkeitsriten in Form heiliger Kampfspiele (vgl. S. 330), aus denen sich der Baris entwickelt hat. Während des Kampfspieles ist es das Gamelan, dessen Lautstärke anschwillt, wenn der Kampf lebhafter wird, dessen Rhythmus die Folge der aufeinanderprasselnden Schläge untermalt. Überhaupt scheint der hektische Wechsel im Rhythmus der heutigen Musik Balis ein Erbe der altmalayischen Wettkampfmusik zu sein. Es gibt die verschiedensten Formen des Baris, deren Beinamen alle auf die verwendeten Waffen anspielen, zum Beispiel:

Baris Tumbak/Gede: Speer
Baris Panah: Pfeil und Bogen
Baris Cendekan: Kris
Baris Presi: Schild und Schlagstock (Peresian = Kampfsport in Lombok;
  Tari Presi = Schildtanz in Culik, Karangasem)
Baris Jago: Hahn (Hahnenkampf)
Baris Dadap: längliches Schild
Baris Cina: Schattengefecht
Baris Bedil: Flinte, Holzgewehr
Baris Tamiang: Großes Schild

Baris Topeng: Tanz mit Gesichtsmasken
Baris Pendet: Blumen in Schalen anstelle von Waffen
Baris Kekupa: Von kleinen Mädchen getanzter Schmetterlings-Baris

Barong/Calon Arang (Wali): Näheres auf S. 234

Drama Gong – Volksoper (Balih-Balihan): Die bei den jungen Leuten heutzutage beliebteste Form eines Singspiels wird von einem großen Gamelan begleitet. Die Sprache ist teils balisch, teils indonesisch. Feststehende Rollentypen sind König, Königinnen, je ein Prinz mit gutem und schlechtem Charakter, eine schöne Prinzessin. Unter Berücksichtigung dieser Rollen kann die Handlung weitgehend frei gewählt werden.

Gambuh – klassische Tanzoper (Bebali): Traditionelles höfisches Sing- und Tanzspiel, aus dem sich die freieren Formen wie Arja und Drama Gong entwickelt haben. Die drei bis 30 Tänzer singen in mittelalterlichem Javanisch. Am beliebtesten sind Themen aus dem Panji-Zyklus, aber auch andere Motive, z. B aus den Tantri-Geschichten, werden dramatisiert. Suling und Rebab stellen die melodieführenden und die Metallophone beherrschenden Instrumente im Gamelan Gambuh dar.

Janger – modernes Tanzspiel (Balih Balihan): Turbulentes Tanz- und Singspiel, das sich aus einer Tempelzeremonie entwickelt hat. Zu Beginn sitzen sich Reihen von Jungen und Mädchen gegenüber und führen eine Opferzeremonie durch. Die Mädchen tragen eine fächerförmige Strahlenkrone, ähnlich der Hochzeitskrone bzw. dem Kopfschmuck der Cili-Figur. Das zu Anfang recht verhaltene Spiel wird später zunehmend hektischer. Die Themen entstammen Arjuna Mentapa, dem Mahabharata oder der Cupak-Geschichte. In Nordbali ist auch die Sonderform des Janger-Stammbul verbreitet. In diesem Singspiel treten Darsteller in europäischer Kleidung auf.

Jauk – dämonische Maskenpantomime (Bebali): Der Jauk trägt eine achtteilige Krone, ähnlich einem Tempelaufsatz (eine Art plastisches Padma), eine weiße Maske mit weitaufgerissenen großen Kulleraugen sowie Handschuhe mit überlangen künstlichen Fingernägeln. Nur der hohen Kaste angehörige, vornehme und reiche Menschen können sich lange Fingernägel leisten, denn nur sie sind nicht gezwungen, ihr Brot mit ihrer Hände Arbeit zu verdienen. Der Tänzer agiert wahrhaft dämonisch, spreizt seine Finger, bewegt sich bald schleichend langsam, bald hektisch schnell. Die Musik muß sich nach dem Tänzer richten, jeder Ruck, den er vollzieht, wird durch einen Trommelschlag unterstrichen. Die Bewegungen ähneln denen der Baris-Tänzer, sind aber noch bedrohlicher, noch kraftvoller, noch bizarrer.

Joged Bumbung – volkstümlicher Tanz (Balih Balihan): Der Joged ist der einzige Tanz, der das Publikum miteinbezieht; er bildet so die ganz große Ausnahme unter den Tänzen in

Bali. Zu den Klängen eines Gamelans mit Bambuphonen und Flöten tanzt zunächst eine Tänzerin ihr Solo. Dann tippt sie mit ihrem Fächer einen der umstehenden Männer an, der dann einige Minuten lang versucht, ihre Tanzbewegungen nachzuvollziehen. Es gibt eine ganze Reihe verschiedener Formen dieses offensichtlich erotischen Tanzes. Die balische Oberschicht sieht den Joged nicht sehr gerne, versucht ihn zumindest zu bändigen. Insbesondere nach dem Krieg muß es ziemlich ›wilde‹ Formen davon gegeben haben – bei einer kam es darauf an, daß es der Tänzer schaffte, den Busen des Mädchens zu berühren, ohne dabei mit dem Fächer eins über die Finger zu bekommen.

Kebyar – Ausdruckstanz (Balih-Balihan): Charakteristisch für diesen 1915 in Nordbali entstandenen Solotanz ist die Sitzhaltung des Darstellers. Thematisch geht es um die Launen eines Jungen in der Pubertät. Der Tänzer gehorcht in diesem Falle dem Gamelan Kebyar, einem Gamelan Gong mit etwas abgewandelter Instrumentierung.

In vielen Teilen der Welt, ganz besonders in Südosteuropa, sind es die Beine, die den Tanz vollziehen. Alle anderen Körperteile verharren weitgehend bewegungslos. Demgegenüber agieren in Südostasien als Bewegungsträger der Oberkörper, der Kopf einschließlich des Gesichtes (Augenspiel!) und nicht zuletzt die Arme mitsamt den Händen und Fingern. Die Beinarbeit ist weit weniger ausgeprägt. So gesehen stellt der Sitztanz die letzte Konsequenz einer Tendenz dar, die in allen balischen Tänzen steckt. (Interessanterweise haben auch indonesische Schattenspielfiguren ausdrucksvoll bewegliche Arme, während die Beine kurz und starr sind. Bei chinesischen, türkischen und griechischen Schattenspielfiguren können hingegen auch die Beine bewegt werden.)

Kecak/Cak – der sogenannte ›Affentanz‹ (Balih-Balihan): Dieses Rhythmusspiel ist wahrscheinlich die bekannteste und meistfotografierte Darbietung Balis. Junge Männer, deren Blöße lediglich mit einem schwarz-weiß gewürfelten Tuch bekleidet ist, sitzen um einen Kandelaber mit Lichtern, strecken ekstatisch und mit rhythmischen Bewegungen ihre Hände nach oben oder nach vorne, stoßen dazu ein lautes »Cak – Cak – Cak« aus. Diese ursprüngliche Form ist noch heute als rituelle Rhythmusgruppe in den Sanghyang-Tänzen zu beobachten. Dort dient sie dazu, die Laientänzer in Trance zu versetzen. Als dann in den 30er Jahren Dahlsheim und Victor Baron von Plessem ihren berühmten Film ›Die Insel der Dämonen‹ drehten, regte Walter Spies an, darin eine Cak-Cak-Cak – Rufergruppe mit einzubauen. Der Baris-Tänzer Limbah nahm sich der Sache an, erhöhte die Zahl der beteiligten Männer und reicherte das Ganze mit einer Spielhandlung, einer Kurzfassung des Ramayana, an. Der Chor der Rufenden wird zum Gefolge des beliebten Affengenerals Hanoman. Die damals für den Film entworfene Fassung wird auch heute noch nahezu unverändert aufgeführt.

Legong Kraton (Bebali): Früher hatte jeder Hof in Bali seine Legong-Gruppe. Die kleinen Tänzerinnen mußten rein, selbstverständlich auch unberührt sein, durften keine Schönheitsfehler aufweisen, nicht einmal eine Narbe. (Das war übrigens einer der Gründe, weswegen

Balische Tänzerin

in Bali die Einführung der Pockenimpfung zunächst auf Widerstand stieß.) Mit der Erstmenstruation im 13. und 14. Lebensjahr ging und geht auch heute noch die mit etwa fünf Jahren begonnene Karriere der Mädchen zu Ende. Die aus dem Legong-Alter herausgewachsenen Tänzerinnen können nur noch den Nachwuchs ausbilden. Dabei ist passives Lernen durchaus üblich: Die Lehrerin stellt sich hinter ihre Schülerin, ergreift deren Arme und bringt diese in die entsprechende Tanzposition. Wie auch bei anderen Tänzen spielt das Fingerspiel eine große Rolle: Die einzelnen Gesten haben – ähnlich wie die Mudras, die mit der Hand gebildeten, schnell wechselnden Gestengebete der Priester – eine Bedeutung. Es handelt sich also um eine festgelegte Gebärdensprache, die man erlernen muß, um sie zu verstehen. Andererseits ist es auch gerade die übersteigerte Künstlichkeit der Gebärden, der Hand-, Arm-, und Körperstellungen, von der der Tanz lebt. Sie geht über den Rahmen der natürlichen spontanen Bewegtheit eines Menschen weit hinaus. Es steckt in der Kultur dieser Insel ein ungeheurer Drang, das Leben in einer über die Natur hinausweisenden Art und Weise durchzugestalten – deren Ausdrucksmöglichkeiten überzubetonen (Tanz, Maske) oder sie auch rituell bzw. ornamental zu gliedern.

Drei Tänzerinnen gestalten eine Geschichte, nehmen dabei verschiedene Rollen an, ohne allerdings die Kostüme zu wechseln. Die Condong, die Dienerin, bestreitet den einleitenden Tanz, und die beiden gleichgekleideten Legong tanzen die verschiedenen Figuren der königlichen Familien. Das Thema ist fast immer die Geschichte von Raja Lasem.

Oleg Tambulilingan – moderner Flirttanz (Balih-Balihan): Dieser – wörtlich übersetzt – ›Hummeltanz‹ ist ebenfalls neu; er soll 1952 entstanden sein. Eine weibliche ›Hummel‹ tanzt zunächst ein verspieltes Solo, dann schwirrt die männliche herein und beide spielen, begleitet von einem Gamelan Kebyar, die ganze Skala des Flirtverhaltens durch – eine Liebesgeschichte ohne Worte, die ›happy endet‹.

Pendet – Begrüßungs- und Opfertanz (Bebali): Dieser Blumentanz wird regelmäßig zur Eröffnung von Veranstaltungen getanzt, und zwar häufig von ganz jungen Mädchen, fünf oder sechs Jahre alt. Aus silbernen Schalen werfen die hübsch gekleideten Kleinen Blumen ins Publikum. Die Geschichte des Pendet läßt sich über höfisches Zeremoniell zurückverfolgen bis zu einem Opfertanz für die Götter. Dieser wiederum ist aus einem einfachen Opferritus entstanden. In abgelegenen Dörfern ist gelegentlich sogar heute noch der Ursprungsritus des Pendet zu beobachten: Junge Frauen mit Opferschalen in ihrer Rechten stehen in einer Reihe vor einem Schrein, knicksen im Rhythmus der Gamelan-Musik, aber jede für sich, und schwenken dabei mit einer ausgreifenden Armbewegung ihre Schale den Göttern entgegen.

Prembon – Improvisationsspiel (Balih-Balihan): Bei jeder Veranstaltung kommen einige Tänzer und Darsteller, die sich mit vorbereitet haben, nicht zum Zuge. So kam man in den 50er Jahren auf die Idee, ein Improvisationsspiel mit phantastischer Handlung zu schaffen, das den Spielern, die in den regulären Stücken nicht unterzubringen waren, Gelegenheit gibt, ihre Spielfreude auszutoben.

Sanghyang – Trancetänze (Wali): Jeder Mensch, der tanzt, tut dies, weil er dadurch in eine gehobene Stimmung kommt. Rhythmische Musik und ständig sich wiederholende Körperbewegungen vermögen diese Stimmung bis zur Ekstase zu steigern. Und von da aus ist der Schritt zur Trance nicht weit – besonders in Gemeinschaften, in denen diese sozial erwünscht ist. In Bali dienen Sanghyang-Tänze – und das sind eben Trancetänze – dazu, die Gemeinschaft vor finsteren, magischen Angriffen zu schützen. Tänzer, die in Trance geraten, sind von Göttern oder Geistern besessen.

Beim Sanghyang Dedari werden die Himmelsnymphen Widadari von singenden Frauen eingeladen, in zwei kleine Mädchen hineinzufahren, die in Legong-Kostüme gekleidet sind. Diese Mädchen haben keinerlei Tanzausbildung genossen. Unter dem Einfluß der Melodien und des Weihrauches beginnen die Körper der Kinder, sich zuckend zu bewegen – das Frühstadium der Trance. Erschöpft zu Boden gesunken, in einem schlafähnlichen Zustand, werden sie zum nahen Tanzplatz gebracht. Dort tanzen sie mit geschlossenen Augen Ausschnitte aus dem Legong – entweder unten auf dem Boden oder aufgesetzt auf die Schultern von Männern. Ein Priester bringt die Mädchen mit heiligem Wasser wieder in den Alltagszustand zurück.

Beim Sanghyang Jaran (beide Sanhyang-Tänze verbindet man gelegentlich miteinander) werden Tänzer von einer »Cak-Cak-Cak« rufenden Rhythmusgruppe in Trance versetzt. Sie reiten dann wie wildgeworden auf einem Steckenpferd über den Zeremonialplatz und rasen immer wieder durch Haufen mit brennenden Kokosschalen hindurch. Die Funken stieben nach allen Seiten. Solche ›Feuersteckenpferdreiter‹ gibt es auch in Java. Altindische Vorstellungen vom Sonnenpferd als heiliges Tier, das den Wagen des Sonnengottes zieht, scheinen damit in Verbindung zu stehen (vgl. heiliges Pferd von Tenganan, S. 326f., Pferdebad in Tejakula S. 375).

Topeng – Maskenpantomime (Bebali): Von den eins, zwei, drei oder vier Spielern ist einer der eigentliche Pantomimentänzer. Hinter einem frei in den Raum gestellten Vorhang versteckt, wickelt er jeweils eine weiße Maske aus weißen Tüchern aus, konzentriert sich auf ihren Charakter, setzt sie auf und schlüpft durch den Vorhang. Nacheinander spielt er einen jungen Mann, einen Grobian, den einen oder anderen Raja, auch eine Prinzessin und einen Alten – alles Charaktere aus der Geschichte der Herrschergeschlechter von Majapahit in Ostjava und von Gelgel und Klungkung in Bali. Der Künstler, im Hauptberuf meist ein einfacher Reisbauer, trägt recht unterschiedliche Vollgesichtsmasken aus Holz mit großen, plastisch ausgearbeiteten Augen. Durch Sehschlitze, eingekerbt entlang der Unterlider, kann er sich orientieren. Die Nebenspieler treten als lustige Dienerfiguren auf, ihre Halbmasken lassen den Mund frei, so daß sie sprechen können. Die Topeng-Pantomimen gehören mit zum Spannendsten, was Bali zu bieten hat. Immer, wenn der Hauptspieler verschwindet, kurz die Maske wechselt und dann wieder neu erscheint, dramatisiert er den Beginn seines Auftritts mit der Vorhangzauberei: Da öffnet sich plötzlich ein Spalt, eine Hand wird herausgestreckt, sie verschwindet wieder, ruckartig öffnet sich der Vorhang weit, und der Tänzer ist in ganzer Figur zu sehen. Der Vorhang, auch bei anderen

Singspielen das einzige und deshalb auch weidlich ausgeschlachtete Requisit, stammt ganz offensichtlich aus der höfischen Sphäre.

Wayang Wong – Schattenspiel mit Menschen (Bebali): Dieser altmodische Spieltyp stellt eine Art Übersetzung des Schattenspiels in ein Maskenspiel dar. Seine Stoffe entnimmt es dem Ramayana. Die Spieler tragen prachtvoll ausgearbeitete Masken. Nur die edelsten männlichen und weiblichen Charaktere kommen ohne Masken aus.

Quellen: 15, 81, 99, 119

Mythische Themen

In Bali werden alle möglichen Epen, Legenden, Märchen und Erzählungen durch das Tanzspiel und durch die Abbildung immer wieder neu zum Leben erweckt. Die darin enthaltenen Charaktere sind die Idealtypen für die Menschen von heute, die sich als deren Abglanz verstehen, man könnte auch sagen als deren ›Schatten‹.

Das Mahabharata – Kampfepos aus dem alten Indien

Die Helden dieser ›asiatischen Ilias‹ sind die fünf edlen Söhne des Pandu, die Pandawa. Dabei handelt es sich im einzelnen um Yudistira, den ältesten, Bima, Sohn des Windgottes Baju, den magisch und körperlich mächtigsten, weiter Arjuna, den liebenswertesten und vielgeliebten, und schließlich um die Zwillinge Nakula und Sadewa. Als Gegenspieler treten ihre eigenen neunundneunzig Vettern auf, die hinterhältigen Korawa, Söhne des blinden Raja Dasarata. Pandu vertritt seinen blinden Bruder als Herrscher über dessen Reich. Als Pandu verstirbt, macht Dasarata seinen ältesten Neffen Yudistira zum Raja. Das bringt seine eigenen Söhne, die Korawa, derart gegen die Pandawa auf, daß sie von nun an nur noch Schlimmes gegen sie im Schilde führen. Von den heimtückischen Vettern unter Führung des Erstgeborenen Duryudana in eine Falle gelockt, entkommen die Pandawa mit knapper Not dem Flammenmeer eines niederbrennenden Sommerpalastes. In die Fremde vertrieben, gewinnen sie dort zwei mächtige Verbündete, und zwar – wie in Stammeskulturen durchaus auch heute noch üblich – durch Heirat. Alle fünf Brüder heiraten aufgrund einer Anweisung ihrer Mutter Dewi Kunt, die Tochter des Königs Draupada Draupadi, Arjuna nimmt zusätzlich noch Subadra, die Schwester Kresnas (einer Inkarnation Wisnus) zur Frau. Aus dieser gestärkten Position heraus können sie zurückkehren und die Korawa zwingen, mit ihnen das Land zu teilen. Doch die Korawa, angestiftet durch den klugen, aber falschen Priester Drona, nutzen eine Schwäche Yudistiras, seine Spielleidenschaft, aus. Sie schicken den schlauen Sakuni vor, und dem gelingt es in einer Folge von Spielen, Yudistira Zug um

Zug das ganze Reich abzunehmen. Die Pandawa werden gezwungen, für zwölf Jahre in die Verbannung zu gehen sowie – noch schlimmer – ein Jahr auf ihre Kastenprivilegien zu verzichten und als einfaches Volk Dienstleistungen zu verrichten. Nach ihrer Rückkehr denkt Duryudana natürlich überhaupt nicht daran, seine Zusage, die Pandawa wieder in ihre Rechte einzusetzen, zu halten. So kann es denn nicht ausbleiben, daß es zum Baratayuda, zur großen Entscheidungsschlacht kommt. Die Pandawa gewinnen zwar und töten ihre Feinde, aber auch ihre Lehrer und ihre Söhne fallen dem blutigen Rausch zum Opfer. Voller Trauer verlassen die Sieger das Kampffeld.

Im indischen Originaltext beschreibt ein ausführlicher Teil, die sogenannte Bhagavadgita, die Situation vor der Schlacht. Arjuna, verzweifelnd an seiner Aufgabe, die eigenen Verwandten zu töten, spricht sich mit Kresna aus, der als Wagenlenker auftritt. Dieser Teil des Mahabharata ist eines der großen Lehrstücke des Hinduismus.

Das Ramayana – das Epos der Irrfahrten aus Indien

In dieser ›indischen Odyssee‹ geht es um das Schicksal von Rama und seiner schönen Frau Sita (Sinta). Doch die Geschichte beginnt schon vor der Geburt Ramas. Raja Dasarata von Kosala war zunächst einmal kinderlos und rang sich daher dazu durch, das Opfer aller Opfer, das magisch gefährliche königliche Pferdeopfer darzubringen. Die Götter erfüllten sehr schnell seinen Wunsch. Des Rajas erste Frau gebar Rama, die zweite Batara und die dritte Zwillinge, darunter Lesmana, den Lieblingsbruder Ramas. Nun ist Rama die siebte Inkarnation (Avatara) des Gottes Wisnu. Der Riese Rawana, Herr über Sri Lanka, tyrannisierte nämlich damals Götter und Menschen. Doch zunächst konnten die Götter nichts gegen ihn unternehmen, weil Brahma ihm einst versprochen hatte, er könne von keinem Gott besiegt werden. Von Menschen war aber in diesem Versprechen nicht die Rede, und so bot sich die Menschwerdung Wisnus als Ausweg an.

Die Brüder wachsen heran und vollbringen verschiedene Heldentaten. Rama erobert Sita, weil er als einziger von den Bewerbern um ihre Hand in der Lage ist, den Bogen ihres Vaters zu spannen. Dasarata will Rama als seinen Erstgeborenen zum Nachfolger machen. Doch jetzt rächt es sich, daß er vor langen Jahren seiner zweiten Frau versprochen hatte, zwei Wünsche zu erfüllen, worauf diese jetzt auch besteht: Batara, ihr Sohn, solle Herrscher werden, und Rama müsse für 14 Jahre in die Verbannung verschwinden. Nach Dasaratas Tod zieht sich Rama, begleitet von Sita und Lesmana, in unwirtliche Gegenden zurück. Er will, daß das von seinem Vater gegebene Wort eingehalten wird – und dies, obwohl sein Bruder Batara alles daran setzt, auf den Thron zu verzichten, königlichem Prunk und herrscherlichen Vorrechten abschwört und Ramas Schuhe als sichtbares Zeichen dafür, daß dieser als Erstgeborener der legitime Herrscher sei, auf den Thronsessel legt.

Während Rama und Lesmana in der Fremde Dämonen jagen, welche fromme Asketen belästigen, wird die dämonische, monströse Schwester Rawanas auf die Schönheit Sitas aufmerksam. Sie berichtet das, was sie gesehen hat, ihrem Bruder, und der sendet einen

Links der Affengott Hanoman (hier im Kampf mit der Naga), auf der folgenden Seite der Dämon Kala Rau, der die Mondgöttin Dewi Ratih fressen will

Dämonen aus in Gestalt eines goldenen Hirschen. Von der Jagdleidenschaft gepackt verfolgen Rama und Lesmana das Tier. Sita bleibt alleine in der Wohnhöhle zurück. Rawana findet sie dort und entführt sie nach Sri Lanka. Der Geier Jataya, einziger Zeuge des Vorfalls greift Rawana an, wird jedoch tödlich verwundet. Bevor er seinen Geist aushaucht, vermag er aber den beiden Brüdern noch zu erzählen, was sich ereignet hat. Rama und Lesmana verbünden sich mit einem Heer von Affen, die als Göttersöhne übermenschliche Kräfte besitzen. Sukriwa, ein Sohn des Sonengottes, ist ihr König. Die entscheidende Figur jedoch ist Hanoman, ein Sohn Siwas. Er setzt die Expedition nach Sri Lanka in Gang. Zunächst kundschaftet er ganz alleine die feindliche Festung aus. Er schleicht sich zu Sita und teilt ihr mit, daß Rama sie befreien möchte. Die Häscher Rawanas ergreifen jedoch Hanoman und zünden seinen Schwanz an. Dank seiner übermenschlichen Kraft gelingt es ihm, sich zu befreien und mit seinem brennenden Schwanz den Palast und die Hauptstadt Rawanas in Brand zu setzen. Nala, ein anderer der göttlichen Affen, kann mit Hilfe des Meeresgottes Waruna einen Damm vom indischen Festland hinüber nach Sri Lanka bauen. Die vereinigten Streitkräfte Ramas erreichen die Insel, es kommt zu einem schrecklichen Kampf. Rama schlägt sich sechs Tage und sechs Nächte mit Rawana. Schließlich gelingt es ihm, den

schrecklichen Riesen zu töten und Sita aus den Klauen von dessen dämonischen Frauen zu befreien. Im Triumphzug ziehen Rama und Sita nach Hause, wo ihnen Batara die Regierungsgewalt übergibt. Sita muß noch eine Probe bestehen: Um zu beweisen, daß Rawana ihr nichts hatte antun können, durchschreitet sie ein gewaltiges Opferfeuer.

Kala Rau (Rahu) – der Dämon, der den Mond fressen will

Diese Geschichte beschreibt die Mondfinsternis und stellt eines der beliebtesten Motive der Malerei in Bali dar: Als die Götter und Dämonen mit dem ›Berg der Weltenachse‹ Tirtha aus dem Urozean herausquirlten, so wie Butter aus Milch entsteht (vgl. S. 92), gelingt es Kala Rau, einige Tropfen dieses köstlichen Nasses zu schlürfen. Doch der Mond beobachtet dies und verrät es auch auf der Stelle den Göttern. So schleudert denn Wisnu seine Cakra nach Kala Rau und trennt ihm den Kopf vom Körper. Da das Wasser des Lebens von dem Dämon zwar getrunken, aber noch nicht geschluckt worden war, bleibt sein Kopf unsterblich, während sein Körper den Weg allen Fleisches geht. Rachedurstig versucht Kala Rau nun immer wieder, den Mond mitsamt der Mondgöttin Dewi Ratih aufzufressen – doch der rutscht ihm jedesmal wieder unten zum offenen Schlund heraus.

Auch hier also wieder das Motiv des Verschlingens! Es ist nicht weiter verwunderlich, daß Boma gelegentlich als Kala Rau auftritt oder daß umgekehrt Kala Rau die Funktion des Baumgottes Boma übernimmt. Die beiden lassen sich miteinander austauschen.

Die Geschichten um Raden Panji – Heirat, Liebe, Streit

Ein umfangreicher, verwirrender Erzählungszyklus knüpft an die Blütezeit der Dynastien in Mittel- und Ostjava an. Gegenüber den altindischen Epen enthalten diese Geschichten ein durchaus neues Element – die Spannung zwischen dynastischen Pflichten und menschlichen Leidenschaften: Ein Herrscher versuchte seine Macht dadurch auszuweiten, daß er passende Heiraten einging. Ein Heiratsantrag stellte gleichzeitig einen Statustest dar – er wurde angenommen, wenn der Antragsteller als gleichrangig anerkannt war. Bei einer Ablehnung folgten regelmäßig Konflikte – was man auf friedlichem Wege nicht hatte erreichen können, sollte durch Krieg gewonnen werden. Kompliziert wurde das Ganze, wenn die Liebe ins Spiel kam. Sie veranlaßte den einen, eine dynastisch sinnvolle Heirat auszuschlagen, den anderen, nach Sternen mit zu hohem Rang zu greifen. In beiden Fällen kam es unweigerlich zum Krieg.

Vor diesem Hintergrund spielen sich die Abenteuerfahrten des Panji Raden von Koriban ab. Er hatte die Hand der schönen Rangkesari, Prinzessin von Daha (Kediri), schnöde zurückgewiesen. Als er sie jedoch persönlich kennenlernte, entflammte sein Herz in Liebe zu ihr. Doch sie wurde vom Wind in die Fremde entführt, und er mußte sich auf die Suche nach ihr machen. Nach vielen Irrungen und Wirrungen und nachdem er sich mit vielen Männern geschlagen und noch mehr Frauen vertragen hatte, fanden die beiden endlich zusammen. Doch damit ist die Geschichte noch nicht zu Ende: Die nächste Generation, die Kinder der Rajas, setzen das romantische Spiel um die beiden Königskinder, die es so schwer hatten, zueinander zu kommen, fort.

Das Legong-Thema: Raja Lasem – ein Ausschnitt aus dem Panji-Zyklus

Die bildhübsche Rangkesari war gleichzeitig auch federleicht, denn sonst hätte sie der Wind nicht so ohne weiteres in ein fernes Raja-Reich forttragen können. Raja Lasem will das liebreizende Mädchen unbedingt besitzen, doch sie hat nichts im Sinn mit dem rauhbeinigen Knaben. All sein Bitten, all sein Flehen nützen nichts. Auch sein Ansinnen, einmal, nur ein einziges Mal, jetzt bevor er in die Schlacht zöge, doch ein bißchen lieb zu ihm zu sein, weist sie ab. So rüstet sich denn Raja Lasem gegen Rangkesaris Bruder Wiranataja und den Prinzen Raden Panji. Üble Vorzeichen stellen sich ein. Eine Krähe weissagt ihm den Tod, dem er mannhaft entgegenschreitet.

Cupak und Grantang – der grobe Große und der kleine Feine

In Südostasien ist der älteste Sohn innerhalb einer Familie außerordentlich bevorrechtigt. Sein Einfluß auf die jüngeren Geschwister kann größer sein als selbst der des Vaters. Unter solchen Bedingungen ist die Geschichte vom Erstgeborenen Cupak, dem ungerechten Tolpatsch, und seinem jüngeren Bruder durchaus nicht ohne Brisanz. Es ist letztlich die Bescheidenheit und Zurückhaltung Grantangs, die ihn über seinen Bruder obsiegen läßt.

Beide Söhne einer Brahmanenfrau interessieren sich für die Prinzessin Diah Mertawati, die Tochter des Königs von Kediri. Nun hat aber ein Riese die Prinzessin geraubt. Cupak verspricht großsprecherisch, sie zu befreien. Doch als es zu einer Begegnung mit dem Riesen kommt, flieht Cupak auf einen Baum, während Grantang den Unhold besiegt. Hinterher spielt sich Cupak vor der Prinzessin als der große Retter auf. Als die Nacht hereinbricht, will er Wache halten, kann jedoch nicht verhindern, daß Diah Mertawati von der Schwester des Riesen geraubt und in ein Brunnenloch gesteckt wird. Cupak läßt Grantang an einem Seil in den Brunnen hinab. Der tötet dort die Riesin. Doch Cupak holt die Prinzessin aus dem Brunnen heraus, läßt Grantang unten sitzen und bringt Diah Mertawati zu ihres Vaters Hof zurück. Dort erhebt er Ansprüche auf sie, doch ihr Vater, dem Cupak unsympathisch ist, versucht die Hochzeit hinauszuzögern. Die Prinzessin selbst war zu eingeschüchtert, um den Mund aufzumachen. Inzwischen ist jedoch die tote Riesin im Brunnenloch so weitgehend verwittert, daß Grantang ihre Rippen als Leiter nach oben benutzen kann. Er begibt sich unerkannt zum Hof, besiegt Cupak im Zweikampf und kann zuletzt seine Prinzessin in die Arme schließen.

Tantri – Tierfabeln

Dabei handelt es sich um eine Zusammenfassung recht unterschiedlicher Tiergeschichten. Häufig dargestellt wird der ›Flug der Schildkröte‹: Zwei Gänse transportieren eine Schildkröte durch die Lüfte. In ihren Schnäbeln halten sie eine Bambusstange, an der sich die Panzerechse festgebissen hat. Doch da sie es, obwohl von den Gänsen gewarnt, einfach nicht lassen kann zu reden, findet ihre Flugreise ein jähes Ende.

An anderen Stellen in diesem Buch werden folgende Geschichten beschrieben:
Arjuna Mentapa S. 194, Barong Sadewa S. 294, Calon Arang S. 209, Jayaprana S. 380, Schöpfungsmythos S. 37, Transport des Mahameru nach Bali S. 92, Indra besiegt Mayadanuwa S. 181, Sutasoma S. 294, Bima Suarga S. 291.

Quellen: 15, 16, 56, 69, 107, 119

Teil II: Kunstreisen durch Bali

Gyanyar – altes Kulturland und moderne Kunst

Das eigentliche Bali, das Bali, wie es in unseren Träumen lebt, mit Tempeltoren aus rotem Ziegel und weißem Naturstein, mit Gehöften voller grasbedeckter Bales, mit farbenprächtigen religiösen Zeremonien – dieses Bali liegt im Süden der großen Bergkette. Es erstreckt sich vom Osten Tabanans bis in den Westen von Klungkung, umfaßt große Teile von Badung (mit Ausnahme von Denpasar und den Touristenzentren), den Süden von Bangli, vor allem aber das gesamte Gebiet von Gyanyar.

Ubud – Zentrum der Malerei

Ubud mitsamt den angrenzenden Orten ist ein riesiges Straßendorf. Von Campuan bis zur Straßenkreuzung Teges im Süden von Peliatan wird die Hauptstraße von Künstlerstudios und Galerien gesäumt. Sonnenanbeter und Wasserratten kommen hier sicher nicht ganz auf ihre Kosten, für alle jedoch, die sich für die Menschen in Bali, ihre Kunst und Religion interessieren, stellt dieser Bereich einen der idealen Standorte dar.

Von Denpasar aus sind Peliatan (25 km nördlich) und Ubud (27 km) mit dem (→) Bemo von der Station Kereneng aus zu erreichen. Die beiden Orte und alles, was in ihrem näheren und weiteren Umkreis liegt, bieten folgende Pluspunkte:

* Ubud und Peliatan sind – abgesehen von den Galerien – immer noch traditionelle balische Dörfer, bieten aber dennoch Unterkünfte in allen Preislagen sowie einfache, aber gute Restaurants.
* Hier befindet sich das Zentrum einer Malerei, die sich an traditionellen Motiven und Formen orientiert (vgl. S. 117).
* Es vergeht kaum eine Woche, in der nicht irgendwelche Tempelfeste oder Durchgangsriten stattfinden.
* In Ubud, in Peliatan und in Mas können diejenigen, die keine Zeit haben, ein Tempelfest abzuwarten, arrangierte Veranstaltungen besuchen, die – obwohl für Touristen bestimmt – dennoch originalgetreu sind.
* Das Gebiet von Ubud liegt so zentral in Südbali, daß von dort aus ein großer Teil der kulturell und landschaftlich interessanten Stätten gut zu erreichen ist – mit dem Bemo oder sogar zu Fuß oder per Fahrrad.

* Bei einem längeren Aufenthalt in Ubud besteht die Möglichkeit, Einzelunterricht in einheimischen Maltechniken sowie in Tanz oder Gamelan-Musik zu erhalten.

Vgl. *Plan hintere Umschlagklappe*

Die Malerei

In und um Ubud wimmelt es von Gehöften, in denen Maler arbeiten. In letzter Zeit haben einige westliche Kritiker überheblich versucht, die balische Kunst als ›Tourist Art‹ abzuqualifizieren. Unter diesem Begriff darf jedoch keinesfalls einfach all die Kunst verstanden werden, die vorwiegend an Touristen (die im übrigen ja auch Menschen sind) verkauft wird. ›Tourist Art‹ bezeichnet ausschließlich die Kunst, die der Schöpfer nicht mehr aus der eigenen Weltsicht heraus gestaltet, sondern einem ihm selbst fremden Geschmack anpaßt. Das ist in der Malerei Balis glücklicherweise noch sehr selten der Fall, auch wenn ein Teil der Holzschnitzereien in dieser Hinsicht etwas kritischer betrachtet werden muß.

Der Erwerb von Bildern oder Antiquitäten erfordert Zeit und gute Nerven. In den Stunden, da die Luxusbusse aus Kuta und Sanur anrollen, Preisverhandlungen besser unterlassen! Dagegen besteht frühmorgens die Chance einen ›this-morning-price‹ auszuhandeln. Der erste Verkauf am Morgen gilt nämlich als glückverheißendes Omen für den ganzen Tag.

Wichtig: In Bali richtet sich der Preis vieler Gemälde nach deren Detailreichtum und der Exaktheit der Darstellung. Je feinteiliger ein Bild, desto teurer ist es auch. Tatsächlich hat die Exaktheit für die traditionellen balischen Stile Bedeutung. Und wer sich einmal ›etwas eingeguckt‹ hat, wird erhebliche Unterschiede feststellen. Man tut sich selbst, aber auch der Weiterentwicklung der Malerei in Bali keinen Gefallen, wenn man nachlässig gearbeitete Stücke kauft, nur weil sie billig sind.

Es empfiehlt sich, die Kunstexkursionen mit dem Besuch von zwei Museen zu beginnen:

* **Puri Lukisan** (Palast der Malerei) unmittelbar neben dem Puri Saraswati nahe dem Ortskern mit einer reichen Sammlung von Gemälden der 30er Jahre sowie der frühen Nachkriegsepoche. Besonders gut läßt sich dort der Stil des ›neuen Hintergrundes‹ (vgl. S. 115f.) studieren. Gegründet wurde das Museum 1947 auf Initiative des inzwischen verstorbenen Malers Rudolf Bonnet, der auch seine Sammlung gestiftet hat.

* **Neka-Museum** und **Galerie** hinter Campuan rechts an der Straße Richtung Kedewatan. (Kurz davor liegt der Pura Dalem Sanigan, interessant wegen seiner grell bemalten Steinfiguren. Links, auf der anderen Seite der Straße, die dazugehörige Verbrennungsstätte). Im Museum ist ein traditioneller Ausstellungsteil zu besichtigen, ein ›Young Artists‹-Teil (vgl. S. 120f.) sowie ein allgemeiner moderner Teil, u. a. mit Bildern von Rudolf Bonnet, Arie Smit, Han Snell, Antonio Maria Blanco, I Nyoman Lempat und von dem Javaner Soebroto.

Von den in Ubud und Umgebung ansässigen Malern kann hier nur eine kleine Auswahl genannt werden (vgl. auch die Liste S. 358ff.).

* I Gusti Nyoman Lempat, der schon vor der Ankunft europäischer Maler in den 30er Jahren neue Wege ging, ist 1978 im Alter von 105(!) Jahren gestorben. Sein Enkel führt seine Galerie weiter (vom Zentrum aus an der Hauptstraße Richtung Ambengan links).

* I Nyoman Tugeh ist ein ganz hervorragender und origineller Maler und vor allem auch Zeichner; bemerkenswert seine Zeichnungen von Menschen, die rituelle Handlungen durchführen. Sein sehenswertes Atelier liegt an der Südseite der Hauptstraße, und zwar bereits im Ortsteil Padang Tegal.

* Anak Agung Gede Sobrat fertigte unter Anleitung seines Großvaters Wayang-Figuren und Bilder im Wayang-Stil (vgl. S. 108ff.) an. Er lernte von Walter Spies das Handzeichnen, von Rudolf Bonnet das Zeichnen nach Modellen und kehrte später zu einer etwas moderneren Form des Wayang-Stils zurück. Sein Gehöft liegt in Padang Tegal.

* Ida Bagus Made Nadera, gehörte zur Gruppe ›Pita Maha‹, galt in stilistischer Hinsicht als einer der originellsten Maler und war weit über Bali hinaus bekannt. Ausgebildet als Dalang- und Topeng-Tänzer widmete er sich hauptsächlich figurenreichen, naiven Bildern über balisches Kunstschaffen und festtägliches Leben. Sein Studio befindet sich etwas weiter entfernt von Ubud in Tegallinggah an der Kreuzung nach Gyanyar/Denpasar/Tampaksiring. Leider dokumentieren die neuen Bilder des freundlichen alten Herrn unübersehbar ein Nachlassen seines künstlerischen Ausdrucksvermögens.

* I Dewa Nyoman Batuan, Leiter der Künstlergruppe ›Pengosekan Artists‹, lebt in Pengosekan. In seinem Bild ›Turis dan Bali‹ werden Autos, Flugzeuge, Touristen und modern gekleidete Balier in Form und Farbgebung der dämonisch bedrohlichen Welt zugeordnet (Art Center Denpasar). Eine etwa 160 × 160 cm große Darstellung des Padma-Weltbildes von Bali hängt in Puri Lukisan.

* Han Snel besitzt ein Restaurant mit einem Ausstellungsraum seiner Bilder nahe dem Zentrum. Das Motiv des gebürtigen Holländers, der seit 1950 in Bali lebt, sind die Frauen des Eilandes. Sein unverkennbarer Stil, völlig unberührt von der bodenständigen Kunst, scheint Anregungen aus dem Werk von Oskar Schlemmer aufzugreifen.

* Antonio Maria Blanco, Amerikaner philippinischer Herkunft, hat auf einer Anhöhe hinter der Brücke von Campuan zur Verehrung seiner selbst den einzigen zwölfstöckigen Meru Balis errichtet. Da sich die balischen Gottheiten mit höchstens elf Tumpang bescheiden, hat ihm dies begreiflicherweise einiges an Kritik eingetragen. Antonio Blanco widmet sich der erotischen Malerei, wobei er mit Vorliebe den gegenständlich ausgearbeiteten Bilderrahmen ins Motiv miteinbezieht. Er bewohnt ein Miniatur-Museum, in dem er neben seinen Bildern auch extravagante architektonische Gags, seine einheimische Frau und nicht zuletzt sich selbst zur Schau stellt.

* Die Malerei der ›Young Artists‹ (vgl. S. 120f.) findet sich in recht unterschiedlicher Qualität überall in Ubud. In Penestanan sind die Maler bei der Arbeit zu beobachten.

Quellen: 4, 32, Q6, Q16, Q17, Q18

Der Affenwald und seine Umgebung

Bei Sonnenaufgang, wenn noch der Dunst auf den Reisfeldern lastet, zeigt sich der ›Monkey Forest‹ (Hutan Kerah) von seiner schönsten Seite. Von Ubuds Zentrum aus führt der zwanzigminütige Weg nach Süden am Bale Banjar Ubud Kelod (rechts) mit seinen Gamelan-Instrumenten vorbei. Am Nachmittag finden dort häufig Musik- oder Tanzproben der Seka (freiwillige ›Hobbygruppen‹) statt, des abends manchmal auch Veranstaltungen. Hinter dem Sportplatz (links), auf dem sich gerade frühmorgens schon die Schüler tummeln, folgen Reisfelder, verstreute Studios und Restaurants. Mittelpunkt des Affenwaldes – zwar winzig, aber weitaus romantischer als der Monkey Forest von Sangeh (vgl. S. 267) – ist eine Dreiwegkreuzung mit einem Waringin-Baum, der ein steinernes Äffchen beschirmt. Sollten die lebendigen Nachkommen Hanomans dort nicht ihre Spielchen treiben, dann sitzen sie in den Baumriesen vor dem **Pura Dalem Agung Padang Tegal** (einige Schritte weiter, wenn man dem Weg nach halbrechts folgt). Bemerkenswert das gedeckte Tor (Candi Kurung) dieses malerisch gelegenen Unterwelttempels. Die drei Durchgänge zum Innenhof sind nur während der Tempelzeremonien geöffnet. Die steile Schlankheit des Tores und die hohe Treppe betonen seinen Charakter als Himmelsleiter (vgl. S. 87). Sein schmales Mittelstück wirkt so, als sei es mitten zwischen ein gespaltenes Tor in Form eines durchschnittenen und auseinandergerissenen Candi (vgl. S. 85) hineingequetscht worden. In typisch südbalischer Weise erscheint das Prinzip der abgewandelten Wiederholungen von Architekturdetails in Form der fünf sich allmählich verjüngenden Tumpang in vertikaler Richtung besonders stark ausgeprägt. Die vertikale Wiederholung in Form der flankierenden Seitenteile wird demgegenüber bei den nordbalischen Tempeln noch stärker betont (Wiederholungszwang, vgl. S. 101). Über der Mitteltür ein ausdrucksvoller Kala Boma-Kopf, der ebenfalls oben in der Tumpang-Zone mehrfach – jeweils etwas verkleinert – wiederholt wird. In den Handflächen des lammfelligen Monsters links das Cakra, das Lebensrad Wisnus, rechts die Trisula, die dreiteilige Keule Siwas. Das Motiv des aufgerissenen Rachens (vgl. S. 88 f.) wird von der Mitteltür nochmals aufgegriffen, und zwar durch die Sogwirkung der hohen Treppe in Verbindung mit ihrem Gegenstück, der umgekehrten Abtreppung unter dem Türsturz.

Dieses Tor ruht – und das ist gar nicht so häufig in Bali – auf der Unterwelt in Gestalt der Riesenschildkröte Bedawang (vgl. S. 92), umwunden von zwei Schlangen. Deren Körper bilden gleichzeitig die geländeartige Treppeneinfassung, während ihre Köpfe als Torwächter fungieren. Die dämonische Feuerzunge, die der vollplastische Schildkrötenkopf herausstreckt, besteht aus einer flachen Steinscheibe, beidseitig mit Flachreliefdekor ornamentiert. Hier haben wir eines der Beispiele dafür vor uns, wie in der Kunst Balis die vollplastische und die flächenhafte Darstellungsweise miteinander im Widerstreit liegen. Sieben grauenvolle Rangdas aus Stein bewachen das Tor, denn man schützt sich am besten mit dem, was einen bedroht – ein altbewährtes Mittel jeder Verteidigungskonzeption. Natürlich weisen diese bizarren Hexen auch noch auf ihre Herrin hin, die im Innenhof des Tempels zu Hause ist, auf die Todesgöttin Durga, den schauererregenden Aspekt der Gattin Siwas. Ein Bale im Inneren birgt die Maske ihrer Erscheinungsform als Rangda, der gräßlichen Witwe. Die

Maske, ja sogar ihr Abdecktuch zu berühren kann namenloses Unheil heraufbeschwören. Deshalb ist es schon besser, daß das Innere vieler Unterwelttempel verschlossen bleibt. Die üppigen Hängebrüste der Stein-Rangdas weisen darauf hin, daß sie, verbunden mit der mütterlichen Erde, deren Fruchtbarkeit gewährleisten. Ihre fast den Boden leckenden Feuerzungen bezeugen ihre Freude an der Vernichtung. Die beiden äußeren Hexen lutschen an zwei kleinen Menschenfiguren, als ob es Eistüten wären – auch hier wieder das Motiv des Verschlingens.

Wie jedes Tor so wird auch dieses von zwei Tugu für die Taxu (vgl. S. 30) flankiert. In der linken hinteren Ecke des Vorhofes findet man neben einer Nebenpforte einen ummauerten Bezirk mit einem Opfer-Bale und einem Zwei-Tumpang-Meru für – falls die Information stimmt – Dewa Indu. Das ist ein indischer und altjavanischer Name für die Mondgottheit. Möglicherweise wird in diesem Bezirk heiliges Wasser gewonnen – dann wäre damit die Tochter des Mondes Narmada gemeint, die Gottheit eines außerordentlich heiligen Flusses.

Rechts hinten im Vorhof ein prachtvoller Kulkul-Turm für die Schlitztrommel. Dieses Signalinstrument wird wie ein Einbaum hergestellt und hat sich wahrscheinlich auch daraus entwickelt. Wie der Geist des Baumes, aus dem sie gefertigt ist, wird auch die Schlitztrommel selbst noch belebt, wie folgendes Märchen veranschaulicht:

Einem schrecklichen König wurde ein Sohn mit Elefantenrüssel geboren. Der Vater ließ die Mißgeburt töten und vergatterte die einzige Mitwisserin, die Hebamme, zum Schweigen. Das erwies sich als nicht ganz so einfach, denn alle Leute fragten sie, ob sich im Palast ein Prinz oder eine Prinzessin eingestellt habe. Doch da sie fürchtete, der König würde sie umbringen, schluckte sie ihr Geheimnis immer wieder und wieder herunter, und davon schwoll ihr Bauch immer mehr an. Als sie schon nahe daran war, zu platzen, vertraute sie sich ihrem Mann an, und im gleichen Moment fühlte sie sich auch schon frei und erleichtert und litt unter keinerlei Beschwerden mehr. Doch nun ging es mit ihrem Mann los. Der begann zu schwellen und zu schwellen. Zuletzt schleppte er sich in den Wald zu einem dicken Baum und erzählte diesem die ganze Geschichte. Von seinen Bedrängnissen befreit schritt der Mann in sein Dorf zurück. Doch zu der Zeit bauten die Leute gerade einen neuen Kultturm – und natürlich holten sie sich ausgerechnet den besagten Baum, um ihn zu einer Schlitztrommel zu verarbeiten. Und gleich das erste Mal, als diese angeschlagen wurde, rief es lautschallend in alle Welt hinein: »Das Ihr's nur wißt, der Sohn des Königs war eine Mißgeburt mit einem Elefantenrüssel.«

Weil die Schlitztrommeln eine Stimme haben, wird ihnen oft auch eine menschliche Form verliehen. Den Klöppel gestaltet man als überdimensionalen Phallus.

Die Fünf-Sockel-Pyramide des Kulkul-Turmes ist reich dekoriert: In den Ecken unten Karang Asti (vgl. S. 102), darüber Flügellöwen, ganz oben Garudas. Unter den Masken der Frontseiten auch die Nachbildung einer Barong Landung (vgl. S. 176)-Maske (zweite Fratze von oben). Vor dem Kulkul-Turm ein heiliger Jepun-Baum (Kambodscha, Wohnsitz einer Gottheit). Rechts in der vorderen Ecke des Vorhofes die Wantilan-Halle (Hahnenkämpfe,

Veranstaltungen). Vorne links in der Ecke, neben dem gespaltenen Tor, das Bale Kecil, angeblich für Schattenspiele. Bei dem hohen Vier-Pfosten-Bale mit dem Sitz soll es sich um eine Bale Pewedaan (vgl. S. 95) handeln. Die oberen Abschlüsse der Steinpfeiler in der Mauer mit den vier auf die Himmelsrichtungen bezogenen Hörnern dienen der verstärkten Einbindung des Tempels in das balische Richtungssystem (vgl. S. 85).

Vor dem Tempel rechts eine Hütte mit einem Warung. Dort wohnt die Tempelpriesterin. Der Weg führt von da weiter nach Nyuhkuning, einem für seine Holzschnitzerei bekannten Dorf. Der zum Pura Dalem Agung Tegal gehörende **Begräbnis- und Verbrennungsplatz** ist von der Dreiwege-Kreuzung aus zu erreichen. Ein schmaler Pfad führt steil einen Hang hinauf. Gleich oben befinden sich Gräber und auch ein kleiner, bei der Verbrennungszeremonie benutzter Tempel, Pura Made Patih (zwei menschenfressende Rangda-Hexen vor dem Candi Bentar, ein Steinthron im Inneren). Hier oben fand im September 1982 eine Massenverbrennung von 56 sterblichen Hüllen aus dem Banjar Padang Tegal statt. Es war ein feierlicher Durchgang, bildhaft ausgedrückt in der Architektur des Tempeldurchgangs mit dem gefräßigen Dämonenkopf, hin zu einer gehobenen Existenz der Seele. Der ansonsten von allen guten Geistern verlassene und von allem Bösen heimgesuchte Platz ist damals nicht wiederzuerkennen gewesen: Eine komplette, reichgeschmückte Stadt aus Bambus-Bales war aus dem Erdboden gewachsen, mit Pavillons zur Aufbahrung der Toten und zur Reinigung mit heiligem Wasser, mit Verkaufsständen für Speise und Trank, mit Kleidung oder mit Spielwaren für die Kinder und – nicht zu vergessen – mit Medizin, mit 56 Baldachinen über 56 farbenfrohen Flügellöwen, Transporttieren für die letzte Reise, die bald danach in Flammen aufgehen sollten. Doch wo Feuer ist, ist auch heiliges Wasser – Gegensatz und Ergänzung zur Gesamtheit des Lebendigen zugleich.
Vom Dreiweg aus führt eine Treppe, ein malerischer Steig, durch ein Waringin-Baum-Tor hinunter zum Flüßchen. Dort, jenseits der Brücke und halblinks der Wegkehre, das Badeplatz-Tempelchen **Pura Beji.** Drinnen ein kleiner Meru für die Reisgöttin Dewi Sri – kein Wunder, denn alle derartigen Tempelchen werden von einer Reisfeld-Genossenschaft (→ Subak) unterhalten. Ein Stück weiter, direkt am Flüßchen, ein zweiteiliges Bad für Männer und Frauen. Die Trennwand bewacht eine Garuda-Figur. Schräg gegenüber, am Steilhang, ein Quellheiligtum mit einem Steinthron (sehr heilig, darf unter keinen Umständen betreten werden!).

Es ist durchaus nicht notwendig, vom Dreiweg aus den gleichen Rückweg zu wählen. Der Weg Richtung Osten mündet in **Padang Tegal** und führt von dort aus weiter zur Hauptstraße nach Ubud. An der Strecke liegen die Häuser von Künstlern, das Bale Banjar Padang Tegal Kelod, daneben ein Tempel, der angeblich Pura Padma heißt. Im Inneren ein einfacher Steinthron, darauf heilige Steine und eine schlichte Hexenfigur älteren Typs. Die beiden Tempel von Padang Tegal, Kaja Pura Dalem und Pura Desa kurz vor Ubud, sind leider meist geschlossen. An der Strecke (links) befindet sich auch das Gehöft von I Dewa Nyoman Leper. Der freundliche alte Herr, etwas zerstreut, zeigt gerne Bilder aus vergangenen glanzvollen Tagen. Man hat das Gefühl, er kann es brauchen, daß man ihm für ein paar Mark eine seiner neueren, etwas einfachen Zeichnungen abkauft.

Uniformierter Wächter vor dem Pura Dalem, Ubud

Vom Süden Padang Tegals zweigt ein Weg rechts nach **Pengosekan** ab, dem Malerdorf mit der Künstlergruppe um I Dewa Nyoman Batuan (vgl. S. 125). Von dort aus ist Teges an der Bemo-Strecke Denpasar – Ubud zu erreichen.

Quellen: 57, Q17, Q18

Pura Gunung Lebah, Campuan

Die Hauptstraße von Ubud verläuft nach Westen Richtung Campuan. Rechts davon liegt Puri Lukisan, dahinter zweigt links ein ansteigender Weg ab zu der Begräbnis- und Verbrennungsstätte von Ubud, rechts geht es über eine Brücke und eine Treppe hinauf zu dem in üppiges Bambusgrün eingebetteten **Pura Dalem Ubud.** Der Aufgang wird von originellen Rangdas und anderen Figuren flankiert, darunter ein modernes Motiv, ein einheimischer Wächter mit holländischer Soldatenmütze. Der Innenhof des Tempels ist meist geschlossen.

Von hier aus erreicht man in fünf Minuten **Campuan** – immer der Hauptstraße folgen! Der Name Campuan = ›Zusammenfluß‹ spielt auf die beiden Flüßchen – den Tukad Uos und einen seiner Nebenflüsse – an, die sich dort vereinen. Den Landzipfel dazwischen krönt ein Tempel ohne auffällige Bauten, auch ohne geschlossenes Tor, aber dafür in einmaliger Lage. Bevor die Hauptstraße steil hinunter zu Murnas Warung und dann über die verwegene Brücke aus Stahlverstrebungen führt, zweigt halbrechts ein gewundener Fußpfad nach unten zum Tempel ab.

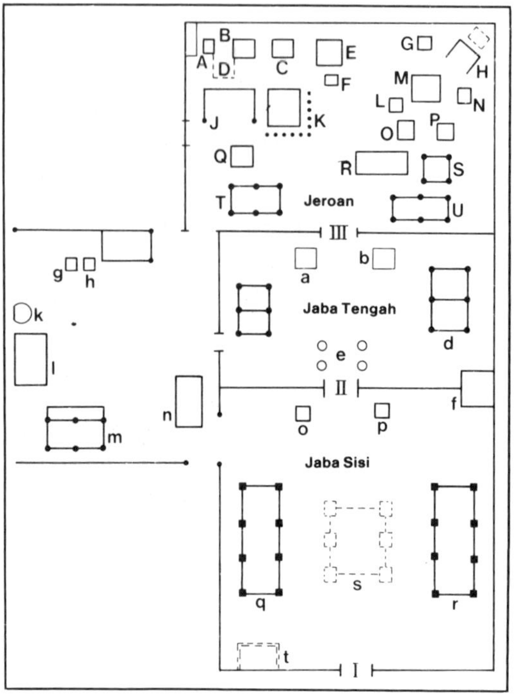

Pura Gunung Lebah, Campuan: Subak-Tempel, der zusätzlich der Ahnenverehrung dient.
I Kleines gespaltenes Tor (Candi Bentar), Zugang zum äußeren Vorhof; II Großes Candi Bentar, Zugang zum inneren Hof; III Kleines Candi Bentar, Zugang zum Innenhof

A Steinsäule für Ratu Belabur, links daneben Wirtschaftsgebäude für Abfälle; B Meru (ein Tumpang = Dach) für die Reisgöttin Dewi Sri; C Meru (zwei Tumpang) für Wisnu, der für heiliges Wasser zuständig ist; D Erdbeet, umfriedet mit einer Steinkante (Zweck?); E Meru (5 Tumpang) für Gunung Raung (?); F Heiliger Stein auf Sockel; G Bale Paruman Agung; H Padmasana – Lothosthron aus Stein für Siwa in seiner Erscheinung als Sonnengott Surya. Dahinter wird bei Festen ein Opferaltar aus Bambus errichtet; J Barong-Haus für den Barong Ratu Gede, flankiert von zwei Rangdas (nur bei Festen zu sehen); K Bale Piasan – hohes Opfergebäude. Hier wird der heilige Kris ausgestellt. Für das Fest umbaut man das Bale mit einer improvisierten Bambusgalerie; L Stein auf Sockel; M Meru (sieben Tumpang) für Gunung Lebah (= Batur); N Meru (ein Tumpang); O Bale Mundur-Mandir – Bale mit einer Mittelsäule. Dort wird die Hanoman-Maske ausgestellt; P Meru (drei Tumpang) für Batara Dewa Gede Putra; Q Sitz für Pedanda Priester; R Opfertisch-Stein; S Hohe Opferablage – Bale Panggungan für Sajen (Opfer); T Opferablage tief – Bale Penangkilan; U Opferablage tief

a + b) Pesamuan Sajen – Treffpunkt für Götter, denen geopfert wird; c + d) Holzgebäude – Bale Pesucian, dort werden Opfer (Sajen) hergestellt; e) Provisorischer hoher Opfertisch aus Bambus; f) Kulkul; g) Wächter Ratu Ngurah Agung; h) Wächter Ratu Ngurah; i) Gebäude für Opfervorbereitungen und -Aufbewahrung; k) Herd; l) Paon (Küche); m) Gebäude mit 2 Herden; n) Gebäude für Vorbereitungen; o) Apit Lawang, Abwehr der Buta Kala (Dämonen); p) Bale Peselang; q) Bale Gong; r) Bale für die Vorbereitung von Opfern, für das Gamelan, für den Aufenthalt bei Hahnenkämpfen; s) Bambusgestell für Vorführungen und für den Hahnenkampf; t) Warung (aufgebaut an Festtagen)

An der Biegung vor einer Steinbrücke hat ein Waringin-Baum die Steinfigur eines Ganesa derart mit Luftwurzeln umschlungen, daß man die moosgrüne, verwitterte Gestalt des Sohnes Siwas, des Beschützers der Eingänge und Brücken, fast für ein Naturgebilde hält. Die Stromschnellen Sudamala und Beras vor dem Zusammenfluß, einem beliebten Badeplatz, gelten als Naturheiligtum. Das Wasser von Beras (trockener Reis) ist förderlich für die Reiskultur, das von Sudamala hilft gegen rituelle Unreinheit und gegen andere Probleme. Übrigens: ›Sudamala‹ werden Schattenspiele genannt, in deren Verlauf heiliges Wasser hergestellt wird. Genauso heißt aber auch die mythische Erzählung vom Heros Sadewa, der der Todesgöttin Durga geopfert werden soll – ein Motiv, das vom Barong-Tanzdrama (vgl. S. 234) aufgegriffen wird. Und wie viele andere Tempel, so bietet auch **Pura Gunung Lebah** einem Barong eine Heimstatt. Dieser ist eines der drei Heiligtümer, die hier bei Tempelfesten verehrt werden:

* Der alte Fürst (Ratu Lingsir) – ein Barong Bangkal (im Plan links Aufstellungsort b, daneben wird eine Rangda-Maske gelegt).
* Die Maske des Affengenerals Hanoman (vgl. S. 162, Aufstellungsort O).
* Der heilige (→) Kris (Aufstellungsort K).

Wenn die Puspa in Form eines dreimaligen Blütengebetes vollzogen wird, so geben die einen an, sie würden Brahma, Wisnu und Siwa verehren, während andere den göttlichen Kräften Ehre erweisen, die während der Rituale im Barong, in der Hanoman-Maske und im Kris ihren Sitz haben.

Wie beispielsweise die Hanoman-Maske in den Tempel gelangte, darüber erzählt I Gusti Made Dan aus Taman eine ganz typische Geschichte. »Früher gehörte die Maske in einen Tempel in Padang Galah. Eines Tages zog von dort aus eine Barong-Prozession mit mehreren Masken, darunter auch dem Hanoman, los, um Besuche zu machen. Wie es Sitte ist für die Bewohner von Dörfern, deren Vorfahren von hier stammen, kamen sie in den Tempel, erwiesen den Gottheiten ihre Ehrerbietung, aßen hier und schliefen hier auch eine Nacht. Am nächsten Tag, als sie wieder zurückkehrten, blieb die Maske hier im Tempel. Das war gar nicht beabsichtigt gewesen! Daß der Hanoman fehlte, merkten die Leute erst, als sie in ihrem eigenen Tempel ankamen. Sie kehrten noch einmal um, kamen hierher und sahen: Ja, hier ist der Hanoman. Der wollte eben einfach hierbleiben.«

Der Barong war früher sehr verwahrlost, weil es durch das Dach seiner Hütte regnete. Wie er zu seinem neuen, schönen Bale kam, darüber berichtet Cokarda Gede Sukawati: »Und ich dachte oft: Wie traurig! Wenn unser Barong spazierengeht, um seine Verwandten in Pura Suci in Sebatu zu besuchen, dann wird er ihnen sicherlich erzählen, wie schlecht er behandelt wird. So entschloß ich mich, ihn neu einzukleiden und ihm eine bessere Unterkunft zu bauen.«

Der Tempel hat zwei verschiedene Kultaufgaben und somit auch zwei verschiedene Besitzer. Zum einen ist er ein Großfamilien-Tempel (Pura Dadia, vgl. S. 82) der in Ubud

Barong

Barong ist eine Sammelbezeichnung für tier- oder auch riesengestaltige Fabelwesen, die alle unterweltliche (chtonische) Mächte sind und die daher nicht ausschließlich, aber doch mit Vorliebe in den Unterwelttempeln Pura Dalem wohnen. Die Masken werden aus dem Holz des zwischen den Gräbern wachsenden Pule-Baumes, der ebenfalls als Wohnsitz des Barong gilt, geschnitzt. Unter die reichgeschmückten, schweren Überhänge der tiergerestaltigen Barongs müssen zwei Männer schlüpfen. Trotz seines dämonisch-unterweltlichen Charakters verfügt der Barong über weißmagische Zauberkräfte, die er im Dienste des Guten anwendet. Die wichtigsten Barong-Typen:

Barong Ket/Keket/Kekek	Löwengesichtiger Barong mit schwarzem Bart und Menschenhaar. Wasser, das – vom Priester über den Barong gegossen – aus dem Bart träufelt, ist heilig, schützt vor Erkrankungen.
Barong Bangkal	Eber-Barong.
Barong Bangkung	Muttersau-Barong.
Barong Lembuh	Kuh-Barong.
Barong Macan	Tiger-Barong.
Barong Landung	Aufrechte, hohe Riesenfiguren aus der Gegend um Denpasar: Jero Gede (Mann, schwarzes Gesicht) und Jero Luh (Frau, weiß oder gelb). Schutzgeist gegen den Krankheitsriesen Jero Gede Mencaling von der Insel Nusa Penida.

Die Barongs werden an Festtagen aus ihren Bales genommen und aufgestellt, man opfert ihnen, und sie werden in Verbindung mit ([illegible]) Tirtha-Zeremonien zu einem kleinen Tempel am Badeplatz gebracht. Die Barongs aus verschiedenen Tempeln besuchen einander. Zur Abwehr böser Einflüsse, insbesondere von Seuchen und Unruhen, trägt man Barongs in einer Prozession durch die Straßen oder führt eine der vielen Fassungen des Barong-Tanzdramas auf (vgl. S. 176).

Bei dem Riesen-Barong Landung handelt es sich sicher um einen originalen Balier (vgl. S. 252). Die Tier-Barongs, insbesondere der Barong Keket, sind dagegen ihrer Form nach chinesisch-buddhistisch beeinflußt. Das Geistwesen selbst dürfte aber urbalisch-vorhinduistisch sein. Damals wurden die Unterweltheiligtümer, wie manchmal noch heute, von Batara Gede Dalem, dem großen Herrn der Tiefe, beherrscht. Als dann mit dem Hinduismus Durga (vgl. S. 209) zur

Hausherrin der meisten Pura Dalem-Tempel avancierte, spaltete sich Batara Gede auf. Seine schreckliche Seite verkörperte sich in Durga, seine wohltätige wurde zum Barong. Rangda und Barong sind die Verkörperung der guten und bösen Erdkräfte. Sie kämpfen miteinander, hängen aber auch voneinander ab. Untersuchungen von Beinamen dieses Fabeltieres legen es nahe, daß der Barong selbst die schützende Seite des Mütterlichen in Form der embryonalen Schutzhülle verkörpert, während Durga der aufsaugenden, zerstörerischen Seite des Mütterlichen entspricht.

ansäßigen Raja-Familie. Die Hanoman-Maske und der Kris werden im Puri aufbewahrt. Zum anderen handelt es sich – kein Wunder bei seiner Lage am Zusammenfluß zweier Flüsse – um den Tempel einer Subak (Reisfeld-Genossenschaft). Dies kommt auch dadurch zum Ausdruck, daß es darin einen einstöckigen Meru für Dewi Sri gibt. Ganz besonders interessant ist jedoch der große, reich reliefierte Sieben-Tumpang-Meru auf Schildkröte-Schlangen-Basis für den Herrn von Gunung Lebah, den Berg, der in der Tiefe sitzt (Gunung Batur, vgl. S. 280). Als Ursprungsorte für das Wasser, das die Reisfelder tränkt und düngt, gelten nämlich die vier großen Bergseen. Die Subaks von Tabanan und Denpasar verehren speziell den Bratan-See, die aus Buleleng den Buyan-See, die aus Jembrana den Tamblingan-See und die aus der Gegend um Ubud den Batur-See (Batur = heilig). Die gleiche Genossenschaft, die den Tempel von Campuan versorgt, veranstaltet jedes balische Jahr am Batur-See ein großes Opferfest. Dabei wird dem See ein Büffel überantwortet.

Vom Tempelvorplatz aus ist das Hotel Campuan zu sehen. Diese Bungalow-Anlage ging aus dem Haus, das sich Walter Spies dort erbaut hat, hervor.

Quellen: 15, Q6, Q11, Q16, Q17, 43, 43A

Weitere Pura und Puri in Ubud

Unweit vom Zentrum Ubuds in Richtung Nord liegt, genau gegenüber von Okawatis Warung, ein volkstümliches Restaurant mit Antiquitäten, der **Pura Pamerajan Sari Cocorda Agung.** Der mit einem eindrucksvollen gedeckten Tor ausgestattete Tempel ist der Familiengruppen-Tempel des Fürstengeschlechts (Pamerajan kommt von Raja). Rechts daneben, an der Ecke zur Hauptstraße, liegt der Puri Saren. Dieser sehenswerte Palast beherbergt den heiligen Kris und die Hanoman-Maske (vgl. S. 175). Als Walter Spies nach Bali kam, wohnte er zunächst im Vorhof. Heute dient das Anwesen als Hotel, allerdings nur für eingeführte Gäste. Wird die Straße nach Norden weiterverfolgt, kommt man zunächst zum Pura Puseh Ubud (rechts) und stößt dann später (etwa 2,5 km) auf das Desa Sakti, ein überraschend ursprüngliches und einsames Dorf inmitten von Reisfeldern.

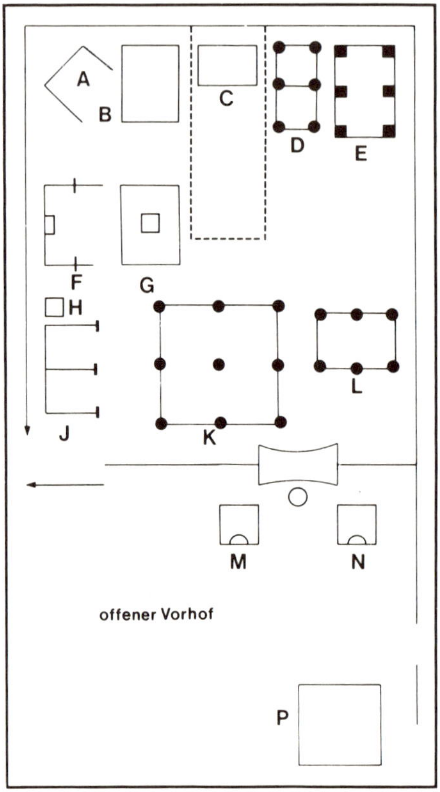

Pura Dalem, Taman
A Padmasana; B Gedong Penimban für Durga mit Rangdafigur zwischen Garuda und Wisnu (links) und Wilmana (rechts). In der Basis die Bedawang-Schildkröte, die den Kopf herausstreckt. Die beiden Schlangenkörper bilden das Geländer der Treppe; C Ablage für Opfer (Banten); D Bale Peselang; E Bale Blek; F Pesimban Batara, Steinthron; G Bale Blek für die Götter der Himmelsrichtungen; H Antungura (Steinlaterne); I Paon (Küche); K Bale Gede; L Bale Padok; M + N Pengaret Lawan – Tugus für Wächtergottheiten; O Candi Kurung (Candi Gelung, Paduraksa); P Kulkul

Auf der Südseite der Hauptstraße, gegenüber Puri Saren, verbirgt sich der **Pasar.** Der Markt pulsiert im für Bali typischen Drei-Tage-Rhythmus, obwohl auch an den Tagen dazwischen morgens einige Stände besetzt sind. Die bescheidene Andeutung eines Tempels am Eingang stellt eine Opferstätte der Marktfrauen dar, einen Pura Melati. Eine weitere fürstliche Palastenanlage liegt ebenfalls an der Südseite der Hauptstraße, gegenüber dem empfehlenswerten Restaurant Nomad.

Der **Pura Desa** hinter dem Kino (Wantilan) an der Hauptkreuzung wirkt etwas vernachlässigt. Beeindruckend ist lediglich sein deutlich Kayonan-förmiges (vgl. S. 88) Candi Kurung – und zwar gerade deshalb, weil man es völlig abstrakt gehalten hat, ohne jeden figürlichen Schmuck. Wie alle derartigen Bauten ist auch dieses gedeckte Tor noch nicht fertig – sei es, weil der aus der Erde geholte Tuffstein vor der Feinbearbeitung noch gut austrocknen muß oder weil das Geld fehlte, vielleicht auch das Interesse. Doch eines Tages wird sich schon eine Gottheit melden, eine Krankheit oder einen Unfall schicken und über den Mund eines Mediums die Fertigstellung des Tores fordern.

Westlich vom Pura Desa liegt der **Puri Saraswati** – der Name spielt auf die Kunstszene in Ubud an. Dewi Saraswati, die Gattin und weibliche Energie (Sakti) Brahmas, ist die Göttin der Künste und Wissenschaften. Ein Teil dieser Anlage wurde ebenfalls als Hotel ausgebaut.

Im Osten Ubuds, Richtung Peliatan, biegt (von der Hauptstraße aus) hinter der Galerie Lempat ein Weg nach Norden zum **Banjar Taman** ab. Wie Padang Tegal gehört er zu den großen Ortsteilen, die bereits über eine eigene Dreiheit von Dorftempeln verfügen. Von Kelod (hier: Süd) nach Kaja (Nord) folgen in entsprechendem Abstand voneinander der Pura Dalem mit einem reich skulptierten Gedong Penimban für die Durga (Zugang durch einen Nebeneingang, links durch die Küche), der Pura Desa gegenüber dem Bale Banjar und, schon außerhalb des Dorfes, der Puseh-Tempel Pura Buda Manis (wörtlich: süßer bzw. freundlicher Buddha.

Quelle: Q18

Ausflüge von Ubud und Peliatan Richtung Kintamani

Die wichtigste Bemo-Strecke von Denpasar in die Berge verläuft über Sakah, Gyanyar und Bangli. Beide Nebenstrecken Ubud – Kintamani über Campuan oder Ambengan sind wenig befahren! Also entweder ein Bemo chartern oder besser ein Fahrrad mieten.

Die Reisfelder von Payangan: Von Campuan aus fahren Sie am Pura Dalem Saninggan und dem Neka-Museum vorbei nach Kedewatan und dann nach Norden (rechts) auf leicht ansteigender Straße durch das sehr langgestreckte Dorf bis zum Desa Payangan. Kurz vor dem Pura Dalem (Besichtigung unerwünscht), rechts an der Straße, biegt nach Westen (links) ein Weg ab, der über allerhand Ecken und Windungen zu tief eingeschnittenen Tälern mit Reisfeldern und Kokoshainen führt. Wenig berührte Dörfer. Wenn der Weg schon nach ein paar hundert Metern gekreuzt wird, erst links gehen und dann wieder rechts an dem Pura Telaga Waja (sehr hübsch bemalte hohe Merus) vorbei!

Zurück nach Kedewatan: Von dort verläuft eine mit Schlaglöchern gespickte Straße direkt nach Denpasar. Von ihr zweigt nach etwa 6 oder 7 km eine *Querverbindung nach Mengwi und Sangeh* ab. Wer Zeit und Geduld aufbringt, kann an dieser Strecke noch manchen hochinteressanten Tempel entdecken.

Noch vor der Abzweigung nach Mengwi führt ein Feldweg in nördlicher Richtung nach Singakarta. Von dort aus soll nach Kempers mit Hilfe eines Führers zu Fuß in etwa 20 Minuten **Jukut Paku** zu erreichen sein. Die am Westufer des Flusses Uos gelegene Einsiedelei, entstanden um 1000 n. Chr., wird als gut erhalten beschrieben: ein in den Felsen gehauenes kleines Candi (vgl. S. 254) in einer Nische zwischen zwei ausgehauenen Wohnhöhlungen für die Asketen.

Von Ambengan aus steigt die Straße in Richtung Penelokan-Kintamani von vornherein steiler an. Nach etwa 2,5 km wird **Petulu** (nicht zu verwechseln mit Bedulu, s. u.) erreicht. Von dort aus braucht man etwa 10 Minuten (erst ein kurzes Stück westlich, dann wieder nach Norden gehen), um nach Petulu Gunung zu kommen. Auf den hohen Alleebäumen des langgestreckten Dorfes sammeln sich allabendlich, eine halbe Stunde vor Sonnenuntergang, tausende von weißen Reihern. Der Boden unter den Nistbäumen ist weiß ›gekalkt‹, Taschenlampe mitnehmen, dann ist der Rückmarsch zu Fuß oder per Rad kein Problem.

Bergwärts, Richtung Penelokan-Kintamani, liegen folgende Dörfer, eingebettet in Reisterrassen und Kokoshaine: erst Tegalalang, dann Pujung mit dem nahen Sebatu, Taro und Jati. Die Straßen der Dörfer werden von farbenprächtigen Blumen gesäumt. Dies ist die **Region der Holzschnitzer.** Aus hohen Baumstämmen fertigt man dort ineinander verknotete Dämonenscharen. Wächterdämonen aller Art werden aus dem Holz herausgeschält – und sie haben die Form und den Namen der übelwollenden Geister, die sie abwehren sollen. Und damit die Abschreckung auch wirklich funktioniert, wird die Mimik und Gestik der Skulpturen so drastisch wie möglich gehalten: weitaufgerissene Augen (›Drohstarren‹), gefletschte Zähne; ausgestreckte, abwehrende Hände; Verbildlichung des Götz-Zitates (sogenanntes ›Gesäßweisen‹); phallisches Imponieren; drastisch ausgearbeitete Begattungsszenen. Früher hat es noch wesentlich markantere erotische Darstellungen gegeben, heutzutage werden die Holzschnitzer jedoch zur Zurückhaltung ermahnt. Prüde Touristen sollen keinen allzu schlechten Eindruck bekommen!

Ein Abstecher nach Osten führt von Pujung aus hinunter zu einem malerisch im Tal gelegenen Quellheiligtum: **Gunung Kawi Sebatu.** Ein Meru und der leere Thron einer Gottheit stehen auf einem Inselchen inmitten eines quadratischen Sees, umgeben von sumpfigen Landstreifen, hingebreitet vor die Kulisse eines Bergurwaldes. Eine Tempelanlage rechts daneben ist für Touristen unzugänglich. Vor dem See drei Bassins mit fünf (links, Frauenbad), nochmals fünf (Mitte, Männerbad) und drei Wasserstrahlen.

Wer übrigens mit dem Rad unterwegs ist, dem erschließen sich interessante Möglichkeiten, die beiden Nebenstrecken in umgekehrter Richtung zu erkunden. Bequeme Radabfahrten nach Payangan, Kedewatan und Campuan ab Kintamani; nach Pujung, Petulu, Ambengan vom Restaurant Kintamani hinter Penelokan aus. Halbleere Bemos und Busse nehmen auch Fahrräder in die Berge mit. Zusteigemöglichkeiten für die Fahrt nach Penelokan-Kintamani: Kereneng (Denpasar), Sakah, Sidan (Abzweigung nach Bangli hinter Gyanyar).

Quelle: Q 17

Im Reiche von König Bedahulu

Der Ort **Bedulu** liegt zentral im Kernland Balis, der Heimstätte der ältesten Reiche. Dieses Kernland, durchschnittlich 3 bis 4 km breit, erstreckt sich zwischen den Flüßchen Petanu

(›der Verfluchte‹) und Pakerisan (›Kris-Fluß‹), es stellt also so eine Art Zweistromland en miniature dar. Das Gebiet ist ebenso reich an Altertümern (Bedulu, Goa Gajah, Pejeng, Tampaksireng, Tirtha Empul) wie an mit diesen verknüpften Mythen, die nicht zuletzt die Auseinandersetzung zwischen der altbalischen Kultur und dem von Java herüberdrängenden Hinduismus beschreiben.

Bedulu ist von Denpasar aus zu erreichen mit dem Bemo nach Gyanyar (dort umsteigen in Bemo Richtung Bedulu, Pejeng, Tampaksiring). Von Ubud oder Peliatan aus befindet sich die Umsteigestelle nach Gyanyar in dem Ort Sakah. Besser: Nur bis Teges fahren, von dort aus zu Fuß oder mit dem Rad zur Goa Gajah (ca. 2,5 km). Ab da ist alles Sehenswerte im Bereich Bedulu/Pejeng bequem zu Fuß zu erreichen! Nach Tampaksiring (10 km) gibt es Bemos.

Von der Strecke Teges – Goa Gajah – Bedulu hat man am frühen Morgen einen herrlichen Blick auf den Gunung Agung. Noch bevor man die Goa Gajah erreicht, ist eine Brücke über den Fluß Petanu zu überqueren. Das Quellheiligtum der Goa Gajah selbst liegt an einem seiner Nebenflüsse, den ganzen Verlauf des Petanu entlang ist hingegen kein einziges Heiligtum zu finden – einigermaßen überraschend im Lande der Religion des heiligen Wassers! Dafür reiht sich im Tal des Pakerisan ein Heiligtum an das andere. Die Ursache dafür war ein Ereignis, das sich vor über tausend Jahren abspielte, zu einer Zeit, da sich im Lande der Könige von Bedahulu (Bedulu) mit seiner altmalaiischen Stammesreligion fromme hinduistische Eremiten niederließen, um an unzugänglichen Plätzen Askese zu üben.

So kam denn auch Sang Kulputih von Ostjava nach Bali und gründete dort den Muttertempel von Besakih (vgl. S. 316). Doch der üble König Mayadanuwa von Bedahulu konnte es nicht lassen, Sang Kulputihs Opfer für die Hindugötter zu stören. Darüber waren diese ungehalten, und so versammelten sie sich schließlich unter der Führung des Himmelsgottes Indra unterhalb des Gunung Agung bei Besakih, um gegen Mayadanuwa zu ziehen. Der bot ein Heer übler Dämonen auf, die allerdings den Göttern unterlagen. So nahm er selbst die Sache in die Hand und wandte sein gesamtes Arsenal an schwarzmagischen Künsten an. Um die ihn verfolgenden Gottheiten zu täuschen, verwandelte er sich nacheinander in eine Frucht, in eine Himmelsnymphe, ein Baumblatt, einen Stein, einen Hahn, eine Reispflanze und in einen Stein im Fluß. Das half ihm jedoch alles nicht viel, denn die Götter entdeckten, verletzten und vertrieben ihn. In der äußersten Not erzeugte der Minister des Herrschers, Mapatih Kalawong, einen Fluß, der alle, die von ihm tranken oder in ihm badeten, lebensgefährlich erkranken ließ. Die Männer nahmen darin auch prompt ein kühles Bad und hauchten anschließend ihr Leben aus. Da es den Göttern nicht einmal durch Zitate aus den heiligen Büchern gelang, das Todeswasser in heiliges Lebenswasser zurückzuverwandeln, schufen sie selbst einen neuen Fluß, und zwar Tirtha Empul (vgl. S. 205 ff.), eine Quelle des Pakerisan. Die Leichen der Vergifteten mußten nur mit seinem Wasser benetzt werden, und schon wurden sie wieder lebendig. Gleichzeitig gelang es den Bogenschützen der göttlichen Seite, den Mayadanuwa und seinen Minister (beide hatten sich gerade in Flußsteine verwandelt) tödlich zu treffen. Das Blut, das aus ihnen hervorspritzte, verwandelte sich in den Petanu. Für etwa tausend Jahre (nach unserer Rechnung) war sein Wasser verflucht – es wurde weder zum Baden noch zum Trinken noch zur Reisfeld-Bewässerung benutzt. Die Tödlichkeit des Fluchwassers bildet einen effektvollen Kontrast zur Heiligkeit des Lebenswassers, das vor diesem Hintergrund in einem um so helleren Licht erscheinen muß. Heutzutage wird das Wasser des Petanu wieder genutzt, denn die Tausendjahresfrist ist 1920 abgelaufen.

Gar nicht weit hinter der Brücke über den Petanu stehen links von der Straße Andenken-Warungs, rechts befindet sich das Restaurant Suling, unmittelbar davor führt eine steile Treppe hinab in das Tal der **Goa Gajah.** Hinter einem großen Badeplatz öffnet ein Riesenkopf seinen 2 m hohen Rachen als Eingang in eine Höhle. Irgendwie gleicht er einem Elefantenkopf – deshalb wird (wahrscheinlich!) diese Kultstätte auch Elefantenhöhle genannt. Bei näherem Hinsehen allerdings entpuppt sich der Kopf dann doch als eine dämonische Fratze: Der Schädel bohrt sich geradezu durch den Berg, zwei Riesenpranken, die den Felsen auseinanderreißen, ragen mit vier (links) bzw. drei Fingerkuppen (rechts, seitlich) aus dem Felsen hervor. Über die Bedeutung der Darstellung gibt es verschiedene Vermutungen:

1. Der Riese Pasupati, der Herr der Tiere, eine Erscheinungsform Siwas, zerreißt den indischen Götterberg Mahameru, um die beiden Teile als Gunung Agung und Gunung Batur nach Bali zu bringen. (Die gespaltenen Tempeltore sollen ja ebenfalls den zweigeteilten ›Olymp der Hindus‹ darstellen, vgl. S. 85). Für diese Theorie von Gosling sprechen die Tierfiguren, die im steinernen Laub und Gezweig um den Kopf herumkrabbeln.

2. Eine Hexe vom Kaliber der Rangda. Diese Theorie hängt Kempers an den angeblich weiblichen Ohrringen auf. Unter den Schattenspielfiguren, die alle traditionell gekleidet sind, gibt es aber auch männliche Charaktere, darunter Dämonen, die Ohrringe dieses Typs tragen. Ansonsten gibt es nichts, was diese ›Hexentheorie‹ stützen könnte.

3. Ein Kala-Boma-Kopf (vgl. S. 87). Damit wäre der Kopf in eine Tradition eingefügt, die von den javanischen Candis des 8. und 9. Jahrhunderts bis zu den jüngsten, gedeckten Tempeltoren Balis reiht. Die Skulpturen um den Kopf herum lassen sich als Darstellungen des Lebensbaumes mit allerhand Tieren und Menschen im Gezweig auffassen. Wir hätten damit hier eine Vorform des balischen Tempeltores (vgl. S. 85ff.) vor uns – nur daß der Weg durch den Durchgang des Rachens nicht in einen Tempelhof, sondern in eine Höhle mündet. Diese Theorie klingt sehr überzeugend.

4. Ein Selbstporträt des Riesen Iwo Kebo, der, will man dem Volksmund glauben, die Höhle und auch andere monumentale Kunststätten dieser Gegend mit seinen Nägeln aus dem Stein gekratzt habe. Sein überdimensionales Steinhaupt wird im Pura Puseh Blabatuh aufbewahrt (vgl. S. 210).

Das T-förmige Innere der Höhle (Taschenlampe!) enthält unter anderem eine 105 cm hohe, vierarmige Statue des Elefantengottes Ganesa, eines Sohnes Siwas. Noch interessanter sind

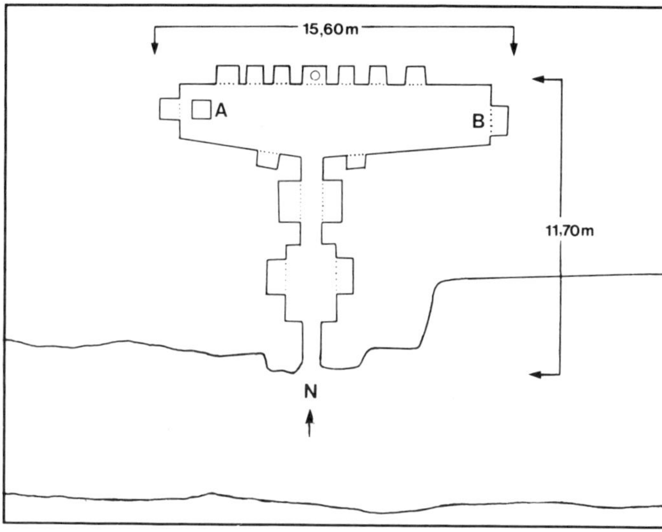

Grundriß der Höhle Goa Gajah bei Bedulu
A Ganesa, Sohn Siwas, Gott der Weisheit und des glücklichen Beginns. Der Rüssel des Elefantengottes spaltet sich in zwei Teile auf
B Drei Lingga-Steine auf einer gemeinsamen Basis. Sie verkörpern die drei Erscheinungsformen Siwas als Brahma, Wisnu und Siwa

jedoch (rechts) die drei Linggas auf einer Steinplatte, herausgehauen aus einem einzigen Block. Sie verkörpern Siwa in seiner Trimurti-Gestalt als Brahma, Wisnu und Siwa. Jeder Lingga ist seinerseits von weiteren acht Miniatur-Lingga umgeben. Dabei handelt es sich um eine Darstellung der acht Weltenwächter, wobei jede dieser Richtungsgottheiten für sich auch wieder eine Erscheinungsform Siwas darstellt (vgl. S. 48). Der Lingga-Siwa verstrahlt seine alles erschaffende Energie in sämtliche Himmelsrichtungen und schafft dadurch die Welt (vgl. S. 37f.). Damit ist aber jeder dieser 1 + 8 Linggas auch wieder eine Anspielung auf das Padma der Lotosblüte, die gleichzeitig auch wieder die Yoni,das Symbol der weiblichen Geschlechtlichkeit, bedeutet. Interessanterweise sind auch die beiden seitlichen Linggas mit einem Reifen, der ein Padma-Ornament trägt, verziert. Angesichts dieser Höhle drängt sich der Gedanke an hinduistische Höhlentempel Indiens aus der zweiten Hälfte des ersten Jahrtausends auf. Der innerste, höhlenähnliche Teil dieser Tempel heißt ›Mutterschoß-Haus‹ und birgt als zentrales Kultobjekt den ›Shiva-Linggam‹. Eine Inschrift am Eingang der Goa Gajah bestätigt, daß spätestens 1074 die Kultstätte von Hindus benutzt wurde. Aber schon vorher waren hier Buddhisten gewesen.

In einem Pavillon vor der Höhle fällt eine Mutter-Kind-Gruppe aus Stein auf, entstanden um 1000 n. Chr. Ursprünglich war die buddhistische Gottheit Hariti ein kinderverschlingendes Ungeheuer. Zum Buddhismus bekehrt, wandelte sie sich an einer Schutzgottheit der Kinder. In aller Welt scheint man sich darüber einig zu sein, daß besondere Heiligkeit eben auch eine besonders sündige Vergangenheit voraussetzt, weil nur unter dieser Voraussetzung der totale, das Leben völlig umstülpende Bekehrungsschock erlitten werden kann –

Lingga und Yoni

Ein **Lingga** ist eine Phallus-Darstellung, eine symbolhafte, bildlich-plastische Wiedergabe des männlichen Gliedes. In Bali handelt es sich gewöhnlich um runde, in einer Kuppe auslaufende Säulenstümpfe von etwa 1 m Höhe oder mehr. Lingga-Pfähle mit Gesichtern, wie in Indien, scheint es in Bali nicht zu geben. Der Lingga ist eine eindringliche Darstellungsform des Gottes Siwa, des Zerstörers und Erneuerers, in seiner Funktion als Wiederhersteller des Vernichteten. Er stellt ein Heilszeichen dar, das die Fruchtbarkeit gewährleistet, die des Menschen, aber auch die der Reisfelder. Als Phallus-Symbole sind allerdings auch die Penjor-Festbäume aufzufassen, die bei Tempelfesten in und um den Tempel herum aufgestellt werden und die am Galungan-Fest die Dorfstraße säumen. Zu ihren Füßen stellt man einen improvisierten Opfertisch für Siwa auf, und in halber Höhe bringt man meist zwei Kokosnüsse an.

Die **Yoni** ist eine Darstellung des Tores, durch die das Leben in die Welt kommt. Ringsteine kommen gelegentlich auch in Bali vor. Meist nehmen die Yoni-Darstellungen jedoch einerseits die Form des Padma, der Lotosblüte an, die gleichzeitig die Welt darstellt (vgl. S. 41), andererseits ist sie als ausgearbeitete Basis von Lingga-Steinen zu finden. In der Yoni-Darstellung verkörpert sich die Sakti – die weibliche Energie einer Gottheit, insbesondere die der Dewi Sri oder aber der Uma bzw. der Erdmutter Pretiwi, beides Erscheinungsformen der Gattin Siwas. In den tantrischen Strömungen des Hinduismus und Buddhismus wurde die weibliche Energie – die alles, was existiert, hervorbringt – zum Zentrum der Verehrung.

Lingga-Yoni, die Vereinigung des männlichen und weiblichen Prinzips, hat in Bali unterschiedliche Ausprägungen erfahren. Der Lingga, eingelassen in eine runde Vertiefung einer quadratischen Steinplatte, die mit einer Abflußkanüle versehen ist (Tirtha Empul, vgl. S. 206), geht eindeutig auf nordindisch-tantrische Vorbilder zurück. Ansonsten wird die Yoni häufig zu einer quadratischen oder achteckigen Basisplatte vereinfacht, die auf die Richtungsgottheiten und damit auf die Yoni als Padma anspielt. Gar nicht so selten schmückt man auch Lingga-Darstellungen zusätzlich mit Padma-Ornamenten. Wie die Liebesvereinigung selbst, stellt die Lingga-Yoni die Vereinigung der Gegensätze dar. Die Welt entstand dadurch, daß das ursprünglich göttliche Ganze in Teile zerfallen ist – nicht zuletzt auch in Weib und Mann. In der Wiedervereinigung der beiden Prinzipien wird die ursprüngliche Einheit zwischen Schöpfer und Schöpfung wiederhergestellt – ein Prozeß, den die symbolische Darstellung vorwegnimmt und fördert.

Überraschenderweise hat der Lingga neben seinem Fruchtbarkeitsaspekt auch einen asketischen: Durch Enthaltsamkeit läßt sich die sexuelle Energie in magische Kraft (vgl. S. 199) ummünzen oder dazu nutzen, einen höheren Bewußtseinsstand zu erreichen.

Der **Doppel-Lingga** findet sich in alten Kultstätten auf dem Gunung Penulisan, aber auch in Pejeng. Strenggenommen handelt es sich um Doppel-Lingga/Doppel-Yoni-Kombinationen, denn sie haben eine quadratische, auf die vier Himmelsrichtungen anspielende Basis, gelegentlich auch eine oktogonale Übergangszone. Die 700-900 Jahre alten Darstellungen verkörpern jeweils einen Raja und seine Sakti, seine Gattin. Der Fürst galt in Bali einmal als Erscheinungsform Siwas, zum anderen auch – der altjavanischen Tradition entsprechend – als die Wisnus. Im Mikrokosmos seines Landes hatte er die gleiche Funktion – Fruchtbarkeit und Heil zu gewährleisten – wie im Makrokosmos der Welt der Gott mit seiner Sakti. Abgesehen davon finden sich auch Darstellungen des Herrscherpaares in menschlicher Form. Die Anordnung der Figuren entspricht dabei ganz genau dem Doppel-Lingga. Beide halten in ihren Händen Padmas (vgl. S. 284).

Es ist noch gar nicht solange her, daß Beschreibungen von Lingga und Yoni in mehr oder minder gewundene Entschuldigungsfloskeln verpackt werden mußten. Die Verehrung erotischer Objekte und Vorgänge ist jedoch weltweit verbreitet und fast nur im Christentum, Judentum und Islam bis auf kaum kenntliche Spuren verdrängt. In Asien und ganz besonders deutlich sichtbar in Bali wird alles, was im Menschen über das alltägliche hinausgehende Emotionen erzeugt, als göttlich oder dämonisch angesehen. Und so gewinnen die Erschütterungen, denen die Menschen durch die Liebe ausgesetzt werden, Gestalt in Lingga und Yoni.

niemand kann ein Paulus werden, der nicht zuvor ein Saulus war! Die Höhle wurde 1923 bekannt, der Badeplatz davor sogar erst 1954 ausgegraben. Es handelt sich um zwei größere Becken, ursprünglich wohl für Männer und Frauen, mit einem kleinen Becken in der Mitte, das nicht völlig rekonstruiert werden konnte. Zweimal drei Widadari halten Krüge in der Hand, durch die sich die Wasserstrahlen in die Becken ergießen. Die Himmelsnymphen stehen in engster Verbindung zum heiligen Wasser, landen sie doch als die Vermittlerinnen zwischen Göttern und Menschen auf den Bergseen, die gefüllt sind mit dem Wasser für die Reisfelder. In vielen Tempeln werden kleine Teiche, Abbildungen der Bergseen, als Landeplätze für die Nymphen angelegt. Die Figuren zeigen javanischen Stil, und tatsächlich sind schon vor der Jahrtausendwende derartige Brunnenfiguren in Java aufgestellt worden. Auch in Bali müssen sie ziemlich verbreitet gewesen (vgl. S. 195).

Ein steiler Fußpfad führt tief hinab ins Flußtal und gleichzeitig tiefer hinein in die Geschichte, ins 8./9. Jahrhundert, als hier buddhistische Mönche siedelten. Jenseits des Flüßchens steigt der Pfad nach links an zu zwei kleinen Buddha-Statuen auf Lotoskissen. Die linke, kopflose ist ziemlich zerstört, die rechte thront im Lotossitz, den rechten Fuß mit der Sohle nach oben über den linken geschlagen. Die offenen Hände fügen sich zur Dhyana Mudra zusammen, zur Geste der Meditation. Die Hindukinder der Umgebung versorgen die beiden kleinen Buddhas liebevoll mit Blütenopfern (buddhistische Einflüsse auf Bali vgl. S. 194). Auf dem Weg zu den Buddhas liegen überall Reste von Relief-Stupen (vgl. S. 33 f.) herum, Steinbrocken, die von den darüberhängenden Felsen herabstürzten. Andere, größere Bruchstücke sind unzugänglich. Interessant ist, daß die in ihren Ursprungsländern stets freistehende buddhistische Stupa hier als Relief angelegt wird. Sie teilt damit das Schicksal der javanischen Candis, die sich in Bali nach der Jahrtausendwende ebenfalls zum Relief wandelten (vgl. S. 203).

Bedulu-Süd mit Yeh Pulu

Fünf Fußminuten weiter (die Hauptstraße entlang) liegt die zentrale Kreuzung von Bedulu, geschützt von einer Catur Muka-Statue (Sanskrit: Catur = Vier, Muka = Gesicht). Diese vierköpfige Göttergestalt hat sich aus der indischen Vorstellung vom Schöpfergott Brahma entwickelt. Der hatte zunächst fünf Köpfe, äußerte sich dann aber respektlos über Siwa, der ihm daraufhin mit seinem dritten Auge, dem Stirnauge, einen Kopf wegbrannte. Mag sein, daß er dabei von der Hitze auch gleich seine rote Farbe erhalten hat – in Java ist Brahma dann jedenfalls zum Feuergott geworden. Nun hat in Bali diese vierköpfige Gestalt gleichzeitig eine andere Bedeutung angenommen, die heute überwiegt: Es handelt sich um die vier Richtungsgottheiten, die insofern mit Brahma in Verbindung stehen, als dieser nach indischer (nicht nach balischer!) Vorstellung als Weltenschöpfer gilt, der einer aus dem Urwasser herausgewachsenen Lotosblüte entsteigt. Die Richtungsgottheiten sind aber die Wächter der Lotoswelt, in diesem Fall des Mikrokosmos, den das Dorf Bedulu bildet (vgl. S. 42).

Folgen Sie nach Yeh Pulu erst der Hauptstraße ein Stück gen Süden und dann, wenn diese nach Osten abbiegt, der nach Süden verlaufenden Dorfstraße. Gehen Sie den von den Lehmmauern der traditionellen Gehöfte gesäumten Weg entlang bis zur zweiten Abzweigung nach links und biegen Sie in diese ein. Das vorletzte Haus links ist ein einfaches Home Stay, eines der hübschesten in ganz Bali – wenigstens für den, der etwas Einsamkeit nicht scheut. Ein schmaler Fußsteig schlängelt sich dann an einem Badeplatz vorbei durch die Reisfelder. Hier umringen einen schon Kinder, die sich für ein paar Rupien als Begleiter nach Yeh Pulu (ca. 10 Minuten) anbieten. Aber schon längst hat uns eine Pemangku-Priesterin überholt. Sie hält das Gatter zum Heiligtum zu und gleichzeitig ihre Hand auf, bis man 50 bis 100 Rupien Eintrittsgeld entrichtet.

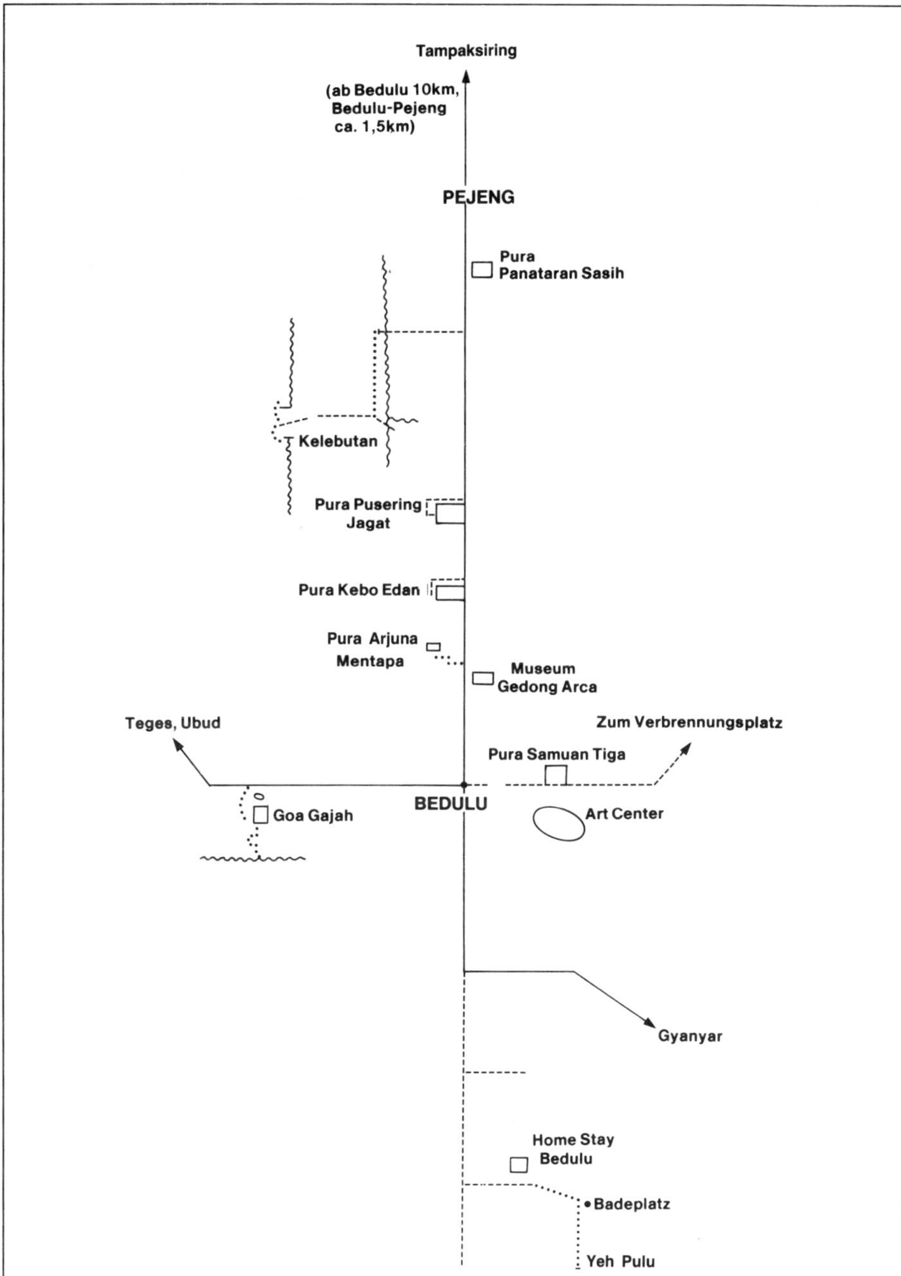

Das Gebiet um Bedulu und Pejeng

Yeh Pulu – ›Wasserbassin‹ – ist ein kleines Heiligtum mit einem 27 m langen und durchschnittlich 2 m hohen, tief in den Felsen eingeschnittenen Hochrelief. Die für Bali ungewöhnlich plastischen, bewegt und ausdrucksvoll gehaltenen, überdies ungewöhnlicherweise lebensgroßen Figuren werden meist dem 14. oder 15. Jahrhundert zugeschrieben, gelegentlich aber auch jünger oder älter geschätzt. Eine zeitliche Festlegung ist schon deshalb schwierig, weil es weder in Bali noch in Java vergleichbare Darstellungen gibt und bisher auch schriftliche Zeugnisse fehlen. Die szenische Abfolge der einzelnen Reliefs verläuft von links nach rechts. Bisweilen wird vermutet, daß es sich um die frühesten nichtreligiösen Darstellungen auf Bali handelt. Dagegen glaubt J. E. van Lohuizen, in einigen der Bilder Szenen aus dem Leben Kresnas, einer Inkarnation Wisnus, zu erkennen. Die Szenenfolge:

1. Der Fries beginnt links mit einem Baum in Kayonan-Form, dem Baum- und Bergsymbol, das jedes Schattenspiel eröffnet und beendet. Abgeschlossen wird das Reliefband ganz rechts durch eine zweiarmige Ganesa-Figur, die ebenfalls in einem Kayonan-ähnlichen Rahmen sitzt. (Interessanterweise kommen, wenn auch selten, in Bali Kayonan-Formen mit Elefanten vor.) Der Fries wird von den umliegenden Bewohnern als ›Wayang‹ bezeichnet, obwohl seine Figuren keineswegs dem üblichen Wayang-Stil (vgl. S. 108ff.) entsprechen. Offensichtlich handelt es sich aber um nacheinander ablaufende Szenenfolgen, die, ähnlich wie die Bilder auf den die Tempel-Bales umlaufenden Ider-Ider-Tüchern (vgl. S. 113), eine schattenspielähnliche Funktion erfüllen.

2. Die erste Figur, die mit ihrer Rechten einen Kreisbogen durch die Luft beschreibt, soll Kresna sein, der den Berg Govardhana (darstellt durch das Kayonan) auffordert, ihn und seine Gespielinnen, die Gobis (Kuhhirtinnen), vor Regenfluten zu bewahren. Der Himmelsgott Indra, den der kecke Kresna erzürnt hatte, wollte ihn und die Seinen vernichten.

3. Anschließend ein Träger (auch Kresna?) mit dem in Bali üblicherweise von Männern verwendeten Tragholz, der Kürbiskalebassen für Tuak (Palmwein) herbeischleppt (Tuak spielt auch heute noch in vielen Zeremonien eine wichtige Rolle). Folgt dieser Träger einer reichgeschmückten Frau oder trifft er sie, wie sie gerade aus dem Dschungel, dargestellt durch einen mit Blättern ornamentierten Bogen, herauskommt? Über dem schräg verlaufenden Schnitt, der wie ein Dach über der Szene liegt, sind die verwaschenen, jüngeren Figuren einer Eberjagd-Darstellung gerade noch zu erkennen.

4. Deutlich abgesetzt von dem vorangegangenen Bild ist das Haus mit einer Frau, die die Tür nach innen öffnet – eine ebenso realistische wie ansprechende Darstellung. Diese Hütte könnte der Schlüssel zu einer künftig vielleicht einmal möglichen Deutung des Frieses sein. Sie steht weder auf einer hohen Plattform noch auf Pfählen, es kann sich also nicht um ein Bali-Bale handeln. Seitenwände, die die Tür flankieren, sind mit einem Ornamentband aus Spiralen verziert, wobei die jeweils folgende Spirale gespiegelt wird. Ähnliche Motive kommen auf Textilien, auf den Häusern der Batak und Minangkabau in Sumatra sowie der Toraja in Sulawesi vor. (Die Doppelspirale auf dem ›Mond von Pejeng‹ ist durchaus nicht unähnlich.) Derartige Muster hatten eine ganz bestimmte, festgelegte Bedeutung, die in diesem Fall allerdings noch nicht ermittelt worden ist. Im übrigen wiederholt die Darstel-

lung des Laubes im gesamten Relief dieses Spiralmotiv in freierer Form. Die dachtragenden Eckpfeiler enthalten ein Perlstabmotiv.

5. Die Anschlußszene scheint sich im Wald abzuspielen, Blattwerk füllt das längsrechteckige Feld. Ein Mann mit einer Hacke (Palmweingewinnung?) reicht einer sitzenden Frau etwas. Unter ihr drei spielende Äffchen, die anscheinend den Vorgang parodistisch wiederholen. In der linken Ecke kauert ein Männchen mit Asketenturban. Auf der rechten Seite des Relieffeldes zunächst eine stehende Frau. Sie scheint sich der sitzenden links von ihr zu- und sich von einer auf einem Sockel knienden Dämonenfigur abzuwenden. Der Dämon, wohl als Steinmonument gedacht, hält einen Schöpflöffel und hat ein viereckiges Loch (für Opfer?) im Bauch. Vielleicht stellt er eine Art von Wächterfigur dar für den nächsten, durch einen geschlossenen oder offenen Durchgang abgetrennten Hauptteil des Pilgerpfades, der vor dem Fries entlangführt. Nach Kempers soll es sich bei den noch vorhandenen Fragmenten um Torreste handeln, die noch die Fragmente eines Mannes, gefaßt von einem Elefantenrüssel, erkennen lassen.

6. Bei dieser Jagdszene im Wald wird eine Bärin von vier Männern attackiert. Links ein Reiter auf einem nervösen Pferd, dann ein Kämpfer mit einem Hackmesser in einer lebhaften, fast tänzerischen Bewegung. Ein weiterer Jäger ist in einen Nahkampf verwickelt. Er steckt der Bestie mit der Linken ein Messer ins Maul und schwingt mit der Rechten ein Hackmesser. Falls van Lohuizen wirklich recht hat, handelt es sich hier um Kresna, der den Bären Jambawat bekämpft, um ihm einen magischen Edelstein abzunehmen. In diesem Fall dürften aber die vier Männer alle Kresna in verschiedenen Kampfphasen darstellen, was die Länge des Kampfes, 27 Tage, verbildlichen würde. Zwischen den Bäumen gucken vier Gesichter heraus – die Geistseelen der Bäume (vgl. S. 91) oder aber Jagdgehilfen. Rechts schließt die Szene ab mit zwei hoch in den Bäumen oder auf einem Berg sitzenden kleinen Figuren. Einer überreicht dem anderen ein Gefäß, dem möglicherweise Weihrauch entquillt. Rechts in der Ecke darunter bekämpft ein Frosch eine Schlange mit einem Kurzschwert, wieder eine parodistische Wiederholung des Hauptgeschehens. In den Schattenspielen und in den Wayang-Bildern sind es die lustigen Dienerfiguren, die die Taten der Heroen clownisch spiegeln (vgl. S. 111).

7. Zwei Männer schleppen an einer Tragstange zwei getötete Tiere. Der Bär Jambawat kann nicht dabei sein, denn der hat sich ergeben und kam so mit dem Leben davon.

8. Eine Frau klammert sich an den Schwanz eines Pferdes. Die beiden Affen hinter ihrem Rücken scheinen das Motiv noch einmal spielerisch aufzugreifen. Angeblich soll hier Jambawati, die Tochter des Bären, an den Roßschweif gekettet, hinwegtransportiert werden. Kresna wird sie nach ihrer Zähmung heiraten.

9. Der hier nur zweiarmig dargestellte elefantengestaltige Sohn Siwas schließt die Bildgeschichte ab (näheres unter 1).

Das Relief ist viel zu einzigartig und auch viel zu aufwendig, um nur als Verzierung für eine Asketensiedlung gedient zu haben. Näher liegt da schon die Vermutung, daß es eine Funktion im Rahmen eines Durchgangsritus (vgl. S. 48ff.) gehabt haben könnte – und zwar für die Weihe zum Asketen. Im 11. und 12. Jahrhundert war auch in Bali die hindujavanische Vorstellung verbreitet, daß sich ein alternder Herrscher eines Tages in eine Einsiedelei zurückziehen solle. Wie alle anderen Deutungsversuche auch sind aber das nur Vermutungen. Am verläßlichsten sind noch die Erzählungen der Umwohner: Der Riese Kebo Iwo (vgl. S. 210f.) hat selbstverständlich auch dieses Monument aus dem Felsen herausgekratzt.

Nun gibt es auch noch zahlreiche einfache Schreine in Bedulu mit Bildwerken, entstanden um die Jahrtausendwende. Die kleinen Tempelchen sind nicht so leicht zu finden, aber der außerordentlich freundliche Herbergsvater des Home Stay weiß, wo sie liegen. Die wichtigsten:

Pura Pengubengan, ein Dadia-Tempel in Form eines schlichten Schreines in der Nähe des Pura Desa. Ziemlich mitgenommen, aber doch noch gut erkennbar ist die Statue der Laksmi, der Gattin Wisnus, als Padmapani (Lotosträgerin). Schon in Indien hat die vorbrahmanische Muttergottheit den Beinamen Shri erhalten, auf Bali wurde sie dann mit der Reisgöttin Dewi Sri gleichgesetzt. Es könnte sich um das Memorialbild der Gattin eines Raja aus dem 11. Jahrhundert handeln. Gleichartige Statuen, nur mit einer männlichen Figur, sind buddhistisch. Der Mahayana-Buddhismus hat das Darstellungsprinzip der Laksmi auf den wichtigsten Boddhisatva, Padmapani (Hauptname Avalokiteshvara), übertragen.

Pura Peyaksaan bewahrt interessante stehende und sitzende Ganesa-Statuen auf. Ein Flachrelief stellt die Durga Mahishasuramardini, die Vernichterin (Mardini = Mörderin) des Büffeldämons, dar. In Siegerpose steht die Achtarmige auf dem büffelgestaltigen Dämonenkönig Mahisha. Das Relief wirkt zwar sehr lebendig, aber wesentlich ungelenker als die Darstellungen im Pura Samuan Tiga und in Kutri (vgl. S. 208). (Die besterhaltenen Statuen stehen auf dem Gunung Penulisan. Näheres darüber Seite 283).

Quellen: 15, 64, Q 14, Q 17

Bedulu-Ost mit Pura Samuan Tiga

Der Hauptweg von der Hauptkreuzung nach Osten führt zunächst an einem Schuppen (links) mit einem handbetriebenen Schaukelrad vorbei. Dieses ›russische Rad‹ – dient es wirklich nur als Belustigung für Kinder? In Tenganan (vgl. S. 323ff.) jedenfalls werden bei bestimmten Festen derartige Schaukelräder als rituelle Flugapparate benutzt. Und: Die Leute von Tenganan leiten ihre Herkunft von Bedulu ab.

Dahinter folgt auf der rechten Seite das 1980 eröffnete Kulturzentrum Mandala, in dem sich auch ein Restaurant befindet. Die hübsche traditionell-moderne Anlage ist meist geschlossen. Gegenüber, auf der linken Seite des Weges, liegt der Pura Samuan Tiga. Der Name bedeutet ›Versammlungsort der Drei‹ – der Trinität Brahma, Wisnu und Siwa. Vom überraschend großen Vorhof des Tempels ins Innere führt ein neueres, geschlossenes Tor –

Der Schweinskopfkönig

Raja Dalem Bedahulu war einer der Herrscher, der 1343 den Javanern unter Gajah Mada Widerstand leistete. Der Herrscher über Bedulu und Pejeng soll gewaltige magische Kräfte besessen haben, die ihn zu riskanten Experimenten verleiteten: Von seinem Diener ließ er sich den Kopf abschlagen und dann wieder aufsetzen, worauf sich sein Haupt wieder mit dem Körper vereinigte, ohne daß eine Narbe zu sehen war. Das scheint des öfteren ganz gut geklappt zu haben. Nun kommt aber eine gewisse Unsicherheit in die Geschichte, denn die einen sagen, es sei dann schließlich einmal so gekommen, daß sein abgeschlagener Kopf in einen Fluß fiel und davongeschwemmt wurde. Seine Diener hätten sich aber insofern zu helfen gewußt, als sie schnell einem Schwein den Kopf abschlugen und diesen dann dem Raja aufsetzt (Beda ulu = ›verschiedenes Haupt‹). Andere sind der Ansicht, daß Siwa aus Verärgerung über den Hochmut des Raja dessen Kopf umgewandelt habe. Wie dem auch sei, Raja Bedahulu hatte Scheu, sich so den Menschen zu zeigen, und verbot bei Todesstrafe, ihm ins Gesicht zu sehen. Eines Tages kam nun Gajah Mada zur Audienz. Mit gesenktem Haupt vor dem Raja stehend bat er, sich nach der anstrengenden Reise von Java nach Bali zunächst etwas stärken zu dürfen. Seinem Wunsche wurde stattgegeben, und Gajah Mada ließ einige mitgebrachte Farnhalme in seinen Mund gleiten und trank einen Schluck Wasser dazu. Dabei mußte er sich so weit zurückbeugen, daß er dem Schweinskopfkönig ins Gesicht sah. Der hätte den Gajah Mada am liebsten gleich vom Leben zum Tod befördert. Was ihn jedoch daran hinderte, war ein strenges Verbot, Menschen beim Essen zu töten. Und so entbrannte in ihm das Feuer einer abgrundtiefen Scham, das ihn schließlich verzehrte.

Man kann sich sehr gut vorstellen, daß diese Überlieferungen Erinnerungen enthalten an Klatschgeschichten über den tantrischen Geheimkult des Herrscherhauses, die damals von Mund zu Mund gingen (vgl. S. 197).

aus einem Ein-Tumpang-Mittelteil und beidseitig jeweils drei Seitenteilen zu einer Pyramidenform gestuft. Mit der ebenso einfachen wie raffinierten architektonischen Lösung kontrastiert der übergroß proportionierte Kala-Boma-Kopf – ein oraler Typ, der den Eintretenden förmlich aufzusaugen scheint. Die Treppengeländer werden von zwei Schlangen gebildet. Rechts vor dem Tor in einem in sich abgesonderten Bezirk des Vorhofes einige Steinstrukturen, die weniger wie Prasadas (vgl. S. 254) wirken als vielmehr wie versteinerte Merus. Im Inneren auf der Südseite, gleich rechts neben dem Eingang, ein Schrein mit alten Fragmenten, darunter zwei Linggas, einer auf Quadratbasis mit achteckiger Überleitung zum Rund. Daneben ein – im Wortsinne – Vollrelief der achtarmigen und waffenstarrenden

Durga. Die körperlich-sinnliche Herausarbeitung der Brüste, der Hüften, der Oberschenkel und nicht zuletzt des als selbständiger Körperteil aufgefaßten Bauches zeigt, daß dieses Werk noch aus der Zeit des direkten indischen Einflusses im 11. Jahrhundert oder früher stammen muß. Die Inder neigen dazu, ihre Gestalten aus einem Empfinden für Körperlichkeit heraus zu formen. Der Betrachter soll das Erlebnis des Anfassens und Umgreifens mit nachvollziehen können. Mit dem sich verstärkenden javanischen Einfluß wird die Plastik immer flächiger, immer schattenspielhafter. Auch der Tempelvorhof birgt noch einige ›Reliqienschreine‹. Einer davon im Westen enthält stark zerstörte Reste von untersetzten Figuren, die mit Schädeln geschmückt sind.

Quellen: Q17, Q18

Nach Norden zu den Altertümern von Pejeng

Von der Hauptkreuzung Bedulus aus ist in Richtung Pejeng, das heute Intaran heißt, in ein paar Minuten (1 km) das kleine, aber sehenswerte archäologische **Museum Gedong Arca Purbakala Pejeng/Bedulu** zu erreichen (nur morgens geöffnet). Im Innenhof sind hochinteressante bronzezeitliche Steinsarkopharge (nach 300 v. Chr.) ausgestellt (Herkunftsorte: Gilimanuk, Marga Tengah, Tegalalang, Ambyasan, Payangan). Es ist kein Zufall, daß gerade in Ostjava und Bali ganz besonders viele Steinsarkophage gefunden wurden, denn der weiche Tuffstein begünstigte deren Herstellung. Die meisten der Sarkophage sind zu klein, um Menschen in gestreckter Haltung aufzunehmen, sie dienten der magisch-rituell bedeutsamen Hockerbestattung. Da die Hockerstellung gleichzeitig auch die vorgeburtliche Embryonalstellung ist, wurden auf diese Weise Leben und Tod miteinander in Verbindung gebracht. Im ganzen südpazifischen Raum sind Hockerfiguren als Ahnendarstellungen bekannt, auch in Bali kommen sie noch heute vor, wenn auch selten. Sehr kleine Sarkophage müssen ähnlich wie die bei Gilimanuk gefundenen, wesentlich älteren Tonkrüge der Zweitbestattung der verwitterten Reste gedient haben. Diese Zweitbestattung ist eine uralte stein- und bronzezeitliche Sitte, die auch heute noch in vielen Ländern in irgendeiner Form weiterlebt (Griechenland, Beinhäuser in Tirol und Bayern). Man kann sie auch als Durchgangsritus (vgl. S. 48ff.) zu einem anderen Status im Totenreich betrachten. Damit hätte also die Zweitbestattung eine ähnliche Bedeutung gehabt wie heute die Verbrennung.

Die Ober- und Unterteile der Sarkophage sind einander ähnlich, meist schalenförmig. An den Längs- oder Querseiten der kleineren Typen ragen Griffknöpfe heraus. Sie bieten auch eine Möglichkeit, die Behälter zusammenzubinden, damit die Toten nicht dem Sarkophag entsteigen und die Lebenden heimsuchen können (die Angst vor Wiederkehrern ist allgemein verbreitet). An einigen Sarkophagen sind die Griffknöpfe zu Menschenköpfen mit herausgestreckter Zunge ausgearbeitet. Soll das vielleicht heißen, daß der Tote vorübergehend dem Bauch eines mythischen Ungeheuers überantwortet wurde, eines Vorläufers etwa

Ton-Stupa aus dem Museum von Pejeng/Bedulu

von Kala Boma (vgl. S. 87)? Ein in Taman Bali bei Bangli gefundener Sarkophag (ca. 300 bis 400 n. Chr.) ist im Oberteil deutlich schildkrötenartig gehalten, das Unterteil sieht wie eine Schildkröte mit Menschenkopf aus. Dies mag an sich nicht verwundern, angesichts der Bedeutung der Schildkröte als Weltträger und Weltbild in Gesamtasien und darüber hinaus als Unterweltsymbol in Bali. Rätselhaft ist jedoch, was die beiden machen, ob sie etwa kopulieren und dadurch den Zusammenhang zwischen Fruchtbarkeit und Tod herstellen?

Abgesehen von steinzeitlichen Funden (Steinwerkzeuge, in Wulsttechnik ohne Töpferscheibe geformte Tongefäße) sind einige bronzezeitliche Arm- und Halsreifen ausgestellt (Bronzegong vgl. S. 201). Besonderes Interesse verdienen jedoch die kleinen, 6 bis 10 cm hohen ›tragbaren Tonstupen‹ aus ungebranntem Ton. Sie stammen aus der Zeit des nordindischen tantristisch-buddhistischen Einflusses (8.–10. Jahrhundert) und haben nach vier Seiten hin Ausbuchtungen, die auf die vier Himmelsrichtungen hinweisen. Bei den Buddhisten wird die Welt durch die vier die Richtungen und den einen das Zentrum markierenden Dhyana-Buddhas gegliedert – die den hinduistischen Lokapala-Weltenwächtern entsprechen (vgl. Padma S. 40f.). Wenn es auch schwerfällt, sich das vorzustellen, so sind dennoch die winzigen Gebilde als plastische Mandala, als Meditations-Fixpunkte, enge Verwandte eines riesigen Heiligtums, des Borobodur, der in der zweiten Hälfte des 8. Jahrhunderts in Zentraljava entstand. Die winzigen Nachbildungen großer Stupen wurden von Pilgerreisen mitgebracht und auch heiligen Stätten als Votivgaben gestiftet. Gefunden hat man die Tonstupen in Java beim Borobodur, in Bali ausschließlich im Umkreis von Pejeng. Für die Pejeng-Stupen wurde Ton aus Bali verwendet, während die Preßformen selbst aus Nordostindien stammen (Nalanda, 8. Jahrhundert). Aufgedrückte Tonsiegel mit mahayana – buddhistischen oder tantrischen Bekenntnissen sind als eine Art ›materialisierter Gebete‹ anzusehen, ähnlich wie die Formeln auf den Papieren in den tibetanischen Gebetsmühlen.

Die Stupa stellt eine Vereinigung der großen Gegensätze des Eckigen (in Form eines Quadrates oder eines Kreuzes) und des Runden (in Form eines Kreises) dar. Für den westlichen Menschen ist es nicht ganz einfach, dieses Konzentrationsmal zu verstehen, obwohl er ja ganz ähnliche Formen in seiner eigenen Tradition findet, in der mittelalterlichen Kunst – hier jedoch als Innenraum: Die Kreuzkuppelkirche, entstanden aus Baptisterien, Grabbauten und Märtyrer-Erinnerungsstätten, verbindet das Rund des Gewölbes oder der Kuppel mit vier nach den verschiedenen Himmelsrichtungen weisenden Kreuzarmen, hervorgegangen aus vier Ecknischen. Die Mini-Stupen sehen geradezu so aus, als wären sie der verkleinerte Tonabguß des Innenraumes einer frühchristlichen Märtyrer-Gedenkstätte. Und so sehr weit hergeholt ist das alles nicht: Die ersten acht Stupen entstanden nämlich dadurch, daß die sterblichen Überreste Buddhas auf sie verteilt wurden! Es gehört zu den phantastischen Tatsachen der Kulturgeschichte der Menschheit, daß sowohl die Stupa wie die Kreuzkuppelkirche aus dem Grab und der Reliquienkultstätte hervorgegangen sind. Im tantristischen Nordindien, in Tibet und Bali existiert jedoch auch noch eine Art Stupa-Modell in Hohlform – die Priesterglocke Ganta. Stupa-ähnlich gebaut ist ihr Kopf bisweilen sogar mit den vier Richtungsbuddhas bzw. ihren hinduistischen Entsprechungen geschmückt. (Genau wie die Riesen-Stupen in Kambodscha und Nepal, deren ›Kopfteil‹ die Geschichte der vier Richtungsbuddhas trägt.)

Die beiden Bronzefiguren im Museum, die um 1300 oder etwas später entstanden sind, verdienen insofern Interesse, als ihr Stil in den Tonfiguren unserer Tage (Kapal, S. 257) fortlebt.

Schräg gegenüber dem Museum, auf der Westseite der Straße, liegt inmitten der Reisfelder ein winziger Vier-Stützen-Pavillon, **Pura Arjuna Mentapa.** Es ist einer von etwa 40 Schreinen in und um Pejeng, die alle ein Fragment einer alten Statue oder auch mehrere enthalten, als Pura bezeichnet und entsprechend verehrt werden. Arjuna Mentapa bedeutet ›Arjuna übt Askese‹. In der entsprechenden Geschichte geht es um zwei in indischen, balischen und javanischen Erzählungen immer wiederkehrende Motive:

1. Ein leichtfertiges Versprechen, das, koste es was es wolle, gehalten werden muß. Diesmal ist es Siwa, der dem durch die Lande tobenden Dämonen Raja Niwatakawaca ewige Unverwundbarkeit durch Götter und Dämonen zugesagt hat.

2. Die Möglichkeit für den Menschen, sich überirdische Kräfte durch Askese und Yoga-Meditation anzueignen.

Die Götter brauchen Arjuna als Befreier von dem Unhold. Sie erschweren seine Askese, um dadurch seine magischen und körperlichen Kräfte, die er sich erwirbt, zu steigern. Zu diesem Zweck unterwerfen sie ihn einer Reihe von Prüfungen. So schicken sie ihm sieben attraktive Widadari, die ihre sämtlichen Verführungskünste ausspielen. Doch auch solchen wahrhaft übermenschlichen Versuchungen widersteht der ansonsten weiblichen Reizen durchaus nicht abholde Heros. Durch die aufgesparte, umgesetzte Sexualität gewinnt er soviel Kraft, daß er den in Gestalt eines Ebers auf ihn einstürmenden Niwatakawaca zu besiegen vermag. Und jetzt, nachdem alles vorbei ist, winkt dem Helden reicher Lohn

Twalen, der wichtigste der Penasar, der lustigen Diener- und Interpretenfiguren (nordbalische Wayang-Kulit-Figur)

–zusammen mit den Himmelsnymphen eine wahrhaft himmlische Zeit. In der Vereinigung zwischen dem Männlichen und dem Weiblichen wird die große Einheit, das mystische Aufgehen in Gott, erreicht. Der Eros gehört zu den überirdischen Kräften, die wie alles Menschliche zugleich heilsam und zerstörerisch sind. Es kommt auf den rechten Umgang mit ihnen an!

Die Darstellung Arjunas zwischen den Nymphen ist in Bali außerordentlich beliebt. Sie wird bereits im Mahabharata geschildert, vor allem aber im höfischen Gedicht Arjuna Wiwaha, entstanden 1143, und wahrscheinlich am Hofe Erlanggas breit ausgemalt. (In diesem Poem wird übrigens erstmalig das Schattenspiel erwähnt.) Sowohl die 120 cm hohe Gestalt Arjunas, deren Gesicht leider verlorenging, als auch die beiden für das Schattenspiel typischen Dienerfiguren Twalen (der größere) und Sanggut (andere halten sie für Merdah) wurden sicherlich nicht vor 1143 geschaffen, wahrscheinlich aber auch nicht sehr viel später. Die Form ähnelt der eines spätarchaischen Kuros – auffällig die helmartige Haarpracht. Haare sind krafthaltig (man denke an Samson im alten Testament, der mit seinen Haaren auch seine Kraft verliert), ein Asket läßt sie selbstverständlich ungebändigt wachsen, um seine mystische Kraft zu steigern. Im javanischen Schattenspiel wird Arjuna Mentapa noch heute mit einem bis zum Boden wallenden Lockenornament dargestellt. Im Gegensatz dazu tragen Twalen und Sanggut Asketenmützen, eine Kopfbedeckung, aus der sich die Krone des Brahmanen-Priesters entwickelt hat. Alle drei sind mit einem knappen, eher betonenden als verhüllenden Schamschurz angetan. Dies soll durchaus demonstrieren, daß es um das Sammeln der zurückgehaltenen sexuellen Energie geht, aus der die magische Kraft erwächst. Die Dienerclowns (große Ohrringe!) sind noch nicht so stark ins Grotesk-Knorrige verzerrt wie heutzutage im Wayang Kulit. Sie tragen Schnüre mit eigenartigen Anhängseln, die zwischen ihren Beinen und hinter ihnen herabbaumeln. Die Form der Anhänger erinnert frappierend an die unter anderem auch als Metallbroschen ausgebildeten Mumuli (Symbole, die gleichzeitig einen Pferdekopf und das weibliche Geschlechtsorgan bedeuten). Die Arjuna-Figur ist als Wasserspeier ausgebildet, was nicht weiter verwundert, wenn man weiß, daß die Widadari als Wasserspeier in Java und Bali außerordentlich beliebt waren. Ein Widadari-Fragment befindet sich noch an Ort und Stelle, weitere sollen auf mehrere Pura in Bedulu verteilt sein. Das ganze gehörte ursprünglich zu einem Brunnenheiligtum mit Arjuna zwischen sieben Himmelsnymphen. Die in Stein umgesetzte Askese Arjunas bewirkt durch das Einsparen seiner gereizten Manneskraft magische Energie, die sich wiederum dem durch die Röhre fließenden heiligen Wasser mitteilt. Der Wasserkrug bildet das Zentrum der Figur – und besitzt ganz eindeutig phallischen Charakter. Auch heute noch werden in diesem Pura Opfer dargebracht, und in einer Ecke des Schreines steht ein modernes Tirtha-Gefäß aus Ton.

Wer sich einmal so richtig in eine asketische Situation hineindenken, ja vielleicht sogar hineinfühlen möchte, dem sei ein Spaziergang nach Kelebutan (vgl. S. 198), gar nicht weit von hier in Richtung Norden, empfohlen.

Pura Kebo Edan liegt etwa 150 m weiter nördlich, ebenfalls auf der Westseite der Straße. Das auffallendste im Tempel des ›verrückten Büffels‹ ist eine auf drei Bales verteilte, jedoch zusammengehörige Figurengruppe im Süden des Innenhofes. In der Mitte eine riesige Gestalt von 3,60 m Höhe, links und rechts spiegelsymmetrisch angeordnet jeweils ein Stier und ein mit einem Schädeldiadem bekränzter Raksasa (Riesendämon), der aus einem überdimensionalen Schädelbecher Blut säuft. Wurde dieser eimergroße Schädelbecher vielleicht bei orgiastischen Feiern tatsächlich mit Blut gefüllt? Und mit wessen? Hier in Pejeng befand sich jedenfalls der Mittelpunkt eines tantrischen Geheimkultes des ›linken Weges‹, in den wahrscheinlich nur ein auserwählter, zum Raja-Hof gehöriger Kreis eingeweiht war. Vergleicht man die Figuren mit javanischen Wächterstatuen (etwa denen von den Candi Singhasari bei Malang in Ostjava), so kommt man auf eine Entstehungszeit um 1300. Allerdings scheint in Bali der ›schwarze‹ Charakter der tantrischen Szene noch zusätzlich übersteigert worden zu sein. Dabei mag die ›gute, alte‹ Tradition der Kopfjagd eine Rolle gespielt haben (vgl. S. 31). Siwa als Bhairawa, der schreckliche Zerstörer, steht im Mittelpunkt des hier vollzogenen Kultes. Diese Spielart des Tantrismus war so geheim, daß man heute so gut wie nichts mehr von ihr weiß. Selbst die Zeitgenossen blieben wohl auf Vermutungen angewiesen (Bedahulu, vgl. S. 191). Es ging jedoch, wie im Hinduismus überhaupt, darum, die Welt des Scheins zu überwinden, aber eben nicht dadurch, daß man sie in der Askese meidet, sondern im Gegenteil dadurch, daß man sie aufs äußerste gebraucht. Der ekstatische Bruch aller Tabus läßt über den Menschen im Bruchteil eines

Bima, der zweitgeborene der Pandawa

Augenblicks jene Erleuchtung hereinbrechen, die dem Asketen erst nach jahre- und jahrzehntelangem Dulden gewährt wird.

Wer sich hier in die Einzelheiten der herumliegenden Fragmente vertieft – blutdurstige Vampirgebisse, herausquellende Glotzaugen, gedrungene Gestalten, Schädeldiademe, Schädelohrgehänge, Schädelbrustschmuck – der wird dazu verführt, den Tantrismus in Bausch und Bogen abzulehnen. Sicherlich hat es überall Entgleisungen gegeben, möglicherweise gerade auch hier – wenn sich nicht doch alles rein rituell und symbolisch abgespielt hat (was aber zugegebenermaßen unwahrscheinlich ist). So oder so – der Tantrismus stellt jedenfalls eine durchaus ernst zu nehmende religionsgeschichtliche Bewegung dar, die tiefe Erkenntnisse vermittelt.

Der Riese selbst hat kein Gesicht, hatte auch niemals eins, auch nicht zu der Zeit, da er noch nicht so stark verwittert war. Er trägt eine Maske mit einem rechteckigen Durchblick, ähnlich einer Schweißschutzmaske, die gleichsam roboterhafte Unmenschlichkeit prophetisch vorwegnimmt. Wild tanzt er mit seinen schlangenumschlungenen Beinen auf dem Rücken einer zusammengebrochenen Menschengestalt. Die Maskierung läßt sich dadurch erklären, daß ein ritueller Maskentanz als Vorbild diente. Ein Tuch verhüllt die Zone unterhalb der Gürtellinie. Es verdeckt einen großen, weit ausschwingenden Phallus, dessen Eichel überraschenderweise von vier halbkugelförmigen Knüppeln umsäumt ist. Ähnliche Hornbälle, befestigt an einem Durchstich im Glied, werden von malaiischen Stämmen wie den Dayak (Kalimantan) und den Toraja (Sulawesi) bis zum heutigen Tag getragen. Nun gibt es aber auch in Java in Candi Sukuh (15. Jahrhundert) eine hohe Lingga-Stele, ebenfalls verziert mit diesen vier Bällchen. Und die stand im Mittelpunkt einer Art von Bima-Kult. Der Lingga symbolisiert natürlich den Mahameru, den heiligen Berg und die Achse der Welt, und die Bällchen stehen für die Wächter der vier Himmelsrichtungen. Bima ist einerseits der zweite der fünf Pandawa-Brüder, selbst in den Schattenspielfiguren von heute wird noch sein phallischer Charakter betont. Andererseits ist Bima (der Schreckliche) aber ein Beiname von Bhairawa-Siwa. In Bali scheut man sich, die Begriffe streng abzugrenzen. Was etwas ist, kann gleichzeitig auch etwas anderes sein. Diesem Hang zur Mehrdeutigkeit entsprechend mag die Statue zugleich Bima und Bhairawa verkörpern. Vielleicht steckt in ihr zusätzlich noch eine alte malayische Riesengottheit (vgl. S. 31). Und möglicherweise stellt sie auch noch den Raja von Pejeng selbst dar, wenn er sich im ekstatischen Maskentanz in Bhairawa-Siwa verwandelt. (In Indien ist Shiva der Nataraja, der Herr der Tänzer, dessen wirbelnde Beinbewegungen Schöpfung und Zerstörung bewirken.) Der Bhairawa-Kult hat, nachdem die balischen Fürsten 1343 durch die Javaner abgelöst wurden, keine Fortsetzung mehr gefunden.

Im vierten Bale nahe der Südostecke finden sich Basisfragmente, ebenfalls über und über mit Schädeldekorationen beladen. An der Nordseite Bales mit neuzeitlichen Malereien an den Rückwänden, darunter eine Szene aus dem Ramayana mit Rawana und Sita, Twalen und Merdah sowie eine Darstellung der neun Navasangga-Richtungsgottheiten in den ihnen zugeordneten Farben (vgl. S. 41).

300 m weiter nördlich Richtung Tampaksiring befindet sich ebenfalls an der Westseite der Straße der **Pura Puser ing Jagat.** Der ›Nabel der Welt‹-Tempel wird von zwei grotesk klobigen Elefanten bewacht. Die Funde in den Schreinen im Innern befinden sich in einem ziemlich schlimmen Zustand. Neben Fragmenten mit Schädeldekor aus dem Umfeld des Bhairawa-Kultes der Oberkörper einer Widadari, die zu Arjuna Mentapa gehört haben dürfte. Ein verwitterter Riesenphallus in einem Schrein (Gedong Purus) weist die eben besprochenen seitlichen Ansätze unterhalb der Eichel auf, die allerdings beschädigt sind. Ein Relief-Steingefäß für heiliges Wasser, reich mit Götterschlangen und Dämonen verziert, stellt nach Kempers den heiligen Berg dar, der ja selbst auch nichts anderes als ein Behälter für Tirtha ist. Dargestellt wird die Geschichte vom Quirrlen des Ozeans (vgl. S. 92). Der Gedanke liegt nicht allzu fern, daß dieses Gefäß zugleich das Nabelzentrum der Welt ist, von dem der Tempel seinen Namen hat.

Die **Einsiedelei Kelebutan** zu besuchen ist unbedingt zu empfehlen, weniger ihres archäologischen Wertes als vielmehr ihrer eindrucksvollen Lage wegen. Kurz bevor man von Süden her Pura Penataran Sasih erreicht, trifft man rechts von der Straße auf ein Bale Banjar. Dort geht nach links (Richtung West) ein Dorfweg ab. Er endet in einem Wasserlauf, der über ein darin eingestelltes Betonrohrstück mit einem etwas gewagten Sprung zu überwinden ist. Es findet sich sicherlich jemand, der einem von dort aus für ein paar Rupien den Weg zeigt: Erst in südwestlicher Richtung halblinks durch die Reisfelder hinunter zu einem tief eingeschnittenen Tal, dann über eine breite Naturbrücke hinweg über ein Flüßchen, unmittelbar danach in den Einschnitt nach links hinunter. Das Wasser strömt von links her aus einem Felsentunnel, deutlich zu sehen im Gegensatz zu dem Relief-Candi in etwa 5 m Höhe an der gegenüberliegenden Felswand. Das den Candis von Gunung Kawi (vgl. S. 203) nicht unähnliche, aber kleinere Relief wurde 1951 freigelegt und ist jetzt bereits wieder so weit unter der Vegetation verschwunden, daß seine Lage nur noch erraten werden kann.

Dennoch, ein Eindruck davon, wie die Einsiedeleien im Lande zwischen dem Petanu- und dem Pakerisan-Fluß einst aussahen, läßt sich hier gewinnen. Durch Askese und Meditation – das Candi diente als Konzentrationspunkt für die Meditation, ähnlich wie ein Mandala (vgl. S. 193) – wollten die Asketen zwei Ziele erreichen: 1. Magische Kraft speichern. 2. Alle Kräfte auf die mystische Vereinigung mit dem göttlichen Prinzip – vorgestellt in der Gestalt Siwas – konzentrieren. Die aus Askese erworbene magische Kraft ist durchaus etwas, womit die Menschen den Göttern helfen können, die Welt im Gleichgewicht zu halten. Sie hat aber auch, wie alles Heilige, eine höchst gefährliche Seite. Mancher Asket hat schon soviel magische Kraft angesammelt, daß sie sich diese ohne Absicht in Erdbeben und Vulkanausbrüchen, die sogar den Götterhimmel erzittern ließen, entlud. Im javanischen Schattenspiel ist andauernd von Asketen die Rede, die durch ihren heiligen Übereifer die Welt gefährden.

Im Einschnitt auf der anderen Seite des Felsentunnels steht ein neuerer Surya-Thron. Von der gegenüberliegenden Felswand fließt Quellwasser herab. Ein kleiner Sprühwasserfall schillert bei höherem Sonnenstand in allen Regenbogenfarben – ein Naturwunder, das diesen idyllischen Fleck Erde als heiligen Ort ausweist.

Bei der Rückkehr von Kelebutan sollten Sie sich besser geradeaus halten! An einem kleinen Wehr läßt sich der Wasserlauf bequem überqueren. Wie man sich von da allerdings zur Straße durchschlägt, muß man sich zeigen lassen.

Pura Penataran Sasih liegt in Sichtweite der Abzweigung nach Kelebutan (Richtung Norden) rechts der Straße. Penataran bedeutet, daß es sich um einen Ahnentempel eines Raja-Geschlechtes handelt. Sasih ist ein Sanskrit-Beiname für den Mond (= ›gekennzeichnet mit dem Bild des Hasen‹). Dieser ehemalige ›Reichstempel‹ birgt den sogenannten ›Mond von Pejeng‹. Bereits der Eingang ins Innere mit seinen zwei niedlichen Wächter-Elefäntchen spielt darauf an. Hinter einem fünfstrahligen, schlangenumsäumten Stern in Form eines Wasserbeckens liegt ein sich gabelnder Treppenaufgang mit links einem zunehmenden Mond in Verbindung mit einer Sonnenscheibe und rechts einem abnehmenden Mond. Die Schriftzeichen für Halbmond (Ardah Candra), Sonnenkugel (Windu) und Stern (Nada) sind gleichzeitig die heiligen Schriftzeichen A – U – M, die auch die Dreiheit Feuer – Wasser – Luft, Brahma – Wisnu – Siwa usw. bedeuten. So ziert auch die Stirnseite der Treppenbrüstung ein Dreieck, das fast so aussieht wie das christliche Trinitätssymbol.

Der **›Mond von Pejeng‹** selbst besteht aus einer Bronze-Gongscheibe mit 110 cm Durchmesser auf einem dreiteiligen Bronze-Klangkessel von 186,5 cm Länge. Obwohl oft als Bronzetrommel bezeichnet, handelt es sich um ein Metallophon – strenggenommen ebensowenig eine Trommel wie die Kulkul-Schlitztrommel (vgl. S. 171). Bei echten Trommeln gibt nämlich nur die vibrierende Membran den Ton ab, nicht der Spannkörper aus anderem Material. Das Bronze-Instrument befindet sich auf einem hohen, turmartigen Bale links hinten im Innenhof und ist enttäuschenderweise kaum zu sehen. Das hat seinen Grund: Das heilige Objekt gilt als ebenso segensreich wie gefährlich. Unglück, möglicherweise sogar der Tod, erwartet den, der sich ihm unvorbereitet nähert.

Einem Dieb hat das bereits einmal das Leben gekostet, was allerdings schon sehr lange her ist. Ursprünglich gab es nämlich nicht wie heute zwölf Monde am Himmel (für jeden Monat des Jahres einen), sondern dreizehn. Der dreizehnte purzelte eines Tages vom Himmel herunter und blieb in den Ästen eines Baumes hängen. Sein Licht durchstrahlte die Nächte hindurch so hell, daß eine Diebesbande nicht mehr ungehindert ihrem Gewerbe nachgehen konnte. Einer der losen Buben war so frech, auf den Baum zu klettern. Mit seinem Urin wollte er das Mondlicht auslöschen – und löschte damit gleichzeitig sein eigenes Leben aus. Der Mond explodierte nämlich und fiel in Form dieses Bronzegongs zur Erde, zusammen mit einigen Sternen, die als Steine ebenfalls in Pura Penataran Sasih aufbewahrt werden. Und was wird darüber hinaus nicht noch alles über den ›Mond von Pejeng‹ erzählt: Einmal soll es sich um ein Rad des Mondwagens handeln, dann wieder um einen Ohrpflock entweder des Riesen Iwo Kebo oder aber der liebreizenden Mond- und Liebesgöttin Ratih.

Daß dieser größte aller bekannten Kesselgongs von Menschenhand gemacht worden sein soll, das kann man sich in Bali jedenfalls nicht vorstellen. Doch auch die Archäologie steht

Schlagplatte des ›Mondes von Pejeng‹ (Rekonstruktionszeichnung von W. O. Nieuwenkamp 1906)

vor einem Rätsel. Aufgekommen sind Kesselgongs zusammen mit dem Bronzebeil in der Dongsong-Kultur in Nordindochina (4.–1. vorchristliches Jahrhundert). Von dort aus verbreitete sich dieses Klanginstrument über den indonesischen Archipel bis weit in den Osten hinein – vielleicht durch den Handel, vielleicht aber auch durch Angehörige des Herrscherhauses und durch Künstler, die nach Indonesien auswanderten. Die Dongsong-Kultur geriet nämlich unter den Druck der Chinesen, die sie schließlich auch aufsaugten. In China selbst und auch in Tibet hat eine abgewandelte Form des Kesselgongs bis in dieses Jahrhundert hinein als Schamanentrommel eine nicht unerhebliche Rolle gespielt. In Bali wurden nun noch drei weitere Kesselgong-Reste mit ähnlichen Verzierungen entdeckt, deren Schlagplatten allerdings lediglich einen Durchmesser zwischen 41 und 65 cm aufweisen. Diese Kesselgongs sind in Bali selbst gegossen worden; man hat Steinmodeln gefunden, mit deren Hilfe die Gußmodelle aus Wachs gepreßt wurden (Pura Desa Manuaba bei Tegalalang).

Die reichen Verzierungen des ›Mondes von Pejeng‹ sind ausführlich beschrieben (Kempers), aber noch nicht gedeutet worden. Das Zentrum der Schlagplatte füllt ein sonnenartiger Stern, dessen nicht weiter untergliederte Binnenzone den Schwingungsbauch markiert, auf den der Klöppel auftrifft. Ein Doppelring grenzt den Stern von einem Umfeld voller wirbeliger Spiralen ab. Zwölf augenähnliche Punkte bilden die Kristallisationskerne dieser Spiralen. Es sieht so aus, als wenn im Schlagplatten-Dekor so etwas wie eine Vorform des asiatischen Weltbildes ausgebildet wäre: Die Achtstrahligkeit des Sternes erinnert an die

Kopf auf dem ›Mond von Pejeng‹ (Zeichnung von W. O. Nieuwenkamp 1906)

Richtungsgottheiten. Er schwimmt wie ein geordneter Kosmos inmitten der chaotischen Wellen- oder vielleicht auch Schlangenstruktur. Ein Gegensatz Ordnung/Chaos, Ruhe/Bewegung – vielleicht im Sinne von Welt/Urozean – ist schon gegeben. Und die zwölf Punkte lassen an die zwölf Monde denken, an die Darstellung eines Zeitablaufes, einen Kalender.

Zwischen den Henkeln des Tubus blicken zwei ausdrucksvolle, aus geometrischen Elementen zusammengesetzte Köpfe mit von Pflöcken langgezogenen Ohren hervor. Auch die Kulkuls von heute werden oft menschenähnlich dargestellt und gelten als stimmbegabte Persönlichkeiten (vgl. S. 171). Ganz ähnliche Kopfdarstellungen sind auf den kleinen Sand-uhr-Trommeln (Holzkörper, mit Fell überzogen) aus Neuguinea zu finden. Alle diese Köpfe gleichen malayo-polynesischen Ahnendarstellungen. Die Stimme der Ahnen, eingefangen im Gong? Interessant ist es schon, daß die Dongsong-Vorbilder dieses Kesselgongs mit Seelenschiffen und Vögeln verziert waren, so daß sich eine Beziehung zu einem Durchgangsritus ergibt, zum Durchgang ins Totenreich.

Daß hier der Mond groß herausgestellt wird, in einem ›Reichstempel‹ des ersten hinduistischen Reiches auf Bali; erscheint nicht weiter verwunderlich: DerMond ist unter anderem auch Siwas Becher, gefüllt mit dem lebensspendenden Tirtha (Tirtha Empul ist nicht sehr weit). Nach dem Mond werden die religiösen Zeremonien festgelegt. Die Zeit des zunehmenden Mondes bis zum Vollmond gilt als positiv, den uranischen Kräften zugehörig, als Opferperiode für die Götter. Abnehmender Mond bis zum Neumond ist eine negative Periode, den chtonischen Mächten zugeeignet. Es geht dann darum, die Dämonen zu versöhnen. Wer einmal einige Zeit in einem Dorf ohne Elektrizität verbracht hat, wird das gut verstehen: Die Abende bei zunehmendem Mond sind hell und heiter, der abnehmende Mond dagegen erscheint erst spät in der Nacht am Himmel, die Abende sind dunkel und trostlos. In drei Schreinen im Innenhof und in einem außen rechts im Vorhof sind noch eine ganze Reihe von Fragmenten aufgestellt – Raja-Figuren, Lingga-Stelen. Bemerkenswert eine Sonderform der Trimurti: Brahma, Siwa, Wisnu, am Rücken zusammengewachsen und mit einer gemeinsamen Krone überwölbt.

Pura Penataran Agung ist ein Tempel der Raja-Familie. Er liegt etwas weiter nördlich an der Westseite der Straße. Die Prasadas in seinem Inneren haben Steindächer, deren Form sich auffällig an die Felsen-Candi von Gunung Kawi anlehnt.

Quellen: 20, 60, 64, 108, 110, Q 16, Q 17

Tampaksiring und seine Monumente

In der Nähe der Bemo-Station des Holzschnitzerdorfes Tampaksiring – dort befindet sich auch ein Home Stay – führt ein beschilderter, mit Andenken-Warungs (Schnitzereien) gesäumter Dorfweg nach Osten zum **Gunung Kawi.** Bei diesem ›Berg der Poesie‹ handelt es sich eigentlich um die tief eingeschnittene Schlucht des Pakerisan-Flusses. Der Blick von oben über die Reisfelder und Kokosnußhaine ist insbesondere am frühen Morgen, wenn die Sonne noch tief steht, unbeschreiblich schön. Im Tal unten findet man vieles sehr Altes, darunter kaum etwas Gemauertes, alles ist aus den Felsen herausgekratzt – Kebo Iwo war es natürlich, der sich hier wieder einmal betätigt hat. Am meisten Beachtung verdienen 5 + 4 + 1 Felsen-Candis sowie zwei Anlagen, in denen Klausner unterkamen. Inschriften nach zu urteilen entstand dies alles um das Jahr 1080 und ist dem Raja Anak Wungsu (1049–1071) dem jüngeren Bruder Erlanggas, der Java beherrschte, zugeeignet. Was die Felsen-Candis anbelangt, hat man von oben gesehen den Eindruck, als handele es sich um riesige Sarkophage, die in Höhlungen eingelassen sind. Begibt man sich aber nach unten, durchschreitet den Felsendurchbruch und wendet sich dann nach links, um zur Vierergruppe oder aber nach rechts, um zur Fünfergruppe zu gelangen, so zeigt sich sehr schnell, daß es sich um 7 m hohe Flachnischen mit in den Fels eingearbeiteten Candi-Reliefs handelt. Diese sind mit einer harten, als Diamantstuck bezeichneten Schicht vor der Verwitterung geschützt. Derartige Fassaden-Candis, die auch an anderer Stelle in Bali einzeln – immer an den Felswänden von Flußeinschnitten und in Verbindung mit Einsiedeleien – vorkommen, sehen zentral- und ostjavanischen freistehenden Candis nicht unähnlich. Es sind in Bali eben nur Reliefs mit einer Scheintür. Die Dächer krönt ein markanter oberer Abschluß, und ihre drei Etagen sind mit drei mal drei untereinander angeordneten Ziertürmchen in Form einer etwas abstrahierten Lingga-Yoni-Stele geschmückt.

Nehmen wir einmal einen Augenblick an, die Dächer wären vollplastisch, dann gäbe es in der Mitte einen großen Lingga, und der wäre dann in drei Etagen von jeweils acht immer kleineren Lingga-Formen umgeben. Das ganze sieht dann so aus wie der dreiteilige Lingga in der Goa Gajah (vgl. S. 183) für Brahma, Wisnu und Siwa mit den jeweils acht kleineren Lingga der Wächtergottheiten. Der einzige Unterschied besteht darin, daß die drei Systeme dort nebeneinander angeordnet, hier aber übereinander gestaffelt sind. Daß diese Dächer tatsächlich etwas mit dem Nawa-Sanga-System zu tun haben (vgl. S. 40), wird durch Steintafeln erhärtet, die in kleinen Gruben unter den Türen gefunden wurden. In diese sind 8 + 1 verschiedene Mineralien eingelassen – sie verkörpern also den Kosmos, und zwar sowohl den Makrokosmos mit den Nawa-Sanga-Richtungsgottheiten als gleichzeitig auch den Mikrokosmos in der Person des Herrschers, dem diese Anlage geweiht ist (vgl. S. 263, 283). Jedes Mineral steht sozusagen für ein anderes menschliches Organ. (Die Platten werden in einem Raum der Klausner-Unterkünfte aufbewahrt.) Fast noch interessanter ist das, was man in den Nischen nicht gefunden hat – nämlich menschliche Aschenreste. Asche kam zwar zum Vorschein, woraus man auch tatsächlich zunächst schloß, daß hier Angehörige des Fürstenhauses bestattet worden seien (genau wie in Java, wo Candis an einer Quelle oder an einem Wasserlauf zur Beisetzung der Totenasche der Rajas dienten). Eine Analyse ergab jedoch, daß es sich hier um Asche tierischer Herkunft handelte. Die Asche der Toten mußte also, genau so wie es heute noch in Bali üblich ist, ins Meer oder in einen zum Meer hinströmenden Wasserlauf verstreut worden sein. Die Fassaden-Candis sind also

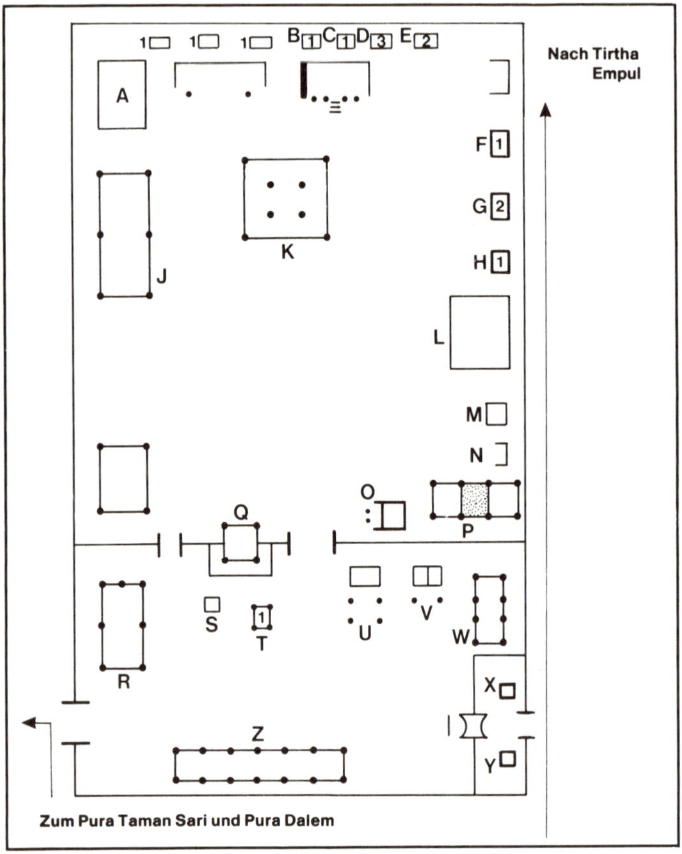

Pura Desa, Tampaksiring
A für Pura Peregan; B Bale Manjangan Seluwang (für Batara Maospait); C Bale Pesimpangan; D Für Pura Uluwatu; E Pura Gunung Agung; F Für Gunung Catu; G Pura Tirtha (für Tirtha Empul); H Für Pura Mengening; I Wirtschaftsgebäude; K Pewedaan; L Pengaruman Kecil; M Ngurah Agung; N Pura Besakih; O Opferplatz (Sajen); P Peselang; Q Bale Pengenap; R Bale Gong mit Kulkul; S Tugu – Steinlaterne; T Gedong Batara Guru (Siwa); U Batara Guru; V Puseh; W Bale Agung; X Pura Pengemit; Y Tugu, Steinlaterne; Z Wirtschaftsgebäude zum Übernachten

keine Gräber, sondern Erinnerungsmale – Male, die als Konzentrationsfiguren für die Meditation dienen, die den Weltenberg und damit das gesamte Universum darstellen, aber gleichzeitig auch das Wesen der Verstorbenen, denen sie zugeeignet sind (der Mensch selbst ist ja ein Mikrokosmos und als solcher ein Abbild des Makrokosmos. Und die Male dienen gleichzeitig als eine Art von (→) Arca, in denen sich die vergöttlichten Verstorbenen während der Zeremonie vorübergehend verkörpern können – denn die Opferasche stammt von Opfern, die ihnen, den Totengeistern, dargebracht wurden, wobei allerdings die Herrscher gleichzeitig als Erscheinungsformen der großen Gottheiten – möglicherweise Siwas, wahrscheinlich aber Wisnus – angesehen wurden.

In Bali wird das Wasser durch kunstvolle Kanalbauten auf die Reisfelder verteilt. In entsprechender Weise hat man hier Kanäle geschaffen, um das Wasser an den Candis vorbei und durch Durchbrüche auch durch die Candis hindurch zu leiten. Mit der heiligen Kraft, die die von den vergöttlichten Rajas ›besessenen‹ Candis ausstrahlen, sollte das durchlaufende Wasser so stark wie nur immer möglich angereichert werden. In der Fünfergruppe gilt das linke, etwas höher gelegene und abgesetzte Candi als das für Anak Wungsu selbst, die anderen repräsentieren seine vier Frauen, die sich bei seiner Einäscherung mehr oder weniger freiwillig dem Feuertod geweiht haben. Die Male der Vierergruppe wurden für seine vier Konkubinen errichtet. Es gibt noch ein zehntes Mal, das knapp 1 km im Süden liegt. Es ist auf einem mühsamen Pfad, der die Schlucht entlangführt, zu erreichen (am besten vertraut man sich jemanden an, der einen führt). Dieses alleinstehende Candi soll einen später verstorbenen Patih (Erster Minister) verkörpern. Der Patih war in Bali und Java immer ein wichtiger Mann, denn die Regierungsgeschäfte hatte man aufgeteilt: Der Monarch übernahm die universell heilsgeschichtliche Funktion, war der Repräsentant seines Volkes dem Kosmos gegenüber. Dem Patih hingegen fiel die mehr praktisch-verwaltungstechnisch ausgelegte Rolle zu (eine ähnliche Aufgabenteilung besteht zwischen Desa und Banjar, vgl. S. 80. Die Aufteilung einer Führungsaufgabe zwischen einem charismatischen und einem praxisorientierten Führer ist übrigens in der ganzen Welt verbreitet – sowohl in größeren wie auch in kleineren Gruppen).

Rechts von der Fünfergruppe der Candis liegt eine Asketen-Unterkunft (völlig in den Felsen gehauen) mit einem Hof, dessen Mitte ein behauener monolitischer Block bildet. Seine Bestimmung ist unklar. Flußabwärts in Richtung des zehnten Candi finden sich noch weitere, bisher noch nicht vollständig ausgegrabene Anlagen.

Verfolgt man die Hauptstraße Richtung Tirtha Empul weiter, so stößt man links nach einigen Fußminuten auf den ›Dorftempel‹ **Pura Desa Tampaksiring** mit prachtvoll bemalten, sehenswerten Bales. Über einen Zwischenhof unmittelbar mit ihm verbunden ist ein Pura Dalem. Der gewaltige Waringin-Baum im Zwischenhof hinter dem Pura Gedong Taman Sari läßt ahnen, wie es kommt, daß in Bali Bäume als Himmelsleitern und Wohnsitze für Götter und Ahnen gelten (vgl. S. 87f.).

Die Straße nach Norden mündet in eine Abzweigung ein. Geradeaus gelangt man zu einem auf einem Hügel gelegenen Regierungs-Guest House, früher einmal ein Sitz des ehemaligen Präsidenten Sukarno. Von der Anhöhe aus ist das **Quellheiligtum Tirtha Empul** gut zu überblicken. Die nach Osten abbiegende Straße führt weiter Richtung Bangli; von ihr zweigt nach etwa 1 km eine Stichstraße nach links zum Quellheiligtum ab. Vor dessen Eingang erstreckt sich eine ganze Stadt von Warungs, deren Angebot vorwiegend auf den Bedarf der einheimischen Pilger abgestimmt ist.

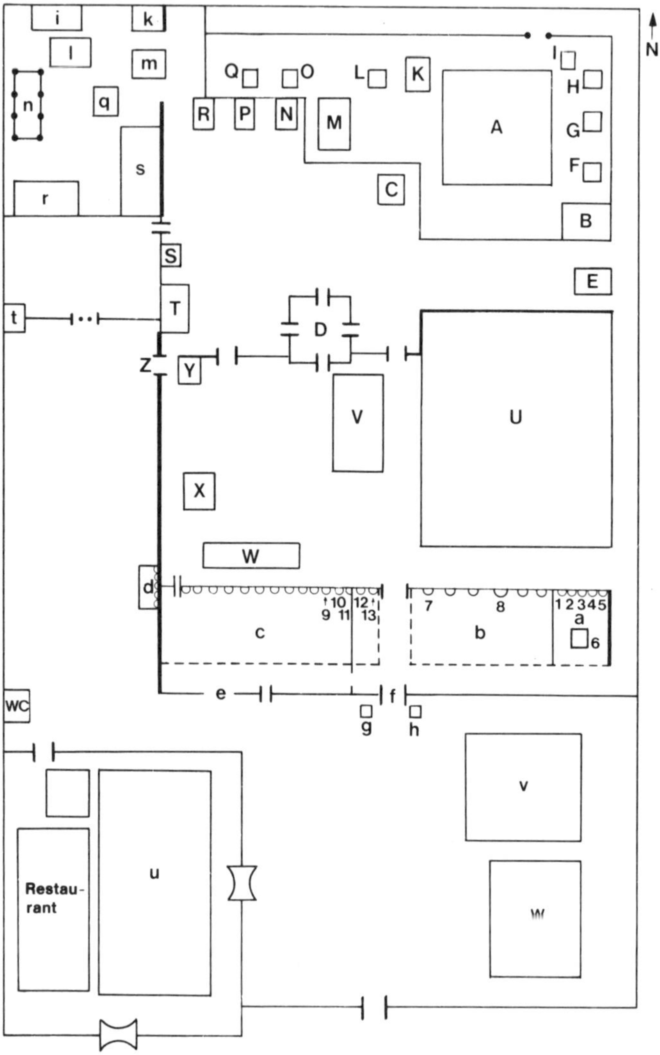

Das Herz des Heiligtums bildet ein Quellsee. Dessen Wasser verteilt sich über 31 Speirohre in kräftigen Strahlen auf vier Badebecken. Indra selbst hat diese Quelle des Pakerisan-Flusses (vgl. S. 181) als Wasser des Lebens geschaffen. Und die Tatsache, daß er damit seinerzeit seine vergifteten Krieger wieder ins Leben zurückrief, ist die Ursache der Heilwirkung dieses Wassers für die Menschen von heute. Es scheint nur recht und billig, daß das auffälligste Monument im Innenhof, der Steinblock Penjenengan Tebesana, als repräsen-

◁ Tirtha Empul

A Penjenengan Tebesana, Sitz Indras; B Pengaruman Agung; C Bale Pawedaan; D Bale Pencanangan; E Bale Peselang; F Gedong Pesimpanan (Gedung seneb); G Gedong Pesimpanan (Gedung seneb); H Gedong Catu; I Gedong Limas; K Gedong Pesimpanan (Agung); Boma-Kopf; L Gedong Sari; M Bale Pemereman; N Piyasan Pengelurah Agung; O Gedong Penyimpenan; P Piyasan Ida Dewa Galiran; Q Gedong Penyimpenan; R ?; S Bale Penganteb; T Bale Gong; U Taman Suci (heiliger See mit Lotosblüten); V Bale Agung; W Bale Pegat; X Bale Pengambuhan; Y Lingga Yoni – tantristisches Symbol der Vereinigung des Weiblichen und Männlichen, zwischen zwei verwaschenen Tierfiguren; Z Candi Bentar

a)Wasserstrahlen Pancaka Tirtha – die fünf heiligen Wasser; a 1) Strahl (Pancoran) Pari Suda – sehr rein, sehr heilig; a 2) Strahl Pengelukatan/Panglukatan für Tempel, Häuser, Felder; a 3) Strahl Sudamala – Wasser gegen Schwierigkeiten; a 4) Strahl Tirtha Teteg; a 5) Strahl Bayan Cokor; a 6) Gedong Pelinggih Batara Manca Tirtha

b) Wasserstrahlen Männerbad; b 7) Strahl Tirtha Empul; b 8) Strahl Pemelapas

c) Wasserstrahlen Frauenbad; c 9, c 10) Wasser für Totenrituale (Upacara Pitra Yadnya); c 11) Strahl Pengelukatan Seluirin Ala gegen alle Übel; c 12) Strahl Pengelukatan Ujar Ala gegen Übel; c 13) Strahl Pengelukatan Impan Mala; d) Allgemeines Bad

e) Baum, dessen Wurzeln die Mauern überwuchern; f) Candi Pentar; g, h) Bale Pelih; i) Pewaregan/ Penyucian; k) Reisscheuer; l) Bale Penandingan; m) Penandingan Bagia Pula Kerti; n) Bale Gede; q) Bale Pengelaman; r) Kulkul; s) Bale Pertemuan; t) Paon (Küche); u) Schwimmbecken; v) Wantilan – Halle für Hahnenkämpfe und Veranstaltungen; w) öffentliches Bad

tativer Sitz dieses Himmelsgottes dient. Die Basis dieses Blockes ist die Unterweltschildkröte, darüber erhebt sich das Relief eines gespaltenen Tores – Gunung Agung und Gunung Batur –, das hier ganz deutlich eine Einheit mit dem Himmelsbaum bildet. Das achtstrahlige Sonnensymbol darüber vertritt die Himmelssphäre. Das Monument ist von Schreinen aus Holz umgeben und reich mit bemalter und vergoldeter Schnitzerei verziert.

Pakerisan, das bedeutet Kris-Fluß. Und der malaiische Dolch gilt in Java wie in Bali als ein Symbol des Lingga. Also auch hier wieder die eindrucksvolle Symbolik, die das heilige Wasser als direkt den göttlichen Organen entquellend betracht (vgl. S. 45, 184). So dient das Tirtha dazu, einen fast unausdenkbar intimen Kontakt zwischen Gott und Mensch herzustellen. In ein kleines Becken (a) sprudeln die Pancaka Tirtha, die fünf heiligen Wasser. Mit ihren unterschiedlichen Heilseigenschaften werden sie insbesondere für verschiedene Durchgangsriten von der Geburt bis über den Tod hinaus benutzt. In den beiden größeren Becken baden Männer (b) und Frauen (c), waschen die Bewohner der umliegenden Dörfer einmal jährlich alle ihre Haushaltsgegenstände und genehmigen sich auch alle Barongs aus dem Gebiet von Gyanyar jährlich ein rituelles Bad zur Auffrischung ihrer magischen Kräfte.

Tirtha Empul, heute vorwiegend aus im Jahre 1969 erneuerten Anlagen bestehend, wurde einer Inschrift von 962 n. Chr. zufolge vom Raja Saṅg Ratu Candra Bhaya Singha Warmadewa, einem Vorfahren von Ratu Udayana, gegründet (Candra = Mond!). Unweit des Quellheiligtums – eine halbe Fußstunde Richtung Norden – soll bei Panembahan ein recht malerischer Tempel mit einigen Altertümern liegen: Pura Gumang.

Quellen: 2,19

Zur Durga in Kutri und zu Kebo Iwo in Blahbatuh

Die beiden Orte, direkt an der Bemo-Strecke Denpasar – Gyanyar gelegen, sind von Ubud per Bemo über Sakah, mit dem Rad besser über Bedulu zu erreichen. Von der Kreuzung Tampaksiring/Gyanyar/Denpasar aus gesehen liegt etwa 1,5 km in Richtung Denpasar an der Ostseite der Straße **Pura Durga Kutri** (auch Pura Kedarman genannt) – schlechthin das Durga-Heiligtum von Bali. Der erste Eindruck ist nicht besonders aufregend. Sicherlich, der Kala-Boma-Kopf über dem Durchgang des modernen gedeckten Tores wirkt schon eindrucksvoll. Tropisch-üppig wuchert aus seiner Drei-Hörner-Krone Pflanzenwuchs heraus, lianenartige Hängeranken umgreifen beidseitig die Tür. Das Baum-Pflanzenhafte von Boma kommt so gut zur Geltung und gleichzeitig auch die Tendenz der darstellenden Kunst in Bali, in ihrer Formensprache der üppigen Dschungelvegetation nachzueifern. Der Treppenaufgang wird links und rechts von einem Eberkopf bewacht – endlich ein Hinweis auf die Herrin dieses Tempels.

In einem Bale auch hier ein Sammelsurium alter Fundstücke – recht gut erhalten ein sitzender Raja mit der Gebärde der Ergebung gegenüber den Göttern. Seine Gesichtszüge wirken auffällig realistisch (Porträtähnlichkeit darf man normalerweise von Raja-Statuen in Bali nicht erwarten!). Eine kleine Buddha-Statue hat zu lange im Regen gestanden, so daß man sie kaum mehr zeitlich einordnen kann. Wie die achtarmige Statue des Boddhisatva Amoghapasa im nahen Pura Puseh, erinnert auch sie an die buddhistischen Einflüsse, die die Agama Hindu Bali mitprägten. Wirklich interessant wird es erst, wenn man die Treppe an der rechten Seite emporsteigt, hinauf zur Durga. Der dunkel umwaldete, gewachsene Fels wurde künstlich zu einer Art unregelmäßiger Stufenpyramide ausgebaut. Knapp unter der obersten Plattform stehen nach drei Himmelsrichtungen (früher vielleicht nach vier?) gewaltige Eberköpfe heraus (keine Wasserspeier!). In der Barong Sadewa-Geschichte (vgl. S. 234) verwandelt sich Durga in ihrer Erscheinung als Kalika in ein Wildschwein. Zudem hat ja auch der Herr der Erde – Jero Gede Dalem, der altbalische Unterweltgott, den die Durga teils verdrängt, teils ersetzt hat – etwas von einem Eber an sich. Durga selbst, achtarmig, waffenstarrend und schwungvoll bewegt, steht in dem Bale auf der obersten Plattform. Die Anfang des 12. Jahrhunderts entstandene Figur diente, ähnlich wie die Candis von Gunung Kawi (vgl. S. 203) als ein Mal, in dem sich die Totenseele einer verstorbenen Herrscherin verkörpern konnte: Mahendradatta, Urenkelin des ersten ostjavanischen Raja Sindok, beherrschte Bali und als ranghöhere auch ihren Gatten, den aus einem einheimischen Raja-Geschlecht stammenden Udayana. Ihr Sohn Erlangga wurde Raja von Ostjava, und ihr Sohn Anak Wungsu regierte in Bali. Mahendradatta gilt als das historische Vorbild der Calon Arang, einer hexenhaften Erscheinungsform der Durga.

In der Calon-Arang Mythe hat die Bevölkerung von Bali der Mahendradatta auch eine Art von Denkmal gesetzt, ein nur begrenzt schmeichelhaftes allerdings. Daß sie aber in Gestalt der Durga in Stein gehauen wurde, das hat sicherlich auch ihrem eigenen Willen entsprochen. Die Durga Mahishasuramardini (vgl. S. 190) ist nach indischer Vorstellung aus der Feuerenergie Siwas und Wisnus entstanden. Sie wurde dazu erschaffen, den büffelgestalti-

Calon Arang, die Herrscherin der Leyak

Die Witwe Calon Arang hatte eine wunderschöne Tochter, Ratna (›Edelstein‹) Menggali. Keiner wollte jedoch das liebreizende Wesen heiraten, denn Calon Arang galt als Leyak, als Hexe, die Tiergestalt annehmen kann. Und solche Frauen weihen gewöhnlich ihre Töchter ebenfalls in die schwarze Magie ein! Berstend vor Wut holte sich Calon Arang von Durga die Erlaubnis, das Land mit Seuchen und Pest zu überziehen. Und je mehr Menschen starben, desto freudig erregter tanzte sie auf den Kreuzwegen. Erlangga bot seine Soldaten gegen die schwarze Witwe auf, doch sie vernichtete diese mit Feuer, das ihr aus Mund, Nasenlöchern, Ohren und Augen sprühte. Calon Arang und ihr Gefolge wußten sich nicht zu fassen vor Freude und tobten sich in ekstatischen Tänzen aus. Die große Verehrerin der Durga teilte die vier Himmelsrichtungen unter ihr Gefolge auf und plazierte sich selbst ins Zentrum. Die Folgen waren fürchterlich: Die Seuchen entvölkerten Städte und Dörfer. In seiner Not fragte Raja Erlangga den großen Asketen Mpu Barada um Rat. Der entsandte seinen Sohn Bahula, um Ratna Menggali zu heiraten. Das Mädchen verriet ihm, daß ihre Mutter hinter all dem Unheil stecke und übergab ihm ein Buch mit magischen Lehren. Daraufhin holte Bahula seinen Vater zu Hilfe, der sich zunächst aus dem Buch das ganze Geheimwissen Calon Arangs aneignete. Die beiden heiligen Männer spürten die schwarze Witwe in einem Pura Dalem auf, wo sie orgiastische Opferhandlungen für Durga vornahm. In einem langwierigen magischen Wettkampf zwischen Calon Arang und Barada obsiegte schließlich der Asket; es gelang ihm, sie durch Rezitation eines Mandra zu vernichten. Nun hatte er aber vergessen, sie vorher von ihrer Schuld freizusprechen, und deshalb mußte er sie nochmals zum Leben erwecken. Sie söhnten sich beide miteinander aus. Calon Arang wendete sich mit einer Geste der Verehrung an Barada und ging dann geradewegs in den Himmel ein.

Die Calon Arang-Geschichte wird immer dann, wenn Leyaks mit ihren schwarzmagischen Kräften Unheil über einen Ort bringen, entweder als Schattenspiel oder als Tanzspiel aufgeführt. Die Figur der schwarzen Witwe trägt die gleiche Maske wie die Rangda im Barong-Spiel (vgl. S. 234).

Ein Leyak ist ein Mensch, meist eine Frau, der sich dem linken Weg verschrieben hat. Um Mitternacht weiht er sich auf dem Friedhof der Durga: Auf dem linken Bein stehend, die Haare übers Gesicht gestrichen, ruft er die Göttin an. Dann vergegenwärtigt er sich, mit einem Bein auf drei Totenschädeln stehend, durch Meditation die Durga und ihre Dämonen. Jetzt ist der Kandidat so weit, daß er aus geheimen Schriften oder von einem Lehrmeister die Lehre des linken Weges aufnehmen kann. Ein Leyak ist in der Lage, sich nachts in ein Tier zu verwandeln und andere Menschen durch Fernwirkung umzubringen. Für ihn kehren sich alle Werte um. Nachts erscheint ihm stinkendes Aas als duftende Nahrung. Ein solcher schwarzer Magier ist verpflichtet, jedes Jahr einen Menschen magisch zu ermorden, damit ihm seine unheimliche Macht erhalten bleibt.(Die Kopfjäger töten ebenfalls Menschen, um ihre eigene Kraft durch die Kraft der Getöteten zu vermehren!) Ein Leyak muß seinen erstgeborenen Sohn töten und seine Töchter ebenfalls in die Leyak-Lehre einführen.

gen Dämonenkönig Mahisha, der schon die Herrschaft über die Welt an sich gerissen hatte, zu vernichten. So muß diese Statue genauso als ein Beisetzungsmal gelten wie auch die Siwa-, Wisnu- oder Buddha-Statuen, die in Java für verstorbene Herrscher errichtet wurden, damit deren Totenseelen sich darin verkörpern konnten. Wenn wir annehmen, daß Mahendradatta einem tantrischen Geheimkult anhing, der sich dann später am Hofe von Pejeng weiter ausbreitete, dann erscheint ihre Darstellung als Durga durchaus verständlich. Die Pyramide in Kutri ist übrigens das einzige Monument in Bali, in dem eine Unterweltgottheit ausgerechnet auf der Spitze eines Berges verehrt wird. Im 11. Jahrhundert mag man sich

Darstellung der Calon Arang in ihrer wahren und ihrer Hexengestalt (Zeichnung von A. A. Gd. Rai)

noch an den indischen Beinamen der lichtgestaltigen Erscheinungsform der Gattin Siwas, Giri Putri (›Bergtochter‹), erinnert haben.

Neben der Durga befinden sich ein kleiner Doppel-Lingga, der die Energie des Raja-Paares verkörpert (vgl. S. 284), ein winziger Ganesa und eine Basis mit einem Paar Steinsandalen. Diese Schuhe sind die Standfläche eines nicht oder wenigstens nicht immer anwesenden hohen Herrn. Paduka heißt im Sanskrit und im altjavanischen ›Schuh‹, ist aber gleichzeitig auch die Anrede für eine Herrscherpersönlichkeit. Der Raja steht eben so hoch und der ihn Anredende macht sich so niedrig, daß er nur den Schuh des Herrschers vor Augen hat. Wer ist nun groß genug, daß er sich diese Schuhe anziehen kann? Zum Beispiel der große Bruder von König Anak Wungsu, also Erlangga, der als Beherrscher Javas nun auch tatsächlich meist nicht in Bali anwesend war.

Nur ein kleines Stück weiter südlich liegt der Tempel des Raja-Geschlechtes von Gyanyar, Pura Pemerajan Agung Gyanyar, und knappe 3 km weiter in derselben Richtung (Sakah/Denpasar) **Blahbatuh.** An der zentralen Kreuzung biegt die Straße nach Denpasar in Richtung Westen ab. Genau in Gegenrichtung östlich liegt **Pura Puseh Blahbatuh.** Der Tempel an der Südseite der Straße wird auch Pura Gaduh (›Aufbewahrungsraum‹) genannt. Die im Kern sehr alte, aber nach dem verheerenden Erdbeben von 1917 total erneuerte Anlage birgt auf einem turmartigen Bale im Inneren den gewaltigen Kopf von Kebo Iwo. Dieser wiederum gilt als Minister des letzten selbständigen Raja Dalem Bedahulu, des Gegners von Gajah Mada. Wer war Kebo Iwo wirklich? Nun, in Bali sind folgende Typen von Riesen bekannt:

1. Gede Mencaling, der das Land mit Seuchen überziehende ›Herr Eberzahn‹ von der Unterweltinsel Nusa Penida.
2. Jero Gede, der Barong-Landung-Riese mit seiner Frau Jero Luh (vgl. S. 176). Dabei handelt es sich um eine Gegenfigur, die Gede Mencaling zugleich darstellt und abwehrt.
3. Dewa Ratu Gede Pancer ing Jagat, der Gott, der das Zentrum der Welt ist. Im Bali Aga-Dorf Trunyan wird eine 4 m hohe Riesenstatue von ihm verborgen gehalten.
4. Batara Dungding, eine Holzgestalt aus dem magischen Dapdap-Baum, wird bei Festen auf den Reisfeldern in Selat und Muncan geschaffen, um eine mystische Hochzeit mit Dewi Sri zu feiern.

Alle diese Riesen lassen sich als lokale Erscheinungsformen von Jero Gede ing Dalem auffassen, jener Unterweltgottheit, die, bevor Durga kam, in allen Unterwelt-Tempeln hauste (vgl. S. 208). Und so liegt nun nahe, daß Kebo Iwo ebenfalls eine Erscheinungsform des Herrn der Erde gewesen ist.

Der **Pura Dalem Blahbatuh** liegt an der Südseite der Straße Richtung Sakah/Denpasar. Neben dem bemerkenswerten Boma-Kopf am Candi Kurung verdient das moderne Buddha-Relief im Vorhof Interesse: Buddha sitzt auf dem Lotosthron inmitten eines hinduistischen Candi Kurung mit Boma-Kopf und zwei Karang Asti (Elefantenkopf-Ornamente). Ein schönes Beispiel für die Verschmelzung verschiedener religiöser Traditionen!

Hexe mit Flammenhaar und Flammenzunge aus dem Gefolge der Durga

In Richtung Sakah stößt man unmittelbar hinter Blahbatuh auf eine Stahlbrücke. Rechts (nördlich) zweigt ein Pfad ab, der hinunter zu einem kleinen, am Fluß gelegenen chinesischen **Kungfu-Tempel** führt. Die bescheidene Anlage zu Ehren des Konfuzius umfaßt das eigentliche Tempelgebäude, den typischen Verbrennungsofen für Papiergeld, eine Küche und einen Versammlungsraum.

Zwischen Blahbatuh und Sakah, etwa 50 m nördlich der Hauptstraße, steht der **Pura Puseh Kemenu** mit einem Candi Kurung in einer recht ungewöhnlichen Form (ähnelt einem Insekt, das sich in den Boden gerammt hat). Das davor gelegene Candi Bentar ist deutlich aus mehreren steinlaternenähnlichen Candi-Formen zusammengestückelt. Weitere Monumente in der Nähe von Sakah werden im nächsten Abschnitt besprochen.

Quellen: 64, 94, Q 17

Von Ubud nach Denpasar

Da die ganze Strecke sachte abfällt, ist es ein Vergnügen, sich mit dem Rad in Richtung Denpasar rollen zu lassen – zumindestens bis Batubulan, denn danach ist die Verkehrsdichte hoch und die Luft entsprechend abgas›geschwängert‹. In umgekehrter Richtung findet sich schon ein Bemo, das auch das Rad mitnimmt.

Peliatan: Hinter Ambengan folgt links ein Pura Dadia Pasek Gelgel mit einem noch unfertigen Tor. Es ist ein Großfamilientempel für eine über ganz Bali verbreitete Abstammungsgruppe, die sich auf das Raja-Geschlecht von Gelgel zurückführt.

Etwa 500 m weiter südlich, ebenfalls links, der **Pura Pande Peliatan,** das Heiligtum der Schmiede, einer Bevölkerungsgruppe in Bali, die zwar nichts mit den drei vornehmen Kasten zu tun hat, aber doch besondere Verehrung genießt. Den Schmieden, die das Feuer bändigen können, wird überall in der Welt besondere magische Kraft zugeschrieben. Das Candi Kurung mit seinem Kala Boma-Kopf ist ein geradezu klassisches Beispiel für den südbalischen Tempelbau-Stil: Mit roten Ziegeln und weißem Tuff sind Tore und Mauern zweifarbig gestaltet. Auf der Geisterschutzmauer Aling-Aling hinter dem Durchgang sitzt oben ein Garuda-Himmelsgreif, der als bewährter Schlangentöter selbst den hartnäckigsten Dämon mit seinen Fängen packen kann. Dieser Pura verfügt jedoch noch über eine zusätzliche Abwehrmauer vor dem Treppenaufgang zum Tor. Diese erhebt sich auf einer Unterweltschildkröte; obenauf steht eine bemerkenswert hübsche Frauengestalt mit großen Ohrpflöcken. Der zusätzliche Schutz soll hier offensichtlich die fehlende Vorhofmauer einschließlich eines Candi Bentar ersetzen. Über dem Durchgang reißt ein Boma-Kopf den Rachen auf – eindrucksvoll wie bei allen Tempeln zwischen Ubud und Denpasar. Der obere Torabschluß, sozusagen der ›Hut‹ des Tores, sieht aus wie die flachgepreßte Kopfbedeckung eines Jauk-Tänzers (vgl. S. 155). Nach den Seiten hin schlägt eine steinerne Flammenhaube aus dem Tor heraus – eine Art von Nimbus: Man weiß eigentlich nicht so recht, sind es Flammen oder ist es das Gezweig eines Baumes. Im Inneren ein fünfstöckiger Meru und ein Pawedaan-Priester-Sitz, reich geschmückt mit Karang Boma, Asti und Goak (vgl. S. 102 ff.). Weiter südlich im Banjar Taruna rechts das Restaurant Mandala mit einem aufwendigen Haustor, das – keine Seltenheit auf dieser Strecke – fast schon einem Tempeltor gleicht und dem Gehöft auch einen entsprechenden magischen Schutz gewährt. Ein Stück weiter auf der linken Seite der Pura Merajan Agung mit einem Drei- und einem Fünf-Tumpang-Meru. Der offene Vorhof dient als Sportplatz.

Etwas südlich vom Tempel der Raja-Familie der **Puri Agung,** der **Raja-Palast.** Zwischen seinen zerfallenen Resten sind zwei hübsche Home Stays entstanden. Eindrucksvoll ein Eingangstor, das ein steinerner Flammennimbus umgibt. Seitlich vom Durchgang Reliefs mit Vögeln und Affen, die zwischen Lotosblüten spielen. Unmittelbar vor der Straßenbiegung nach Osten (hin zur Kreuzung von Teges) der Pura Puseh Peliatan. Vor dem Eingang Steinfiguren der lustigen Diener aus dem Schattenspiel, links Twalen und Merdah, rechts Sanggut und Delem. Beachtlich der Kulkul-Turm rechts vom Eingang sowie am Haupttor der Boma mit den vornehmen langen Fingernägeln.

Hinter Teges in Richtung Denpasar beginnt **Mas.** Auf der Westseite der Straße die Galerie eines Holzschnitzers mit Topeng-Masken (vgl. S. 159), wo jeden Mittwoch und Sonntag um 18.00 Uhr Topeng-Vorführungen stattfinden. Die luxuriös aufgemachten Holzschnitzer-Galerien dieses Ortes bieten vor allem auf ausländischen Geschmack abgestimmte Produkte an. Vom Ortszentrum aus führt ein Dorfweg nach Westen, über eine Parallelstraße zur Bemo-Strecke hinweg, zu einem Subak-Tempel, **Pura Kareh Mas.** Der Padmasana-Lotosthron ist wie in Besakih dreisitzig ausgebildet für die Göttertrinität Trimurti (Brahma, Siwa, Wisnu). Vor einem Gedong passen als Wächter zwei Kämpfer auf, einer davon mit einem Rundschild. Auf diesem prangt groß das Weltenbild-Symbol Padma. Derartige Schilde werden beim Baris Presi (vgl. S. 154) benutzt und auch bei Kampfspielen.

Auf der erwähnten Parallelstraße zur Hauptstraße Richtung Süden kommt man zu den nebeneinander gelegenen Pura Desa und Pura Puseh. Im **Pura Desa** ein moderner Lotosthron mit einer Cintia-Darstellung (vgl. S. 245), die heute Siwa immer mehr zur Seite drängt. Der Thron ruht auf einer Unterwelt-Schildkröte, über dieser eine Brahma-Figur auf einem Lotoskissen, in der Hand ein Gefäß, dem die Lotosblüte als Lotoswelt entsprießt. Im **Pura Puseh** ein winziges Candi, ein älteres Stück, das auf einem modernen Unterbau sitzt. Es sieht tatsächlich aus wie das Modell eines vollplastischen javanischen Candi. Unter den winzigen Figuren ein Ganesa sowie mehrere Penasar, die lustigen Dienerfiguren des Schattenspiels.

Von der Gabelung Ubud/Gyanyar/Denpasar beim Ort **Sakah** sind auch zu Fuß zwei historisch wichtige Tempel zu erreichen. Beide zeichnen sich durch ihre idyllische Lage aus.

Pura Canggi: erst etwa 300 m Richtung Gyanyar (Osten) gehen, dann einem breiten Feldweg nach rechts (Süden) folgen. Bald ist auch schon der etwa 500 m entfernte Tempel zwischen Bäumen und Reisfeldern auszumachen. Bemerkenswert das gedeckte Tor aus dem 14. Jahrhundert, das ohne figürlichen Schmuck wie ein ins vollplastische umgesetztes Gunung Kawi-Candi aussieht. Es dokumentiert auf eindrucksvolle Weise, daß die Tempeltore sich aus dem Candi-Bau entwickelt haben. Die jeweils acht Ziertürmchen auf allen Dachgeschossen spielen auf die Weltenwächter an und belegen, daß das Tor genau wie das Candi als Weltenberg und als Weltall-Modell anzusehen ist. Das Tempeltor Balis ist der steingewordene Ausdruck des Zusammenfließens zweier verschiedener Weltbild-Vorstellungen, einerseits des ganzen Komplexes Padma – Yoni – Lingga – Berg und andererseits der schamanisch geprägten Auffassungen von Berg und Baum als Himmelsleiter und Durchgangsstation. Im Innenhof fallen ein siebenstöckiger Meru (gemäß lokaler Auskunft für Brahma) und ein Stein-Gedong auf – beide reichlich verziert, nicht wie oft üblich mit Porzellantellern, sondern mit Spiegeln. In diesem Gedong Penimbaan soll eine Holzfigur (Arca) von Brahma aufbewahrt werden. Die modernen Reliefs stellen Figuren aus dem Ramayana dar. Vorderseite (von links nach rechts): Laksamana, Wibisana, Affenfürst (?); Subali; links: weiblicher Raksasa mit betonten Geschlechtsteilen, Raksasa im Kampf mit Affenkriegern; Rückseite: Sanggut, Delem, Nila, Kumbarkana (der Patih Rawanas); rechts: Sugriwa, ungedeutete Figuren.

Sorgfältig ausgearbeitet ist der Surya-Thron Padmasana mit der Kombination Boma-Kopf/Garuda als Reittier Wisnus/die Gans als Reittier Brahmas auf der Rückseite. Die eigentlichen Altertümer sind an der Nordseite des Innenhofes zu finden. Ein kleiner Hof birgt einen Schrein mit Figuren von Herrscherpaaren, die ein Padma in der Hand halten – alle wesentlich kleiner, gröber und auch in einem viel schlechteren Erhaltungszustand als die Figuren auf dem Gunung Penulisan (vgl. S. 283). Daneben heilige Steine, die ebenfalls als zeitweilige Körperhüllen von Ahnen oder Göttern gelten. Vor dieser Anlage eine Plattform unter Bäumen, obenauf eine dreistufige Pyramide voller Herrscherfiguren. Die Spitze krönt ein Ganesa. Alles ist, da dem Regen ausgesetzt, wundervoll grün überwuchert. Vor dem Tempel steht ein prachtvoller Waringin-Baum, und im Norden hat man einen urwüchsigen Hain in das Gelände mit eingebunden. Es ist gut vorstellbar, daß sich die Götter hier am liebsten aufhalten. Wem es nichts ausmacht, auf den Dämmen von Reisfeldern entlangzubalancieren, der kann auf dem Rückweg das östliche, winzige Heiligtum für Dewi Sri besuchen: Drei Bäumchen (in einem hängt ein Kulkul), zwei Steinlaternen, und das Fundament eines Opfergebäudes – alles sehr einfach, bäuerlich, stimmungsvoll.

Noch viel einsamer und noch erheblich malerischer gelegen ist **Pura Yeh Tiba.** Von der Kreuzung Sakah aus zehn Schritte in Richtung Denpasar, dann rechts einem Weg folgen, der erst durch ein Dorf und dann in einer S-Kurve Richtung Südwest führt. Knappe 15 Fußminuten geht es rechts an einem tief ausgeschnittenen Bachtal entlang – der Weg wirkt noch idyllischer als das Ziel! Der Eingang von Pura Yeh Tiba, ein völlig zerstörtes altes Tor vom Pura Canggi-Typ, wird von zwei Elefanten bewacht. Links ein Stein mit einer Jahreszahl in Form eines Bildzeichens (Candra Sangkala): Mond, Auge, Bogen und Pfeil, Elefant stehen für das Jahr 1336. Rechts hinter dem Durchgang eine gewaltige Torspitze, deren oberster Knauf als Tirtha-Gefäß ausgebildet ist, ein Hinweis darauf, daß das Tor als der Weltenberg, der große Behälter für heiliges Wasser aufgefaßt wird. Yeh Tiba bedeutet ürigens ›das Waser, das angekommen ist‹. Im Tempelinneren wird gerade gebaut – hoffentlich bleibt die Dornröschen-Atmosphäre hier erhalten! Rechts im Vorhof ein brunnenähnliches Gebilde, von Mauern umgeben, mit offenem Zugang. Obenauf stehen interessante Figuren: * Eine kniende Frau mit einer Tirthaflasche in der Hand und einem Tirthagefäß auf dem Kopf. * Ein ungemein ausdrucksvolles Steinköpfchen – mit breiter Nase, großen Ohren und unwillig geschürztem Mund. * Eine Frauengestalt in altertümlichem Stil mit großen Holzpflöcken in den Ohren. Sie hält eine Frucht (?) in der Rechten. Stilistisch ähnelt sie den bronzenen Beisetzungsfiguren aus dem 14. Jahrhundert (Museum Pejeng, vgl. S. 192), an die auch die heute noch hergestellten Tonfiguren von Kapal (vgl. S. 257) erinnern. Der Gesichtsausdruck der alten Figuren ist wesentlich lebendiger.

Weitere ähnliche ›Steinbrunnen‹ im Inneren enthalten Figuren in einem bedauernswerten Erhaltungszustand. Erwähnenswert sind ein kleines Tirtha-Gefäß aus Stein und vor allem eine 32 cm hohe Steinplatte mit einer tief eingekerbten, urtümlichen Gestalt: großer Kopf mit rautenförmigen Augen und gewaltigen Flügelohren über einem gertenschlanken Körperanhängsel. Nicht unausdenkbar, daß es Leute gibt, die sich genau so einen ›Urzeit-

Der ›Astronaut‹ von Pura Yeh Tiba

Astronauten‹ vorstellen. Die zwar etwas provinziell anmutende, aber dennoch außerordentlich eindrucksvoll wirkende Figur läßt sich nur mit ganz wenigen altindonesischen Figuren auf Bali vergleichen – so mit einer etwa 75 cm hohen Vollplastik von Pura Taman in Muncan bei Rendang (Karang Asem). Diese wahrscheinlich vorhinduistische Figur ähnelt Ahnendarstellungen, wie man sie in Nias, Sumatra und Borneo findet. Ihr Kopf ist ebenfalls stark überbetont, entsprechend der altindonesischen Auffassung, daß der Schädel der Sitz aller Seelenkraft sei. Eine Statue mit klobigem Körper, die in der Mitte über dem Bauch eine Art Nabel (Pusat) trägt, der gleichzeitig als Herz und als Vagina angesehen werden kann, steht in Pura Penataran Jero Agung Gelgel bei Klungkung.

Im Süden von Sakah liegt an der Hauptstraße das Doppeldorf Batuan/Sukawati. **Batuan** ist ein wichtiges Zentrum der Malerei, in dem bis heute ein eigenständiger Stil gepflegt wird (vgl. S. 119). Sehenswert u. a. eine direkt an der Hauptstraße gelegene Galerie, in der der Maler Made Sudana, der Sohn von Nyoman Patra, die Werke einer siebenköpfigen Künstlergruppe zeigt. Es ist gar nicht so selten, daß Kunstinteressierte eingeladen werden, einige Tage im Hause eines Künstlers Gast zu sein. Selbstverständlich wird man sich in so einem Falle dann auch revanchieren, indem man dem Gastgeber ein oder zwei Bilder abkauft, ohne lange um den Preis zu feilschen. Im Süden von Batuan an der Ostseite der Straße ein Pura Dalem mit einem hohen Candi Kuning in Form einer tannenbaumähnlichen Spitzpyramide. Die Geisterschutzmauer dahinter verteidigt eine Rangda, im Stil modern, im grausligen Aussehen aber durchaus traditionell. Immer wieder eine Augenweide sind die Waringin-Bäume mit ihren phantastischen Luftwurzeln – einer davon steht in dem Außenbezirk vor dem Tempel.

Sukawati gilt als Dorf der Dalangs und Priester. Auch Schattenspielfiguren hoher Qualität werden dort hergestellt. Ein buntes Bild bieten die Verkaufsstände mit Ehrenschirmen und anderen Devotionalien im Zentrum. Im Pasar Senin (Kunstmarkt) preiswertes Kunsthandwerk, im Puri, dem Palast, ein Art Center mit wertvollen Stücken.

37–41 Nach der Jahrtausendwende entstandene Figuren aus dem Pura Tegeh Koripan auf dem Gunung Penulisan. Es handelt sich meist um Herrschergestalten, die Padmas (Lotosblüten) in den Händen halten. Auch viele Kopfbedeckungen sind Padma-ähnlich und stellen die durch Hindu-Gottheiten geordnete Welt dar

42 Wächterdämon vom Pura Batu Kau

44 Pura Pucak Tiingan, Urwaldtempel auf einem Berggipfel

43 Pura Batu Kau bei Wongaya Gede

45 Blick auf einen einfachen, aber typischen Tempel westlich von Tanah Lot ▷

46 und 47 Szenen aus dem undatierten Felsrelief von Yeh Pulu bei Bedulu

48 Relief im Pura Dalem Purwa, Bangli, das die Zubereitung von Sate (Fleischspießchen) in der Tempelküche zeigt

49 Mit Dämonendarstellungen bedeckte Baumstämme im Holzschnitzerdorf Pujung

50 bis 52 Bali Aga-Dorf Tenganan, oben links altes Dorftor, oben rechts Zugang zu einem neuen Gehöft, unten Flucht aneinandergereihter Gehöfte

53 und 54 Lingga-Darstellungen, links der Lingga von Batara Waruna (Gott des Meeres) in Candi Dasa, Tenganan, rechts der des heiligen Pferdes im Pura Kaki Dukun

55 Steinfigur aus Candi Dasa bei Tenganan

56 Nordbalische Hexe

57 Candi Kurung vom Pura Batur bei Kintamani

58 Candi Bentar vom Pura Batur bei Kintamani

59 Rangda (Hexe) aus dem Pura Dalem, Sawan (Buleleng)

60 Hexengestalt mit Flamme in der Handfläche, Relief von Pura Dalem, Sidan

61 Fledermaus, ein den Unterweltmächten verbundenes Tier, an einer Tempelmauer in Jagaraga

62 Prasada (Candi) im Pura Sada, Kapal

Celuk gilt als der Ort der Silberschmiede, aber auch Wayang-Figuren recht unterschiedlicher Qualität, sogar solche vom javanischen Typ, werden dort hergestellt. Im Banjar Cemengaong, ganz nahe den Pura Desa und Pura Puseh, sind jeden Montag, Dienstag und Freitag Kinder beim Tanztraining zu beobachten.

Noch bevor südlich von Celuk Batubulan erreicht wird, fällt der Blick auf den zwischen den Reisfeldern gelegenen **Pura Puseh Batubulan** im Osten der Straße (und wie es sich gehört, im Norden des Ortes gelegen). Die Skulpturen vor dem Tempeleingang und im Inneren sind modern, aber wie viele neuere Kunstwerke in Bali durchaus sehenswert. In Bali bleibt einem nichts anderes übrig, als sich die stereotype europäische Frage, wie alt denn so ein Kunstwerk sei, total abzugewöhnen. Viel interessanter ist es, zu erfahren, wie alt die Traditionen sind, die dort noch heute lebendig und lebensfähig sind. Gerade hier hat man auf sehr alte Vorbilder zurückgegriffen. Das gewaltige gedeckte Tor ist wie ein mehrstufiges Candi ausgebildet und mit Ziertürmchen geschmückt. So wird schon im Außenbau deutlich gemacht, was einen im Inneren erwartet: anstatt Merus nämlich vier Stein-Candis bzw. Prasadas. Beidseitig vom Tempeltor in der Mauer je eine Candi Kurung-artig gestaltete Nische, in der ein überlebensgroßer Buddha sitzt. Der Kulkul-Turm an der Südostecke ist reich geschmückt mit Reliefs, die die Tantri-Tierfabeln zum Inhalt haben: Allenthalben hüpfen spielende Äffchen herum. Wenn man länger vor dem Eingang verweilt, findet sich immer jemand, der gegen einen kleinen Obulus eine Seitenpforte aufschließt. Von innen aus ist zu erkennen, daß das Candi Kurung auf einer Plattform steht, die von einer riesigen Unterweltschildkröte getragen wird. Abgesehen von den Candis und Prasadas verdient auch hier wieder der reich verzierte Padmasana, ausgerichtet zum Gunung Agung, Interesse: Ganz oben in der Oberweltszone eine Siwa-Figur vor der Rücklehne, die als Kayonan ausgebildet ist, also als Bergbaum des Wayang Kulit (vgl. S. 89), der wie das Tempeltor eine Himmelsleiter bildet. Wie ein solches Candi Kurung trägt auch diese Kayonan-Form an ihrer Rückseite einen Kala-Boma Kopf als unteren Abschluß. Im Stockwerk darunter die acht Richtungsgottheiten mit Siwa im Zentrum, darunter wieder acht Richtungsdämonen. Das ganze ruht auf der von zwei Nagas umwickelten Unterweltschildkröte. Ein schlichter Schrein hinter dem Thron birgt bescheidene Fundstücke (kleine Herrscherfigur, Ganesa).

Dem Tempel ist anzusehen, daß hier die Steinmetzen von Batubulan alle ihre künstlerischen Fähigkeiten demonstrieren wollten. Vor den Bildhauer-Werkstätten an der Hauptstraße sind ganze Heere von Steingöttern aufmarschiert.

Im Zentrum des Ortes, am Westrand der Straße, liegt das **Pura Desa Batubulan.** Sein gedecktes Tor erhebt sich ebenfalls auf der Riesenschildkröte. Diese ist von der Torrückseite her zu erkennen, während die beiden Schlangen, die sie umwinden, nach vorne herausgukken. Vor der Kulisse dieses Candi Kurung findet jeden Morgen Punkt 9.00 Uhr eine Aufführung des Barong Sadewa-Tanzspieles statt – für Touristen aus Java und aus Übersee natürlich. Die Vorstellung ist durchaus sehenswert, mit Ausnahme des etwas läppischen Kris-Tanzes. Aber es wäre ja wohl auch zuviel verlangt, wenn die Spieler ihrem Publikum

Das Tanzdrama Barong und Rangda

Die Personen des Tanzspieles in der Fassung Barong Sadewa

Barong:	Mythisches Fabeltier, oft löwenähnlich (vgl. S. 176), verkörpert das heilvolle Prinzip und verfügt über weißmagische Zauberkräfte. Kranke werden gesund, wenn sie sein Fell berühren.
Rangda (Durga, Kalika):	die ›schwarze Witwe‹, Hexe als Verkörperung des zerstörerischen Prinzips. Erscheinungsform der Durga, des unheilvollen Aspekts der Gattin Siwas. Setzt schwarze Magie ein. Die Berührung des Tuches, das über ihrer Maske liegt, verursacht Schmerzen oder Übelkeit, kann den Tod zur Folge haben (vgl. S. 171).
Dewi Kunti:	Gattin des Pandu, Mutter der fünf Pandawa, der Helden des Mahabharata-Epos (vgl. S. 160).
Sadewa:	Jüngster Sohn von Dewi Kunti, der letztgeborene der fünf Pandawa.
Patih:	Erster Minister der Dewi Kunti.
Batara Siwa:	Der Gott nimmt die Gestalt eines Priesters an, so daß er nicht zu erkennen ist.
Außerdem:	Dienerinnen von Dewi Kunti, dämonische Dienerinnen der Rangda.

Handlung des Barong Sadewa-Tanzdramas

* Der Barong tritt auf, einleitender Tanz
* Zwei verführerische Tänzerinnen, verkappte Dienerinnen der Rangda, erscheinen.
* Nun kommen die Dienerinnen von Dewi Kunti. Eine der Rangda-Dienerinnen nimmt ihre wahre Gestalt an, die einer Hexe, und fährt in die beiden Dienerinnen von Dewi Kunti.
* Die Herrscherin und ihr Patih erscheinen. Sie ist voller Trauer, weil die Unterwelt von ihr verlangt, ihren Sohn Sadewa zu opfern. Die Hexe, die in Dewi Kuntis Dienerinnen steckt, verwirrt die Sinne der Herrscherin, so daß sie dem Patih befiehlt, Sadewa sofort auf einem Gräberfeld der Durga als Schlachtopfer darzubringen.

* Der Patih weigert sich zunächst, den Befehl auszuführen, wird aber ebenfalls behext und bindet dann Sadewa zwischen den Gräbern an einem Baum vor Durgas Behausung fest.
* Batara Siwa tritt auf. Zwar vermag er Sadewa nicht aus Durgas Gewalt zu befreien, er verleiht ihm jedoch Unsterblichkeit.
* Durga würgt Sadewa hinunter. Aber sie ist nicht fähig, ihn zu töten. Sie wird sich ihrer Ohnmacht bewußt, ist tief beschämt und fleht schließlich Sadewa an, er möge sie töten, um sie von ihrer unheilvollen Aufgabe zu befreien. Sadewa weigert sich, das Gleichgewicht zwischen Gut und Böse außer Kraft zu setzen. (Nach einer anderen Version tötet er sie!)
* Kalika, Durgas fürchterliche Gefährtin, erscheint. (Ihr Beiname verrät, daß sie lediglich eine andere Erscheinungsform Durgas ist. In Indien heißt Durga auch Kali oder Kalika.) Auch sie verlangt, von Sadewa getötet und damit erlöst zu werden. Doch Sadewa weigert sich wiederum, einem solchen Ansinnen zu entsprechen.
* Kalikas Empfindungen schlagen um in abgrundtiefe Wut. Sie verwandelt sich erst in einen Eber (vgl. S. 208!) und dann in einen Vogel, um so mit der gesamten Eberkraft Wisnus und der Vogelkraft Brahmas (Siwa Lingga, vgl. S. 45) Sadewa zu vernichten. Doch der schlägt alle ihre Angriffe zurück.
* Kalika verwandelt sich jetzt in die besonders gefährliche ›schwarze Witwe‹ Rangda. Ihre schwarzmagische Kraft, eine pervertierte Verkehrung der göttlichen Macht, könnte Sadewa vernichten. Doch Sadewa erwirkt durch Meditation weißmagische Kraft. Siwa kann ihn nun in die Verkörperung der weißen Magie verwandeln, in den Barong. Barong und Rangda sind sich nun ebenbürtig, keiner kann den anderen überwältigen. Das heilvolle erhaltende und das unheilvolle zerstörerische Prinzip sind die großen Gegensätze (→ Ruwa Bineda), die gemeinsam die Welt ausmachen. Diese geriete aus dem Gleichgewicht, wenn eines von beiden verschwände.
* Auch die Helfer des Barong, Menschen mit gezücktem Kris, kommen nicht gegen Rangda an. Sie versetzt sie in Trance, so daß die Männer ihre Waffen gegen sich selbst richten. Doch der Barong hebt den Zauber Rangdas auf. Ein Priester besprengt die toten Kris-Tänzer mit dem heiligen Wasser Tirtha Sudamala und erweckt sie dadurch wieder zum Leben.

zuliebe auch noch ihr Blut verspritzten – schließlich sind Touristen keine Götter (zumindestens keine uranischen!). Bevor die Reisebusse anrollen und auch nachdem sie wieder entschwunden sind, bringt ein Priester in aller Stille dem bei der Tempelvorführung mitwirkenden Barong Opfer dar. Auch wenn die Menschen in Bali ein Touristenspektakel mit kultischen Motiven veranstalten, heißt das noch lange nicht, daß sie damit auch nur einen Deut ihrer religiösen Grundhaltung aufgäben. Gerade der Barong von Batubulan ist für sie sogar besonders heilig und verehrungswürdig – verfügt er doch über die Kraft, das ersehnte Geld aus den Taschen der Fremden herauszulocken und in die eigenen umzulenken. Ein solcher Barong verdient es wirklich, daß man ihn gut behandelt und ihm auch genügend zu essen gibt!

Der Verkehr auf den letzten 8 km nach Denpasar ist unerfreulich für Radfahrer. Besser auf ein Bemo umsteigen! Von hier zum Art Center Denpasar: In Banjar Sumerta an der Kreuzung Jalan Bayusuta aussteigen. Das Art Center liegt in dieser Straße und ist in 5 Minuten zu Fuß zu erreichen.

Quellen: 64, Q 17

Badung – der Süden Balis mit der Hauptstadt Denpasar

Im Kabupaten Badung liegen die beiden großen Touristenzentren Kuta und Sanur, der Flughafen und die Stadt Denpasar mit mittlerweile über 100000 Einwohnern (seinen neuen Namen ›Neumarkt‹ hat der ehemalige Marktflecken Badung, der sich um den Herrscherpalast Puri Pemecutan entwickelte, erst erhalten, nachdem Indonesien unabhängig wurde). Viele Touristen bedauern es, daß sie Denpasar kaum umgehen können, wenn sie von den Badeorten aus die nördlicher gelegenen Kunststätten erreichen wollen. Sicherlich, die Abgasschwaden über der Innenstadt können einem schon den Atem verschlagen. Ansonsten ist aber Denpasar ein zugegebenermaßen etwas spröder Charme durchaus nicht abzusprechen.

Denpasar – reizvolle Mischung aus Tradition und Moderne

In Denpasar stoßen moderne Zivilisation und balische Tradition unmittelbar aufeinander. Allerdings hat im Gegensatz zu Singaraja und Negara die Moderne hier noch keineswegs die Oberhand gewonnen. Es scheint sich eher so etwas wie eine Art von Koexistenz zwischen den beiden Gegensätzen herauszubilden, was ja auch gut balisch wäre. Vor den mehrstöckigen Kaufhäusern im Shopping-Center (Jalan Thamrin und Jalan Gajah Mada) stehen die Götterthrone, auf denen mehrmals täglich kleine, in die farbenprächtige einheimische Tracht gekleidete Mädchen ebenso farbenprächtige Blüten- und Reisopfer darbringen. Die Marktfrauen legen Opfergaben auf die steinernen Köpfe der dämonischen Brückenwächter, und wenn ein Tempelfest stattfindet, schreiten Gruppen feierlich gekleideter Frauen, Opfergaben auf dem Kopf balancierend, durch die Straßen. Fast symbolisch wird der Zusammenprall zweier Welten und dessen Bewältigung an der Kreuzung zwischen der Jalan Gajah Mada und der Jalan Veteran im Zentrum sichtbar. Dort regelt den Verkehr eine Verkehrsampel, es bewacht ihn jedoch eine 1972 errichtete riesige Götterstatue. Mit ihren vier nach den Haupthimmelsrichtungen gewandten Köpfen, ihren acht Händen, die die Waffen der Richtungsgottheiten halten, verkörpert sie Iswara, Brahma, Mahadewa und Wisnu – alles Erscheinungsformen des Batara Guru (des großen Lehrers), der wieder nichts anderes ist als Siwa selbst (vgl. S. 244 f.).

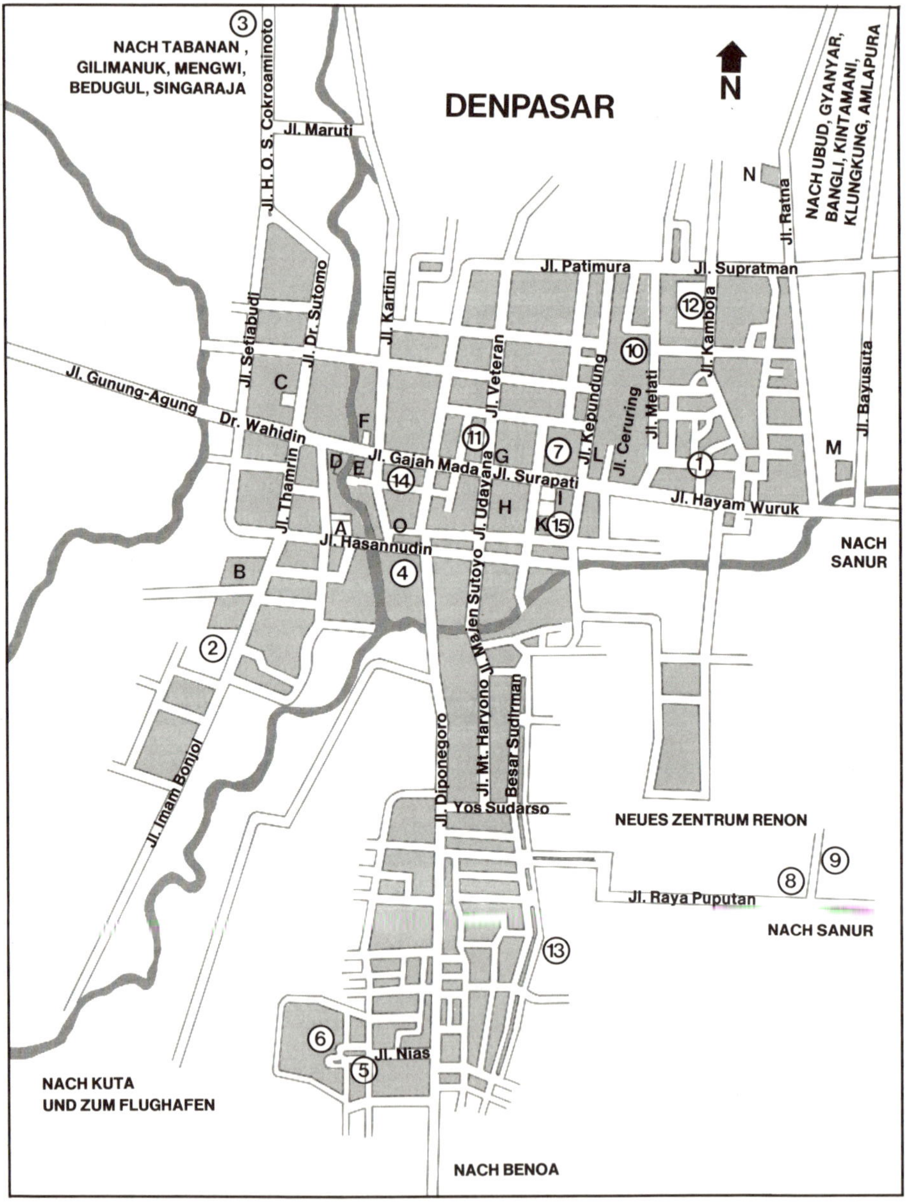
DENPASAR
N
NACH TABANAN, GILIMANUK, MENGWI, BEDUGUL, SINGARAJA
NACH UBUD, GYANYAR, BANGLI, KINTAMANI, KLUNGKUNG, AMLAPURA
Jl. H. O. S. Cokroaminoto
Jl. Maruti
Jl. Patimura
Jl. Supratman
Jl. Ratna
Jl. Setiabudi
Jl. Dr. Sutomo
Jl. Kartini
Jl. Kamboja
Jl. Veteran
Jl. Kepundung
Jl. Ceruring
Jl. Melati
Jl. Bayusuta
Jl. Gunung-Agung
Dr. Wahidin
Jl. Gajah Mada
Jl. Surapati
Jl. Hayam Wuruk
Jl. Thamrin
Jl. Udayana
Jl. Hasannudin
Jl. Majen Sutoyo
Jl. Mt. Haryono
Besar Sudirman
Jl. Diponegoro
Yos Sudarso
Jl. Imam Bonjol
Jl. Raya Puputan
Jl. Nias
NEUES ZENTRUM RENON
NACH SANUR
NACH SANUR
NACH KUTA UND ZUM FLUGHAFEN
NACH BENOA
A B C D E F G H I K L M N O
1 2 3 4 5 6 7 8 9 10 11 12 13 14 15

Einen Eindruck davon, wie lebendig Kult und Brauchtum auch noch heute in der Hauptstadt Balis sind, gewinnt jeder, der im **Puri Pemecutan** entweder absteigt oder dort eine Mahlzeit einnimmt. 1906 war der alte Palast in Flammen aufgegangen – und das alles einer vor der Küste von Sanur gestrandeten chinesischen Handelsdschunke wegen. Die Einwohner von Sanur hatten das Schiff geplündert, woraufhin sich dessen Eigner an die Holländer wandte, die auf der Grundlage von Verträgen Schadenersatz von dem Fürsten von Badung verlangten. Der lehnte ab, und so fiel ein holländisches Expeditionscorps in Badung ein. Angesichts der feindlichen Übermacht entschloß sich die fürstliche Familie zusammen mit den Vornehmen des Landes, sich in einer Art von rituellem Massen-Amoklauf in den Tod zu stürzen – mit Frauen und Kindern. Sie rannten gegen die holländischen Gewehre an oder richteten ihre Kris, wie die von der Rangda verhexten Kris-Tänzer im Barong-Spiel, gegen sich selbst. (→) Puputan heißt dieser Selbstvernichtungskampf, der den Sterbenden den unmittelbaren Zugang zur Moksa, dem höchsten Erlösungszustand, eröffnet. Vicky Baum hat dieses Ereignis in ihrem historischen Roman ›Liebe und Tod auf Bali‹ einfühlsam geschildert. Der Puputan von 1906 (der Puputan-Square, der große zentrale Platz Denpasars, ist danach benannt) ist nicht nur ein historisches, sondern darüber hinaus auch ein mythisches Ereignis, das Vorbild für die Kämpfer, die nach dem Zweiten Weltkrieg unter Einsatz ihres Lebens für die Befreiung ihrer Heimat kämpften.

In den letzten Jahren wurde der Puri Pemecutan wohl nicht originalgetreu rekonstruiert, aber doch im alten Stil neu errichtet; er dient heute als stimmungsvolles Hotel mit drei preislich recht unterschiedlichen Kategorien. Lediglich die Abgase des draußen vorbeiflutenden Verkehrs erschweren es einem, sich in alte Zeiten zurückversetzt zu fühlen: in die

◁ Denpasar
A Puri Pemecutan; B Hindu-balinesische Verbrennungs- und Begräbnisstätte (in der Nähe Hahnenkampf-Arena); gegenüber christlicher Friedhof; C Pura Maospait (14.–15. Jh.); D Verkaufszentrum für Kunstgewerbe, dahinter Nachtmarkt (Pasar Malam oder Pasar Senggol, Betrieb ab Einbruch der Dämmerung); E Pasar Badung, Markt von Denpasar (5–16 Uhr außer an Feiertagen); F Pura Desa, davor Bemo-Haltestelle; G Batara Guru als Wächtergottheit der vier Himmelsrichtungen; H Puputan-Platz; I Pura Jagat Nata; K Museum Bali (Mo. geschlossen, Di–Do 7.30–13.30 Uhr, Fr bis 11.30, Sa und So 8–12.30 Uhr); L Katholische Kirche im balischen Stil (Jalan Kepundung); M Art Center Mandara Giri in der Jalan Bayusuta (außer an Feiertagen 8–17 Uhr, 18 Uhr Kecak-Tanz); N Kokar-Schule für darstellende Kunst und Indonesien Akademy of Dance (Asti); O Große Moschee

1 Bemo- und Busstation Kereneng (nach Sanur, Ubud, Gyanyar, Bangli, Kintamani, Singaraja, Klungkung, Amlapura); 2 Bemostation Tegal (nach Kuta, Legian); 3 Bemo- und Busstation Ubung (nach Kediri, Tanah Lot, Tabanan, Negara, Gilimanuk, Mengwi, Bedugul, Candi Kuning, Singaraja; 4 Taxi- und Bemostation Suci (nach Nusa Dua, Benoa); 5 Bemo-Station Sanglah (nach Benoa, Nusa Dua); 6 Krankenhaus Sanglah; 7 Telephon und Telex in der Jalan Kliasem (soll nach Renon verlegt werden); 8 Hauptpost (Poste Restante, Pakete) im geplanten neuen Center Renon; 9 Immigration Office, seit 1982 in Renon; 10 Garuda Indonesian Airways, Jalan Melati 61; 11 Merpati Airlines im Bali Hotel Jalan Veteran; 12 Stadion; 13 Universität Udayana; 14 Wechselstube in der Jalan Gajah Mada; eine weitere befindet sich im Verkaufscenter D; 15 Tourist Office Badung Promotion Board, Jalan Surapati 2

Pura Maospait, Denpasar ▷
A Candi Bentar, Eingang in den Hauptteil des Tempels; B Freistehendes zerstörtes Tor; C Gedong Majapahit, geschlossenes Gebäude für Batara Majapahit, die göttlichen Personifikationen der Ahnen aus dem ostjavanischen Reich; D Gedong Maospait. Batara Maospait ist die Personifikation der aus Ostjava stammenden, nach Bali übergesiedelten Ahnen; E Ziegelsteinlaterne, wahrscheinlich ein Tugu für einen Taksu; F Drei Pelinggih, Sitzplätze, auf denen sich die Götter des eigenen Tempels während einer Weihehandlung niederlassen. Die Hirschgeweihe weisen darauf hin, daß es sich um vergöttlichte Ahnen der kulturbringenden Generation aus Majapahit handelt; G Bale Tajuk; H Bale Panggungan für Opfer; I Bale Semangan; K Bale Semangan. Die Gebäude im Familientempel-Bezirk gehören nicht zum Pura Maospait, sondern zu einem Familientempel (Sanggah), der innerhalb des Tempelbereiches liegt; L Meru (ein Dach) für Gunung Agung; M Meru für Ratu?; N Hoher Thron zwischen zwei niedrigen leeren Götterthronen; O Biasan; P Tajuk; Q Bale Pesamuan, Versammlungsstätte der Götter bei Tempelfesten

Die Zahlen weisen auf die Anzahl der Dächer hin. Mit Buchstaben nicht gekennzeichnete Bauten konnten nicht identifiziert werden. Der von außen durch zwei gedeckte Tore (Kori Agung) zugängliche Vorhof, der aber keine direkte Verbindung mit dem Haupttempel hat, enthält (abgesehen von einem Erdloch) lediglich eine Säule für Ratu Ngurah

Backsteinwände eingehauene Reliefs an den Wänden, Orchideen, Papageien, eine Voliere mit Tauben und Hähnen. Das Gamelan Mas (goldene Gamelan) in der Empfangshalle gegenüber dem Eingang gehört zu den wenigen Erinnerungen aus dem alten Palast. Im Wohntrakt der Familie des Raja (links vom Haupteingang, der durch ein Aling-Aling mit einer Siwa-Figur geschützt wird) werden des öfteren Bilder ausgestellt; dort finden gelegentlich auch traditionelle Tanzveranstaltungen statt (Auskünfte an der Rezeption).

Der Puri Pemecutan liegt an der Ecke Jalan Thamrin und Jalan Hasannudin. Die Verlängerung der Jalan Thamrin nach Süden in Richtung Bemo-Station Tegal (nach Kuta) führt direkt zur **Verbrennungsstätte von Denpasar.** An der Ostseite der Straße liegt der christliche Friedhof, an der Westseite gegenüber der Verbrennungsplatz mit den Gräbern, die die verstorbenen Hindus vorübergehend aufnehmen. An den für die Befreiung der Seele von ihrer sterblichen Hülle günstigen Tagen zieht ein Zug (manchmal auch mehrere) festlich gekleideter Menschen unter den Klängen eines Gamelans dorthin, um die fröhliche Feier der Totenverbrennung zu begehen.

Verfolgt man die Jalan Thamrin Richtung Zentrum (Antiquitätenläden mit wertvollen Ostasiatika, Fotogeschäfte) und überquert dann die Hauptgeschäftsstraße Gajah Mada, so stößt man nach einigen Metern auf der Westseite der Verlängerung der Thamrin, der Jalan Dr. Sutomo, auf den Vorhof des **Pura Maospait.** Der Tempel ist von einer schlichten Ziegelmauer umgeben. Auch bei den beiden Candi Kurung, die in den Vorhof führen, handelt es sich um Ziegelbauten, und zwar um sehr altertümliche. Der eigentliche Kernbau des Tores ist mit einfachen Seitenteilen sowie mit niedrigen, mit Blendsäulchen und fensterlukenartigen Nischen gegliederten Obergeschossen ausgebaut. Die interessanten Reliefschnitzereien an den Holztüren befinden sich entweder in schlechtem Zustand oder

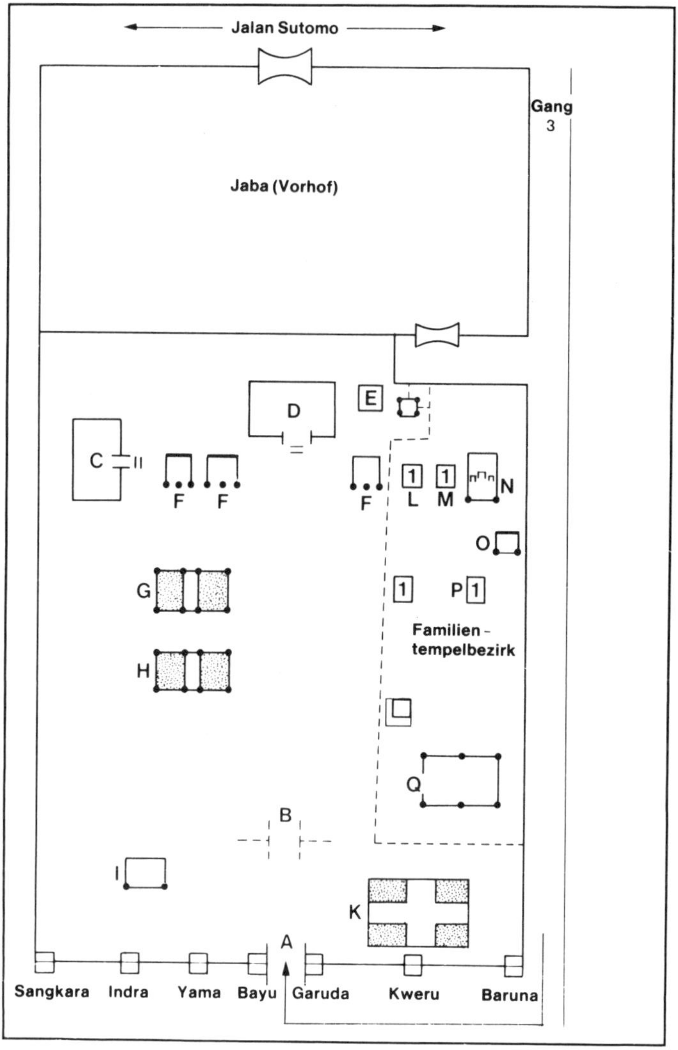

sind total erneuert. Der Kulkul-Turm auf der rechten Seite zieht die Blicke auf sich: Er ist dreistöckig und zeigt acht Richtungsgottheiten ohne Waffenattribute im obersten Geschoß, acht Richtungsdämonen in der Stufe darunter sowie Karang Asti, die eine Dämonenfratze flankieren, in allen vier Ecken der Basisstufe. Erst wenn man genauer hinsieht, stellt sich heraus, daß der Kulkul gar nicht zum Tempel, sondern zum daneben gelegenen Bale Banjar gehört. Der Zugang zum Hauptteil des Tempels erfolgt über den Gang III (links). Die im

Süden gelegene Eingangsfront ist das interessanteste an der ganzen Anlage: eine hohe Mauer mit gespaltenem Tor und fünf eingestellten Pfeilern. Aus dem Ziegelmauerwerk dieser Pfeiler und aus dem Candi Bentar sind sieben gewaltige urtümliche Gottheiten herausgehauen. Von links nach rechts:

* Sangkara, der Gott der Früchte und des Ernteertrages, wird heute als eine Erscheinungsform von Siwa aufgefaßt.
* Indra, der altindische Himmelsgott, der Beherrscher des Ostens.
* Yama, der Totengott, Herr über die Unterwelt. Ihm müssen die Toten dienen, solange sie bestattet und noch nicht durch das Feuer befreit sind.
* Bayu, der Gott des Windes. Er gilt als der eigentliche Vater von Bima.
* Garuda, der mythische Adler, Beherrscher der Vogelwelt, Reittier Wisnus und Götterbote.
* Kwera, im heutigen Bali so gut wie überhaupt nicht mehr, in Indien unter dem Namen Kubera bekannt. Dort galt er als Gott des Reichtums und Beherrscher des Nordens (in den Bergen des Nordens wurden große Goldlager vermutet).
* Waruna, der Gott des Meeres. In Indien allumfassender Beherrscher des Westens.

Dieses Götterensemble ist ein hochinteressantes Programm:

1. Alle Götter außer Sangkara waren bereits in Indien und natürlich auch in Java bekannt.
2. Vier davon sind die Catur Lokapala, die indischen und hindu-javanischen Wächter der Himmelsrichtungen (näheres über die Padma-Welt Balis S. 36ff.).

Richtung	Name in Indien	Name in Bali
Ost	Indra	Iswara
Süd	Yama	Brahma
West	Waruna	Mahadewa
Nord	Kubera	Wisnu

3. Drei der Götter verkörpern Oberwelt, Menschenwelt und Unterwelt: Indra, Sangkara, Yama. In dieses Programm ist also die für Bali so wichtige Einteilung der Welt in drei Stockwerke eingebunden.
4. Mit den javanischen Religionsbringern hat Waruna, der Gott des Meeres, über das die Javaner kamen, zu tun – und möglicherweise auch Bayu, der Windgott, der ihre Segel blähte, sowie Garuda, der mit dem heiligen Wasser Tirtha verbundene Göttervogel.

Das, worauf außen angespielt wird, wird im Inneren des Tempels ganz deutlich sichtbar: Die beiden Hauptschreine sind javanischen Dynastien gewidmet: Batara Majapahit stellt die vergöttlichte Personifikation der alten Herrschergeschlechter Ostjavas (eben der aus dem Reiche Majapahit) dar, Batara Maospait dagegen vertritt die Ahnen, die zwar ursprünglich aus Java stammen, dann aber nach Bali übersiedelten und zu den Stammvätern der balischen Herrscherdynastien wurden. Wir müssen von zwei Einwanderungswellen aus Majapahit nach Bali ausgehen: Die erste umfaßte die javanische Verwaltungshierarchie, die der Patih

Gaja Mada (Stolzgeschwellter Elefant) 1443 einsetzte. Diese Kreise haben bereits den Maospait-Tempel gegründet. Später, im 15. und 16. Jahrhundert, wichen javanische Adlige, Priester und Künstler vor dem sich ausbreitenden Islam nach Bali aus. Das Symbol von Batara Maospait (Maspahit) ist der javanische Zwerghirsch. Wenn die vergöttlichten Ahnen von Maospait anläßlich einer Zeremonie irgendeinen Tempel besuchen und ein Pelinggih finden, das mit einem echten oder aus Holz nachgeformten Hirschgeweih geschmückt ist, dann wissen sie, daß dies der Platz ist, an dem sie sich niederlassen können. Derartige Pelinggih finden sich in allen Haus- und Familientempeln der Herrscherkaste (Ksatria), drei davon auch im Pura Maospait. Ursprünglich muß die heutige, zweiteilige Tempelanlage aus drei Höfen bestanden haben. Im Innenhof liegen noch ziemlich verloren die Reste eines zerstörten Tores ohne Maueranbindung herum.

An der vorhin erwähnten Kreuzung beginnt die Jalan Gajah Mada, die in ihrem weiteren Verlauf zur Hauptstrecke nach Sanur wird. Vor der nahen Brücke über den Fluß rechts ein Komplex mit dem **Pasar Malam,** dem Nachtmarkt, der am Abend lebendig wird. Das Obergeschoß des danebenliegenden Hochhauses enthält eine dicht gedrängte Reihe von ›Käfigen‹, in denen modernes Kunsthandwerk, aber auch Malerei und gelegentlich auch das eine oder andere hübsche traditionelle Stück angeboten werden. Auf der gegenüberliegenden Seite der Brücke (ebenfalls rechts) der Eingang zum Labyrinth des großen Marktes (außer an Feiertagen täglich ab 5.00 Uhr morgens geöffnet). Dort sitzen Frauen, die Opfergaben in Form kleiner Blütenkörbchen anfertigen, um sie dann zu verkaufen. An jedem fünften Tag ist Markttag, dann herrscht besonders reges Treiben. Gegenüber dem Markt auf der linken Straßenseite der durchaus sehenswerte **Pura Desa,** ein Stückchen weiter hinter dem riesigen Batara Guru auf der rechten Seite der Puputan-Platz, Schauplatz des selbstmörderischen Ritualkampfes von 1906.

An der nördlichen Ostecke des Platzes – die Jalan Gajah Mada verläuft von da an als Jalan Surapati weiter – liegt der **Pura Jagat Nata** (Tempel des Weltherrschers). Dieser im Gegensatz zu den anderen Tempeln nicht von und für eine bestimmte Menschengrupe, sondern für alle Hindus errichtete neue Tempel ist der sichtbare Ausdruck für eine nach der Unabhängigkeit sich immer stärker herausbildende religiöse Tendenz in Bali. Die farbige Welt der Götter wird nur noch als Arsenal von Erscheinungsformen eines einzigen Gottes, von Sanghyang Widi Waca angesehen.

Sanghyang Widi ist als goldglänzende Metallfigur dargestellt, ganz oben auf dem zentralen siebenstufigen Thron aus weißem Korallenstein, der – nach Osten, gen Sonnenaufgang (eben nicht nach dem Gunung Agung) ausgerichtet – inmitten eines quadratischen Teiches steht. Die Wasserfläche selbst symbolisiert das Urmeer, das zu heiligem Wasser gequirlt wird (vgl. S. 92), und sie orientiert sich nach den vier Haupthimmelsrichtungen. Der Aufbau der Padmasana selbst – der größten in Bali – folgt dem üblichen Schema:

* Unterwelt: Schildkröte sowie die nächste Stufe darüber.
* Mittel- und Menschenwelt: die Stufe der acht Richtungsgottheiten (die neunte in der Mitte, Siwa, wird durch die Cintia vertreten). Unmittelbar darüber als Himmelsleiter die drei Stufen, die den Mahameru, den Weltenberg, bedeuten.

Sanghyang Widi Waca – der einzige allumfassende Gott in der Agama Hindu Bali

»In Bali glauben wir, daß ein einziger Gott ist – Gottheiten dagegen gibt es viele. Gott selbst hat viele Ausstrahlungen. Die Erscheinungsformen des einen Gottes ›Tuhan‹ werden Gottheiten (Dewa) oder Herren (Batara) genannt.«

I Wayan Patera

Eine kleine, kindliche Menschengestalt in Tanzpose schmückt als Relief zahlreiche Padmasana-Götterthrone, ziert viele der weißen Tücher, die an Tempeldächern aufgehängt werden, kommt auf alten und neuen Bildern vor und tritt auch als Schattenspielfigur auf. Ursprünglich galt Sanghyang Widi als ein menschenfernes göttliches Prinzip, das sich im Gegensatz zu den lebendigeren Göttergestalten jedes Eingreifens in die Welt enthielt. Schöpfung, Erhaltung und Zerstörung – das war die Aufgabe der Trinität Brahma, Wisnu und Siwa. Seit der Unabhängigkeit Indonesiens wird jedoch in Bali immer stärker die monotheistische Seite des Hinduismus betont. Die verschiedenen Gottheiten gelten als bloße Erscheinungsformen des einen großen Gottes mit den vielen Namen:

Sanghyang Tunggal	Der Gott, der ein und alles ist.
Sanghyang Jagat Nata	Der göttliche Weltenherrscher.
Sanghyang Wenang	Der göttliche Allmächtige.
Sanghyang Paramakawi	Der mächtige Planer des Alls.
Sanghyang Acintia (Cintia)	Der göttliche Undarstellbare.
Tuhan yang Maha Esa	Gott als der große Eine.
Sanghyang Guru oder Batara Guru	Der göttliche Lehrer, der Kulturbringer, der als Erscheinungsform Siwas gilt.
Sanghyang Paramasiwa	Siwa in seiner höchsten Erscheinungsform.
Sanghyang Trimurti	Der göttliche Dreifache – Brahma, Wisnu, Siwa als vereinigte Gottheit.

Die Hinwendung des balischen Hinduismus zu einem Ein-Gott-Glauben ist nicht unabhängig von der Tatsache, daß einerseits 95 % der Einwohner Indonesiens als Muslime gelten, andererseits aber die Pancasila, die fünf staatstragenden Prinzipien Indonesiens, als ersten Grundsatz den Glauben an einen Gott nennen. Tatsächlich hat es in Kreisen der Pedanda-Priester auch schon früher immer gewisse monotheistische Tendenzen gegeben. Die ganze Welt wird verstanden als aus einem einzigen göttlichen Prinzip hervorgetreten, in das sie wieder zurückkehren wird. Die Mehrzahl der einfachen Balier erfährt jedoch die Welt als einen Tummelplatz von Göttern, Dämonen, Ahnen und Heroen – dargestellt in Holz, Stein, auf Papier, sich verkörpernd in den Figuren des Schattenspiels oder in den Darstellern der verschiedenen Tanz- und Singspiele. Die mehr theoretischen und ethischen Aussagen werden erst in neuerer Zeit, eben im Rahmen der ›monotheistischen Welle‹, mit Hilfe einfacher Schulbücher an breitere Schichten herangetragen. Dennoch neigen gebildete Balier dazu, feine Unterschiede zwischen den verschiedenen auf der Insel vertretenen Auffassungen zu machen:

»Die nicht so intelligenten Leute sehen Gott im menschlichen Cintia-Bild. Die Wissenden hingegen sehen Gott im heiligen Schriftzug OM.« OM wird aus A-U-M gebildetet verstanden. Diese heilige Silbe verkörpert die Trinität der drei großen Götter, die man wiederum heute mehr denn je als Erscheinungsform Sanghyang Widis sieht. Das Cintia-Bild selbst ist abgeleitet von dem bekannten indischen Motiv des Siwa Nata Raja, des Herrn der Tänzer, der durch seinen Tanz die Welt erhält und zerstört.

Cintia als Schattenspielfigur, Darstellung des höchsten göttlichen Prinzips

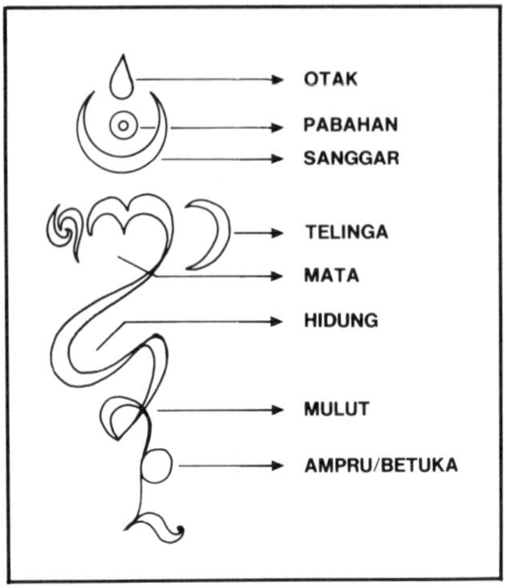

Ongkara – Darstellung des höchsten göttlichen Prinzips in der Form balischer Buchstaben – hier in Beziehung gesetzt zu einzelnen Organen bzw. Körperöffnungen

* Ober- und Götterwelt: Der Thronsitz selbst mit der Cintia.
Größere und kleinere Tempelzeremonien finden jeweils in den Vollmondnächten statt.

Rechts neben dem Tempel liegt das **Bali-Museum,** 1932 von den Holländern eröffnet. Die einzelnen Gebäude von Norden nach Süden:
* Gebäude im Stil des Palastes von Buleleng, Nordbali. Schöne Sammlung von Topeng- und anderen Masken, Barongs und Schattenspielfiguren. Vor dem Eingang fast lebensgroße Figuren von kindersäugenden Frauen aus Stein, mindestens 200 Jahre alt.
* Mittleres Gebäude im Stil von Karangasem, Ostbali. Neolithische Funde, hübsche Modelldarstellungen der wichtigsten Durchgangsriten (vgl. S. 48 ff.). Vor dem Gebäude sehr sehenswerte groteske Musikantendarstellungen aus vulkanischem Tuffstein, vermutlich dem 16. oder 17. Jahrhundert angehörend.
* Gebäude im Stil von Tabanan, Westbali. Neolithische Funde, mindestens 200 Jahre alte Frauengestalten aus Stein, teils schwanger, teils säugend. Die weibliche Fruchtbarkeit ist betont. Die Menschen in Bali haben die verschiedensten Gründe, sich möglichst viele Kinder zu wünschen. Unter anderem werden entstehende Kinder sozusagen bereitgestellt für den Lebensodem der verstorbenen Ahnen, die in ihren Nachkommen wiedergeboren werden. Ganz im Gegensatz zu den Verhältnissen in Indien geht man in Bali von einer Wiedergeburt vorwiegend innerhalb der eigenen Familie aus. Diese Vorstellung setzt zumindest stillschweigend die Annahme voraus, daß die Persönlichkeit nach dem Tode erhalten bleibt. Nach indisch-hinduistischer Vorstellung bleibt von Dahingegangenen nur die Lebenskraft erhalten!

Ein Stück weiter östlich zweigt von der Hauptstraße nach links in nördlicher Richtung die Jalan Kepuntung ab. An ihr liegt die **katholische Kirche,** deren Inneres über einen

Seiteneingang zugänglich ist. Christliche Motive sind im balischen Stil dargestellt, und das hat seinen eigenen Reiz. Noch ein gutes Stück weiter in Richtung Sanur biegt, ebenfalls links, die Jalan Bayusuta ab. In ihr findet man den Eingang zum **Art Center Denpasar,** dem Zentrum für Festivals und Ausstellungen. Im Obergeschoß des Hauptgebäudes eine sehenswerte Dauerausstellung balischer Gemälde hoher Qualität. An den Stücken im traditionellen Kamasam-Stil (vgl. S. 112) kann man seinen Blick schulen, was empfehlenswert ist, da gerade traditionelle Bilder in recht unterschiedlicher Qualität angeboten werden. Im Untergeschoß eine Verkaufsausstellung von Künstlern, meist aus Ubud und Umgebung sowie aus Batuan. Das Angebot hier bietet eine hervorragende Vorinformation, erspart es einem aber nicht, sich zwecks Motiv-, Qualitäts- und Preisvergleich doch noch an Ort und Stelle umzusehen. Gegenüber, in einem Arkadengang hinter einem leider nicht immer geöffneten Restaurant, liegt ein ebenfalls meist nur vormittags geöffneter Raum, der dem Andenken von Walter Spies gewidmet ist. Von seinen Gemälden sind Reproduktionen und, fast noch interessanter, von seinen Fotos Originale ausgestellt. Dieser Künstler, ein Multigenie, hat sich auch für Musik und Tanz interessiert. Eine auf seine Anregung hin entwickelte Fassung des Kecak-Tanzes (vgl. S. 156) wird in der Saison allabendlich um 18.00 Uhr im flackernden Schein von Öllämpchen auf einem baumbestandenen kleinen Platz im Art Center vorgeführt.

Angehende Tänzer, Schauspieler und Musiker sind bei der Probe in der Kokar-Schule für darstellende Künste (neben der indonesischen Akademie für Tanz = Asti in der Jalan Ratna gelegen) zu beobachten. Die Schule mit ihren drei Abteilungen für Musik, für Tanz und für Schattenspiel wurde durch ihre Tourneen auch außerhalb Balis bekannt, steht aber in ihrem Ausbildungsstil in einem gewissen Gegensatz zur traditionellen künstlerischen Ausbildung auf dem Lande. Und die Menschen in Bali lassen es sich weniger als andernorts in der Welt gefallen, daß nach und nach alle Bereiche des Lebens verschult werden. Auskünfte über Festivals, auch über das alljährliche große Drachenfest von Denpasar, sowie über Veranstaltungen und Tempelzeremonien (nicht nur in der Hauptstadt) erteilt der Badung Tourist Board, Jalang Surapati 2.

Quellen: 64, 81, 105, Q 2, Q 14–17

Balis Südzipfel

Sanur

Der Name ist heute gleichbedeutend mit luxuriösen Touristen-Hotels, mit Restaurants, Bars und einem tropischen Badeleben. Darüber wird fast übersehen, daß sich hier die frühesten historisch faßbaren Spuren einer Herrscherdynastie finden, daß aber auch ein in Sanur gestrandetes chinesisches Schiff den Untergang der letzten Raja-Reiche einleitete.

Drachen in Bali

Wenn es bei uns Spätsommer ist, dann steigen überall in Bali die Drachen (Layangan) in die Lüfte. An einem Sonntag Ende August findet auf dem Sportplatz Sidhakarya außerhalb von Denpasar der große Drachen-Wettbewerb statt. Um die 200 zwei- bis dreieinhalb Meter großen Drachen werden in Gruppen zu 40 bis 50 für jeweils etwa eine Stunde 500 m gegen den Wind in die Höhe gezogen. Bewertet werden zwei Kategorien von Drachen:

* **Traditionelle Drachen** in einer einfachen Fischform – eine Erinnerung daran, daß es bei malaiischen Stämmen früher üblich war, Drachen zum Fischfang zu benutzen. (Auch die heutigen Fischerboote haben ja die Form eines Fisches, vgl. S. 322.) Die vordere Querverstrebung der Riesendrachen ist mit einer Sehne nach oben, die hintere nach unten straff durchgespannt. Diese Schwingbogen surren beim Steigen laut auf.
* **Moderne Drachen** mit völlig freier Motivwahl. Bis zu 10 m lange, abstrakte, girlandenähnliche Gliederdrachen, Flugzeugmodelle oder Hoheitssymbole wie zum Beispiel der Wappenvogel Garuda schweben am Himmel. Bei weitem bevorzugt werden Göttergestalten und Heroen aus dem Mythos, aber auch ins Riesenhafte vergrößerte Wayang Kulit-Figuren. Manche Götter und insbesondere manche Dämonen sind zum Teil vollplastisch ausgestaltet und bringen einiges an Gewicht auf die Waage.

Für die Konstruktion derart komplizierter Gebilde ist selbstverständlich die Kenntnis aerodynamischer Gesetze unumgänglich. Als mindestens genauso wichtig, wenn nicht als noch viel wichtiger gilt jedoch der Segen der Götter. Die einzelnen Gruppen aus den verschiedenen Banjar (in diesem Fall Stadtbezirken) lassen – schon bevor sie im festlichen Zug zum Sportplatz losziehen – den Göttern wie den Dämonen Opfer darbringen. Kein Drachen steigt, bevor ihn nicht ein Priester aus dem Heimat-Banjar kurz vor dem Start noch einmal mit heiligem Wasser besprüht hat. Und wenn der Drachen dann surrend in die Lüfte schwänzelt, so begleiten ihn die Klänge eines Gamelan.

Drachen in der traditionellen Fischform

Boote bei Sanur (Zeichnung von W. O. Nieuwenkamp 1906)

Hier landeten damals die Holländer, und hier betraten auch die Japaner erstmals den Boden Balis. Als Wiedergutmachung errichteten sie einen hohen Hotelkasten, das Bali Beach Hotel, höher als die Kokospalmen, was ganz zwangsläufig die Götter verärgern mußte. Wie sollte man diese Gegend hier nicht als Sitz böser dämonischer Kräfte ansehen? Ohnehin kommt für die Menschen in Bali alles Gute von den Bergen und es geht alles Schlechte ins Meer, um dort gereinigt zu werden. Eine der Stellen, an denen die Asche der Verbrannten dem Meer übergeben wird, liegt hier in Sanur, in der Nähe von Alits Bungalows unweit vom Eingang zum Sanur Beach Hotel. Sanur ist überhaupt berühmt wegen seiner farbigen Tempelfeste. Der Ort erstreckt sich, unter Kokospalmen gelegen, vom Hotelzentrum aus nach Süden entlang der Küste. An der Küste befinden sich auch die kleinen Stufenpyramiden aus schwarzer Koralle. Sie gelten als altertümlich, sind aber noch nicht näher erforscht.

Ganz in der Nähe vom Sanur Beach Hotel, etwas landeinwärts, liegt das Mars Hotel. Dort wird jeden Dienstag, Donnerstag und Sonntag zwischen 18.00 Uhr und 19.30 Uhr ein Schattenspiel (Wayang Kulit) veranstaltet (Telefon 8236). Die Heroen und Götter sowie die vornehmen Dämonen sprechen altjavanisch, welches die Balier normalerweise ebenso wenig verstehen wie die Fremden. Üblicherweise übersetzen die Penasar, die lustigen, dickleibigen Dienerfiguren, diese Texte ins Balische. Im Mars Hotel jedoch sprechen sie englisch.

Gespielt wird, vielleicht nicht immer, aber meistens ein Ausschnitt aus Arjuna Mentapa (vgl. S. 194):

Der bösartige Riese Niwatakawaca begehrt Subadra, die schönste aller Himmelsnymphen. Da die Götter selbstverständlich seine Anmaßung zurückweisen, attackiert er den Himmel. Die Götter sind jedoch alleine nicht in der Lage, ihn abzuwehren, sie brauchen – und das ist ein ganz typisches Element der balischen Religion – die Hilfe der Menschen. Nur so können sie das Weltall einschließlich des Himmels im Gleichgewicht halten. Und so bittet denn auch der Himmelsgott Indra den Arjuna um Hilfe. Dewi Subadra geht inzwischen zum Schein auf Niwatakawacas Forderungen ein, aber nur um zu erfahren, an welcher Stelle er verwundbar ist. Wie Archilles seine Verse und Siegfried seinen Schulterfleck hatte, so hat Niwatakawaca seine verwundbare Zunge. Und nun gelingt es Arjuna, den Giganten zu töten, indem er mit einem Pfeil genau jene verwundbare Stelle trifft, mit der der Riese gefrevelt hat, indem er den Wunsch nach der im Rang doch so sehr hoch über ihm stehenden Himmelsnymphe äußerte.

Dort, wo die Jalan Pantai Sanur auf die Küste trifft, liegt das Museum Le Mayeur. Es wird von der Witwe des ursprünglich aus Belgien stammenden Malers verwaltet. In einer südlichen Parallelstraße dazu, der Jalan Segara, wohnt nahe dem Hotel Segara Arie Smit. Sein Stil von unverkennbarer Eigenart basiert auf Traditionen des Impressionismus. Schon durch seinen ausgesprochen ›malerischen‹ Stil unterscheidet er sich von den Künstlern balischer Herkunft, die alle mehr grafisch orientiert sind (näheres S. 120f.). Der Eingang von Arie Smits Anwesen ist mit magischen Abwehrfiguren geschmückt, mit Darstellungen von Dämonen, die verunstalteten Menschen gleichen. Wir sind hier immerhin in Sanur, der Hochburg der schwarzen Magie!

Ganz im Süden Sanurs, im Banjar Blancong (Belancong) versteckt sich der **Pura Belancong,** ein ganz kleines und bescheidenes Heiligtum, das jedoch den frühesten schriftlichen Hinweis auf die älteste bekannte balische Raja-Dynastie birgt. In einer schlichten Umfriedung, neben einem Steinthron und einer Candi ein Sockel mit reichlich verwitterten Reliefs. Dargestellt sind Menschen, die sich an den Händen halten, es sieht so aus, als ob sie tanzten. In einem Schrein mehrere steinerne Fragmente; am besten erhalten ein Lingga mit achteckiger Basis (näheres darüber vgl. S. 184). Das historisch wichtigste Monument ist jedoch durch den Ausgang links hinten (über den Hof) zu erreichen: eine quadratische Umfriedung, nicht sehr groß, darin ein Bassin. Mittendrin ein Säulenstumpf mit Schrifteingravierungen, die auf das Jahr 914 datiert werden. Sie nennen einen Herrscher Kesari Warmadewa, von dem höchstwahrscheinlich auch Udayana und Erlangga abstammen. Die Inschriften sind gehalten in altbalischer Sprache (geschrieben im frühen Nagari, einer indischen, im tantristisch-buddhistischen Bengalen verwendeten Schrift) und in Sanskrit (geschrieben in altjavanischen Lettern). Sie berichten über eine Expedition gegen zwei feindliche Länder – Gurun und Suwal (deren Lage völlig unbekannt ist). Kesari hat, wie weitere Schriften ausweisen, zumindestens die heutigen Territorien von Badung, Gyanyar und Süd-Bangli beherrscht. Auf dem oberen Abschluß der Säule – einem Lotoskissen – muß entweder eine Figur oder eine Stupa gestanden haben. Wegen seiner Beziehungen zu Nordindien wird angenommen, daß Kesari Buddhist war.

Die Schildkröteninsel Serangan

Serangan ist der Küste knapp 12 km südlich von Sanur vorgelagert. Von Sanur aus 10 km in Richtung Nusa Dua fahren, dann fünf Fußminuten einer Stichstraße nach links zur Küste folgen. Von der Bemo-Station Sanglah/Denpasar Richtung Benoa; von der großen Kreuzung aus sind es dann 20 Fußminuten bis zum Bootssteg (erst der Straße nach Sanur folgen, dann nach rechts zur Küste abschwenken). Aus Sicherheitsgründen ist es ratsam, sich nur in einer größeren Gruppe einem der Boote anzuvertrauen. Der Preis für die Überfahrt ist Verhandlungssache. Auf eine andere, recht abenteuerliche Weise ist die Insel am zweiten Tag des Kuningan-Festes (Hari Raya Kuningan) zu erreichen: Bei Ebbe waten Hunderte, ja Tausende von Menschen, insbesondere Frauen mit hoch aufgetürmten Opfergaben auf dem Kopf, von dem Salzsiederflecken aus durch das schlammgraue Wasser hinüber zum Pura Sakenan auf der Insel. Ein bis zwei Schlammbäder auf der Strecke, für die Sie gut eine Stunde veranschlagen sollten, sind einzuplanen – nicht weiter schlimm, denn so hat man Gelegenheit, einen Beitrag zur Erheiterung der Pilger zu liefern. Allerdings geben sogar Balier, die mit Opfergaben aus dem Inneren der Insel kommen, gelegentlich ihr Vorhaben auf, wenn sie die grauen Schlammfluten zu Gesicht bekommen!

Pura Sakenan auf Serangan, eine Kultstätte für den gefürchteten Meeresgott Waruna, gehört zu den wenigen Tempeln, in denen alle Menschen aus ganz Bali opfern dürfen. Bisweilen wird er zu den sechs sogenannten ›Reichstempeln‹ (Sadkahyangan, vgl. S. 83) gerechnet. Nicht-Hindus haben an Festtagen keinen Zutritt. Die Zeremonien sind jedoch auch dann über die verhältnismäßig niedrigen, von roten Korallen gekrönten Mauern ganz gut zu beobachten. Auffällig ist das gedeckte Tor aus grauem, offenbar schwer zu bearbeitenden Vulkangestein. Die Reliefs, darunter auch zwei übereinander gestaffelte Kala Boma-Köpfe, sind nur flach eingekerbt. Als ganzes wirkt das Tor bergartig, wie eine vulkanische Masse, die stachelige Spitzen allseitig gen Himmel reckt. Es muß sehr alt sein. Das Element des Zusammengesetzten aus mehreren selbständigen geometrisch-architektonischen Blöcken fehlt hier völlig. Im Inneren mehrere Drei-Tumpang und ein Fünf-Tumpang Meru. Einer davon gilt als der Sitz des berühmten Pedanda Bau Rauh (auch Danghyang Nirartha oder Danghyang Dwijendra genannt, vgl. S. 21, 255). Diesem Kulturbringer aus Majapahit (16. Jahrhundert) wird die Gründung dieses Tempels wie auch vieler anderer zugeschrieben. Wo immer man auf einen ausgesprochenen Seetempel stößt – bei seiner Gründung hat mit schöner Regelmäßigkeit Pedanda Bau Rauh seine Hand mit im Spiele gehabt. Der hindu-javanische Kultureinfluß hat eine gewisse Zwiespältigkeit in das Verhältnis der Menschen in Bali zur See gebracht. Wurde das Meer ursprünglich als das Totenreich angesehen und gefürchtet, so hat es später deswegen, weil die Javaner über das

Pura Sakenan auf Serangan (Zeichnung von W. O. Nieuwenkamp 1906)

Meer kamen – und noch dazu aus dem an sich übel beleumundeten Westen (vgl. S. 41 f.) – plötzlich doch auch einen positiven Aspekt erhalten.

Ein gewaltiges, fünfstöckiges Gebilde aus grauem Stein sieht aus wie ein steinernes Meru. Es handelt sich um ein sogenanntes Candi oder Prasada (vgl. S. 254). So etwas steht gewöhnlich nur in Tempeln, die mit dem Ahnenkult der Ksatria-Kaste – und zwar eines Geschlechtes, das direkt von Majapahit abgeleitet ist – zu tun hat. Und tatsächlich besteht eine geheimnisvolle, unsichtbare Verbindung mit den Staatstempeln des Herrscherhauses von Mengwi (vgl. S. 265). Im Pura Sada Kapal und Pura Taman Ayun befindet sich je ein Empfangspavillon für die Gottheit von Sakenan, die die dortigen Tempelfeste besucht. Es mag sein, daß die Prasada im Pura Sakenan als Mal für die Ahnen des Raja-Geschlechtes von Mengwi errichtet worden ist. Die Prasada symbolisiert u. a. auch die Manneskraft (vgl. S. 254), hat also phallischen Charakter. Da ein zweiter Tempel rechts von Pura Sakenan als Pura Susunan Wadon, als Frauenstätte, bezeichnet wird, ist zu vermuten, daß diese beiden Tempel ursprünglich auch den Gegensatz Mann/Frau ausdrücken sollten (→ Ruwa Bineda). Am Kuningan-Fest erhält im übrigen die Insel auch einen Besuch aus Benoa in Gestalt eines mythischen Riesen und einer Riesin. Diese Barong Ladung-Figuren (Beispiele sind auch im

Museum Bali ausgestellt) werden mit Booten übergesetzt. Wenn die Tempelbesucher die Insel überfluten, herrscht Jahrmarktsstimmung. Die Bewohner der Insel selbst, die vom Fisch- und Schildkrötenfang leben, sind interessanterweise vorwiegend Buginesen, also Muslims, deren Vorfahren aus Südsulawesi stammen. Bitte beachten: Die Seeschildkröten stehen als aussterbende Tierart unter Naturschutz. Schildpatterzeugnisse oder ausgestopfte Tiere dürfen in mehrere Länder (darunter in die BRD) nicht eingeführt werden!

Pura Luhur Ulu Watu – ›erhabener Tempel Kopfende des Steins‹

So heißt das Meeresheiligtum in der Nähe des Dorfes **Pecatu,** hoch oben auf einem steil nach Südwesten in die See abfallenden Felsen. Gegründet 976 von Warmadewa oder einem seiner Nachfolger, ist der hohe Rang von Pura Ulu Watu als ›Reichstempel‹ unbestritten, denn er wird in allen Verzeichnissen der sechs heiligsten Tempel (Sadkahyangan) geführt. Während die meisten Tempel entweder auf den Gunung Agung oder gelegentlich auch (in Nordbali) nach Osten hin ausgerichtet sind, hat man diesen Meerestempel ganz konsequent zur See hin nach Südwesten orientiert. Er gilt als Heiligtum des Rudra, einer Erscheinungsform Siwas,die die südwestliche Himmelsrichtung beherrscht. Der Felsen, auf dem sich Pura Ulu Watu erhebt, wird als das ›Schiff‹ der Dewi Danu, der Göttin des Meeres und der Seen, angesehen, die übers Meer her nach Bali kam, um hier zu bleiben und mit Mahadewa zusammen die Bergregion zu beherrschen. Ihr sind speziell die Bergseen heilig, und ihre Tempel werden dann, wie der am Bratan-See, als Pura Ulun Danu bezeichnet. Eine Treppe mit über 50 Stufen führt steil hinauf zum Jaba Sisi, dem äußeren Vorhof. Das Candi Bentar davor stellt gegenüber allen anderen gespaltenen Toren insofern eine auffallende Ausnahme dar, als sich die Schnittflächen an den Innenseiten nicht glatt durchziehen, sondern oben jeweils in einem nach innen geschwungenen Flügel auslaufen. Im Innenhof führt links eine Treppe empor zu einem Sonderhof, Jaba Jurit (›Hof des Kampfes‹.) Dagegen stößt man, wenn man geradeaus geht, auf ein geringfügig nach links versetztes gedecktes Tor zum Mittelhof. Über dem Kala-Boma-Kopf erhebt sich ein Tirtha-Gefäß. Es gibt daher überhaupt keinen Zweifel daran, daß wir dieses Tor als den Weltberg Mahameru bzw. den Gunung Agung anzusehen haben, denn dieser Berg ist ja der Behälter für heiliges Wasser. Im übrigen gilt der Gunung Agung ja auch als Sitz Siwas, der wiederum selbst die Quelle heiligen Wassers darstellt. Das letzte Tor zum Innenhof Jeroan beherbergt über dem Durchgang einen Kala-Boma mit herausgestreckter Zunge ohne Unterkiefer. Der Durchgang ist also zugleich der Eintritt in den geöffneten Rachen des Dämonenwesens. Dies und die vom Kala-Kopf ausgehenden, den Durchgang umrahmenden bogenartigen Gebilde weisen auf sehr alte javanische Vorbilder hin. Auf dem Borobodur in Mitteljava finden sich ähnliche Formen. Tatsächlich dürften alle Tore recht alt sein: Der widerstandsfähige graue Korallenstein hat dafür gesorgt, daß Skulpturen und Reliefs in scharfer Zeichnung erhalten blieben. Im übrigen sind Tore und Mauerwerk reichlich geschmückt mit Karang Kala, Karang Bentulu und Karang Asti (vgl. S. 102ff.).

Candi

Candi in Java: Bezeichnung für hinduistische (siwaitische) und auch buddhistische Heiligtümer, die seit etwa 750 (Dieng-Plateau) entstanden sind. Auf einer Plattform erhebt sich ein quadratischer oder kreuzförmig umspielter Baukörper, ausgestattet nach indischem Vorbild mit einem höhlenartigen Innenraum (Cella). Darüber ragen mehrere sich verjüngende Stufen oder ein abgestuftes Dachgeschoß gen Himmel. Die Candis stellen den Weltenberg Meru dar, der wiederum identisch ist mit dem Lingga Siwa (vgl. S. 45, 186). Sie dienen dem königlichen Toten- und Ahnenkult. Nachgewiesen sind die Beisetzung der Asche des toten Königs und die Aufstellung einer Götterstatue (Wisnu, Siwa oder auch Buddha) in der Cella. Die Statue des Gottes verkörpert den verstorbenen, bisweilen aber auch den noch lebenden Herrscher als den entsprechenden Gott in seiner irdischen Erscheinungsform. Den Zusammenhang mit dem Totenkult macht übrigens schon der Name deutlich: Candi (Chandi oder auch Chandika = Witwe) ist ein indischer Beiname der Todesgöttin Durga.

Candi in Bali: Um 1079 entstanden die Candis in Tampaksiring (S. 203), die allerdings nicht frei stehen, sondern Felsenreliefs darstellen. Leichenbrand wurde dort ebensowenig gefunden wie Aufstellungsnischen für Statuen. Die Candi-Formen selbst werden zum Sitz des toten Herrschers. Freistehende, vollplastische (quadratischer Grundriß!) und gleichzeitig mehrgeschossige Candis, auch Prasadas genannt, finden sich heute in Bali ausschließlich in Tempeln, die mit dem königlichen Ahnenkult zu tun haben. Ihre Cella ist zu einer Nische verkümmert. In ihrer Form knüpfen die Prasadas nicht an balische Traditionen aus dem 11. Jahrhundert an, sondern direkt an ostjavanische Überlieferungen aus Majapahit. Sie sind jeweils zu verstehen als ein überdimensionaler Lingga, der aus der Erde ragt, gleichzeitig aber mit ihr verbunden ist, aber auch als Sitz der Ahnengeister. Auf diese Weise wird drastisch symbolisiert, daß der Tod der Ahnen die Voraussetzung für die Wiedergeburt neuen Lebens ist.

Paibon: Steinerne Opfersäule für die Ahnen, vor allem aufgestellt in Familientempeln der Ksatria-Kaste. In Familiengruppen-Tempeln der Ksatria gilt er als Schrein des Ursprungs des Geschlechts. Der Form nach ein verkleinertes Candi, bedeutet auch er den fruchtbringenden Lingga in Verbindung mit der Mutter Erde (Paibon = ›das der Mutter Angehörige‹).

Candi Bentar: Gespaltenes Tor als Tempeleingang. Es ist nichts anderes als ein in die Fläche gepreßtes, in der Mitte durchgeschnittenes und auseinandergerissenes

Candi (näheres vgl. S. 85). Das Candi Bentar ist bereits aus Majapahit bekannt. Wrining Lawang bei Tramulan ist ein im 14. Jahrhundert entstandenes gespaltenes Tor, das allerdings noch die volle räumliche Tiefe, charakteristisch für das javanische Candi, aufweist. Viele mehrteilige Candi Bentar-Tore, besonders in Nordbali, sehen aus, als seien sie zusammengesetzt aus lauter aneinandergereihten Miniatur-Candi-Formen.

Candi Kurung (oder Gelung Kurung oder Kori Agung oder Paduraksa): Das geschlossene Tempeltor hat die Form eines in die Fläche gepreßten Candi, bei dem die Cella für das Götterbild durch einen Durchgang ersetzt wurde (näheres vgl. S. 85f.).

Die Holz- und Bambusschreine sind eher bescheiden zu nennen. Wie viele, insbesondere alte Tempel in Bali zeichnet sich auch der Pura Ulu Watu vor allem durch seine herausragende Lage an einer landschaftlich eindrucksvollen Stelle aus. Ganz vorne, an der Frontseite des Innenhofes, fühlt man sich tatsächlich auf den Steven des steingewordenen Schiffes von Dewi Danu versetzt. Man kann sich schon vorstellen, daß Pedanda Bau Rauh in diesem Pura, den er ebenfalls selbst gegründet hat, seine Moksa, die endgültige Vereinigung mit dem göttlichen Prinzip, gewährt bekam. Doch das dies gerade hier, in der äußersten Südwestecke Balis, der Richtung zum Totenreich, geschah, hängt wohl auch damit zusammen, daß normalerweise – wenn es sich nicht um so einen herausragenden heiligen Priester handelt – für die Moksa die unabdingbare Voraussetzung besteht, daß die Asche des verbrannten Toten ins Meer verstreut wird.

Erhabene Stille sollte man hier nicht erwarten. Man ist immer in guter Gesellschaft: Gäste hier im Tempel sind die Teilnehmer an Busexkursionen, die Hausherrenrolle aber übernehmen halbwilde Affen, die fröhlich durchs Gelände toben.

Übrigens soll Pedanda Bau Rauh auf seinem Weg nach Pura Ulu Watu einen weiteren Tempel an einer Flußmündung bei **Kerobokan** im Nordwesten von Kuta gegründet haben, und zwar nachdem er dort einen Buta, einen Dämonen, besiegt hatte. Dieser Unterweltstempel (Pura Dalem), in den auch ein Subak-Tempel (vgl. S. 83) eingegliedert ist, steht an der Stelle, an der erstmalig die heiligen Bücher des Hinduismus, die Weden, in Bali an Land gebracht worden sind. Der Name Pura Peti Tenget bedeutet ›Tempel der tabuheiligen (= heiligen und zugleich gefährlichen) Behälter‹. Gemeint sind die kleinen Holzkästen, in denen die Lontar-Bücher (vgl. S. 113) aufbewahrt werden. Im Innenhof befindet sich u. a. ein dreistöckiger Meru, links vom Innenhof der Subak-Tempelteil Pura Ulun Tanjung (Ende der Landzunge).

Quellen: 64, 87, Q 14, Q 17

Im ehemaligen Raja-Reich Mengwi

Kapal

1891, genau 15 Jahre vor der Unterwerfung Badungs durch die Holländer, haben die Herrscher von Badung und Tabanan das Reich von Mengwi mit Krieg überzogen und unter sich aufgeteilt. Der Löwenanteil der Beute mit den interessanten Kultstätten, die in Verbindung mit dem Herrscherhaus stehen, fiel dabei an Badung. Obwohl 1938, als die Holländer den Rajas eine gewisse Souveränität zugetanden, Mengwi nicht mehr reorganisiert wurde, sind die ›Reichstempel‹, also die Tempel, an deren Kult ein Herrscher teilnimmt, immer noch in einem guten Zustand, finden auch immer noch die entsprechenden Tempelfeste statt. Bestimmte, seit altersher dem Herrscherhaus verbundene Gruppen kümmern sich nach wie vor um Tempel und Kult. Die Rajas in Bali und ihre Gattinnen sind weniger als weltliche Herrscher zu sehen – Aufgaben der Verwaltung und auch der Außenpolitik lagen weitgehend in den Händen des Patih (Erster Minister) –, sondern vielmehr als charismatische religiöse Vorbilder. Ja, sie waren geradezu Erscheinungsformen von Wisnu und Laksmi, jenen Gottheiten, die Segen und Wachstum garantieren. Sie mußten das Land verteidigen – in erster Linie gegen die Dämonen und dies unter dem Beistand der Götter. Deshalb haben die Herrscher ein Tempelsystem angelegt, das die Aufgabe hatte, das Land zu schützen.

Nur 11 km westlich von Denpasar liegt **Kapal** mit Pura Sada, dem Tempel der Gründerahnen der Dynastie von Mengwi. Alles was an Bemos oder Bussen aus der Station Ubung, Denpasar, herauskommt, muß erst einmal durch Kapal hindurch. Von dort aus geht es dann nach Tanah Lot, Tabanan, Gilimanuk oder nach Mengwi, Bedugul, Candi Kuning am Bratan-See und weiter nach Singaraja.

An der Nordseite der Durchfahrtsstraße des langgezogenen Ortes liegt ein großer Tempel, der **Pura Desa** und **Pura Puseh Kapal.** Beide Dorftempel sind hier – wie häufig im alten Königreich von Mengwi, aber auch im Bereich von Gyanyar – zu einer Einheit zusammengefaßt. Der Mittelteil des prachtvollen Dreipfortentores weist drei Dachgeschosse auf, deren strenge Stufenform durch die schwungvolle ›Aura aus Stein‹ abgemildert wird. Die 2 × 2 Seitenteile können als an das Mittelstück angesetzte Candis aufgefaßt werden. Die drei Durchgänge sind der balischen Götter-Trinität gewidmet, von links nach rechts: Wisnu, Siwa, Brahma. Über dem Mitteltor eine Boma-Fratze wie aus dem Bilderbuch – mit drei Hörnern. In den ausgebreiteten Handflächen das Zeichen für das Cakra, das Rad des Lebens. Links und rechts neben dem Tor Reliefs mit Darstellungen aus den Tantri-Tierfabeln. Unter dem reichen Dekor finden sich gerade hier besonders interessante vegetabilische Köpfe mit Augen, die gleichzeitig Knospen auf Pflanzenstengeln sind. Gerade das stellt ein überzeugendes Beispiel für die Wandelbarkeit der Dinge dar, die für Bali so charakteristisch ist. Zum wichtigen Pura Sada gelangen Sie, wenn Sie der Hauptstraße erst in Richtung Westen (Tabanan) folgen und dann in eine Stichstraße nach links (Süden) einschwenken. Es lohnt sich, die 15 bis 20 Minuten zu Fuß zu gehen!

Entlang der Hauptstraße liegt nämlich eine **Zementgießerei** nach der anderen. Zement-Tempeltore, Zement-Leitungsrohre, Zement-Haustempel, Zement-Götter, Zement-Toilettenbecken, Zement-Dämonen, Zement-Zäune – eine ganze Welt in Zement. Das Verhältnis der kultischen zu den profanen Zementgestaltungen beträgt 10:1 – und dieses Zahlenverhältnis mag auch ziemlich genau der Wertschätzung entsprechen, die bei den Menschen in Bali einerseits die kultisch rituelle Reinheit genießt und andererseits die hygienische Reinlichkeit (die wiederum im Westen fast schon rituell gehandhabt wird). Zementguß-Götter – in uns sträubt sich alles gegen diesen Modernismus! Aber sind sie nicht geradezu der lebendige Beweis für die Überlebenskraft der Religiösität in Bali? Man stellt da so ganz selbstverständlich die technischen Möglichkeiten unserer Zeit in den Dienst traditioneller Werte! Steinmetzarbeiten und Holzschnitzereien sind im feuchten Klima nur eine kurze Lebenszeit beschieden. Der Bedarf an Götterfiguren ist riesengroß – und der Zementguß hilft, diesen Bedarf auf erschwingliche Weise zu decken. Die Zementwerkstätten sind als Nachfolger der Töpfereien anzusehen. Kapal war und ist immer noch eine Töpferstadt. (Der Name leitet sich wahrscheinlich von einem Wort für ›Gefäß‹ ab.) Ton wird, wie Zement, fast ausschließlich für den Eigenbedarf verarbeitet. Kronenähnliche Dachaufsätze in der Form plastischer Padmas für die Bales wurden hier aufeinandergesta-

Tonfiguren aus Kapal

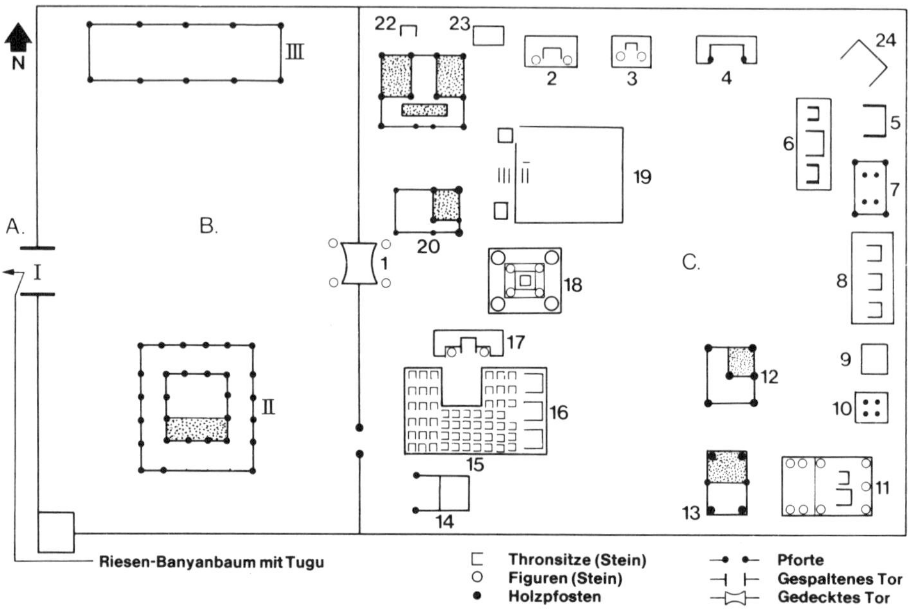

pelt, ebenso wie bizarre Gefäße, originelle Tonfiguren, auch Ziegel mit einer Dewi Sri-Gestalt. Die Figuren werden in der altertümlichen Wulsttechnik ohne Töpferscheibe hergestellt. Altertümlich ist aber auch ihre Form, insbesondere die starke Überbetonung des Kopfes. Sie ähneln verblüffend den im Museum Pejeng/Bedulu ausgestellten Bronzefiguren aus dem 13. und 14. Jahrhundert.

Pura Sada Kapal hat einen nicht umgrenzten Vorhof, der im Westen mit einem prachtvollen Waringin-Baum abschließt. Zwischen seinen Luftwurzeln ein Steinthron für eine Unterweltsgottheit. Der Baumriese dürfte mindestens so alt sein wie das gespaltene Tor vor dem umfriedeten Vorhof, das aus der Majapahit-Epoche (Stil des 14./15. Jahrhunderts) stammt, vielleicht auch wesentlich älter. Dem räumlich verhältnismäßig kompakten Spalttor ist deutlich anzusehen, daß es sich um ein durchschnittenes und auseinandergerücktes Candi handelt – deutlich zu sehen bei den sieben Dachstufen mitsamt der Dachkrone und sogar bei der unter der pyramidenförmigen Dachzone einskulptierten Kala Boma-Fratze. Im Innenhof, zu betreten durch ein dreistöckiges Candi Kurung, bietet sich ein echtes vollplastisches Candi (Prasada) auf quadratischem Grundriß zum Vergleich an. Die gewaltige, 16 m hohe Prasada aus Ziegeln nimmt die Tradition der ostjavanischen Candi-Bauten aus dem 14. und 15. Jahrhundert auf. Tatsächlich stammte der Vorläuferbau aus der Majapahit-Epoche, wie so viele andere alte Bauten Balis wurde aber auch er ein Opfer des verheerenden Erdbebens von 1917. Der Wiederaufbau im alten Stil erfolgte 1948/49 unter dem Eindruck der Wirren

◁ Pura Sada (auch Prasada genannt) in Kapal – Tempel des Ursprungs der Dynastie von Mengwi
A Jaba Sisi, äußerer Vorhof außerhalb der Mauerumfriedung. Gegenüber dem gespaltenen Tor großer Waringin-Baum mit Steinthron für chtonische Gottheit
B Jaba Tengah, mittlerer Vorhof; I Candi Bentar, gespaltenes Tor mit geteilter Maske; siebenstufig. Spielt in Form und Material (Ziegel) auf das große Candi im Inneren an; II Bale Sumangen, Mehrzweckgebäude; dort sammeln sich die Menschen vor Beginn eines Festes, dort wird auch der Barong aufgestellt; III Bale Tempat Sajen – Gebäude für die Vorbereitung von Opfern.

C Jeroan – das Tempelinnere (Allerheiligste); 1 Kori Agung – gedecktes Tor; (2) Pelinggih Sakenan, Besuchersitz für die Gottheit des Tempels von Sakenan, Badung (Eingeklammerte Zahlen kennzeichnen Kulteinrichtungen, die eine Verbindung zu anderen Tempeln herstellen); 3 Sitz für Manik Galih; (4) Sitze für die Gottheiten der Vulkane Gunung Agung (Siwa in seiner Erscheinungsform als Mahadewa) und Gunung Batur; 5 Sitz für Gusti Ngurah Celuk (wahrscheinlich ein ehemaliger, inzwischen vergöttlichter Herrscher aus dem Gebiet von Celuk); 6 Pemerajan – Ahnenschrein der königlichen Dynastie von Mengwi. Als Pemerajan – das Wort ist von ›Raja‹ = Herrscher abgeleitet – wird der Familientempel der hochkastigen Familien bezeichnet. Dieser ›Reichstempel‹ der Vorfahren von Mengwi hat sich also aus einem Familientempel der Dynastie entwickelt; 7 Sitz von Ratu (Herrscher) Made Putrajaya; 8 Dreiteiliger Thronsitz aus Ziegel – Sanggar Agung für die Göttertrinität Brahma-Wisnu-Siwa. Wird in diesem Fall als Panyungsungan Pemaksan bezeichnet; (9) Zweistufiger Stein-Tugu für die Gottheit des Berges und Tempel von Gunung Batu Karu (Batu Kau); 10 Sitz von Ratu Panji Sakti (Prinz aus der Klungkung-Dynastie, Herrscher über Buleleng in Nordbali, Eroberer); 11 Zwei Steinsitze, ein Frauensitz und ein Männersitz, fürRatu Ngurah (magische dämonische Gottheit, die den Tempelbezirk oder auch Hausbezirke beschützt und die auch der Besitzer des Grund und Bodens ist); 12, 13 Zwei Bale Pesamyangan (oder Priyangan) – Gebäude, in denen bei Tempelfesten verschiedene Götter (nicht zuletzt auch die Wächter der Himmelsrichtungen) empfangen werden; 14 Barong – Gebäude (zur Zeit ohne Barong); 15 Ziegelsitze für die Ahnen der Dynastie in Mengwi; 16 Mekel Masatia – drei größere Thronsitze aus Ziegeln für Konkubinen, die sich nach dem Tode des Herrschers in die Flammen stürzten; (17) Stätte für Tarata Bang. Verehrungsstätten mit dieser nicht ganz geklärten Bezeichnung gibt es auch in anderen Tempeln. Der altjavanische Ausdruck bedeutet ›rote Lotosblume‹. Es könnte sich um das dämonische ›Padma‹, den Unterweltaspekt der balischen Windrose handeln; 18 Taman – leeres Becken, umstellt mit Fragmenten alter Statuen, stellt einen Teich dar. Es handelt sich um den Landeplatz der Widadari; 19 elfstöckige Ziegel-Prasada (oder Candi) mit Relief eines Boma-Kopfes an allen vier Seiten. Gewidmet Ratu Sakti Jayenrat (wörtlich: ›der mächtige Welteroberer‹). Ungewiß ist, ob es sich dabei wirklich um eine noch nicht näher bekannte historische Persönlichkeit oder aber um die Personifikation eines kriegerischen Herrschergeschlechts handelt; 20 + 21 Bale Pesamyangan (= Priyangan). Hier werden bei Tempelfesten fremde Gätter empfangen; 22 Kleiner Steinsitz für Wisnu; dort wird heiliges Wasser geweiht; 23 Lumbung – Reisscheune für den Reis, der dem Tempel gehört; Pelinggih für Dewi Sri; 24 Padmasana – Lotosthron auf der Basis der von der Schlange festgehaltenen Schildkröte

des Krieges, der japanischen Besetzung und vor allem der Widerstandskämpfe gegen die Kolonialmacht. 1949 hat der holländische Gelehrte C. J. Grader einen Grundplan von Pura Sada aufgenommen. Im Vergleich zu diesem ist heute die Prasada nach Norden versetzt. Der Bestand an Schreinen im Jeroan hat sich nur geringfügig verändert, allerdings wurde eine ganze Reihe davon umplaziert. Dieser Tatbestand wiederlegt jene, die einen Tempel als ein einmal geschaffenes und dann ein für allemal feststehendes Gebilde betrachten. Was verhältnismäßig stabil und über Jahrhunderte hinweg feststeht, das sind lediglich die Außen-

und Binnenmauern der Höfe – die Abgrenzungen nach außen also. Die Baulichkeiten im Inneren können entweder innerhalb weniger Jahre vermehrt oder verringert, verändert oder versetzt werden – oder aber auch jahrzehntelang unangetastet bleiben. Ein Tempel ist vergleichbar einem Körper, und seine Seele wäre dann der Kult, nach dessen Erfordernissen er sich wandelt.

Das Candi Prasada stellt ein phallisches Mal dar für die Lebenskraft des Raja-Geschlechtes von Mengwi, das aus Kapal stammt, letztlich jedoch auf das Herrschergeschlecht von Klungkung zurückgeht. Aus diesem Grund ist auch die ganze Anlage nach Osten, in Richtung Klungkung, ausgerichtet. Nur der im Plan von Grader noch nicht enthaltene Padmasana orientiert sich nach Nordosten zum Gunung Agung. Nach ostjavanischem Vorbild befindet sich nicht nur an der Eingangsseite, sondern nach allen vier Seiten der Prasada direkt unter dem untersten Dachgeschoß jeweils ein Kala Boma-Relief. Der unterste der elf Tumpang aus Stein trägt die acht Richtungsgottheiten. Der neunte, zentrale Gott Siwa, der im Padma die Mitte füllt, wurde über den Gott des Westens, Mahadewa, auf den darüberliegenden zweituntersten Tumpang gesetzt. Alle neun Nawa Sanga-Gottheiten repräsentieren das gesamte Weltall als Makrokosmos. Die vergöttlichten Ahnen des Raja-Geschlechtes gelten nun als Erscheinungsformen dieser Gottheiten und verkörpern sich im jeweiligen Herrscher. Das Raja-Reich stellt also ein mikrokosmisches Abbild der Welt dar, und diese Prasada ist als Mittelpunkt dieses Mikrokosmos der vergöttlichte Herrscher selbst, gleichzeitig auch der Lingga, der wiederum für Siwa steht. Die einzelnen Tempel des Tempelnetzes von Mengwi mit den zentralen Tempeln, den Berg- und Seetempeln (vgl. S. 262 ff.), entsprechen wiederum den einzelnen Gottheiten des Nawa Sanga-Systems!

Europäer würden dieses für sie ohnehin verwirrende Geflecht miteinander verwobener Entsprechungen symbolisch erklären: »Das Raja-Reich bedeutet das Weltall!« In Bali sieht man das ganz anders: Das Raja-Reich ist wirklich eine Erscheinungsform des Weltalls, der Herrscher ist tatsächlich sowohl Siwa als auch der fruchtbare Phallus als auch die Wiedergeburt göttlicher Ahnen. Und es erscheint für die Balier auch nicht als Widerspruch, daß er bei einer anderen Gelegenheit dann wieder Wisnu verkörpert. In Bali gibt es keine stabilen Begriffe, eines geht in das andere über.

Die große Nische an der Westseite unter Siwa und Mahadewa ist der Empfangsraum für die neun Richtungsgottheiten. Dorthin begeben sie sich, wenn sie bei den Tempelfesten vom Priester gerufen werden. Weiter unten, in der oberen Sockelzone, sind um das Candi herum die Sapta Resi angebracht. Ihr tiefer Standort deutet schon darauf hin, daß sie einen eher chtonischen Charakter haben. Die Kombination von Nawa Sanga-Gottheiten und Sapta Resi ist häufig auch an Padmasana-Thronsitzen zu finden. Beim Padmasana hier in Pura Sada sind die Verhältnisse etwas unklar: Über der Unterweltschildkröte sind fünf Gestalten, anscheinend Richtungsgottheiten, dargestellt, darüber vier weitere Richtungsgötter und ein Resi.

Der Taman, der ›wasserlose Teich‹ unmittelbar südlich der Prasada, verkörpert einen der vier großen Bergseen – und zwar den Bratan-See (bei Candi Kuning, vgl. S. 340 ff.). Diese Seen sind die Auffangbecken für das Wasser, das, in Wolkenform aus dem fernen Indien

Resi

Das Wort Resi ist abgeleitet vom indischen Rishi, einer Bezeichnung für asketische Priester und Propheten. In Bali handelt es sich bei den Resi um Pedanda-Priester, die allerdings nicht aus der Brahmanen-, sondern aus der Ksatria-Kaste stammen. Die Resi halten durch Askese und Yoga-Meditation die Welt im Gleichgewicht. Als mythologische Figuren sind Resi Priester-Asketen, die die Moksa, die Erlösung aus dem Kreislauf der Wiedergeburten, bereits erreicht haben und bereit sind, sich mit Gott zu vereinigen. Sie kennen Vergangenheit, Gegenwart und Zukunft. Möglicherweise besteht ein historischer Zusammenhang zwischen den Resi und den Bodhisattvas des Mahayana-Buddhismus, jenen Heiligen, die zwar schon ins Nirwana eingehen dürfen, diesen Schritt aber, um den Sterblichen zu helfen, vorerst noch nicht vollziehen.

Panca Resi – die fünf Priesterheiligen, so werden die fünf Schöpfergottheiten Kuorsika, Garga, Metri, Kurusia, und Pretancala bezeichnet (vgl. S. 37ff.).

Sapta Resi – die sieben Priesterheiligen, das sind allwissende Prophetengestalten, die gleichzeitig die sieben Höllen (Patala) beherrschen und als Sternbilder auftreten. Sie stellen so eine Art von Verbindungsgliedern zwischen der Unterwelt und der Oberwelt dar.

gekommen, in Bali die Fruchtbarkeit der Reisfelder gewährleistet. Zugleich dienen sie als Lande- und Badeplätze für die Widadari, die geflügelten Himmelsnymphen, die als Sendboten von den Göttern zu den Menschen herabschweben. In Katastrophenzeiten ergreifen die Widadari Besitz von den kleinen Sanghyang-Tänzerinnen und teilen durch sie den Menschen mit, auf welche Weise die Götter zu versöhnen sind (vgl. S. 159). Und so ist denn auch der kleine, wasserlose und mit Figurenfragmenten geschmückte Taman der Ort, an dem Tänzerinnen und Gamelan-Spieler den himmlischen Segen für ihr Tun erflehen. Der Taman stellt die Verbindung zur Götterwelt dar, genau so wie die vielen anderen Schreine Querverbindungen sind zu anderen Tempeln des Herrschaftsgebietes von Mengwi und darüber hinaus zum gesamten balischen Tempelsystem.

Die Steinsitze der Satia (Satya), ein Block von 57 kleinen und drei großen Ziegelsteinsitzen, stellen zweifellos die auffälligste Anlage im Tempel dar. Daß sie einzigartig ist in Bali, muß eigentlich verwundern. Schließlich hat man hier schon in der Jungsteinzeit den Ahnen neben den Beratungsplätzen Steinsitze errichtet. Besonders viele dieser zweiteiligen Sitze sind zu finden im Bereich Gelgel südlich von Klungkung – und von der Dynastie von Klungkung leitet sich eben auch das Geschlecht von Kapal/Mengwi ab. Der Name Satia, ›die Getreuen‹, läßt mutmaßen, daß es sich allerdings um eine besondere Art von Ahnen handelt.

Die drei großen Throne heißen Mekel Masatya. So wurden die aus dem Volke stammenden Konkubinen eines Herrschers, die ihm in den Tod folgten (Witwenverbrennung), genannt. Seit 1949 hat sich eine Menge verändert: Damals gab es nur 16 kleine, nach Osten ausgerichtete Throne in der Mitte des Hofes. Zwei große Throne im Süden waren südlich ausgerichtet. Inzwischen hat man alle Throne in den südwestlichen Teil des Innenhofes versetzt. Die nunmehr drei großen Throne sind gegenwärtig nach Osten ausgerichtet, von den kleineren, deren Zahl sich inzwischen auf 57 erhöht hat, orientieren sich einige nach Osten und andere nach Norden. Irgendwie scheint es sich um Sitze für Ahnen mit unterschiedlichem Vergöttlichungsgrad zu handeln. Jedenfalls stehen wir hier vor einem der Rätsel, an denen diese kleine Insel so reich ist.

Quellen: 15, Q17

Das Tempelnetz von Bali

Jeder einzelne Hindu-Bali Tempel ist in ein verzweigtes System eingewoben. Am Beispiel der ›Reichstempel‹ des ehemaligen Raja-Reiches von Mengwi (Pura Taman Ayun Mengwi, Pura Sada Kapal, Pura Pucak Tiingan und Pura Pucak Bon beim Bratan-See) wird in unserer Zeichnung gezeigt, wie diese Tempel sowohl miteinander als auch mit weiteren Tempeln, die in anderen Raja-Reichen liegen, verbunden sind. Die Verbindung zwischen zwei Tempeln wird dadurch hergestellt, daß Besuchsschreine (Pelinggih) für die Hauptgottheiten eines anderen Tempels errichtet und in verschiedenen Tempeln die gleichen Heroen verehrt werden. Bei den Tempelzeremonien kommen dann die Gottheiten, für die ein Schrein errichtet worden ist, zu Besuch.

Nun sind aber die verschiedenen Tempel durchaus nicht willkürlich miteinander verwoben. Die beiden zentralen Tempel in Mengwi und in Kapal, die für die existierende Ordnung im Raja-Reich einstehen, sind zunächst einmal mit den Bergtempeln im eigenen Land (Tiingan, Bon), in denen die Mächte der Oberwelt verehrt werden, verknüpft. Darüber hinaus gibt es Querverbindungen zu den großen Bergtempeln, allen voran zu Gunung Agung, aber auch zu Gunung Batur und Gunung Batu Kau. Abgesehen von den Linien nach oben zu den Göttern führen aber auch Linien hinab zur Unterwelt – und das heißt zum Meer –, speziell zu den außerhalb des ursprünglichen Territoriums von Mengwi gelegenen Tempeln Pura Sakenan (vgl. S. 251) auf der Insel Serangan, zu Pura Ulun Siwi bei Jimbaran und zu Pura Ulu Watu (vgl. S. 253). Wenn dies alles nun auch insbesondere für die Staatstempel von Mengwi gilt, so besitzt doch jeder andere Tempel seine

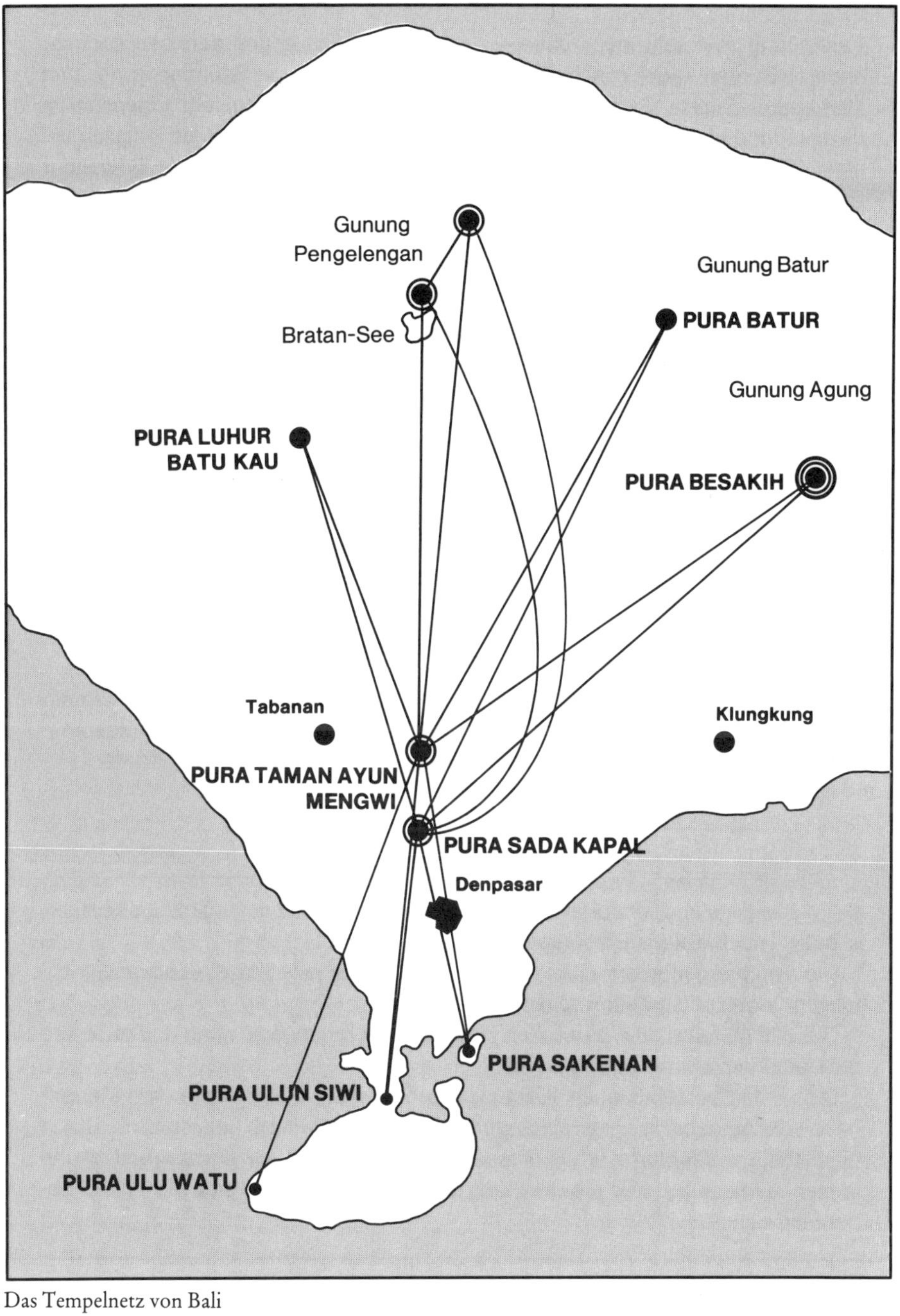

Das Tempelnetz von Bali

Verbindung einerseits nach oben – zum Gunung Agung und daneben noch zu anderen Bergen – sowie nach unten zu mindestens einem der Seetempel oder zum Meeresgott Baruna. Ganz Bali gehört zu einem großen Tempelnetz. Eigentlich ist es schade, daß dieses Netz nur zu einem geringen Teil bekannt ist; lediglich bei einer Minderheit von Tempeln sind die zeitweiligen oder ständigen Bewohner erfaßt. Jedoch wissen wir eines: Alle Tempel haben eine oder mehrere Verbindungen nach Besakih. Der Gunung Agung ist das absolute Zentrum, dem alle anderen Tempel angegliedert sind.

Es ist wichtig, sich auch folgende Entsprechungen vor Augen zu halten:

	Raja-Reich z. B. Mengwi	*Dorf*	*Tempel*	*Schreine im Tempel*
Götterwelt (Oberwelt)	Tempel in den Bergen zur Verehrung der Götter	Pura Puseh für die vergöttlichten Ahnen	Äußerer Vorhof	Schreine für die Berge (Gunung Agung)
Menschenwelt (Mittelwelt)	Tempel in der ›Reichsmitte‹	Pura Desa, Pura Bale Agung	Mittlerer Vorhof	Versammlungs-Bale für die Menschen
Welt der Dämonen (Unterwelt)	Tempel an der See für die Verehrung der Unterwelt	Pura Dalem für die zunächst der Unterwelt anheimgefallenen Verstorbenen	Innenhof	Schreine für Meerestempel oder Meeresgottheiten

Da in Bali alles in irgendeiner Weise allem anderen entspricht, gibt es selbstverständlich noch weitere Entsprechungen:

* Die Wächtergottheiten (Nawa Sanga) bewachen jede einzelne Himmelsrichtung, gründen und erhalten so die ganze Welt.

* Die Wächterdämonen bewachen jede einzelne Himmelsrichtung und halten so die Dämonenwelt im Gleichgewicht.

* Die in den verschiedenen Richtungen angelegten Staatstempel von Mengwi haben die Aufgabe, in entsprechender Weise das Raja-Reich abzustecken. Durch die Riten, die der Herrscher in diesen Tempeln vollzieht, wird diese Absteckung immer neu bestätigt, was die Erhaltung des Reiches gewährleistet, ja ihr gleichbedeutend ist.

Der Raja-Tempel von Mengwi

Gleich nach Kapal zweigt von der nach Osten Richtung Tabanan verlaufenden Straße in nördlicher Richtung der Weg nach Mengwi (und weiter nach Bedugul/Singaraja) ab. Am Ortseingang links (westlich) liegt das zusammengefaßte **Pura Desa** und **Pura Puseh Mengwi.** Das dreistufige, gedeckte Tor mit seinem ausdrucksvollen Kala Boma-Kopf wird von zwei großen Wächterelefanten flankiert. Dies mag man schon als einen Hinweis auf den Innenhof ansehen, denn der birgt einen elfstufigen Meru, getragen von einem Elefanten. Das kommt altindischen Vorstellungen nahe. Ein Meru ist ja schließlich eine Verkörperung des Mahameru, des Weltenberges. Die Elefanten gelten jedoch als die ›Karyatiden des Alls‹. Die indischen Weltenwächter-Götter haben als Basis jeweils ein Paar Elefanten, die wie sie selbst als Lokapala bezeichnet werden. Im heutigen Bali steht ansonsten der schreckenserregende Aspekt des Elefanten im Vordergrund; die Sutasoma-Geschichte etwa berichtet von menschenfressenden Elefanten. Aus diesem Grund tragen die Elefantendarstellungen aus Stein oder auch die Lederfiguren des Schattenspiels scharfe Schneidezähne, über die das lebendige Urbild selbst nicht verfügt. In Indien und im mittelalterlichen Java stand der Elefant in Verbindung zum Rajatum und auch zur Reisgöttin Dewi Sri bzw. Laksmi, denn er gilt als Spender des Wassers, das in einem langen Strahl aus seinem Rüssel schießt. Mit dem Wasser kam der Dickhäuter dadurch in Verbindung, daß ursprünglich die Regenwolken als fliegende Elefanten angesehen wurden. Das allles scheint aber in Bali keine sehr große Rolle mehr zu spielen.

Im Vorhof der Anlage findet sich ein abgegrenzter Bezirk mit heiligen Steinen, in die während der Tempelfeste die Ahnenseelen hineinschlüpfen.

Etwa 2 km weiter nördlich zweigt eine Straße nach rechts ab (an der Ecke Marktstände und Warungs, die Speisen anbieten). Nach 100 m erreicht man ein Restaurant und daneben, umgeben von Teichen, den **Pura Taman Ayun** (›schwimmender Blumengarten‹). Den Beinamen Taman tragen vor allem Tempel, die zumindest teilweise von Seen umgeben sind und an deren Kult sich ein Herrscher beteiligt. Pura Taman Ayun wurde als der Zentraltempel von Mengwi 1634 vom Raja I Gusti Agung Anom errichtet. Die Schreine sind verknüpft mit den wichtigsten Berg- und Meeresheiligtümern, stellen aber auch eine zeitliche Verbindung zu den wichtigsten, mehr mythischen als historischen Ereignissen der balischen Geschichte her. Pura Taman liegt mitten in einem See, eigentlich ein Flußteil, dessen Wasser aufgestaut wurde. Gleichzeitig zieht sich im Jeroan um die Schreine ein See in der Form eines rechteckig umgreifenden Wassergrabens. Als Badeplatz für die göttergesandten Widadari ist er nach oben orientiert, während ein quadratisches Brunnenbecken mit einer von Richtungsdämonen umgebenen Säule im chtonischen, südwestlichen Teil des Tempels die Kontaktstelle zur Unterwelt darstellt. Gerade dieser Tempel ist ein besonders eindringliches Beispiel für die balische Denkweise mit ihren typischen Mikro-/Makrokosmos-Entsprechungen, wobei vielleicht nicht vergessen werden sollte, daß der Mensch selbst die kleinste mikrokosmische Entsprechung für das Weltall darstellt (vgl. S. 40f.).

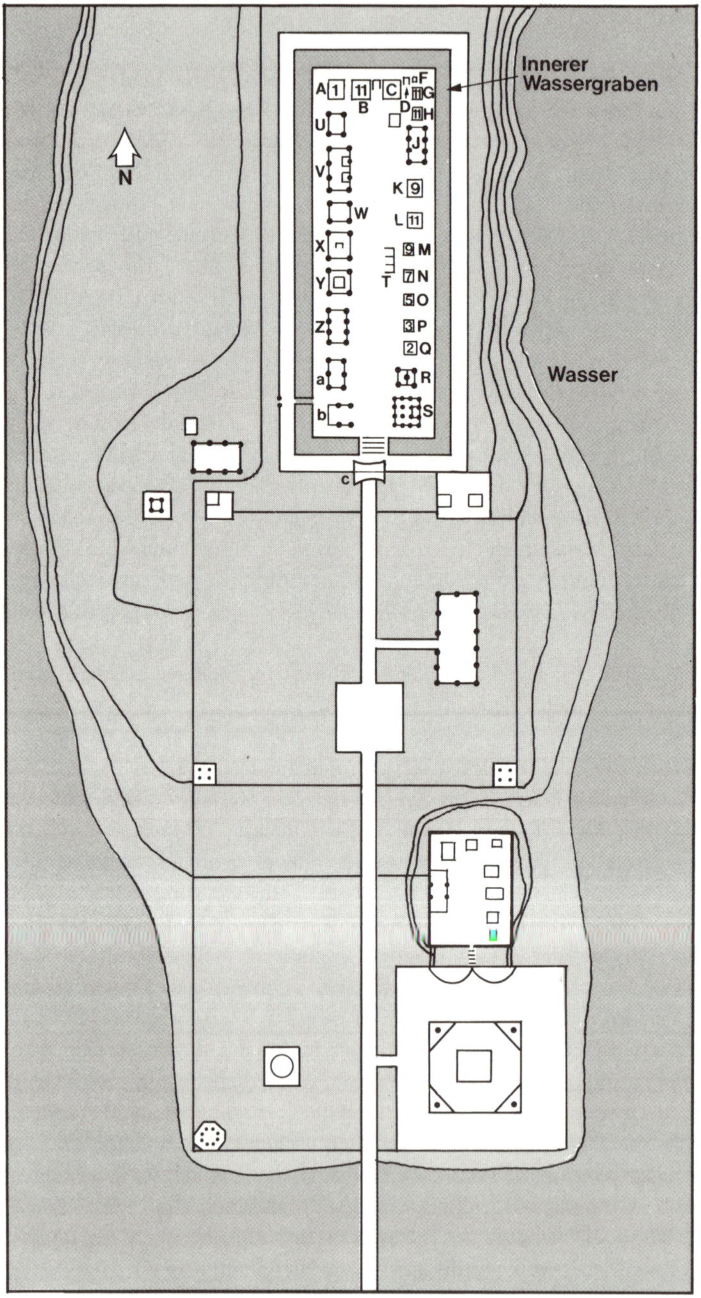
Innerer
Wassergraben
Wasser
N
A 1
11 B
C
D
F
11 G
11 H
J
K 9
L 11
9 M
7 N
5 O
3 P
2 Q
R
S
T
U
V
W
X
Y
Z
a
b
c

Pura Taman Ayun als Mikrokosmos	*Makrokosmos*
Tempel als ausgesonderter, heiliger Bezirk	Welt = Bali, die heilige Insel plus Ober- und Unterwelt
See um den Tempel (Merus für die Gottheiten der Meerestempel)	Meer um Bali = Unterwelt
Badesee der Widadari im Innenhof (Merus für die Gottheiten der Bergtempel)	Bergseen (z.B. der Bratan-See) mit Wasser für den Reisanbau, Badeseen der Widadari
Raja, Herrscher über Mengwi (Paibon, Ahnensitz in Lingga-Form)	Der Lingga der Welt ist Siwa.
Das Herrschergeschlecht einschließlich der verstorbenen Ahnen garantiert das Wohl seines Landes	Die Weltenwächter Nawa Sanga garantieren die Existenz der Welt

Von Mengwi aus verläuft die Hauptstraße weiter nach Norden zum Bratan-See. Auf der Straße in östlicher Richtung ist nach 5 km **Sangeh mit seinem Affenwald** zu erreichen. Der ›Monkey Forest‹ liegt im Norden des Ortes, direkt an der Straße. Die Tempelanlage Pura Bukit Sari (›Blüte des Hügellandes‹) befindet sich mitten in einem Hain hochstämmiger Pala-Bäume. Auf ganz Bali soll es diese Bäume nur dort geben. An den reifen Früchten haften fest zwei Blätter, deren Drall dafür sorgt, daß die ziemlich schweren Samenkapseln rotierend zur Erde sinken. Das Waldstück wimmelt von Affen. Diese Nachkommen Hanomans gelten als agressiv und diebisch. Eine ganze Budenstadt von Verkaufsständen beweist, daß Sangeh ein Anziehungspunkt für Touristen ist. Der Affenwald von Ubud ist kleiner, einsamer und idyllischer (vgl. S. 170ff.).

Quellen: 15, Q 17

◁ Pura Taman Ayun, Mengwi
A Gedong Batara Puncak Padangdawa (Kiste); B Elf Tumpang-Meru für Gunung Batu Kau; C Candi Dewi Ciligading; D Padmasana Batara Wau Rauh; E Candi Purasada (Heroen); F Tugu Batara Dugul (Reisfeldgott); G Elf-Tumpang-Meru Ulunsuwi (Dewi Sri); H Elf-Tumpang-Meru Batara Sakenan (Meer); I Pelinggih Ibu, Opfer für die Ahnen der Rajas von Mengwi; K Neun-Tumpang Meru Gunung Batur; L Elf-Tumpang-Meru Gunung Agung; M Neun-Tumpang Meru Hyang Puncak Pengalengan Gunung Mangu Bratan (Herr des Wassers für Reisanbau aus dem Bratan See); N Sieben-Tumpang-Meru für Ahnen von Majapahit; O Fünf-Tumpang-Meru Batungaus (?); P Drei-Tumpang-Meru Sanghyang Pasurungan; Q Zwei-Tumpang-Meru Batu Pasek Badah; R Opfer-Bale für Ratu Pasek; S Bale Murdha, Versammlungshalle für die Dorfältesten; T Padmasana Yang Tuga für Brahma-Siwa-Wisnu; U Gedong Dewa Gusti; V Bale für Devotionalien; W Bale Panggungan für Opfer; X Bale Pepelik – allgemeiner Göttersitz; Y Bale Pawedan für Priester; Z Bale für die Vorbereitung der Opfer
a Bale für Gamelan; b Gedong für Devotionalien; c Kori Agung

Bangli – zentrales Land, den Bergen zugewandt

Das Gebiet von Bangli umfaßt das zentrale Hügel- und Bergland mit dem größten See Balis, dem Batur. Als einziges der ehemaligen Raja-Reiche hat es keinen direkten Zugang zum Meer. Im Norden reicht Bangli zwar bis nahe ans Meer heran, doch da, wo die Berge in die nördliche Küstenebene übergehen, beginnt Buleleng. Die Stadt Bangli liegt nur 13 km nordöstlich der Stadt Gyanyar in mäßiger Höhe – noch im Reisanbaugebiet. Dahinter, Richtung Norden wird die Steigung der Straße steiler, die Landschaft herber. Durch Maisfelder und Bananenhaine geht es hinauf auf den Rand der Caldera, den alten Kraterrand, der den Vulkan Batur und den Batur-See einfaßt.

Kota Bangli – die Stadt der fünf Unterwelttempel

Der Ort Bangli ist das Geschäftszentrum für die umwohnende Bevölkerung. Alle drei Tage ist Markttag. Rund um den Raja-Palast Puri Artha Sastra und auf dem Platz davor quillt dann alles über von Verkaufsständen für Früchte, selbstangebauten Wein, Haushaltsartikel und Stoffe (die meist säurearmen Weine Balis schmecken sehr gut, wenn man etwas Limonen- oder Zitronensaft hineinträufelt!). Reichlich ist insbesondere das Angebot an Medizin – vom Skorpion, dessen Gift Hauterkrankungen heilt, bis zur durchsichtigen Fuji-Filmdose, in die einzelne Vitaminpillen abgefüllt sind. Ein paar Haushalts- und Stoffläden um das Zentrum der Hauptstraße geben der Stadt einen Hauch moderner ›Wellblechkultur‹, der allerdings sofort verschwindet, sobald man die Seitengassen betritt. Dort reiht sich ein lehmmauergesichertes Kampong mit Bales und Haustempeln an das andere, genau wie in Ubud oder Bedulu. Touristenware wird lediglich unmittelbar vor Pura Kehen angeboten. Alle Touristenbusse halten dort, aber nur dort. Es werden auch keinerlei Schaudarstellungen für Besucher aus Java und aus Übersee veranstaltet. Dafür ist Bangli jedoch der Ort, an dem mit Abstand die meisten Tempelfeste, Barong-Umzüge, Schattenspiele, Tänze und Volksopern stattfinden.

Gäste, die echtes Interesse für das religiöse Brauchtum Balis und etwas Enfühlungsvermögen mitbringen, sind im volkstümlichen Hotel **Puri Arhta Sastra** stets willkommen. Der junge Agung Artha Sastra spricht sehr gut englisch, weiß Bescheid über die kulturell-

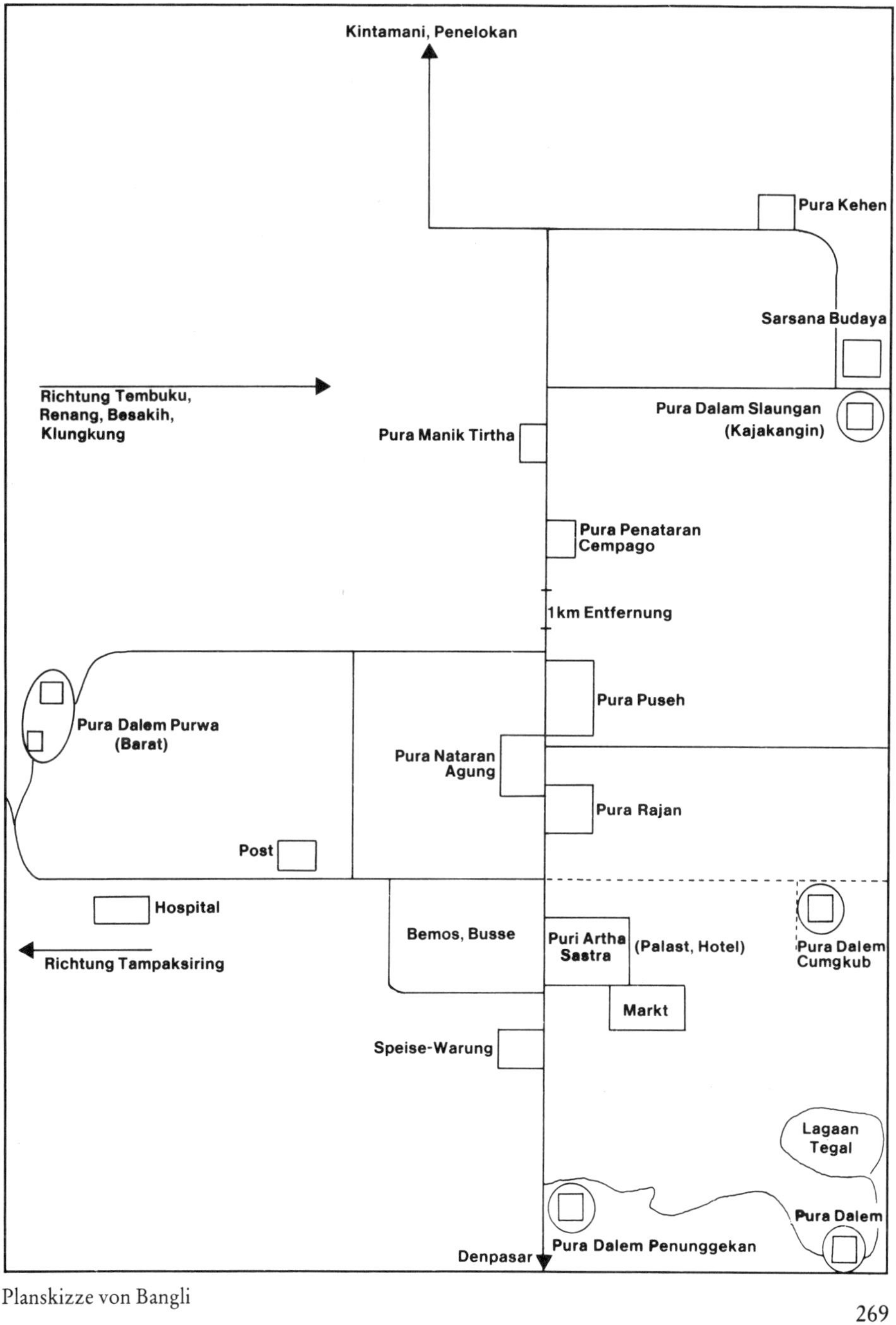

Planskizze von Bangli

religiösen Veranstaltungen und gibt, wenn man ihn fragt, auch gerne Tips für ein Verhalten, das dafür sorgt, daß das Empfinden der Einheimischen nicht verletzt wird. Zu Veranstaltungen, die sich innerhalb eines Gehöfts im Familienkreis abspielen, sollte man sich einführen lassen und auch ein Geschenk mitbringen. Wer wirklich einen etwas tieferen Einblick nehmen will, muß sich schon einige Tage in Bangli aufhalten. Von dort aus sind auch Ausflüge nach allen Himmelsrichtungen möglich. Die Küche des Puri bietet einige Gerichte an, die durch Früchte und Wein vom Markt sowie durch Soto und Sate Ayam vom Warung schräg gegenüber dem Eingang des Puri noch ergänzt werden können. Die Zimmer für die Gäste befinden sich im Vorhof und zum Teil auch im Empfangshof. Dieser stimmt mit seinen zwei offenen Hallen, die den Zugang zum für Fremde unzugänglichen Wohnteil des Palastes flankieren, nostalgisch – insbesondere am Abend, wenn im Bale rechts gegessen und getrunken wird und wenn der junge Agung klassische europäische Musik über seine Stereo-Anlage abspielt: Mozart und Bach in einem Palast, dessen Bildschmuck langsam von Moos und Flechten aufgefressen wird. Chinesische Künstler haben hier gewirkt, haben die vergoldeten Türen mit ihren goldenen Kala Boma-Fratzen und dem goldenen Laubwerk darunter, in dem goldene Vögel ihr Wesen treiben, geschaffen. Im Bale links chinesische Genre-Szenen, mit Fischen, Rehen, Blumen, über den Türen dort winzige chinesische Figuren aus glasiertem Ton, aufgeputzt, als ob sie gerade einer chinesischen Oper entsprungen wären – alles im Zustand akuten Verfalls.

Gut erhalten ist das mit einem Dach geschützte Tor ins Innere des Palastes. Links davor ein Tugu, eine Steinlaterne als Ersatzwohnung für die Unterweltsgottheit, die den Grund bewohnte, auf dem der Palast errichtet ist. Als Wächter treten auf Twalen (links) und Merdah (rechts), die beiden Dienerclowns aus dem Schattenspiel. Sie sind angetan mit einem Lendenschurz, der das heilige, schwarzweiß geschachte Muster trägt. Als Säulenträger am Tor selbst fungieren links Wilmana, das geflügelte Reittier von Rawana, die Verkörperung

Buta Siuh oder Trimurti als Wayang Kulit-Figur

des zerstörerischen Prinzips aus dem Ramayana, und rechts der Göttervogel Garuda, das Reittier Wisnus. Dieser verkörpert im gleichen Epos in seiner Erscheinungsform als Kresna das lebenserhaltende Prinzip. Werden und Vergehen, schwarz und weiß – letztlich muß alles miteinander zur großen Einheit zusammenfließen. Über dem Durchgang ein Kala Boma-Kopf, der aus dem Laub herauswuchert, das links und rechts herunterhängt. Es wird schon sehr deutlich, daß Boma, der Erdsohn, die Verkörperung des Baumes ist.

Links und rechts an den Seitenwänden des Tores je ein siebenköpfiges Wisnu-Murti-Relief, Wisnu in seiner machtvollen Erscheinungsform, wie er im Baghavadgita (IX, 9–13) geschildert wird: »Nachdem er so gesprochen, da, oh König, da zeigte Hari (Wisnu), der große Herr der Wunderkaft, dem Sohne Prtha (Arjuna) seine höchstliche, göttliche Gestalt. Mit vielen Mäulern und Augen, mit vielen wunderbaren Dingen anzuschauen, mit vielem himmlischen Schmuck, viele himmlische Waffen schwingend. Himmlische Kränze und Kleider tragend, mit himmlischen Wohlgerüchen und Salben ausgestattet, voll von allen Würden, unendlich mit Gesichtern in allen Richtungen (!). Wenn am Himmel der Glanz von tausend Sonnen gleichzeitig hervorbräche, so würde dieser ähnlich sein dem Glanz dieses Gewaltigen. Da erblickte der Pandawa (Arjuna) in diesem Leibe des Gottes der Götter die ganze Welt vereinigt, die mannigfach geteilte.«

Diese Gotteserscheinung enthält, wie angedeutet, auch die Köpfe der Wächtergottheiten, die nach allen Richtungen hinblicken und so die Existenz der Welt garantieren. Typisch für Bali: Die gleiche Gestalt verkörpert zugleich auch ein unheilvolles, zerstörerisches Prinzip, den Buta Siuh (Dämon der Vernichtung). Der bringt Verderbnis hervor, dient aber selbst zugleich wieder zur Abschreckung von Unheil. Ganz ähnliche, aus Haut gefertigte Figuren mit Namen Trimurti, Wisnumurti und Siwamurti werden zu Beginn eines Schattenspiels vom Dalang links und rechts von der Spielfläche des Schirms aufgestellt. Sie tragen die Waffen der Richtungsgottheiten, dienen so als Wächter der Spielfläche und machen diese damit gleichzeitig zur mikrokosmischen Welt des Spiels. Die beiden Steinreliefs am Tor des Puri sind genau wie diese Pamurtian-Figuren des Schattenspiels links und rechts seitlich angeordnet. An Zierformen finden sich am Tor schöne Beispiele für Karang Asti und Karang Goak (vgl. S. 102ff.).

Pura Kehen bedeutet Tempel des Schatzhauses; hier werden Kupferplatten mit Inschriften aus dem Jahre 1204 aufbewahrt. Er gilt als der Reichstempel von Bangli, wird aber auch in einigen Listen zu den sechs Sadkahyangan-Tempeln gerechnet (vgl. S. 83). Der Pura Kehen soll schon im 11. Jahrhundert von einem Priester Sri Brahma Kemute Ketu (Ketu = Priester aus königlichem Geschlecht) gegründet worden sein. Tatsächlich weist bereits seine Anlage als siebenstufiger Terrassentempel mit vier Vorstufen und den hintereinanderliegenden, auf jeweils höherem Niveau angeordneten Höfen auf ein hohes Alter hin. Er liegt am Fuße des Bukit Bangli (›Hügel der Pflanzenknolle‹), von dessen Gipfel aus sich ein prachtvoller Blick zum Gunung Agung und nach Besakih eröffnet. Vielleicht war es dies, was den Anlaß zur Tempelgründung gab. Der Terrassentempel repräsentiert den Weltenberg. In späterer Zeit wurde die terrassenförmige Anlage in Südbali aufgegeben; im Grunde genommen hat sie

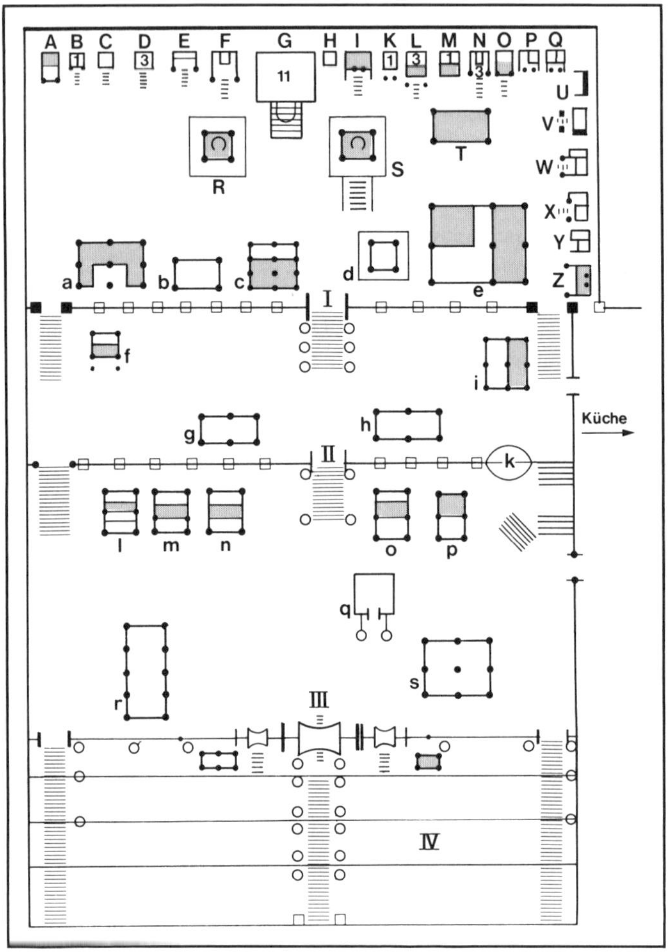

auch die Einführung des Meru überflüssig gemacht. Gerade der große Elf-Tumpang-Meru für Siwa als Batara Sakti Kehen (als der Herr der heiligen Kraft des Schatzhauses) ist deutlich als Darstellung der Welt angelegt:

Die Schildkröte, umwickelt von der Schlange, bedeutet die Unterwelt (daß ein Meru auf einer Schildkröte steht, ist übrigens gar nicht so häufig in Bali), der Schreinkörper steht für die Mittelwelt, die elf Tumpang sind die himmlische Oberwelt.

Die Schreine im Innenhof sind vor der Nord- und vor der Ostmauer aufgereiht, also den uranischen Himmelsrichtungen zugeordnet. Die meisten Pelinggih beherbergen Berggottheiten, was zu einem Terrassentempel ja auch ganz gut paßt. Auch die Gottheiten des

◁ Pura Kehen, Bangli
I Candi Bentar zum Innenhof (Jeroan); II Candi Bentar zum inneren Vorhof (Jaba Tengah); III Candi Kurung zum Vorhof (Jaba Sisi); IV Vier Terrassen

A Pelinggih Batara Bukit Gunung Seloka; B Pelinggih Batara Bukit Gunung Tengah; C Pasedahan für Dewi Sri und Dewa Sedana; D Pelinggih für Batara Pucak, den Herrn, der auf dem Berg sitzt (Gunung Agung); E Pasedahan für Dewi Sri (alleine); F Pangerumah Dewa Penjaga (Wächtergott); G Elf-Tumpang-Meru für Batara Siwa als Batara Sakti Kehen auf Bedawang-Naga Basis; H Tugu für Dewa Agung mit heiligem Stein in der Form eines Lingga; I Dewa Beras Ketan (Reisgott); Opferhäuschen; K Dewa Ganesa (Wächter, elefantenförmiger Sohn Siwas); L Dewi Sri (Opferhäuschen); M Ganesa; N Dewi Sri; O Für Dewa Brahma; P Dewa Ngruh Antar Surat; Q Dewa Petukas, zuständig für das Lesen von Briefen; R + S Rumah Pengaruman, Treffpunkt für die Götter; T Kleines Opferbale; U Padmasana Trimurti für Brahma-Wisnu-Siwa; V Dewa Momogang Sajen; W Platz für Dewa Drais Hitam; X Dewa Ras Merah; Y Dewa Biru (›oder Blaufarbige‹); Z Opferhäuschen

a Rumah Besar, großes Bale für Opfer; b Rumah Kecil, kleines Bale; c Rumah Besar, für Opfer mit kleinen Sänften, die Arca zum Meer tragen; d Rumah Kecil für Opfer mit Arca-Tragen; e Rumah Besar, großes Opferhaus; f Platz für kleine Feierlichkeiten (Upacara); g Platz für Schattenspiele; h Platz für Schattenspiele; i Paon, Küche zur Zubereitung von Schweinen, die außerhalb des Tempels getötet werden; k Waringin-Baum, dient als Kulkul-Träger; l Platz für den Pedanda-Priester (Brahmanenpriester); m Platz für Pemangku Besar (für den großen Tempelpriester) n Platz für Pemangku Kecil (für den kleinen Tempelpriester); o Haus für Pemangku; p Treffpunkt für Leute, die sich zum Fest versammeln; q Batu Keramat – heiliger Stein; r Kleiner Treffpunkt für Menschen, die sich versammeln; s Bale Gong für Gamelan; t ?; u?

Wohlstandes, Dewi Sri und Sri Sedana sind vertreten. In den Plan von Pura Kehen wurden die Namen der Gottheiten, denen die einzelnen Schreine gehören, entsprechend den Auskünften eines Tempelbediensteten eingetragen. Es muß vorerst offen bleiben, ob alle Angaben zuverlässig sind.

Der Padmasana in der Nordostecke zwischen den beiden Schreinreihen ist bemerkenswert reich mit Skulpturen geschmückt. Die Basis bildet die schlangengefesselte Unterweltschildkröte. Auf der Rückseite stehen als vollplastische Reliefs übereinander:
Ein keulenschwingender Dämon, vielleicht eine Erscheinungsform von Brahma
Arjuna
Garuda (Reittier Wisnus)
Wisnu
Siwa
Siwa flankiert von Durga (links) und Ganesa (rechts), dargestellt in Flachrelief. Unter den weiteren Darstellungen die Sapta Resi, Richtungsgottheiten und Gestalten aus dem Mahabharata.

In die Terrassenmauer, die den Mittelhof vom höhergelegenen Jeroan trennt, sind zum Teil wertvolle Porzellanteller eingelassen – Handelsware aus China. Alles Wertvolle war in Bali immer für die Götter gerade gut genug, und als kostbar galt, was aus dem Ausland kam. Und so hat man nun Porzellanteller und Spiegel als Tempelschmuck verwandt, während chinesische Münzen eine große Rolle bei allen Riten spielen. (Übrigens wurden im

Mittelalter auch in die Mauern griechischer Kirchen Ton- und Porzellanteller eingelassen, darunter manches Stück, das über die Seidenstraße aus China kam.)

Auf der Grenze zwischen den beiden Vorhöfen steht ein – wie üblich – riesiger Waringin-Baum, der als Kulkul-Turm dient. Über dem Durchgang des großen Tores öffnet an der Innenseite der vielleicht eindrucksvollste Kala Boma-Kopf Balis seinen Rachen: Dreiteilige, die Boma-Hörner ersetzende Krone, Sonnenstrahlen-Backenbart und ampelförmige Sumping (Ohrringe). An den Torwänden Flachreliefs von Wayang-Figuren aus dem Mahabharata, darunter Kresna, Sanggut, Delen und Rawana.

1979 guckten einige Kinder über die Tempelmauer und sangen, wenn Touristen kamen, das französische Liedchen von der ›Alouette‹. Sie streckten einem Blümchen entgegen und hielten die rupienheischenden Händchen auf. In den folgenden Jahren waren da wieder Kinder, jeweils immer wieder andere, aber die ›Alouette‹ ist geblieben. Sie wird auch noch im nächsten Jahrtausend um Pura Kehen herum ertönen, denn eine Sitte, die einmal Fuß gefaßt hat in Bali, die hält sich lange.

Wie kommt es, daß es in Bangli anstatt wie üblich nur eines insgesamt fünf Pura Dalem gibt? Agung Artha Sastra hat darüber folgendes erzählt: Vor vielen, vielen Jahren lag Bangli mit dem Nachbarland Gyanyar in Streit. Gekämpft wurde mit Lanzen und Schwertern, vor allem aber mit schwarzer Magie. Um schwarz-magisch angreifen zu können, vor allem aber um die schädlichen schwarz-magischen Einwirkungen aus Gyanyar abzufangen, wurden vier zusätzliche Pura Dalem angelegt, so daß jetzt für die Himmelsrichtungen und einer fürs Zentrum zur Verfügung stehen. So wie die Wächtergottheiten die Welt schützen, genauso behüten diese Pura Dalem Bangli und sein Herrscherhaus vor den unheilvollen Machenschaften der Sengguhu (Exorzistenpriester) aus Gyanyar.

Im Zusammenhang mit Zeremonien in diesen Tempeln finden Barong-Umzüge statt, bisweilen auch Arja- (vgl. S. 153), vor allem aber Wayang Kulit-Vorstellungen.

Der Pura Dalem Slaungan (Unterweltstempel des Wirbelwinds) liegt malerisch zwischen Bäumen unweit Pura Kehen an der Südseite der Straße nach Tembuku. Ein eindrucksvoller, gewaltiger Kala Boma-Kopf beherrscht das fünfstufige Candi Kurung. Den Umriß des Tores gliedern bizarre ›Feuerzungen aus Stein‹. Der Lotosthron im Inneren ist nicht leer, sondern mit einer Götterfigur besetzt. Bei einem mehrtägigen bzw. mehrnächtigen Tempelfest hatte man eine Rangda-Maske ausgestellt, die im Pura Dalem Purwa zu Hause war. Am letzten Abend des Festes passierte folgendes: Gegen neun Uhr abends fanden drei Tänze, darunter ein Pendet und ein Hummeltanz, im Vorhof des Tempels statt. Die Tanzfläche war mit einem frischen Papaya-Baum verziert. Männer in weißer Kleidung opferten anschließend auf dem Boden ein schwarzes Huhn. Während der ganzen Zeit wurden im Tempel Opfergaben abgelegt und wieder abgeholt, wurden die Götter angerufen. Dann setzte ein Topeng-Tanz ein, der später in eine Volksoper Prembon überging. Gegen drei Uhr morgens verschwanden die Schauspieler, nur die lustige Hauptfigur blieb übrig. Mit einem mal rannte sie wie von Furien gehetzt los, die Treppe zum Candi Kurung hoch und durch den

Durchgang hindurch. Und plötzlich war, weiß der Himmel woher, ein Trancetänzer erschienen. Unter zitternden Zuckungen tanzte er um den Papaya-Baum herum, brach einen Zweig von diesem ab und verschwand. Ein zweiter Trancetänzer in weißer Kleidung erschien, tanzte ekstatisch herum und bahnte sich eine Gasse durch die Menschenmauer hin zum Tempelausgang. Bevor er verschwand, kippte er den Papaya-Baum um. Und da erschien im Durchgang des Candi Kurung sie selbst – Rangda, groß, wild, ekstatisch tanzend. (Es handelte sich um ihre Erscheinungsform als Calon Arang, so wurde sie wenigstens von den Teilnehmern an der Zeremonie genannt.) Völlig überraschend rannte sie plötzlich in einem ungeheuren Tempo los, zog mehrere Kreise um den Papaya-Baum, brach durch die Gasse in der Menschenmenge hindurch, lief aus dem Tempel heraus und hin zu dem kleinen Heiligtum, das vor dem Tempel steht. Von dort aus rannte sie zurück zum Tanzplatz, nochmals hinaus zum eben erwähnten kleinen Heiligtum, dann wieder zurück und ab ging es nach oben die Treppe hinauf und durch den Durchgang hindurch. Dort wurde die Maske zunächst wieder auf ihrem alten Platz aufgestellt. Die Trancetänzer waren inzwischen zusammengebrochen, wurden von einem Priester mit heiligem Wasser wieder erweckt und bekamen zu essen. Die Opferungen und Anbetungen gingen weiter. Gegen fünf Uhr morgens wurde die Maske in ihren Tempel zum Pura Dalem Purwa zurückgebracht. Unterwegs fiel der Maskenträger in Trance, brach zusammen und wurde ganz steif. Während ein anderer die Maske übernahm und aufsetzte, wurde der Zusammengebrochene zum Pura Dalem gebracht, dort mit Tirtha besprüht und dreimal am Hals massiert. Dadurch wachte er wieder auf. Dies geschah, kurz bevor die Sonne aufging.

Der **Pura Dalem Purwa** im Westen ist der interessanteste der fünf Pura Dalem-Tempel. Er enthält in den Vorhöfen ungewöhnliche moderne Reliefs aus dem religiösen Leben. Dargestellt sind Hahnenkämpfe, Schattenspiel, Marktszenen, Tänze, Tempel während einer Zeremonie, Gamelan-Musik, Opfer-Prozessionen, das Darbringen von Opfern für im Tempel erschienene Götter, Vorbereitungen des heiligen Mahles (wobei man ein Schwein und eine Schildkröte schlachtet sowie einen Hirsch fängt und tötet), Zubereitung des Mahles. Normalerweise werden im Tempel die mythischen Wesen selbst sowie mythische Szenen dargestellt, aber eben nicht die Menschen, die die Riten vollziehen. Es könnte jedoch sein, daß hier im Pura Dalem Purwa Motive gewählt wurden, die durchaus zukunftsweisend sind, da es in der Malerei, insbesondere in der der Young Artists, ähnliche Tendenzen gibt. Im Tempelinnern ein üppiges, mit chinesischen Tellern verziertes Gedong. Überall Rangdas, aber auch Garudas, dargestellt im Flachrelief, jedoch mit vollplastischen Köpfen. Kopfstehende Dämonen und Tiere schrecken besonders wirksam ab, weil sie selbst besonders schrecklich sind: Einerseits weisen sie das Gesäß, andererseits wird in ihnen die Ordnung der Welt in ihr Gegenteil verkehrt, und das ist das schlimmste, was in Bali geschehen kann. Der Pura Dalem Purwa enthält eine große Wantilan, in der Hähnenkämpfe stattfinden. An einem Hang im Südwesten unterhalb des Tempels liegt noch ein kleiner, ihm zugehöriger Tempelbezirk, der von dort aus jedoch nicht direkt, sondern nur über den Umweg über die Hauptstraße nach Tampaksiring zu erreichen ist.

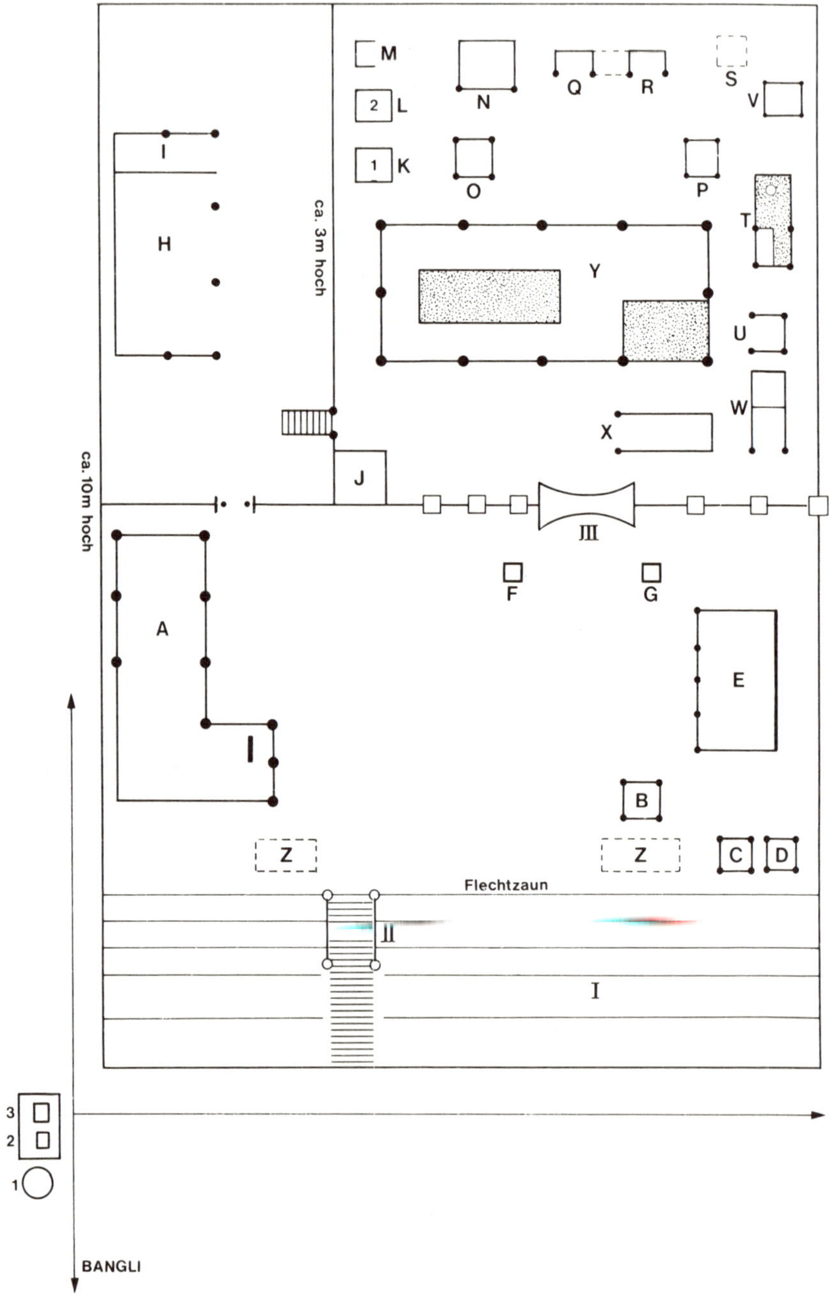
M
2 L
1 K
N
Q
R
S
V
O
P
T
Y
U
W
X
I
H
ca. 3m hoch
ca. 10m hoch
J
III
F
G
A
E
I
B
Z
Z
C
D
Flechtzaun
II
I
3
2
1
BANGLI

◁ Pura Dalem Cumgkup, Bangli (östliches Pura Dalem)
I 5 Erdterrassen; II Treppe, im Oberteil mit Steingeländer; III Candi Kurung – geschlossenes Tor
A Bale für die Zubereitung von Opfern (Sajen); B Lebuh (Opfersäule für Reisende); C + D Bale Patok, Kokosnußopfer; E Bale Gong; F + G Steinlaternen Penggape Lawang; H Paon (Küche); I Herde; J Kulkul; K Für Ratu Penarigan; L Pesimpangan Pura Besakih (Gunung Agung); M Padmasana; N Gedong Penimpanan für Arca aus Holz (Togok); O + P Pengaruman; Q Opfer für Stein-Arca (R); R Stein-Arca (zwischen Q und R Bambusgestell für Opfer, für das Tempelfest errichtet); S Opfergestell aus Bambus für das Fest; T Opferpavillon, auch zur Aufstellung einer Rangda-Maske; U Pelinggih Dasar, Pavillon für die Aufstellung eines großen Kayonanförmigen Opfers; V Gedong Dasar für Fleischopfer; W Ngawang, Abstellraum; X Bale Gede für Opfer; Y Platz zur Ablage von Opfern; Z Warungs – Verkaufsstände, die dort nur bei Tempelfesten stehen
1) Waringin-Baum mit Luftwurzel als Stütze für Opferplattform (Sanggah); 2) Tugu für Ratu Ngurah – Herr des Tempelgrundes; 3) Tugu für Mlangsing

Pura Dalem Cumgkup liegt ganz in der Nähe von Puri Artha Sastra: Einfach der ersten Abzweigung nach rechts, die an der Nordmauer des Puri entlangführt, folgen. Bei diesem Pura Dalem handelt es sich um einen Terrassentempel, der eindrucksvoll auf einem Hügel liegt.

Pura Dalem Lagaan Tegal ist etwa 30 bis 40 Fußminuten vom Ortszentrum entfernt: der Hauptstraße Richtung Gyanyar folgen, dann vor Pura Dalem Penunggekan nach Osten abbiegen. Gegebenenfalls unterwegs fragen! Links neben dem Pura führt ein steiler Pfad nach unten zu einem Bach. Dort liegt ein kleines Heiligtum, an dem der Barong aus dem Pura in einer nächtlichen Zeremonie symbolisch gebadet wird. Die Teilnehmer an diesem Ritus erhalten eine Weihe mit dem Wasser, das aus dem Bart des Barong quillt.

Der **Pura Dalem Penunggekan** liegt an der Ostseite der Straße nach Gyanyar. Im Süden schließt sich erst ein Verbrennungsplatz, dann ein chinesischer Friedhof an. An der Außenmauer des Pura Darstellungen aus dem Bima Suarga-Mythos (Bima im Himmel). Die Gestalt des Bima ist an seinen Händen mit je einer Kris-artigen Kralle erkenntlich. Der Inhalt dieser sehr wichtigen Geschichte, die auch als Schattenspiel in Verbindung mit der Herstellung von heiligem Wasser vorgeführt wird, soll im Zusammenhang mit den Bima Suarga-Gemälden von Klungkung (vgl. S. 290f.) näher erläutert werden. Im Inneren, an der Rückwand der Aling-Aling Geistermauer, ein Relief mit Wildschwein, Nakula und Sadewa und den Penasar – ein Hinweis auf das Barong Sadewa-Motiv und auch darauf, daß in diesem Tempel ein Barong zu Hause ist. Kleinere Reliefs spielen auf die Tantri-Tierfabeln an. Bemerkenswert sind das von Hexen flankierte ›Flammentor‹ sowie im Inneren die Reliefs von kopfstehenden Tieren und von Rangdas mit vollplastischem Gesicht. Der reichgeschmückte Padmasana erhebt sich über einer besonders sorgfältig ausgearbeiteten Unterweltschildkröte.

Die **anderen Tempel von Bangli** sind ebenfalls ganz interessant, aber nicht immer zugänglich. Der Pura Nataran Agung (Penataran) ist das Heiligtum des Raja-Geschlechtes.

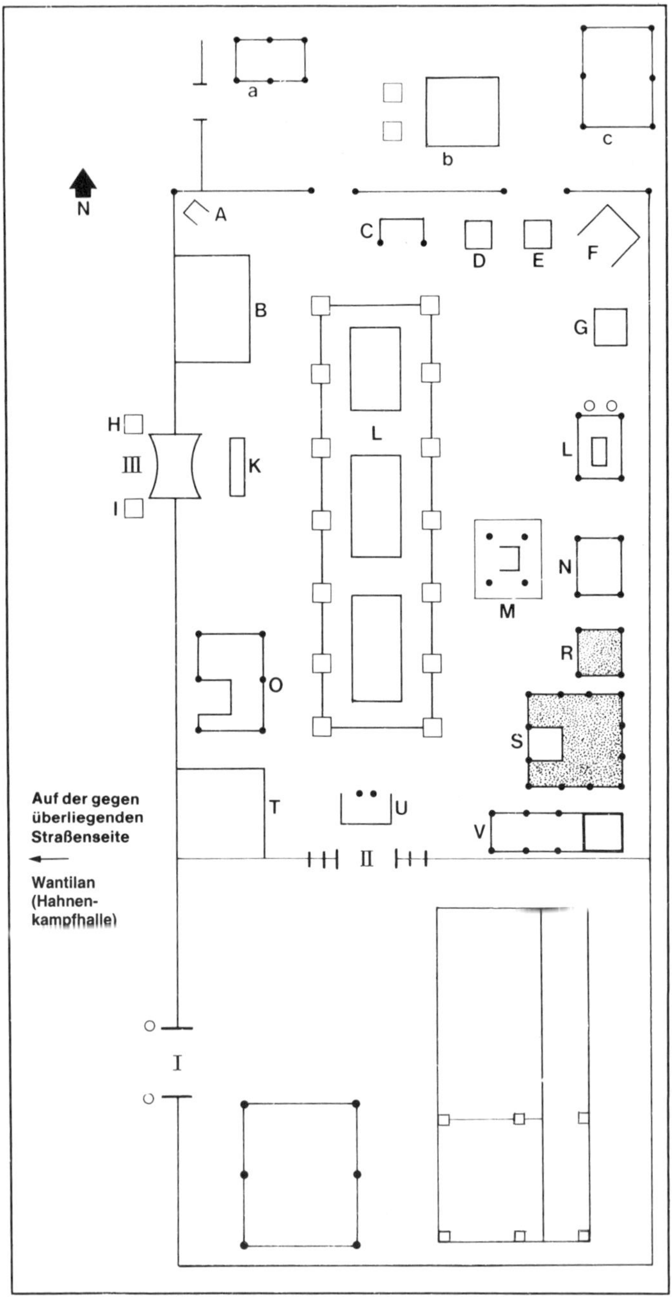
a
b
c
N
A
C
D
E
F
B
G
H
III
K
I
L
L
M
N
O
R
S
Auf der gegen
überliegenden
Straßenseite
Wantilan
(Hahnen-
kampfhalle)
T
U
V
II
I

◁ Pura Dalem Penunggekan, Bangli
I Kleines Candi Bentar; II Großes sechsgliedriges Candi Bentar (2 × 3 Candis); III Candi Kurung

A Bilang Pujuh; B Pesamuan – Göttertreffpunkt; C Ratu Gede Sebenar; D Pesimpangan Gunung Lebah (Batur); E Pesimpangan Pura Gunung Sari; F Padmasana mit Nawa Sanga auf Bedawang-Antaboga-Sockel; G Pesimpangan Batara Gunung Agung; H und J Tugu für Taxu; K Aling-Aling: Sperrmauer gegen eindringende Dämonen; L Opferablage für Banten-Opfer (Opfer der Gemeinde), Penimpanan auf Schildkröte-Schlange-Sockel, links zwei Tirtha-Gefäße. Die Innendecke ist bemalt (Padma zwischen Untieren); M Pengaruman für Götter; N Rangungan – für Opfer an die Götter im Pengaruman; O Pesamuan; P Ratu Ngurah; S Pesamuan – Aufstellungsort für Barong bei Festlichkeiten; T Kulkul; U Pura Dasar; V Vorratshaus für Reis

a Bale Pesamuan; b Penimpanan Barong (Barong-Haus); c Bale Pesucian (Opfervorbereitung); d Platz um Opfer (Sajan) herzustellen und Schweine zu schlachten; e Paon (Küche)

In Städten, in denen ein Raja zu Hause ist, ersetzt der Penataran-Tempel den Pura Desa. Das Innere des meistens geschlossenen Pura Puseh birgt einen reich geschmückten Padmasana, große heilige Steine als zeitweilige Aufenthaltsorte der Ahnenseelen, Steinskulpturen von Tirtha-Trägerinnen im altertümlichen Stil sowie Reliefs von Garuda und Wilmana im Flachrelief, aber mit vollplastischen Gesichtern. Bangli verfügt auch über eine Festhalle, in der gelegentlich Gastspielgruppen oder Schulklassen traditionelle oder auch moderne Stücke vorführen. Die sogenannte Sarsana Budaya liegt an der Nordostecke der Wegegabelung vor dem Pura Dalem Slaugan.

Bima-Figur aus Kokosbast

Rund um den Batur-See

Von Bangli aus steigt die Straße geradewegs hinauf zum Ort Penelokan, der am Rande eines Riesenkraters liegt. Von dort aus schlängelt sie sich zunächst weiter den Kraterrand entlang über Kintamani zum Gunung Penulisan. Dahinter geht es dann steil abwärts nach Nordwesten, hinunter in die Ebene um Singaraja. Vom Rande des Riesenkraters aus bietet sich ein phantastischer Blick über den 200 m tiefer gelegenen tätigen Vulkan Batur – er hat von daher seinen Beinamen Gunung Lebah, ›der Berg, der in der Tiefe liegt‹ – und über den Batur-See. Angesichts dieses Panoramas wird man schon versucht, sich in einem der einfachen Unterkünfte in Penelokan oder Kintamani einzuquartieren, um hier Sonnenauf- und -untergang zu erleben. Bisweilen allerdings fällt dieses prachtvolle Schauspiel wegen Nebels aus. Wer hier oben längere Zeit bleiben will, benötigt allerdings gute Nerven, denn der Aufenthalt hier wird einem durch die Zudringlichkeit der Andenkenverkäufer und die Unverschämtheit der Bemo-Boys etwas vergällt. Am besten richtet man sich von vornherein darauf ein, viel zu Fuß zu gehen.

Wer den **Gunung Batur** erklimmen will, muß erst einmal von Penelokan aus der steilen Straße nach rechts hinunter zu einem Ort folgen, der nur aus ein paar Hütten und einer Bootsanlegestelle besteht. Nach links, um den See herum, führt dann ein holpriger Weg über erstarrte Lava hinweg zum Eingang eines kleinen Dorfes, vor dem einige Warungs stehen. Genau dort biegt ein Fußpfad nach links ab, der auf den Batur hinaufführt. Den Aufstieg

Der Batur-Krater (Zeichnung von W. O. Nieuwenkamp 1906)

kann man ohne Führer in knapp drei Stunden bequem schaffen. Festes Schuhwerk, das dem Lavageröll mit seinen schneidenden Kanten widersteht, ist allerdings unbedingt notwendig. Außerdem empfiehlt es sich in diesem Falle wirklich einmal, nur ausgetretenen Pfaden zu folgen, denn rund um die Krater herum wimmelt es nur so von Fumarolen, von Löchern, aus denen heißer Dampf quillt.

Durch das erwähnte Dorf hindurch und weiterhin den See entlang geht es zu den ›Hot Springs‹. Gleich daneben liegt ein empfehlenswertes Home Stay (etwa zwei Fußstunden von Penelokan aus).

Von der Anlegestelle aus rechts um den See herum gelangt man zum **Bali Aga-Dorf Trunyan.** Alle, die in diesem Seeort einmal gewesen sind, raten von seinem Besuch ab. Die dortigen Bali Aga (Original-Balier) haben von der hindu-javanischen Kultur weniger angenommen als die übrigen Einwohner der Insel. Den Rajas ist es nicht gelungen, die Bewohner in dieser noch zu Anfang dieses Jahrhunderts völlig unzugänglichen Bergeinsamkeit zu unterwerfen. Die Bali Aga hatten also allen Grund, Fremde mit Argwohn zu betrachten, und dieses Mißtrauen ist bis heute geblieben. Die Berichte über die Unfreundlichkeit, ja gelegentlich sogar Aggressivität der Bewohner von Trunyan hat insbesondere Alleinreisende, so auch den Verfasser, abgehalten, das Dorf zu besuchen. An der Anlegestelle liegen Boote, die man chartern kann. Der Preis muß ausgehandelt werden. Ob die Gerüchte darüber, daß gelegentlich Einzelreisenden mitten auf dem See zusätzlich Geld abgepreßt würde, zutreffen oder nicht, das ist eine Frage, die nicht mit letzter Sicherheit geklärt werden konnte. Eines steht jedenfalls fest: In anderen Teilen Balis sind die Menschen zu Fremden wesentlich freundlicher.

Wie die Bewohner von Tenganan (vgl. S. 323ff.), eines anderen wichtigen Bali Aga-Dorfes, so müssen auch die Einwohner von Trunyan, die jemanden heiraten, der nicht aus dem Dorf stammt, den Ort verlassen. Die Bali Aga schirmen sich also nicht nur gegen wildfremde Leute ab, sondern gegen alles, was außerhalb der eigenen Dorfmauern lebt. Ein am See im Schatten eines riesigen Waringin-Baumes gelegener Pura Puser Jagat (Tempel ›Nabel der Welt‹) beherbergt die 4 m hohe Riesenstatue des Dewa Ratu Gede Pancer ing Jagat, des Gottes also, der das Zentrum der Welt ist. Diese Statue aus Stein und Lehm – entweder selbst noch vorhinduistisch-altmalayisch oder aber der Nachfolgetyp eines solchen Monuments – wird im Inneren eines Meru vor den Augen neugieriger Fremder verborgen gehalten. Nur an den Jahresfesten der Gottheit ist sie zu sehen, wenn sie gewaschen, geschmückt und mit Honigwasser gesalbt wird. Ein in einer alten Urkunde erwähnter Name des Dewa Ratu gibt durchaus Anlaß zu vermuten, daß seine magische Kraft früher einmal mit Menschenblut oder einer sonstigen Substanz aus dem menschlichen Körper gesteigert wurde. Die Tatsache, daß sich bei den Bali Aga altmalayisches Brauchtum besonders hartnäckig gehalten hat, wird durch nichts so eindringlich bestätigt wie durch die Beisetzungssitten. Verbrennungszeremonien gibt es nicht. Die Leute von Trunyan setzen ihre Toten an einer heiligen Stelle des Ufers in der Wildnis aus. Herumstreunende Tiere, vor allem Vögel, übernehmen dann den Transport des Verstorbenen in die andere Welt. Da haben wir also wieder das Motiv des Verschlungenwerdens (vgl. S. 89ff.) als die Durchgangsstation von einem Lebensabschnitt zu einem anderen, denn der Tod ist in der asiatischen Kultur, und nicht nur dort, ein Teil des Lebens. Bei einigen malayischen Stämmen auf anderen Inseln ist es heute noch üblich, die Toten in Tücher zu wickeln, deren Muster entweder wilde Tiere, etwa Tiger oder Krokodil, darstellen oder aber Schiffe. Diese Tücher sind dann so eine Art Ersatz für das Krokodil oder für das Schiff, eben für das Transportmittel in jene andere Welt. (Hier ist auch daran zu denken, daß die Malayen Madagaskas ihre Toten tatsächlich noch von Krokodilen ›ins Jenseits befördern‹ lassen. Manche nordamerikanischen Indianer, aber auch die Parsen [Persien, Indien] legen ihre Toten auf hohe Aufbauten, damit sie über den Magen der Vögel in den Himmel gelangen.) Und bei den Trageschreinen der hinduistischen Balier, auf denen die Toten zum Verbrennungsplatz gebracht werden, da schließt sich der Kreis: Sie sind gleichzeitig mit dem Boma-Kopf, der den Toten verschlingt, geschmückt und mit den Garuda-Flügeln, den sichtbaren Zeichen des Fluges in den Himmel. So sind in den Bestattungssitten der stärker hindu-javanisierten Balier eben doch auch noch Elemente der ursprünglichen Vorstellungen vom Durchgang in jene Welt enthalten, denen die Bali Aga noch heute verpflichtet sind.

Wer sich nicht scheut, diesen nur mit dem Boot erreichbaren Begräbnisplatz aufzusuchen, wird sicher einen Führer dorthin finden. Allerdings, so munkeln Eingeweihte, ist das, was besichtigt werden kann, letztlich doch nur ein ›Schau(der)platz‹. Der eigentliche Aussetzungsort liegt irgendwo, wo er nicht zu finden ist. Die Toten sollen ungestört von Schau- und Schauderlustigen ihre Reise in jene Welt vollziehen!

Kintamani heißt das langgestreckte Dorf oben auf dem Rande des Riesenkraters, 6 km westlich von Penelokan. Etwa 1 km hinter Penelokan liegt das Restaurant Kintamani, von seiner Westseite aus fällt eine Straße sanft nach Süden ab über Pujung nach Ambengan (Peliatan, Ubud). Von der Stelle aus bietet sich ein prachtvoller Ausblick über die Lavamassen, die bei den großen Ausbrüchen 1917 und 1926 aus dem Batur quollen und bis ins Tal herabrannen. Mitten aus der erstarrten, schwarzgrauen Lavaflut ragt eine grüne Insel heraus. In Kintamani selbst zweigt eine weitere Abfahrt Richtung Panyangan/Ubud ab.

Der Name des Straßendorfes, einer alten Quelle entnommen, bedeutet soviel wie ›Edelstein‹. Doch genauer betrachtet hat der Ort mit seinen wellblechbedeckten Hütten besonders dann, wenn er von dichtem Nebel verhüllt wird, nicht so sehr viel von einem Juwel an sich. Und dann: Während in Bangli die Hunde leben, die am schönsten und lautesten singen (die ganze Nacht hindurch!), zeichnet sich Kintamani durch die kleinsten, zum Ausgleich dafür aber dreistesten und aggressivsten Hunde aus. Die Einwohner im Osten des Ortes stammen aus Batur, einem Dorf, das mitten im Krater am Fuß des Vulkanes (1594 m) gelegen hatte. Ein Teil des Dorfes wurde 1917 beim Ausbruch des Batur zerstört. Vor den Schreinen des **Pura Ulun Danu Batur** allerdings machten die heranbrandenden glühenden Fluten halt. Dieses Wunder steigerte noch das Ansehen des Tempels. 1926 jedoch wurden auch noch die Reste des Ortes von der Lava überrollt; 1 500 Menschen kamen ums Leben. Die Bewohner, die sich retten konnten, siedelten über auf die Höhe des Kraterrandes und begannen, einen neuen Tempel zu bauen, aus dunkelgrauem Stein. Die neun- und elfstufigen großen gedeckten Tore, das siebenstufige Candi Bentar und die sehr schlanken und sehr hohen Merus des Tempels (je einer mit drei, fünf, sieben, elf und je zwei mit neun Tumpang) ragen als ein phantastisches Architekturgebilde über die geduckten Häuser hinweg – eindrucksvoll vor allem, wenn der Morgen- oder Abenddunst die ragenden Konstruktionen einhüllt. Die Eignerin des elfstöckigen Meru ist Dewi Danu, jene Göttin, die den Batur-See, aber auch die drei anderen klaren Bergseen – angefüllt mit Wasser, das den Reispflanzen Leben verleiht – beherrscht. Auch in Meeresheiligtümern wird sie verehrt. Die Reisfeldgenossenschaften (Subaks) aus dem Gebiet rund um Ubud ertränken alljährlich einen Opferbüffel im Batur-See (vgl. S. 177).

Nicht weit von Kintamani, etwa 6 km im Westen, genau da, wo die Straße die höchste Höhe erreicht, um dann steil in Richtung Singaraja abzufallen, liegt der kunsthistorisch interessanteste Tempel des Batur-Gebietes, der **Pura Tegeh Koripan** auf dem **Gunung Penulisan** (1745 m): Das Heiligtum auf dem Gunung Penulisan ist nicht nur das höchstgelegene in Bali, sondern auch das mit der längsten Treppe. Zunächst führt sie hoch zu einem kleinen Sattel. Von dort bietet sich ein herrlicher Blick über den Batur, den Gunung Agung und an klaren Tagen auch über den Gunung Rinjani, den Dreitausender, der für die Orang Bali in Lombok die gleiche Bedeutung hat wie der Gunung Agung für die Bewohner Balis. Nach links ein Pfad zur nahen Radio-Station, während die Treppe selbst nach rechts abknickt und jetzt steil hochführt zum Tempel mit seinen zwei einfachen Candi Bentar. Die Treppe fluchtet in Richtung ›Kaja‹ zum Gunung Agung hin. In den beiden Höfen des Tempels wird man vergeblich nach den architektonischen Bergsymbolen, den Merus, suchen. Dort gibt es nur Pavillons voller Steinskulpturen – alles Funde aus der Umgebung, die etwa 700 bis 1000 Jahre alt sind. Verblichene Stoffetzen verraten ebenso wie vertrocknete Reste von Opfern, daß diese Figuren bis auf den heutigen Tag religiöse Verehrung genießen. Stutterhem hat 1925 beschrieben, wieviele bis dahin von der Erde freigegebene Kult-Skulpturen in diesem Tempel verwahrt werden. Inzwischen muß sich der Bestand verdrei- oder vervierfacht haben. Was man findet, gilt nicht als antikes Museumsstück, sondern als heilig und wird daher im Tempel aufgestellt. Doch angesichts dieses Freilichtmuseums balischen Typs ist es doch ganz interessant, daran zu denken, daß auch in Europa die Museen und Privatsammlungen großenteils entstanden sind aus mittelalterlichen Sammlungen von Reliquien, die als heilig verehrt wurden. Besonders auffällig sind folgende Funde:

* Lingga-Darstellungen mit achteckigen und quadratischen Basen (vgl. S. 184). Hier ist also der Phallus als Verkörperung Siwas kombiniert mit einer auf die Himmelsrichtungen bezogenen Basis, die dementsprechend die gleiche Bedeutung hat wie das Padma, die richtungsbezogene balische Lotosblüte. Das Padma wiederum ist gleichbedeutend mit der Yoni, so daß hier die Überwindung des Dualismus weiblich/männlich dargestellt wird (Ardha-Narisvara-Aspekt von Siwa). Darüber hinaus weist diese wohl auch für Meditationszwecke benutzte Skulptur die Spannung zwischen Viereck und Rund auf. Es handelt sich um eine Art von plastischem Mandala.

* Herrscherpaar mit je einem vierblättrigen Padma in beiden Händen. Es verkörpert die heilbringende Funktion des Götterpaares Wisnu und Laksmi. Das Padma weist auf die vier Himmelsrichtungen hin, ebenso wie die Viererzahl der Padmas besagt, daß alle Richtungen im Reich in der Hand des das Götterpaar vertretenden Herrscherpaares liegen. Es wird angenommen, daß sich unter den Raja-Paaren eine Beisetzungsstatue von Udayana und Mahendradatta befindet. Der Gunung Penulisan barg mit Sicherheit bereits das Bergheiligtum des alten Reiches von Pejeng, war vielleicht sogar damals sein wichtigster Tempel.
* Doppel-Lingga. Hier handelt es sich um die Darstellung des Herrscherpaares in anderer Form. Sie verkörpern den Raja und seine Gattin als Siwa und die Erdmutter Parwati (Prtiwi). Es verwundert ein bißchen, daß auch die weibliche Energie des Herrschers, seine Sakti, durch einen Phallus repräsentiert wird. Andererseits hält ja auch das figürlich dargestellte Herrscherpaar je eine Padma-Blüte, das Symbol der Yoni, in jeder Hand. Auch der Raja, nicht nur seine Sakti!
* Ganesa, Sohn Siwas und der Parwati, mit deutlich ausgeprägtem dritten Siwa-Auge, dem Yoga-Meditationsauge für den Blick nach innen, auf der Stirn. Der elefantenförmige Gott hat vier Arme. Die beiden hinteren, nur im Flachrelief dargestellten Hände halten den siwaitischen Rosenkranz und die Axt. In der rechten, vorderen, vollplastischen Hand ein Schälchen, aus dem er den geliebten Reiskuchen nascht, mit der Linken umfaßt er seinen abgebrochenen Stoßzahn, mit dem er nach dem Mond, der Mondgöttin (der Liebesgöttin Ratih), geworfen hatte. Da der Mond in Ostasien, wie in den meisten Teilen der Welt, das weibliche Prinzip verkörpert, muß dieser Stoßzahn ebenfalls ein Phallussymbol sein. Dazu paßt, daß die Bruchstelle mit einem Padma überdeckt ist, so daß wir auch hier wieder die Vereinigung der beiden Gegensätze männlich/weiblich, Sonne (der Vater Ganesas tritt in Bali auch als Surya, als Sonnengott auf)/Mond, Wasser/Feuer (rote Farbe des Menstruationsblutes), Lingga/Yoni, Siwa /seine Sakti Parwati (er, der Himmel, sie, die Erde, balisch Prtiwi) vor uns haben. Es ist genau die gleiche Symbolik wie sie der Lingga mit achteckiger bzw. quadratischer Basis ausdrückt.
* Eine Figur stellt einen vierköpfigen Gott dar, Brahma, den Schöpfer, der die Viererеinheit der vier Götter der Himmelsrichtungen in sich schließt, aber auch andere Vierersysteme, wie die vier Vedas (Gesamtheit der Wissenschaften), vier Kasten (Catur Warna) und die vier Weltzeitalter (Catur Yuga). Die Brahma-Darstellung ist der Urvater der vierköpfigen Figuren der Richtungsgottheiten, die in Bali die zentralen Wegkreuzungen bewachen.
* Ein flacher, runder Stein stellt in einfachen Kerbstrichen die Hochzeit von Sonne und Mond dar. Es handelt sich um eine Art Kalenderstein. Sonne und Halbmond haften aneinander, sie sind von zehn Halbkreisen und zehn Strahlenstrichen umgeben, die jeweils für ein Jahr stehen. Das bedeutet: Alle zehn Jahre wird in diesem Tempel das Fest der liebenden Vereinigung von Sonne und Mond gefeiert.

Der Figurenbestand in dem Tempel auf dem Gunung Penulisan sagt also folgendes aus: Unter dem eindeutigen Primat von Siwa ist hier die Trinität Siwa, Wisnu, Brahma vertreten. Es geht um einen Fruchtbarkeitskult, der das Heil in der Vereinigung der getrennten

Prinzipien, insbesondere in der Vereinigung des Gegensatzes von männlich und weiblich, sieht, die im Liebesgeschehen erfolgt. Der Liebesakt ist der Garant für Fruchtbarkeit. Die Darstellungen scheinen aus einer Periode zu stammen, die sich an die erste lose Vereinigung von Bali und Ostjava unter Mahendradatta und Udayana um die Jahrtausendwende anschließt. Ostjavanischer Kulturimport hat die Skulpturen geprägt, und eine balische Eigenentwicklung ist an ihnen noch nicht abzulesen.

Ausflüge von Bangli

Von Bangli nach West und Ost

Das Städtchen Bangli ist ein günstiger Ausgangsort für alle möglichen Ausflüge. Die Straße in westlicher Richtung läuft nach Tampaksiring (vgl. S. 202). Bis um die Mittagszeit verkehren gelegentlich – sehr gelegentlich – Bemos auf dieser Strecke. Von Tambaksiring aus kommt man immer ganz gut nach Gyanyar, dort ist es bis etwa 16.00 Uhr möglich, ein Bemo zurück nach Bangli aufzutreiben. Später ist man dann darauf angewiesen, an der Gabelung Bangli/Klungkung entweder ein Bemo zu chartern oder auf eine Motorrad-Mitfahrgelegenheit zu warten.

Nach Osten führt ein sehr holpriger und sehr bergiger, aber landschaftlich außerordentlich reizvoller Weg am Pura Dalem Slaugan vorbei. Geradeaus sind es nur 13 km nach Rendang, das an der Hauptstraße Klungkung-Besakih liegt, nur etwa 7 km entfernt vom großen Muttertempel (vgl. S. 316ff.). Frühmorgens verkehren zwischen Bangli und Rendang auch vereinzelte Bemos. Dem, der vor Sonnenaufgang aufbricht, bietet sich auf dieser Strecke ein großartiges Naturschauspiel. Bereits hinter dem Dorf **Cempaga** (dort auch zwei interessante Tempel) hat man bis Besakih fast immer den Gunung Agung vor sich, und direkt hinter ihm geht auch die Sonne auf. Der Weg führt zunächst durch romantische Reisterrassen hinab bis Tembuku. Dort trennen sich die Wege, einer führt geradeaus weiter, bergaufwärts nach Rendang und Besakih, der andere nach rechts (Süden) über **Nyalian** zur Hauptstraße Gyanyar-Klungkung. In Nyalian gibt es ein Puri, das zu einer Seitenlinie des Herrscherhauses von Bangli gehört. An der Südseite des Palastes zweigt ein Weg in östlicher Richtung zu einem Pura Dalem und dem danebenliegenden Verbrennungsplatz ab. Südlich von Nyalian soll es einen romantischen Fußpfad durchs Flußtal in westlicher Richtung zurück nach Taman Bali an der Strecke Sidan-Bangli geben.

Von Bangli nach Sidan (Gyanyar) und Klungkung

Von Bangli aus nach Süden bis zum Dreiweg Bangli-Gyanyar-Klungkung geht es 13 km lang verhältnismäßig sanft bergan. Außerhalb der Stadt bleibt links von der Straße der Pura

Dalem Penunggekan mit dem Verbrennungsplatz und dem chinesischen Friedhof dahinter liegen. Etwas weiter unten auf der gleichen Seite der **Pura Penataran Gana** mit Sieben-Tumpang-Meru und einem Padmasana, geschmückt mit den fünf Richtungsgottheiten. Der Pura Puseh im Desa Banutin enthält ein Gedong, dessen Steinrelief-Dekor auffällig bemalt ist. Kurz vor der Grenze Bangli-Gyanyar erhebt sich auf der rechten Seite ein Hügel. Von dort aus haben die Krieger Banglis die aus Gyanyar heranrückenden Mannen beobachtet. Der Ort Sidan gehört schon zum Land Gyanyar.

Im Norden liegt auf der linken Straßenseite der **Pura Puseh Sidan** mit einem sehr schönen Sieben-Tumpang Meru und einem Bale, das menschenähnlich geformte Natursteine enthält, sowie bis zur Unkenntlichkeit verwitterte Figuren, darunter ein Lingga und zwei Ganesa. Vor dem Tempel sind mehrere Steinfiguren aufgereiht, darunter auch Musiker – besonders hübsch ein Gender-Spieler –, ein Jauk-Tänzer und ein Pedanda-Priester.

Als nächstes folgt, ebenfalls auf der linken Straßenseite, der Ahnentempel der Raja-Familie von Gyanyar, der **Pura Merajan Agung Sidan.** Dieser Tempel ist leider meistens geschlossen, kann aber durch ein Candi Bentar hindurch ganz eingesehen werden. Vor einem Durchblick in einem zentralen Gebäude steht eine Skulptur ›Mutter mit fünf Kindern‹ – das Leitmotiv dieses Tempels –, die neue Generation der Raja-Familie, in der die Ahnen wiedergeboren werden. Am Sockel dieses Gedong einige der seltenen Reliefdarstellungen mit modernen Motiven: Männer in europäischer Soldatenuniform, dem Gesichtsschnitt nach jedoch Indonesier, vielleicht Angehörige des Raja-Geschlechts: Mitte unten ein Uniformierter auf einem Fahrrad. Er trägt genau wie die vollplastische Figur eines Schreibenden am linken Arm eine Uhr. Rechts ein Soldat mit Feldstecher, über ihm eine Tänzerfigur in traditioneller Tracht. Im Flugzeug (in der Mitte) sitzt ein Pilot, der aber offensichtlich von einer größeren, traditionell gekleideten Figur gehalten wird. Es könnte sein, daß die Gestalten in balischer Kleidung Ahnen darstellen, die die gegenwärtige Generation beschützen. Da die Figuren bisher unbekannt waren, sind sie noch nicht näher untersucht. Bei diesem Tempel hat sogar das Candi Bentar einen ebenfalls gespaltenen Flammennimbus, der mit einem Swastika-Ornament geschmückt ist.

Noch ein Stückchen weiter im Süden und ebenfalls an der linken Straßenseite steht der **Pura Dalem Sidan.** Hinter einem Candi Bentar, flankiert von Hexen, die es an eindrucksvoller Groteskheit schon fast mit den Rangdas des Nordens aufnehmen können, ein gedecktes Tor, das die Lanzettenform einer lodernden Flamme aufweist. Der Nimbus umzieht eine mehrstufig abgetreppte Grundform, die er überspielt und mit der er gleichzeitig kontrastiert. Der Kala Boma-Kopf über der Pforte ist – wenn auch die beiden flankierenden, übereinanderstehenden Hexen mit ihren Hängebrüsten und Fangzähnen noch wesentlich erschreckender sind – insofern interessant, als sich der aus seinem Bart wuchernde Pflanzenwuchs zu zwei Flügeln formt, die auf den Garuda anspielen. Gerade in diesem Pura Dalem findet sich noch eine ganze Reihe weiterer sehr hübscher figürlicher Darstellungen von Musikanten, Tänzerinnen, Priestern.

Nicht weit hinter dem Dreiweg Bangli-Gyanyar-Klungkung in Richtung Osten wird auch das Territorium von Klungkung erreicht. Knapp auf der halben Strecke zur Stadt liegen

Hexengestalt mit Flammen in den Handflächen, Pura Dalem Sidan

am Südrand der Straße Reisfelder mit einem Subak-Tempel, und keine 300 m weiter stößt man auf der Nordseite der Straße auf einen Komplex von drei Tempeln. Der größte davon (rechts) heißt **Pura Kentel Bumi.** Ins Innere des Tempels ›Das Gerinnen der Welt‹ führt ein schweres, kronenartig geschwungenes gedecktes Tor, dessen Form ziemlich typisch für das Gebiet von Klungkung ist. Der oberste Teil hat die Form einer Priestermütze. Im Inneren ein Elf-Tumpang Meru und ein vierköpfiger Gott – Brahma. Der Tempel links vorne heißt Pura Watu, der in der Mitte hinten – der Tempel einer Abstammungsgruppe, die sich mit dem Schmiedehandwerk beschäftigt – Pura Nataran Pande.

Quellen: 64, 83, Q 16, Q 17

Klungkung – das Reich des Dewa Agung im Südosten

Klungkung ist das kleinste der historisch gewachsenen Territorien Balis – auch dann, wenn man die dem Festland vorgelagerten Inseln dazurechnet. Es handelt sich jedoch um das erste von Majapahit-Emigranten aus Java verwaltete Gebiet. Im 15. Jahrhundert regierte der erste Dewa Agung – so der Titel des Herrschers – in Gelgel. Um 1700 hat dann der Dewa Agung Kresna Kepakisan seine Residenz ein paar Kilometer weiter nach Norden, nach Klungkung, verlegt. Alle anderen Raja-Häuser Balis leiten sich von der Klungkung-Dynastie ab, die als die älteste und damit ranghöchste angesehen wird. Das galt nach 1700 weniger politisch, denn die Fürstentümer Balis waren so selbständig, daß sie sich auch untereinander befehdet haben. Dennoch war Bali kulturell – und das bedeutete vor allem rituell und zeremoniell – eine Einheit. Die Bedeutung des Dewa Agung kam auch darin zum Ausdruck, daß in Klungkung der Sitz des für ganz Bali zuständigen Gerichtshofes errichtet wurde.

Da es in Klungkung selbst nur das begrenzt gemütliche Losmen Wisnu gibt, wird dieses Gebiet vorzugsweise von Bangli aus oder von einem Home Stay nahe Besakih oder aber von Padangbai aus besucht. Die beiden letztgenannten Unterkunftsmöglichkeiten liegen auf dem Territorium von Karangasem.

Der Ort Klungkung mit dem Bale für Recht und Ordnung

Die Innenstadt, durch die sich als Hauptstraße die Verkehrsader Gyanyar-Amlapura hindurchzieht, war lange Zeit nichts als eine einzige staubige Baustelle. 1982 zeigte sich jedoch ihr neues Gesicht von seiner besten Seite: Schmucke, mehrstöckige Häuser mit Balkons für jede Etage – und über den Balkontüren jeweils ein Kala Boma-Kopf! Dies ist ein interessanter Versuch, Elemente des dörflichen Gehöfte-Tores (Kori) oder auch des Tempeltores mit den Erfordernissen der städtischen Etagenwohnung zu verbinden. Im Erdgeschoß liegen die Geschäfte, darunter auch einige gute chinesische Lebensmittelläden und Restaurants.

Ein kleiner chinesischer Tempel versteckt sich ängstlich hoch oben auf dem Dach eines Etagenhauses am Markt. Er ist nur über das Restaurantgeschäft zu erreichen. Sicher wird das erwachende Selbstbewußtsein der malayischen Bevölkerungsgruppe in Indonesien in

Tempel bei Klungkung (Zeichnung von W. O. Nieuwenkamp 1906)

Zukunft jene Großzügigkeit und Gelassenheit entstehen lassen, die gewährleistet, daß die religiösen und ethischen Minderheiten angstfrei leben können. Die Aussichten dazu sind gut, zumal Besinnlichkeit und Toleranz ohnehin zu den ganz großen, quasi angeborenen Tugenden der Menschen malayischer Herkunft zählen. Von der Zusammenarbeit mit den kommerziell rührigen Chinesen können alle Seiten nur gewinnen. In diesem Zusammenhang interessant: Klungkung ist auch als Handelszentrum nicht nur für balische, sondern auch für javanische Antiquitäten von einer gewissen Bedeutung. Mit Kunst hatte man hier schließlich immer etwas zu tun. Nur 2 km südlich liegt das Malerdorf Kamasam. Die dortigen Künstler waren früher für den Hof in Gelgel, dann für den in Klungkung tätig und arbeiten auch heute nicht nur für den ›Dewa Agung Turis‹, sondern decken zusätzlich den immer noch reichlich vorhandenen Bedarf an Zeremonialkunst.

Taman Gili (mit Kerta Gosa): Im Westen erreicht man vor dem eigentlichen Ortskern von Klungkung eine Kreuzung. Geradeaus geht es erst in den Ort und dann weiter Richtung Amlapura, rechts nach Kamasam und Gelgel, links nach Rendang und Besakih. In der

Nordwestecke liegt der Restaurant-Pavillon Puri Agung, gegenüber in der Südwestecke der Taman Gili (›Garten des Inselchens‹).

Ein einsames Tor ist der letzte Rest des königlichen Palastes Puri Semara Pura (›der von der Stadt geliebte Palast‹). 1908 wurde er von holländischer Artillerie zusammengeschossen. Der Dewa Agung und sein Hof hatten sich zum Puputan, zum Freitod entschlossen. Damit war ganz Bali kolonisiert. Der Taman Gili ist eine Anlage mit künstlichen flachen Seen, in denen auf künstlichen Inseln Bales liegen. Links neben dem Eingang befindet sich die Gerichtshalle Kerta Gosa, und geradeaus geht es zum Bale Kembang, dem schwimmenden Pavillon. Die offenen Dachstühle im Inneren der beiden Gebäude sind über und über mit Wayang-Malereien ausgeschmückt. Errichtet wurden die Bales im 18. Jahrhundert. Damals hatte man die Dachstühle mit Malereien auf Leinwand ausgekleidet. Bei den Erneuerungsarbeiten von 1930 und 1960 hingegen trug man die Malereien direkt auf Asbestplatten auf. In der Kerta Gosa wurde unter dem Vorsitz von drei Pendanda-Priestern Gericht abgehalten, und zwar auch noch in der Holländerzeit. Der Grundriß des Gebäudes ist quadratisch. Im Pyramiden-Zeltdach wird vor allem die Bima Suarga-Geschichte dargestellt, und zwar von oben nach unten in neun Zeilen:

1. Scheitelquadrat: Die vier Richtungsgottheiten Iswara (Osten), Brahma (Süden), Mahadewa (Westen) und Wisnu (Norden) sitzen um die holzgeschnitzte Lotosblüte, das Modell der Welt. Die ebenfalls holzgeschnitzten vier Vögel um das Zentrum, ein uraltes indonesisches Motiv, erinnern an die Seelenvögel der Ahnen, die zum Ursprung aller Dinge zurückkehren.
2. Zeile: Die Himmel, in denen die Rechtschaffenden weilen.
3. Zeile: Die Bima Suarga-Geschichte, und zwar ihr Ende. Die Szenenfolge verläuft von unten nach oben, das entspricht der Geschichte selbst, deren erster Teil in der Unterwelt und deren letzter in der Götterwelt spielt.
4. Zeile: Szenen aus der Bima Suarga-Geschichte.
5. Zeile: Erdbebenkalender in der Form einer Bildfolge. Da die Bima Suarga-Geschichte darunter die 7. und 8. Zeile in Anspruch nimmt, fragt man sich, warum hier und in der 6. Zeile eine ganz andere Bildserie dazwischengeschoben wurde. Ein Erklärungsversuch: Die Bima Suarga-Geschichte spielt in der Unter- und in der Oberwelt. Wenn man nun aber die Dreiteiligkeit der Welt darstellen möchte, dann bleibt einem gar nichts anderes übrig, als eine auf die Mittelwelt bezogene Bildserie hier einzufügen.
6. Zeile: Der Garuda stiehlt das von den Göttern verwahrte heilige Wasser, um seine Mutter aus der Gewalt eines Unholdes zu befreien. Gott Indra entdeckt ihn jedoch und erobert das Wasser wieder zurück. Diese Geschichte hier dazwischen zu schieben ist deshalb sinnvoll, weil sowohl Bima wie Garuda heiliges Wasser zur Erlösung ihrer Eltern gewinnen wollen – Bima mit, Garuda aber ohne Erfolg.
7. Zeile: Bima Suarga-Geschichte: Bestrafung der Frevler.
8. Zeile: Anfang der Bima Suarga-Geschichte. Sie startet im Osten, weil dies die segensbringende Seite ist, und läuft im Uhrzeigersinn nach Süden und Westen zum Norden weiter. So wie man die mit dem Ider-Ider (vgl. S. 111) geschmückten Bales in den Tempeln umschreiten

kann, so lassen sich die Bildzeilen hier mit den Augen abtasten. Wir haben eine stumme Entsprechung zum Wayang Kulit vor uns.
9. Zeile: Darstellungen aus den buddhistischen Tantri-Fabeln (vgl. S. 165).

Es fällt auf, daß das Dachinnere in neun Zonen gegliedert ist. Man muß unwillkürlich an die neun Dächer eines Neun-Tumpang Meru denken.

Bima Suarga – Bimas Höllen- und Himmelfahrt

Die fünf Pandawa-Brüder werden von Dewi Kunti, der ersten Frau ihres verstorbenen Vaters Pandu, darauf angesprochen, daß Pandu mit seiner zweiten Frau Madri immer noch in einem Kupferkessel im Reiche des Totengottes Yama Qualen erleidet. Pandu hatte nämlich unwissend den größten Frevel begangen, den ein Hindu auf sich laden kann. Er tötete einen Brahmanen, der ihm während einer Jagd in der vorübergehend angenommenen Gestalt einer Hirschkuh in die Quere gekommen war. Nach zwölf Jahren harter Strafe war die Zeit reif für eine Erlösung. Bima, der zweite und stärkste und auch gewalttätigste der Brüder (im Gegensatz zu den anderen vier immer mit dem runden Kugelauge des wenig zimperlichen Kraftmenschen dargestellt) soll diese Aufgabe übernehmen – allerdings nicht alleine: Seine Mutter und seine Brüder schlüpfen in seine verschiedenen Körperteile hinein, um ihm auch noch ihre Kraft zu verleihen. Bima kann fliegen, denn sein eigentlicher Vater ist der Windgott Bayu – und so entschwebt er zum Feld der Wiedergeburt in Yamas Reich. Dessen Helfer legen dort die Strafen für die Frevler fest. Bima besichtigt die Gemarterten: die im Kupferkessel Gekochten, die über Feuer Aufgehängten, die vom Vogel Paksiraja ins Auge Gepickten und die vom Elefanten Gajahraja Angegriffenen, die Mütter, die abgetrieben haben und deswegen, lebhaft geschüttelt von den betroffenen Embryos, von einer Brücke stürzen und einem Krokodil in den Rachen purzeln, die an den Höllenbaum Gefesselten, die mit Messern zu Tatar Bali (Lawar) Zerhackten, die Frauen, die eine Raupe an ihrem Busen nähren müssen, weil sie sich weigerten, ihre Kinder zu säugen, diejenigen, die im nächsten Leben selbst als Raupe, als Bulle, als weiblicher Dämon oder als Vogel wiedergeboren werden.

Bima kann sich darüber hinaus auch vergewissern, daß es den Totenseelen der Guten dementsprechend gut geht, wenn auch deren Erlebnisse weit weniger ausführlich geschildert werden. Tiefer dringt Bima ein in Yamas Reich. Hindernisse, die sich ihm entgegenstellen, stürzende Felsen oder eine vibrierende Brücke, beseitigt er ganz einfach dadurch, daß er sie hinunterschlingt. Von einem

Hauptmann Yamas fordert er die Freilassung von lediglich zwei Gemarterten, von Pandu und Madri. Dieser Wunsch wird ihm versagt, doch Bima schlägt nun die Legionen Yamas so entscheidend, daß der Hauptmann nachgeben muß. So packt denn Bima den bewußten Kupferkessel und stülpt ihn derart tatkräftig um, daß alle Verdamten daraus herauskullern und ihm für ihre Erlösung danken. Peinlicherweise bleiben Pandu und Madri wegen der Schwere ihres Frevels am Kesselboden hängen. Und jetzt greift auch noch Yama höchstpersönlich ein. Nach einigen Diskussionen kommt es zu einer Schlägerei, bei der Yama den kürzeren zieht. Nun verspricht er, die beiden zu befreien, wenn Bima ihm nur sein Leben schenke. Yama holt auch tatsächlich die beiden aus dem Kessel heraus, weist sie Bima vor, zerhackt sie jedoch anschließend und wirft sie wieder in den Kessel zurück. Verständlicherweise ist Bima über das Benehmen des Gottes einigermaßen aufgebracht. Er stülpt den Kupferkessel über Yama, der sein Heil in der Flucht sucht. Inzwischen haben sich Bimas Taten bis zu Batara Siwa herumgesprochen, und dem Zweitgeborenen der Pandawa wird erlaubt, die Gebeine der Eltern zu sammeln und dem Kessel zu entnehmen.

Nun schlüpfen Kunti und Bimas Brüder wieder aus seinem Körper heraus. Sie vollziehen gegenüber den Eltern einen Sembah (anbetende Ehrerweisung), wodurch diese wieder zum Leben erweckt werden. Dennoch können Pandu und Madri weder gehen noch sprechen. Entgegen seinem Willen wird Bima ebenfalls gezwungen, einen Sembah zu machen, was aber nicht weiterhilft. Bima will jetzt seine Ruhe haben, doch nach einem heftigen Wortwechsel mit seinen Brüdern läßt er sich in den Himmel schicken, um heiliges Wasser zu holen. Mit Amerta (oder Tirtha) wäre dann die endgültige Erlösung der beiden zu erreichen. Nun ist natürlich den Sterblichen der Zutritt zum Himmel verboten, deshalb gerät Bima sich dort gleich mit den niederrangigeren Gottheiten in die Haare. Siwa ist nun der Ansicht, daß Bayu, der eigentliche Vater Bimas, als einziger imstande wäre, mit seinem ungehobelten Sohn fertig zu werden. Bayu gelingt es tatsächlich, Bima zweimal zu töten, Sanghyang Tunggal, das höchste göttliche Prinzip, erweckt ihn jedoch jedesmal wieder neu zum Leben. Schließlich saugt der Windgott den Lebensodem Bimas auf – was zur Folge hat, daß alle Menschen und alle Lebewesen in der Welt den Odem verlieren. Bayu ist gezwungen, seine Maßnahme rückgängig zu machen, und mit der Welt des Lebendigen erwacht natürlich auch wieder Bima. Siwa läßt nun Bima doch noch heiliges Wasser zukommen. Damit kann die Familie die endgültige Erlösung von Pandu und Madri vollbringen. Begleitet von Widadari gelangen die beiden in den Himmel und erhalten dort einen Meru, einen Göttersitz, der genauso aussieht wie die Merus, die allüberall in Bali in den Tempeln zu finden sind.

Bima Belawa, Schattenspielfigur des als Metzger auftretenden Heros

Für Europäer mit ihrer Vorstellung, daß Eltern alles für ihre Kinder tun sollten, die Kinder aber kaum Verpflichtungen gegenüber den Eltern hätten, ist es sicher ein ganz ungewöhnlicher Gedanke, daß ein Sohn alle Gefahren auf sich nimmt, um heiliges Wasser zur Erlösung seiner Eltern herbeizuschaffen. In Bali jedoch wird jeder älteste Sohn zu einem Bima, denn er hat die heilige Pflicht, die Verbrennungs- und Reinigungszeremonien, bei denen das heilige Wasser die entscheidende Rolle spielt, durchzuführen. Und diese Zeremonien sind es, die die Erlösung der Eltern gewährleisten. Kinderlosigkeit ist so gesehen ein das Diesseits übergreifendes Unglück, weswegen kinderlose Frauen in Yamas Reich an Bambusstauden aufgehängt werden.

Interessant wird es übrigens, wenn man diese Reise Bimas in Hölle und Himmel mit Berichten über Trancereisen von Schamanen in die andere Welt vergleicht. Es ergeben sich da ganz verblüffende Übereinstimmungen. Der Bima aus der Bima Suarga-Geschichte muß auf eine Gestalt, die das Schamanentum (vgl. S. 87f.) repräsentierte, zurückgehen.

Das Bale Kembang, der schwimmende Pavillon, ist längsrechteckig. Über seinen ursprünglichen Verwendungszweck wissen wir nichts. Die heutige bauliche Gestalt hat das früher wesentlich kleinere Bale unter den Holländern erhalten. Die Darstellungen auf den Malereien: 1., 2., 3. und 4. Zeile von oben die Sutasoma-Geschichte, verfaßt von Mpu Tantular 1135 in Java. Tantular versucht, den Mahayana-Buddhismus mit dem Hinduismus zu harmonisieren. Seine Sutasoma-Erzählung findet man gerade im Gebiet von Klungkung häufig dargestellt: Sutasoma, eine Erscheinungsform Buddhas vor dessen Wiedergeburt als der historische Gautama Buddha, wird begleitet vom Priester Keshava sowie von den Dienerfiguren Twalen und Merdah. Auf ihrem Weg treffen sie den menschenfressenden Elefanten Gajah, den sie bekehren. Er schließt sich ihnen an und besiegt Naga Pasha, den Schlangenkönig, der anschließend ebenfalls von Sutasoma bekehrt wird. Alle zusammen wandern weiter und treffen eine Tigerin, die vor lauter Hunger ihre eigenen Kinder fressen will. Sutasoma bietet sich ihr an, falls sie die Kinder verschone. Als sie dann tatsächlich Sutasoma zerrissen hat, erfährt sie, wen sie da tötete, und ist voller Verzweiflung über ihre Tat. Doch der hinduistische Gott Indra taucht auf und erweckt Sutasoma zum Leben. Der Elefant, die Schlange und die Tigerin, alle drei beschließen, ihr Leben fürderhin als Asketen zu verbringen.

5. Zeile: Die Kindergeschichte von Pan Burayut. Es handelt sich um ein Paar, das, keineswegs außergewöhnlich für Bali, 18 Kinder hat.

6. (unterste) Zeile: Astrologischer Kalender (näheres S. 112f.).

Quellen: 114, Q 16, Q17

Nach Kamasam und Gelgel

Von der Kreuzung am Taman Gili aus führt eine Straße nach Süden. Pferdewagen sind zu mieten, und es verkehren auch Bemos. Nach etwa 2 km biegen nach links (Osten) mehrere parallele Straßen ab ins **Malerdorf Kamasam.** Wenn man dort herumschlendert, trifft man allenthalben Leute, die einen in ihre Häuser rufen wollen, um traditionelle Malerei zu verkaufen. Es handelt sich überwiegend um sehr sorgfältig gearbeitete Stücke. 1982 lag der Richtpreis für ein gutes Exemplar mittlerer Größe bei etwas über DM 100.

Von Klungkung aus sind es nach Süden etwa 5 km bis **Gelgel.** Kurz bevor der Ort erreicht wird, biegt die Straße nach Osten ab. Nach der Eroberung Balis im 14. Jahrhundert ließ sich der javanische Gouverneur in Gelgel nieder. Im 15. Jahrhundert machte der Raja von Gelgel den Tempel von Besakih zu seinem Ahnentempel. Um 1650 schaltete dann ein Patih, ein erster Minister des Reiches, den Raja von Gelgel aus, was das Ende der politischen Vormachtstellung des Raja-Geschlechtes bedeutete. Der Regierungssitz wurde später nach Klungkung verlegt. Gelgel war jedoch bereits besiedelt, lange bevor die Javaner kamen. An der Westseite der Straße Klungkung-Gelgel, besonders aber an mehreren von Waringin-

Bäumen beschatteten Plätzen im Dorf selbst, finden sich Steinsitze, zusammengefügt aus einem stehenden und einem liegenden Stein. Sie werden gern als neolithisch bezeichnet, obwohl kein Mensch genau weiß, wie alt sie tatsächlich sind. Wahrscheinlich ist der Brauch, Steinsitze zu errichten, in der Bronzezeit entstanden, hat sich dann aber sehr lange bis weit in die historische Zeit hinein gehalten.

In entlegenen Gebieten Indonesiens wird die Tradition des Steinsetzens tatsächlich bis auf den heutigen Tag gepflegt. Bisweilen wird angenommen, daß der Steinsitz als Verbindung des aufrecht stehenden Lingga-Steins mit dem waagerechten Yoni-Stein zu verstehen sei, daß es sich also um eine Vorform der Lingga-Yoni handelt (vgl. S. 184). Das schließt durchaus nicht aus, daß sie gleichzeitig Totenmale darstellen. Erst wurde ein aufrechter Stein als zeitweiliger Wohnsitz einer Ahnenseele betrachtet, und später hat man den Steinsitz als den Thron der unsichtbaren Ahnenseele aufgefaßt. Ansammlungen derartiger Steinsitze waren Treffpunkte für die Dorfältesten, die sich mit ihren Ahnen berieten. Die vielen leeren Götterthrone, die heute auf Bali stehen, haben sich aus solchen Steinsitzen entwickelt.

Am Ortseingang von Gelgel, gleich hinter der Straßenbiegung rechts, liegt der **Pura Paibon Jelantik Tok Jiwa.** Das schönste daran ist das Tor in der für Klungkung typischen Priestermützenform, aber mit Eckverzierungen. Über dem Kala Boma-Kopf eine sitzende Buddha-Figur in einer Nische, die ihrerseits als Tor mit einem Boma-Kopf angelegt ist. Vorne rechts neben dem linken Tugu die Statue eines Schreibers. Ein Schreiber ist der Sekretär eines Fürsten, wie der Taksu, der in einem Tugu wohnt, als Sekretär der Götter dient und ihre Botschaften vermittelt (vgl. S. 30). Das hohe, nicht eben schöne Zementgebilde im Inneren ist der Paibon (vgl. S. 254).

Ein Stück weiter im Ort der **Pura Nataran** (Penataran Jero Agung), einer der Raja-Tempel. In seiner Bedeutung entspricht er, obwohl weit weniger eindrucksvoll, dem Pura Kehen Bangli. Ein schöner Kulkul-Turm mit Reliefs von Wayang-Figuren an der Außenmauer. Die Holzpfeiler eines der Bales stecken in löwenförmigen Sockeln. Zwei Götterthrone sind als Backsteinbauten ausgeführt. Wie in vielen anderen Tempeln im Bereich von Klungkung hat auch hier schon das Wellblechdach seinen Einzug gehalten. Der Tempel birgt auch eine merkwürdige, bronzezeitliche Steinstatue von etwa 75 cm Höhe: eine ungeschlachte menschliche Figur mit einer Vagina mitten auf der Brust. Herz, Vagina und Nabel sind hier als Ursprungsort des Menschen in eins zusammengefaßt.

Der wichtigste Tempel ganz in der Nähe ist der **Pura Dasar,** der Tempel der Basis. Es ist der zentrale Verehrungsplatz aller Mitglieder der Dynastie von Gelgel, die sich von den Einwanderern aus Java ableitet. Gegründet hat ihn der erste Kulturbringer von Java, Empu Kuturan. Sein gespaltenes Tor verdient besonderes Interesse, weil die Spaltflächen mit Skulpturen ornamentiert sind. Quer durch beide Halb-Candis ziehen sich Schlangen, die mit dem Kopf an der Außenseite und mit dem Schwanz aus den Spaltflächen herausragen. Aber das kommt ja häufiger vor in Bali, daß so ein steinernes Wesen, insbesondere auch die Unterweltschildkröte, mitten im Bau steckt und nur einige Körperteile herausstreckt. Im Innenhof ein Elf-Tumpang-Meru (geschnitzte Tür, links und rechts ein Spiegel) sowie ein Neun-Tumpang-Meru. Bemerkenswert sind auch die vergoldeten Schnitzereien im Dachstuhl des zentral gelegenen Bales. Vom Vorhof aus führt links eine Pforte zu einer Straße, auf der gegenüberliegenden Seite der Pura Puseh. Die Dächer seines Sieben-Tumpang-Merus sind aus Blech.

Quellen: 64, 98, Q 16

Richtung Ost – Kusamba, Goa Lawah

Richtung Amlapura herrscht bis in den Nachmittag hinein starker Bemo-Verkehr. 6 km hinter Klungkung liegt **Kusamba,** ein kleines Fischerdorf mit einer Moschee. Der Hafen ist der Ausgangspunkt für Fahrten nach Nusa Penida (vgl. S. 313). 3 km weiter östlich, direkt an der Straße, befindet sich die Fledermaushöhle **Goa Lawah.** Es handelt sich um einen der sechs ›Reichstempel‹ von Bali und gleichzeitig um ein Naturwunder. Das Allerheiligste des Tempels liegt in der Vorhalle einer Höhle. Deren Wölbung ist am Tage über und über bedeckt mit Abertausenden von ständig durcheinanderwuselnden Fledermäusen. Der Boden des Felsendomes einschließlich der Göttersitze wird von einer dicken Schicht dessen überzogen, was man bei Seevögeln als Guano bezeichnen würde. Die Höhle führt tief hinein unter den Berg, und obwohl noch niemand in sie eingedrungen ist, so besteht doch Gewißheit, daß sie genau unter dem Zentrum des Gunung Agung endet. Dann dient sie selbstverständlich auch als Behausung für eine der beiden Unterweltschlangen, und zwar für Sanghyang Basuki. Dieser Schlange soll übrigens auch das erste Heiligtum in Besakih geweiht gewesen sein, das bestimmt genau über dem Höhlenende errichtet wurde. Sanghyang Basuki, Herr der Schlangen, gilt sogar als Hausherr des Tempels, und sein Sitz ist der Padmasana, der Steinthron, der ansonsten Siwa gebührt. Auch der zweiten Schlange, der Weltenschlange Antaboga, Herr über die sieben Höllen (Sapta Patala), ist ein Pelinggih zugeeignet. Außerdem werden noch andere Unterweltgottheiten dort verehrt, der Herr des Meeres (Batara Segara) und Batara Ped, der Unterweltgott der Unterweltinsel Nusa Penida, die von hier aus gut zu sehen ist. Goa Lawah ist das unterweltliche Pendant zum oberweltlich orientierten Pura Besakih. Vor der Höhle werden alle 15 Tage Opfer für die Dämonen dargebracht. Außerdem nutzen die umliegenden Dörfer Goa Lawah für Reinigungszeremonien im Zusammenhang mit Riten für die Toten. Da Basuki in einer seiner Erscheinungsformen zuständig für den Wohlstand ist, wird das im Tempel gewonnene heilige Wasser auch für allerlei Zeremonien auf den umliegenden Reisfeldern benutzt. Wir wollen nicht vergessen, daß auch Dewi Sri letztlich einen chtonischen Charakter hat (vgl. S. 139). So ist es kein Wunder, daß eine ganze Menge von Schreinen der Reisgöttin zugeordnet sind. Und für die beiden Wohlstandsgötter Dewi und Dewa Sedana wird im Goa Lawah auch gesorgt.

Als Tempelgründer gilt der Kulturheros aus Java, Sanghyang Kuturan. Manchmal wird angenommen, daß es sich um eine Priestergestalt mit königlichen Befugnissen handelte, die

3 Nordbalische Hexe

64 Landschaft bei Besakih

65 Pura Ulun Danu, Candi Kuning, im Morgenlicht

66 und 67 Jembrana, Tempeltor vom Pura Perancak (links) und Eingang zur evangelischen Kirche von Blimbingsari (rechts)

68 Pura Dalem, Sidan, Gyanyar

69 Rangda-Hexenrelief im Pura Kerta Negara Mas bei Yeh Sani ▷

70 Pflanzen-Kopf-Ornament aus dem Pura Desa in Kapal

71 Bima in der Hölle, Relief aus dem Bima Suarga-Zyklus im Pura Dalem Penunggekan, Bangli

72 Darstellung eines Schreibers, Pura Merajan, Sidan

73 Detail eines Kala Boma-Reliefs; die langen Fingernägel kennzeichnen Personen hohen Ranges, die nicht körperlich arbeiten müssen

74–76 Lamak-Opfergehänge, oben links aus Blattwerk mit einer stark stilisierten Darstellung der Cili (Dewi Sri, Reisgöttin), oben rechts und unten links aus Wollfäden und chinesischen Kepeng-Münzen mit einer Darstellung von Dewa Sedana

77 Dewa und Dewi Sedana, Gott und Göttin des Wohlstandes

78 Baumwurzelschnitzerei aus Pujung

79 Das altertümliche Tor des Pura Desa und Puseh von Julah (Buleleng)

80 Ausschnitt aus dem Tempeltor des Pura Dalem, Sawan

81 Candi Kurung des Pura Puseh von Batubulan

82 Familientempel bei Pujung; der dreiteilige Schrein in der Mitte ist der Sangah Kemulan Trisakti

83 Aus Zement gegossene Göttersitze in Kapal

84 Gender-Spieler, Relief aus einem Tempel in Sidan

85 Relief am Pura Merajan, Sidan

86 Holländer in einem Auto, Relief aus dem Pura Dalem, Jagaraga

87 Kindernährende als Trägerin eines Tirtha-Gefäßes, Pura Sakti, Sawan. So sah die Figur 1981 aus

88–91 Ein Jahr später war die Figur, wie auch alle anderen in dem Tempel, frisch bemalt

92 Das wunderbare Lotos-Fahrrad, mit dem man in der Yoga-Meditation um die ganze Welt fahren kann (Pura Meduwe Karang in Kubutambahan)

93 und 94 Liebe im Dienst der Fruchtbarkeit der Felder, erotische Reliefs an der Außenmauer des Pura Dalem Sangsit

95 Spezialist für das Kopieren von Lontar-Schriften, Tenganan

96 Fischer vom Tamblingan-See

97 Junges Mädchen, das einen Warung betreibt, in Ubud

98 Gläubige im Makam Jayaprana, Teluk Terima

99 Stoffhändlerin aus Ubud bei der Vorbereitung von Festschmuck

100 Moslemische Orang Sasak, deren Vorfahren aus Lombok stammen, in Nyuling bei Amlapura; in der Mitte das Dorfoberhaupt

101 Candi Kurung des Pura Desa Tambaksiring

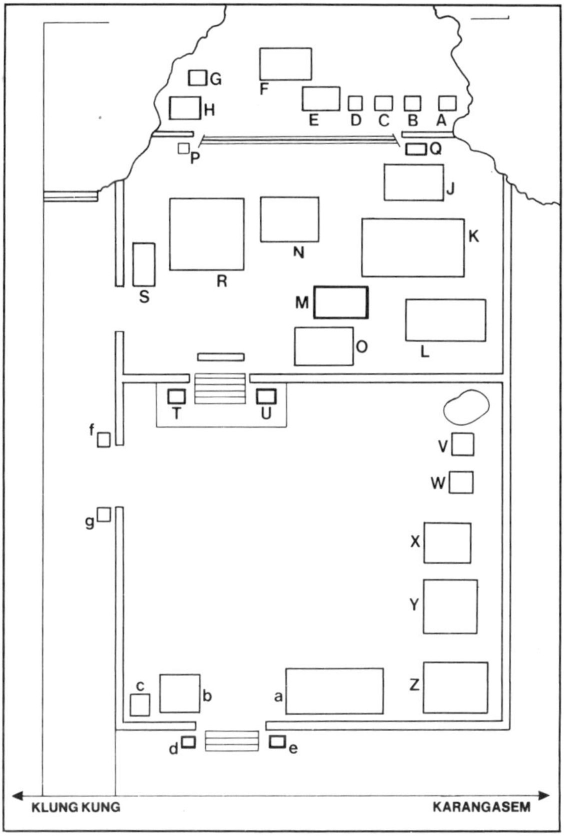

Goa Lawah
A Sanggar Agung – Steinthron Siwas als Sonnengott Surya (heute meist Sang Hyang Tunggal); B Drei-Tumpang-Meru für Batara Andakasa; C Gedong Mas Cari – Platz für Dewi Sedana (Wohlstandsgöttin; D Gedong Mas Catu – Platz für Dewa Sedana (Wohlstandsgott); E Gedong Sari für Dewi Sri; F Padmasana für Hyang Basuki, den Gott von Goa Lawah; G Peliyangan Alit – Platz von Batara Manik Mas; H Sanggah Saka Seluwang zur Verehrung von Batara Majapahit; I Drei Tumpang-Meru für Siwa; K Elf-Tumpang-Meru für Trimurti (Brahma-Wisnu-Siwa); L Sieben-Tumpang-Meru – Platz von Batara Pande; M Pelinggih Sapta Patala – Platz für Sanghyang Anantaboga, Herr der sieben ›Höllen‹; N Pengaruman – Ort der Zusammenkunft der Götter; O Piyasan für Opfer, dargebracht durch einen Priester; P + Q Pengapit Lawang – Tempelwächter; R Panggungan – für Opferzeremonien; S Bale Gong; T + U Pengapit Lawang – Wächter des Tempeltores; V Gedong Mas Ari für Dewi Sri; W Gedong Mas Atu für Dewi Sri; X Gedong für Batara Segara (Meer); Y Gedong für Batara Ped, den Gott von Nusa Penida; Z Sumur – Quelle für Zeremonien

a Bale Saka Dasa – Zehn-Pfosten-Bale für Opfervorbereitung und gemeinsame Mahlzeiten; b Bale Saka Wulu – Acht-Pfosten-Bale (entspricht a); c Kulkul; d-g Pengapit Lawang – Wächtergottheiten fürs Tempeltor

zur Zeit von Anak Wungsu Ende des 10. Jahrhunderts lebte. Aber selbstverständlich wird die Kultstätte selbst bedeutend älter sein. Mit ›Tempelgründung‹ ist gemeint, daß der Hinduismus die Kultstätte übernahm. Und in den Zeiten des Majapahit-Einflusses im 16. Jahrhundert hat dann auch Pedanda Bau Rauh den Tempel erweitert. Das verwundert niemand, denn der hat ja schließlich in allen am Meer gelegenen Tempeln seine Spuren hinterlassen. Es erklärt zudem, daß sich auch hier ein Sitz mit einem Hirschgeweih findet – für Batara Majapahit.

Quellen: 1, Q 16

Nusa Penida

In Richtung Kelod, in absoluter Gegenrichtung zum Gunung Agung, liegt gegenüber Kusamba und Goa Lawah die Insel Nusa Penida. Eigentlich handelt es sich um eine Inselgruppe, bestehend aus der Hauptinsel Nusa Penida, dem ebenfalls bewohnten, vorgelagerten Lembongan und zwei zwischen beiden eingeklemmten nicht oder nur spärlich bewohnten Inselchen. Von Nusa Penida stammt der Riese Jero Mencaling, der alte Herr Eberzahn, der ab und zu herüberkommt nach Bali, um die Dörfer der Küste mit Seuchen heimzusuchen. Wegen ihrer Lage galt und gilt Nusa Penida als die Unterwelt schlechthin. Und es stört die Menschen in Bali keineswegs, daß das Meer überhaupt das Totenreich ist und auch die Westrichtung chtonischen Charakter hat. So wurden die unter den Bima Suarga-Darstellungen der Kerta Gosa (vgl. S. 290 f.) Verurteilten ganz einfach ›zur Hölle geschickt‹, auf die Nusa Penida verbannt. Der denkbar schlechte Ruf der Insel hat sogar die Engländer nicht unbeeindruckt gelassen. Sie verballhornten ihren Namen als ›Pirates Islands‹. Kein Balier hat sonderliche Lust, dorthin zu reisen, und so bleiben die Eilande abgelegen und rückständig. Noch vor dem Krieg wurde dort mit alten chinesischen Münzen, mit Kepeng, bezahlt. Von Kusamba aus fährt morgens ein Boot nach **Sampalan** auf der Hauptinsel. Abfahrtszeit: irgendwann, entsprechendes gilt für die Rückfahrt. Die Gouvernement Bungalows in Sampalan bieten Unterkunft, aber keine Speisen und Getränke. Weiterfahrt zur Insel Lembongan von **Toyapakeh,** 9 km westlich von Sampalan (am Vormittag Bemo-Verbindung). **Lembongan** ist gelegentlich auch von Kusamba direkt zu erreichen. Unterkunftsmöglichkeiten in Jungut Batu. Peter Rump hat die Inseln besucht und hält Lembongan für interessant: aus Korallenstein erbaute Häuser, Meerestempel bei Jungut Batu, Tauchmöglichkeiten.

Quelle: Q13

Durga; Wayang Kulit-Figur von der Insel Nusa Penida ▷

Karangasem – Ostreich, nach Lombok gewandt

Der Ostteil Balis – das ist Karangasem. Er wird beherrscht vom Gipfel des Gunung Agung und gleichzeitig von ihm gefährdet. Bei seinem letzten Ausbruch 1963 ergossen sich insbesondere im Nordosten mehrere breite Lavaströme ins Meer. Dieser Teil der Insel hat auch ganz besonders unter Erdbeben zu leiden. Aber das Schreckliche ist eben auch eine Seite des göttlichen Erhabenen – und so beherbergt Karangasem auch den größten Tempel, den Tempel der Tempel, den sogenannten Muttertempel Besakih.

Eine Besonderheit von Karangasem sind die dort überall spürbaren Beziehungen zur Nachbarinsel Lombok, die auch von seinem Territorium aus gut zu sehen ist. Die Fürsten von Karangasem hatten bereits um 1520 Einfluß auf das Geschehen im von islamischen Sasak bewohnten Lombok genommen, eroberten 1744 große Teile davon und hielten ihre Position bis 1894. Während West- und Mitteljava Anfang des 16. Jahrhunderts bereits islamisiert worden waren, konnte sich in Ostjava das Hindureich Blambangan bis 1768 halten. So war Bali eine Zeitlang durch zwei Pufferzonen, eine im Westen und eine im Osten, vom Einfluß des Islam abgeschirmt. Die Eroberungen Karangasems in Lombok sind letztlich die Ursache dafür, daß heute 20% der Bevölkerung Lomboks von Bali abstammen und der Agama Hindu Bali angehören. In Karangasem gibt es demgegenüber nur einige wenige islamische Sasak-Siedlungen.

Der Tempel der Tempel – Pura Besakih

Der große Muttertempel liegt in etwa 1000 Meter Höhe am Hang des Gunung Agung (3143 m). Wer wirklich einen Eindruck von der Lage dieses mehrteiligen, riesigen Tempelkomplexes inmitten der Bergwelt erhalten will, muß früh aufstehen. Frühmorgens ist der Gunung Agung wolkenfrei, ab 9.00 oder 10.00 Uhr hüllt sich der Sitz Siwas in seiner Erscheinungsform als Mahadewa in einen dichten Schleier. Alle Wege nach Besakih führen über **Rendang.** Bis dorthin bestehen gute Bemo-Verbindungen von und nach Klungkung, aber auch nach Karangasem. Die letzten 7 km von Rendang zum Heiligtum sind entweder zu Fuß oder mit einem gecharterten Bemo zu bewältigen. Vielleicht ist es ein etwas altmodischer Standpunkt, aber im Grunde genommen erfordert es der Respekt vor einem Heiligtum schon, ihm sich zu Fuß zu nähern. Der günstigste Ausgangspunkt für eine Wanderung nach Besakih ist Bangli (vgl. S. 268). Noch hinter Rendang – 5 km vor Besakih – liegt in ausgesprochen hübscher Lage ein Losmen mit einem Restaurant (links von der Straße) – der ideale Stützpunkt, um die Gegend hier näher zu erkunden oder um den Gunung Agung zu besteigen. Ein großes Touristenrestaurant mit einem Busparkplatz findet sich unmittelbar vor Besakih. Noch etwas höher links ein Markt mit Speise-Warungs, Früchten (im August und September gibt es hier die besten Salak!) und Kleidung, vorwiegend mit einem Angebot, das auf den Bedarf einheimischer Pilger zugeschnitten ist. Ein allmählich in Richtung Gunung Agung ansteigender Hang, flankiert von Warungs, erstreckt sich hinauf zum Zentraltempel Pura Agung Penataran. Zur Linken passiert man den **Pura Ulun Kulkul,** den Tempel der Entstehung der Schlitztrommel und natürlich auch ihrer Stimme, zur Rechten den **Pura Antaboga** (Weltenschlange) und den **Pura Batari Sri** (Reisgöttin).

Blick auf den Gunung Agung (Zeichnung von W. O. Nieuwenkamp 1906)

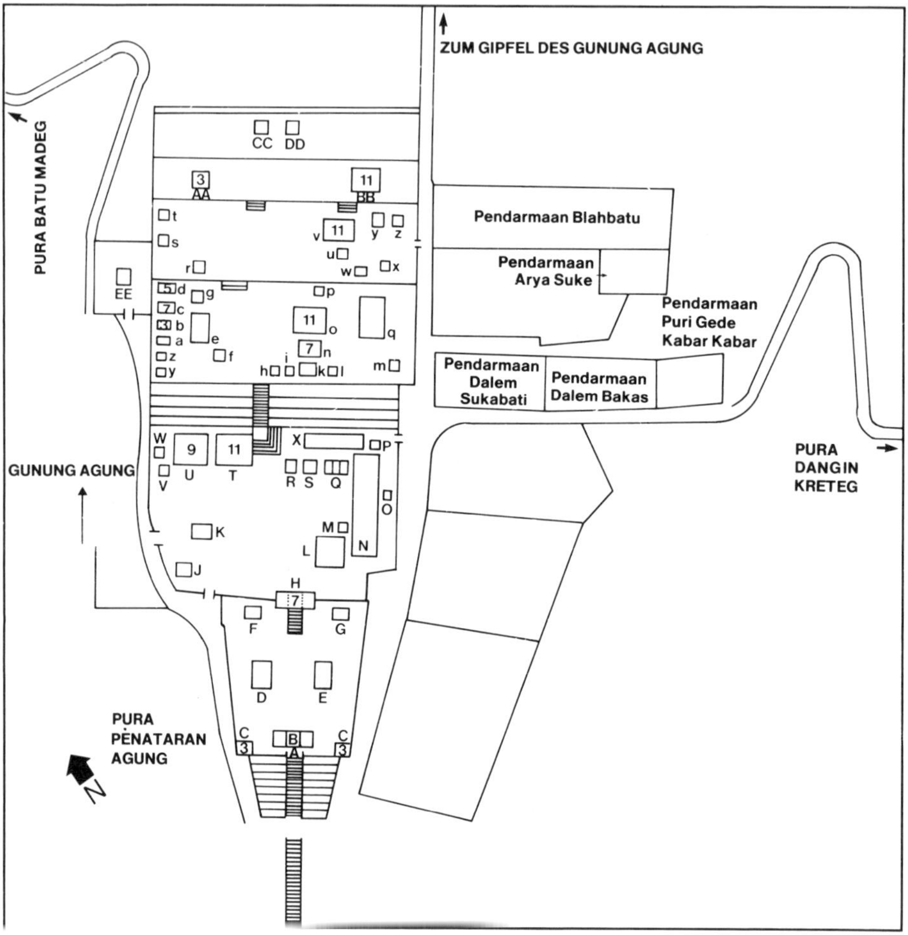

Im **Hauptempel** selbst wird in charakteristisch balischer Vieldeutigkeit einerseits die Trimurti (Brahma, Wisnu, Siwa) verehrt, und zwar im Sanggar Agung yang Tiga, und andererseits wieder Siwa alleine, der ja den Gunung Agung verkörpert und gleichzeitig Brahma und Wisnu in sich enthält. Diese Vieldeutigkeit wird dadurch unterstrichen, daß ein Tempelkomplex im Nordwesten speziell Wisnu und einer im Südosten ebenso speziell Brahma zugeordnet ist.

Ein Vorläufer des Tempels – von dem der Name ›Besakih‹ auch abgeleitet ist –, Pura Basukian (›der der Schlange Basuki geweihte Tempel‹) soll hier bereits Ende des 8. Jahrhunderts von einem Siwa-Priester Sri Markadeya gegründet worden sein. Dieser hatte dort die

◁ Pura Besakih
A Candi Bentar, davor die große Treppe über acht Terrassenstufen hinweg. Figuren aus dem Mahabharata Epos; B Bale Pegat – hier werden bei Festen die Götter (Arca) in ihren Sänften verehrt; C Zwei Bale Kulkul; D Bale Pagengan (Bale Pele Ongan); E Bale Pegambuhan (Gambuh-Musik); F und G Bale Mundur-Mandir (Bale Ongkara = Trimurti-Formel A-U-M); H Paduraksa, geschlossenes Tor; I Bale Pegongan (Musik); K Bale Kembang Sirang – der Verehrungsplatz des Herrschers; L Bale Pawedaan – Sitz des Pedanda Priesters; M Bale Panggungan für Opfer; N Bale Agung – Versammlungsplatz der Dorfältesten; O Gedong Kawos zur Einnahme von gemeinsamen Mahlzeiten bei Tempelfesten; P Bale Pepelik für Opfer an Trimurti; Q Padmasana Tiga (Sanggar Agung); R Ratu Sang Hyang Siyem; S (Ratu Maja Lila) Mpu Batara; T Ratu Manik Mekentel (Elf-Tumpang-Meru); U Ida Sang Hyang Kubakar (Neun-Tumpang-Meru); V Ratu (Mas) Sula Mejemuh; W Bale Paruman; X Samuan Agung (Panca Dewa), Versammlungsplatz der Richtungsgottheiten. Der Priester wendet sich an sie und stellt heiliges Wasser her; Y Gedong für I Dewa Gusti Hyanging Teges; Z Gedong für I Dewa Gusti

a Drei-Tumpang-Meru für I Dewa Sukih Luwih; b Fünf-Tumpang-Meru für I Dewa Penataran; c Sieben-Tumpang-Meru für I Dewa Tulus Sadewa; d Fünf-Tumpang Meru für Emponan I Gusti Dawuk; e Pangunggan; f Bale Pawedaan; g Panggungan; h und i Mangku Gimbar; k Batara Sakti; l und m Mangku Samadi; n Sieben-Tumpang-Meru Ratu Ging (I Dewa Tureksa); o Elf-Tumpang-Meru Batara Maospait (Mpu Kuturan); p Bale Manguntar; q Kehen (Schatzkammer); r Bale Surya Candra (Sonne und Mond); s Batara Tula Ngalung; t Ida Ratu Ayu Subandar, Ratu Waruna (Meeresgott); u Ratu Sedahan Manginte; v Elf-Tumpang-Meru Ratu Sunaring Jagat (der Herr, der die Welt bescheint = Surya); w Ratu Ngalesung; x Bale Pepelik; y + z Sanghyang Widadara-Widadari (männliche und weibliche Himmelsnymphen): Stätte der Verehrung für Künstler und Tänzer.

AA Drei-Tumpang-Meru Ratu Ayu Megelung (Magelang); BB Elf-Tumpang-Meru Batara Wisesa für die vergöttlichten Ahnen des Herrschergeschlechtes von Buleleng; CC Ratu Bukit Kiwa (Herr des Berges links) oder Ratu Pucak; DD Ratu Bukit Tengen (Herr des Berges rechts) oder Ratu Pemeneh (Siwa wird in seinen zwei Formen verehrt, der männlichen und der weiblichen bzw. der zerstörerischen und der neuschaffenden); EE Tempel für Pande (Schmiede)

Zuordnungen im Haupttempel

	Westlicher Tempel	Zentralheiligtum	Östlicher Tempel
Name	Pura Batu Madeg (›aufrecht stehender Stein‹)	Pura Penataran Agung (großer Opfertempel der Raja-Familie)	Pura Dangin Kreteg (›östlich der Brücke‹)
Opferstätte für:	Wisnu	Siwa (Trimurti)	Brahma
Unterhalten von den Rajas von:	Bangli	Gelgel/Klungkung	Karangasem
Zugeordnete Farbe:	Schwarz	Weiß	Rot

fünf heiligen Metalle begraben – eine Darstellung der Welt mit den vier Richtungsgottheiten und Siwa in deren Mitte. (Platten mit fünf Steinen waren in Gunung Kawi vergraben worden, vgl. S. 203). Ein Schrein oder Meru mit Namen Pura Basukian soll es noch im Pura Penataran Agung geben – es ist allerdings nicht ganz klar wo; wahrscheinlich verbirgt er sich unter irgendeinem Beinamen. Als Gründer der eigentlichen Tempelanlage tritt dann der Herrscher Kesari Warmadewa auf. Das müßte dann zu Anfang des 10. Jahrhunderts gewesen sein. Zuvor hatten die Hindugötter selbst den Gunung Agung aus Indien hierher transportiert. Dennoch ist dieses Heiligtum sicherlich wesentlich älter, denn alle diese Geschichten weisen lediglich auf seine Hinduisierung hin – wobei es keine Rolle spielt, daß Kesari selbst als Buddhist gilt, denn in den balischen Hinduismus ist ein gutes Stück Buddhismus eingegangen. Der Ort selbst diente vermutlich schon seit der frühmetallzeitlichen Epoche als Heiligtum. Darauf weisen die rohgeformten riesigen Lingga-Steine hin, die, sorgfältig mit Stoff umhüllt, in einige Schreine eingebaut sind. Ein besonders schönes Exemplar steht im in Pura Batu Madeg, dem Tempel des aufrecht stehenden Steines. Sprachliche Antiquitäten sind einige altmalaiische Namen von Gottheiten ohne jede Verbindung zu indischen oder javanischen Bezeichnungen. Was geblieben ist, sind nur noch die Namen selbst und die Stätten ihrer Verehrung. Offensichtlich weiß aber kein Mensch mehr, was er sich unter Sukih Luwih, Sula Mejemuk oder so manchem anderen Herrn eines mehr oder minder hohen Merus vorstellen soll. Das heutige Besakih war in alten Zeiten ein Ahnen- und Bergheiligtum. Vor der Jahrtausendwende wurde es oberflächlich hinduistisch übertüncht. Später haben dann die Herrscher von Gelgel dafür gesorgt, daß hier die Ahnen ihres eigenen Geschlechtes verehrt werden. Inzwischen kümmern sich alle Raja-Familien in allen Teilen Balis um irgendeinen Teil von Besakih – mit Ausnahme der Rajas aus Tabanan: diese haben ihren eigenen Berg und den dazugehörigen Tempel Pura Batu Kau.

Zu den Jahresfesten in Besakih werden alle Götter eingeladen. Noch aufwendiger begeht man die Zehnjahresfeiern. Das Fest aller Feste jedoch ist die Jahrhundertfeier in Besakih, *Eka Dasa Rudra.* Die mächtigen dämonischen Kräfte, die Bali aus dem Gleichgewicht bringen können, die elf Rudras, zerstörerische Erscheinungsformen Siwas, werden dabei in mehrtägigen Zeremonien besänftigt. Bei der Vorbereitung dieses Festes im Jahre 1963 brach plötzlich der Gunung Agung aus, der bis dahin als erloschen galt. Die Zahl der Todesopfer im Gebiet von Karangasem wird grob auf 1500 bis 2000 geschätzt. Die Menschen allerdings, die zu der Zeit in Besakih Siwa verehrten und einer auf sie zurollenden Lavaflut entgegensahen, blieben unverletzt. Wunderbarerweise stoppte die Lava kurz vor den Umfassungsmauern des Tempels!

1979 wurde in Besakih noch einmal, und diesmal ungestört, für einen Monat lang ein Eka Dasa Rudra Fest veranstaltet. Ganz Bali hat es mitgefeiert. Selbst von Java kamen Hindus mit heiligem Wasser vom Gunung Semeru, von Lombok mit Wasser von Gunung Rinjani und aus Indien mit Wasser aus dem Ganges. Und heiliges Wasser vom Gunung Agung wurde wiederum von hier aus über die ganze Insel, nach Ostjava und nach West-Lombok zur Tempelweihe verteilt!

Besakih ist der große Muttertempel, der Tempel der Tempel in Bali. Ob diese Bezeichnung auch darauf hinweist, daß hier vielleicht einmal in Vorzeiten eine Muttergöttin verehrt wurde, darüber kann man bestenfalls Spekulationen anstellen. Immerhin kommt auch heute noch das weibliche Element zu seinem Recht. Man huldigt Siwa in zwei Pavillons ganz oben, da, wo sich das Ende des Tempels befindet. Er wird verehrt in seiner Zweigestalt aus Gegensätzen als ›Herr der Berge links‹ und ›Herr der Berge rechts‹. Diese Gegensätze umfassen rechts und links, Wasser und Feuer, hell und dunkel, Sonne und Mond, aber auch Mann und Frau. Schließlich ist ja Siwa, der Herr, halb Mann, halb Frau (vgl. S. 39).

Das Candi Bentar und die davorliegenden Terrassen wurden 1982 restauriert, obgleich sie davor gar nicht den Eindruck machten, daß sie es nötig hätten. Das geschlossene Tor Paduraksa von Besakih ist für Nicht-Hindus versperrt; das Tempelinnere darf nicht betreten werden. Das ist nicht ganz so schlimm: Rechts am Tempel vorbei führt ein Weg, von dem aus über eine niedrige Umfassungsmauer alles übersehen werden kann. Am oberen Ende, gegenüber der Nordostecke des Tempels, befindet sich eine kleine Aussichtsplattform, wo man auch etwas zu trinken bekommen kann. Der Blick schweift über den Tempel selbst und über die darunterliegende Ebene. Auch Bukit Bangli ist gut zu erkennen. Der Weg setzt sich als Pfad fort und verläuft weiter direkt hinauf zum Gipfel des Gunung Agung. Tatsächlich ist es der Gesamteindruck des Tempels mit den vielen vielstöckigen Merus in der Berglandschaft, der den Reiz von Besakih ausmacht. Die Einzelheiten im Inneren enttäuschen eher. Interessant wären allenfalls die bereits erwähnten Lingga-Steine, sechs kleinere Linggas und drei ziemlich verwaschene Reliefs aus dem ersten Drittel dieses Jahrtausends im Bale Surya Candra, dem Bale der liebenden Vereinigung von Sonne und Mond.

Quellen: 64, 77, Q7, Q16, 17

Padangbai – Hafen nach Lombok

Kurz hinter Goa Lawah erreicht die Straße nach Amlapura das Gebiet von Karangasem. Nur ein paar Kilometer weiter zweigt eine Stichstraße von gut 3 km nach Südwesten ab zum winzigen Hafenort Padangbai. Direkt an der Abzweigung liegt bergwärts der Straße das Dorf **Antiga** und davor wieder ein recht bemerkenswerter Pura Subak. Dieser kleine Terrassentempel, in dem es überhaupt kein Bild gibt, ist aus unbehauenen Steinen geschichtet – und zwar einschließlich eines gespaltenen Tores und eines Thronsitzes. Das Tempelchen wirkt tatsächlich außerordentlich archaisch, und wenn es nicht selbst sehr sehr alt ist, so wird es zumindest gemäß einer uralten Tradition erhalten.

An der Stichstraße zum Hafen liegt links eine sorgfältig ausgebaute chinesische Grabanlage. Von Padangbai aus verkehren täglich ein- oder zweimal Fähren nach Lombok (Überfahrtszeit drei oder vier Stunden). Bereits auf den Schiffen werden Tickets für den Weitertransport nach Mataram, Ampenan oder Cakra Negara verkauft – zu günstigeren

Preisen als bei der Ankunft an Land. Es wäre schade, Padangbai nur als Durchgangsstation anzusehen. Das Ex-Losmen (kleines Hotel) am Ort bietet Zimmer in zwei vom Preis her und auch in anderer Beziehung drastisch unterschiedlichen Kategorien. Gemütliche Lokale, halb noch Warungs, halb schon Restaurants, bieten Speise und Trank. In Johnies Warung haut der Wirt chinesischer Abstammung, der auch etwas deutsch spricht, zu jeder Tages- und Nachtzeit einen frischen Fisch in die Pfanne, hat auch Früchte vorrätig und einheimischen Wein. Padangbai eignet sich als Stützpunkt, um Klungkung, Goa Lawah oder Tenganan zu erkunden.

Auf dem flachen Strand, der sich nach Norden hinzieht, breitet sich eine ganze Flotte von buntbemalten Fischerbooten aus. An halbfertigen Exemplaren ist gut zu erkennen, daß es sich um Einbäume handelt, die durch Zusatzteile wie Kiele und Ausleger aufgemöbelt werden. Auf viele Boote sind Schutzembleme aufgemalt, z.B. Wayang-Figuren oder Lotosblüten. Dieses Stückchen Strand bietet die größte Sammlung der schönsten Fischerboote Balis, und nahezu alle sind als Elefantenfische ausgebildet.

Der Gajah Mina ist das Reittier des Meeresgottes Waruna, bisweilen werden aber auch Verstorbene in einem Sarg in der Form eines Gajah Mina verbrannt – eine Erinnerung an den unter den Malayen und darüber hinaus in der ganzen Südsee verbreiteten Brauch, die Toten auf Schiffen in die andere Welt fahren zu lassen. Da nun das Meer das Reich der Toten und Dämonen ist, gibt es nicht sehr viele Menschen in Bali, die sich mit dem Fischfang beschäftigen. Zudem gilt gerade die Lombok-Straße als Wohnbereich fabelhafter Ungeheuer wie riesiger Kraken. Wegen ihrer starken Strömung war sie früher gar nicht so leicht zu überqueren. Tatsächlich ist es die in weitem Umkreis tiefste Meeresstraße (bis zu 400 m tief), die auch schon zu der Zeit bestand, da Java und Bali noch durch Landbrücken mit dem asiatischen Festland verbunden waren. Aus diesem Grund stellt sie auch eine Grenze dar – sie ist Teil der Wallace-Linie, die die asiatische und die australische Tierwelt scheidet. Diese Linie schlängelt sich zwischen Kalimantan und Sulawesi hindurch und streift die Philippinen westlich. Bis Sumatra drang der asiatische Elefant vor, bis Java das Nashorn und bis Bali der kleine Bali-Tiger, von dem man immer noch (aber wahrscheinlich vergebens) hofft, daß er nicht ausgestorben ist. Von Australien her hat sich bis Lombok und sogar bis Nusa Penida der weiße Kakadu ausgebreitet.

Südlich der Anlegestelle ein **Pura Penataran Agung** mit mehrstöckigen Merus. Im Innenhof ein als kleiner Abstammungstempel (Pura Penataran Alit) bezeichneter Pavillon, der eine unförmige, krötenähnliche und kopflose, aber grell bemalte Steinskulptur birgt. Ob sie vielleicht damit zu tun hat, daß in vielen südostasiatischen, austronesischen und übrigens auch südamerikanischen Geschichten Kröten oder andere Reptilien als Stammeltern der Menschen gelten?

Tenganan Pagerinsingan – das Dorf der reichen Götterlieblinge

Sich alle Arbeit abnehmen zu lassen, ja überhaupt nicht arbeiten zu dürfen, um nur für die Götter da zu sein – und genug Zeit haben, sich Hahnenkämpfen hinzugeben, mit der Vogelflinte loszuziehen, allenthalben heftig zu flirten und Palmwein zu trinken? Eine Utopie? Durchaus nicht, sondern der Lebensstil der Einwohner von Tenganan. Die in ihrem früher abgelegenen Dorf von hindujavanischen Einflüssen zwar nicht völlig, aber doch weitgehend abgeschnittenen Bali Aga (Altbalier) in Tenganan können, wollen und müssen sich das leisten. Der Himmelsgott Indra selbst hat den ersten Tengananer geschaffen und ihm Reichtum geschenkt. Reichtum ist also ein Bestandteil der Persönlichkeit eines Einwohners von Tenganan. Die Reisfelder der Umgegend, die dem Dorf gehören, werden von anderen Baliern bestellt, die die Hälfte des Ertrags nach Tenganan abliefern. Aber so ganz kostenlos können die Tengananer ihren feudalen Lebensstil auch nicht aufrecht erhalten: Sie sind an das Dorf gebunden, müssen strengstens die religiösen Riten einhalten – und dazu gehören strikte Vorschriften, die den individuellen Spielraum der Lebensgestaltung ganz erheblich einschränken:

* Kein Tengananer darf sich einen Partner außerhalb des Dorfes suchen. Wer dies dennoch tut oder ein Liebesverhältnis nach draußen eingeht, dem ein Kind entspringt, ist kein Tengananer mehr. Er verliert alle Rechte und muß aus dem Dorf ausziehen. Läßt er sich in der Nähe nieder, kann er gegen ein Entgelt an Naturalien auf den Reisfeldern Tenganans arbeiten. Dies System erfüllt offensichtlich die Funktion, die auch der Geburtenkontrolle zukommt: Erhaltung des Besitzstandes durch Begrenzung des Nachwuchses. Während ansonsten 10 bis 20 Kinder in Bali durchaus keine Seltenheit sind, haben 1982 in Tenganan 291 Menschen in 104 Familien gelebt.
* Die Bewohner müssen sich Zeit ihres Lebens in sehr strikt organisierte Gruppen einfügen. Insbesondere die Jungen- und Mädchenvereinigungen führen ein Eigenleben. Die kleinen Jungen ab etwa 8 Jahren müssen im Rahmen einer Gruppe ein einjähriges Übergangsritual mitmachen, um dann in die eigentliche Jungengruppe (Truna) aufgenommen zu werden. Es ist dann diese Vereinigung und nicht etwa das Elternhaus, die das Leben der Halbwüchsigen steuert. Wer dieser Vereinigung nicht angehört, kann auch später kein Vollmitglied in der Vereinigung der Dorfeinwohner (Krama Desa) werden, die alle männlichen und weiblichen verheirateten Einwohner mit noch unverheirateten Kindern umfaßt. Wie unerbittlich die Gruppeneinteilung ist, läßt sich am Friedhof vor dem Tor ablesen, der in sechs Teile gegliedert ist – einen für Kinder, einen für Jungen der Truna, einen für Mädchen (Daha), einen für Männer, einen für Frauen und einen für körperlich oder geistig Versehrte.
* Körperlich und geistig Behinderte erfüllen das rituelle Reinheitsgebot nicht und können daher keine Vollbürger werden.

Eigentlich erwartet man irgendwie, und die aktuelle Literatur stützt diese Meinung, daß das Dorf auch heute noch ziemlich schwer zugänglich und seine Bewohner sehr verschlossen seien. Genau das Gegenteil ist der Fall! Etwa 10 km nordöstlich von Padangbai in der Nähe der Bucht von Candi Dasa zweigt von der Straße nach Amlapura eine Stichstraße von 3 km ab. Motorradfahrer bieten Mitfahrgelegenheiten an. Zunächst wird ein Dorf im üblichen Bali-Stil durchquert, dann stößt man auf der linken Seite des Weges auf ein ummauertes Dorf mit seinen charakteristischen einfachen Lehmziegel-Toren. Durch eine schmale Pforte geht es ins Innere, und das ist sehenswert: lange Fronten aus längsseits aneinander anschließenden Häusern, dazwischen in Terrassen ansteigende Grasflächen, auf denen schwarze Büffel weiden. Irgendwie wird man an burgenländische oder ungarische Straßendörfer erinnert.

Wer mit dem typischen ›Forscherblick‹ durch die Gegend schlendert, wird über kurz oder lang für einen oder mehrere Tage als Gast in eines der Häuser eingeladen. Die Tengananer haben als wohlhabende Leute eine ausgezeichnete Schulbildung und auch Erfahrung mit Abendländern. In – mindestens – jedem zweiten Haus hat sich irgendwann einmal ein Ethnologe aufgehalten. So ist es dann kein Wunder, wenn ein leichter Anflug von Enttäuschung über das Gesicht eines Tengananers huscht, wenn der von ihm Angesprochene sich nicht als Professor oder zumindest als Doktor ausweisen kann. Die Sache läuft

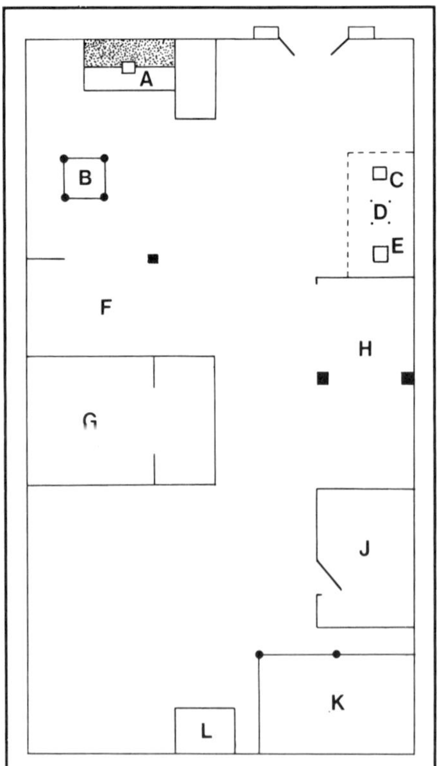

Wohngehöft des I Nyoman Partha Gunawan, Assistent des Dorfoberhauptes, Tenganan
A Bale Buga für heilige Zeremonien; B Sanggah Kemulan, Ahnenschrein (Steinlaterne Sanggah Gelgel/Batara Ratu Gelgel); D Sanggah Pesimpangan (für Sanghyang Widi, aus Bambus); E Pura Tumbal für den Hüter des Hauses (Steinsitz und Figur); F Umah Meten für Gäste; G Bale Meten für Hochzeit; H Bale Tengah, offene Schlafstätte; I Geschlossener Raum, z. B. Schlafstätte für Gäste, auch für Geburts- und Todeszeremonien; K Paon (Küche); L Bad mit WC, das einige Stufen tiefer liegt

Der Zwischenraum zwischen dem Bale Meten und dem Bale Tengah ist überdacht.

etwa so ab: Die Tengananer bieten Unterkunft, Mahlzeiten und vor allem volkskundliche Informationen. Über kurz oder lang kommt dann ein kostbares Gerin sing-Gewebe ins Gespräch, dessen Preis der Gast natürlich akzeptieren wird, denn er muß sich ja irgendwie revanchieren. Wer sich für balische Literatur interessiert, kann statt dessen auch direkt vom Kopisten Abschriften ganzer Lontar-Bücher erwerben. Während es ansonsten in Bali oftmals schwierig ist, nähere Einzelheiten über altes Brauchtum zu erfahren, wird in Tenganan bereitwillig alles mögliche erzählt. Ob die Angaben tatsächlich lediglich Überlieferungen der ›alten Leute‹ sind oder ob sie mit Hinweisen aus den Büchern angereichert werden, die die Jünger der Wissenschaft als Produkte ihres Fleißes dann ihren Gastgebern schicken, das ist nicht immer so ohne weiteres zu entscheiden.

Die Anlage des Ortes – ein Überblick von den Hügeln im Norden lohnt sich sehr – ist eine Art von Modellbild des rituell bestimmten Sozialgefüges. Westlich wird Tenganan von einer Schlucht, östlich von einer Mauer begrenzt. Von meerwärts nach bergwärts verlaufen zwei breite und eine schmalere grüne, immer leicht ansteigende Angerstraße parallel zueinander. (Der motorisierte Verkehr ist glücklicherweise aus dem Dorf ausgesperrt). Flankiert werden diese Anger von längsgerichteten Eingangsgebäuden zu den Gehöften, welche abgetreppt aneinander anstoßen. Die Pforten, nächtens verschlossen, sind immer nach Norden versetzt. Die die Pforten flankierenden Seitenteile springen leicht vor und enthalten jeweils eine dreieckig geformte Opfernische. Es gibt keinen Türsturz, er wird durch das Dach selbst ersetzt. Zu den Türen leitet eine Rampe hoch, die den aus rotem Naturstein gesetzten Haussockel überbrückt. Vielfach sind noch Durchschlüpfe für die Hunde vorhanden – die einzigen Öffnungen, die nachts offenbleiben, denn die Straßenseiten der Gehöfte sind fensterlos. Der östliche, schmalere Angerbezirk wird nicht mehr zum eigentlichen Tenganan gerechnet. Er bildet einen eigenen ›Stadtteil‹, den Banjar Pande. Dort wohnen viele des Dorfes Verwiesene. Der wichtigste Dorfteil ist der westliche Angerbezirk. In seiner Mitte ziehen sich die offenen Gebäude für die verschiedenen Vereinigungen hin, für die Jungengruppen (Truna), für die Mädchengruppen (Daha) sowie das Bale Agung für die Versammlung der verheirateten Vollmitglieder Krama Desa. Bergwärts schließt sich an die Bales der Vereinigungen der zentrale (unzugängliche) Tempel an. Die sehr langgestreckten, offenen Pfahlbauten der Jugendorganisationen mit ihren offenen Dachstühlen, geschmückt mit Schnitzereien in Rot und Gold, erinnern an malayische Langhäuser.

Die Tempel Tenganans sind schmucklos, haben statt Figuren lediglich Steinidole, sehr alte allerdings und sehr verehrte. Eine der wichtigsten Aufgaben der Tempel besteht in der Markierung des Dorf-Territoriums.

Die **Grenzen des Territoriums von Tenganan** verlaufen im Süden direkt zwischen Tenganan selbst und dem unmittelbar daran angrenzenden Dorf Pasedahan hindurch. Andererseits erstreckt sich das Tenganan-Territorium weit nach Norden, nach Nordwesten und nach Osten. Zur See hin, bis Candi Dasa, verläuft ein korridorähnlicher Landkeil. Die Grenzen dieses Gebietes werden von einer Reihe einfachster Tempelsteine unter Bäumen – ohne Umfriedungen – markiert. Während ihres Einführungsjahres (Initiation) in die Jungengruppe besuchen die kleinen Jungen auf nächtlichen Wanderungen der Reihe nach alle Tempel. Sie dürfen das Gebiet von Tenganan dabei nicht verlassen. Mit den Wanderungen zu den Tempeln schreiten sie gleichzeitig das Territorium ab. Die Grundlage für diese Riten ist der Gründungsmythos von Tenganan – eine ganz eigenartige Geschichte, aber sehr typisch für die malayische Denkweise und daher im malayischen Raum auch durchaus kein Einzelfall:

Ein Raja – die einen sagen von Bedulu, die anderen von Klungkung – will im Rahmen eines großen Festes den Göttern zwei wertvolle Pferde opfern. Doch die beiden Tiere entfliehen, eines in westlicher, eines in östlicher Richtung. Vier Leute machen sich im Auftrag des Rajas auf die Suche, zwei in Richtung Westen, zwei jedoch, Gusti Patih und Wong Panakas, nach Osten (Wong Panakas, wiederzugeben etwa mit ›Mensch, der ein Kind des Landes ist‹, ist die Bezeichnung für die Bali Aga). Gefunden wird lediglich ein Pferd, es liegt tot an dem Ort, der heute Candi Dasa heißt. Gusti Patih ist so traurig darüber, daß er in Tränen ausbricht, den toten Körper bewachen und bei ihm begraben sein will. Der Raja richtet ihn seelisch wieder auf und verspricht den beiden Findern alles Land, soweit der Geruch des Pferdekadavers reiche. Wong Panakas, der verschmitzte Ur-Bali Aga, läßt seine Leute vorausreiten, zerstückelt den Kadaver und verstaut ihn heimlich in seinem Gepäck. Immer wenn sie ein Gebiet erreichten, in dem der Gestank nicht mehr so deutlich zu schnuppern war, deponierte Wong Panakas ein Stück des Pferdekadavers – diese liegen noch heute dort, zu Stein geworden, und bilden jeweils eine der Kultstätten, die das Territorium markieren:

* Im Süden: Von Pura Batu Manggar, bei Candi Dasa (darüber mehr auf S. 327), wo die Abdrücke des Pferdes zurückblieben, ging es weiter nach
* Westen: Pura Batu Jaran (›Pferdestein‹). Dort ruht der steinerne Leib des Pferdes. Dann zum
* Nordosten: Pura Rambut Pelog (›gewelltes Haar‹), Heiligtum des versteinerten Pferdeschweifes. Dann zum
* Osten: Pura Tai Kik (›Dung, Dreck‹) mit dem Pferdekot. Dann zum
* Zentrum: Pura Kaki Dukun (›Großvater des Medizinmannes‹ oder Schamanen). Dieser zentrale Tempel birgt ein Steingebilde, das das Glied des Pferdes darstellt. Dann zum
* Norden: Pura Batu Keban (Gartenstein), dem Ort des jetzt steingewordenen Magens. Dann zum
* Südosten: Pura Penimbalan (Nachfolge), wo die Füße des Pferdes verblieben sind.

Die Welt von Tenganan, bewacht durch die magischen Steine eines toten Pferdes, ist noch etwas kleiner als die Welt des Padma (vgl. S. 40ff.). Die Pfade zu den Heiligtümern führen durch urwüchsige Landschaft. Der Reiz der kleinen Tempelchen selbst liegt eher in ihrer Bescheidenheit. Es ist angebracht, sich führen zu lassen, denn manche Heiligtümer erkennt man gar nicht ohne weiteres als solche. Das gilt auch für den nahegelegenen **Pura Kaki Dukun.** Vom bergwärts gelegenen Ausgang aus wird ein Platz mit einem Waringin-Baum und einem schlichten Pura Puseh überquert. Ein paar hundert Meter weiter nach Norden liegt zur Linken ein kleines Heiligtum, Pura Yeh Santi (›heilsames Wasser‹). Hinter ihm biegt ein Pfad rechts ab, den Berg hinan. Er wird etwa in halber Höhe von einem Pfad gekreuzt. In der Südostecke verbirgt sich ein Naturstein in der Form eines erigierten Pferdephallus unter einem Baum. Das ist Pura Kaki Dukun. Hier opfern Frauen, die sich Kinder wünschen. Die Schlichtheit dieses Heiligtums steht in einem wahrhaft großen Kontrast zur Verehrung, die es genießt. An diesem Ort fühlt man sich zurückversetzt in die Urgeschichte Balis.

Der Pfad nach oben mündet in einem breiteren, quer dazu verlaufenden Weg. Einige Fußminuten im Norden gelegen ist ein Markt für den in Tenganan so beliebten und auch im Kult benötigten Tuak (Palmwein). In Gegenrichtung schlängelt sich ein Höhenweg, der einen prachtvollen Ausblick über die Gesamtanlage von Tenganan bietet, zu einem kleinen Heiligtum (Pura Kubu Langkas). Von dort aus geht es steil und holprig bergab bis zum sechsteiligen Gräberfeld vor Tenganan. Die Tempel innerhalb der Mauern können entweder nicht besichtigt werden oder man muß sich führen lassen, weil sie innerhalb eines Gehöftes liegen. Das gilt zum Beispiel für **Pura Majapahit** im Banjar Pande. Das Zentrum bildet ein leerer Steinthron für Indra. Sobald ein Mensch gestorben ist, wird ein Gefäß auf den Steinthron gestellt und Batara Indra gebeten, dort hinein heiliges Wasser für die Totenzeremonie zu spenden. Im gleichen winzigen Tempelchen findet sich noch ein Schrein für eine weitere Gottheit, die mit Wasser zu tun hat, nämlich für den Meeresgott Baruna (Waruna), der auch im Candi Dasa verehrt wird. Indra gilt in Tenganan als der höchste Gott und zugleich als Trimurti, als Zusammenfassung von Brahma, Wisnu und Siwa.

Die meisten Besucher lassen **Pasedahan,** das Dorf vor Tenganan, zu unrecht unbeachtet. Das von ›normalen‹ Baliern bewohnte Dorf mit seinen Tempeln – die Tore sind im Klungkung-Stil gehalten – bietet einen ganz reizvollen Kontrast zu Tenganan. Das Zentrum bewacht eine Vierergottheit. Hier findet man Jungen, die bisweilen mit selbstgebastelten Blasrohren spielen. Auch die Angehörigen der Jugendvereinigungen von Tenganan selbst sind mit Kris und Blasrohr bewaffnet, eine Erinnerung daran, daß in Bali früher generell Blasrohre mit Giftpfeilen verwendet wurden.

Das aufwendigste Heiligtum auf dem Territorium von Tenganan ist **Candi Dasa** direkt an der See. Etwa 1 km nördlich der Stichstraße Richtung Amlapura liegt es direkt an der Bergseite der Hauptstraße. Ihm gegenüber breitet sich eine malerische Lagune aus. Das Meer spült dunkelrote Korallen an den Strand. Pura Candi Dasa ist ein zweiteiliges Heiligtum, in dem ganz im Sinne der (→) Ruwa Bineda links das weibliche und rechts das männliche Prinzip verehrt wird. Der männliche Tempel besteht aus einer hochgelegenen Plattform, zu der eine Doppeltreppe hinauf- (rechts) und auch wieder hinunterführt (links). Um einen Baum herum stehen altertümlich wirkende Figuren mit übergroßem Kopf, z. B. eine Frau, die vor die rechte Brust eine Schale hält, ein Priester mit einer Glocke (Glocke als Vagina-Symbol, vgl. S. 194). Hinter einem vierstufigen Candi Bentar, das seine Abstammung von den alten Felsen-Candis nicht verbergen kann, ein neuzeitliches Monument mit einer Nische für einen altertümlichen Lingga, den Lingga von Batara Baruna (Waruna). An dieser Stelle also, an der das sagenhafte Pferd gefunden wurde, steht das Phallus-Monument der Meeresgottheit. Sowohl in Indien als auch im Mittelmeerraum sieht man das Pferd als eine Verkörperung männlicher Kraft an, und es ist darüber hinaus dem Meeresgott heilig.

Gerin sing – magisches Gewebe aus Tenganan

Ikat

Gewebe mit Mustern. Vor dem Verweben werden die Fäden eingefärbt, wobei bestimmte Fadenbündel abgebunden sind, so daß sie vom Einfärben ausgespart bleiben. Auf diese Weise entstehen die Muster. In ganz Bali und auf vielen anderen indonesischen Inseln wird Ketten-Ikat (Abbinden der Kettfäden) hergestellt. Dies ist insofern das einfachste Ikat-Verfahren, als die Kettfäden zunächst einmal auf den Rahmen aufgespannt werden, so daß man sie genau kontrolliert abbinden kann. Anschließend streift man sie wieder ab und färbt die Fadenbündel ein. Wenn danach die Kettfäden erneut aufgezogen sind, ist bereits das Muster zu sehen, bevor mit dem Einweben der Schußfäden begonnen wird. Das sogenannte Einschlag-Ikat (Abbinden der Schußfäden) ist nur in Süd-Sumatra üblich.

Doppel-Ikat

Abgebunden werden sorgfältig aufeinander abgestimmt sowohl Schuß- wie Kettfädenbündel. Nach diesem schwierigen Verfahren werden innerhalb Indonesiens ausschließlich in Tenganan gemusterte Stoffe hergestellt. Die erforderliche Baumwolle wächst auf dem dorfeigenen Territorium, Farbe bezieht man von Nusa Penida. Der Behauptung der Balier von außerhalb, daß die Gerin sing ihre magische Kraft dadurch erhielten, daß sie mit Menschenblut gefärbt werden, widersprechen die Leute aus Tenganan entschieden. Dennoch hält sich hartnäckig das Gerücht, daß bestimmte gehöhlte Steine in dem einen oder anderen Tempel Tenganans mit Blut gefüllt als Färbetöpfe dienten.

Gerin sing

Der Name der Doppel-Ikat-Tücher von Tenganan bedeutet ›Abwesenheit von Krankheit‹. Die Tücher schützen vor dämonischen Kräften, denn Krankheiten sind Dämonen. In Tenganan selbst müssen von den Festteilnehmern entsprechende Gerin sing-Tücher bei den mindestens alle 15 Tage stattfindenden rituellen Veranstaltungen getragen werden. Doch die Tenganan-Tücher sind auch darüber hinaus in ganz Bali heiß begehrt, denn im Grunde genommen benötigt man sie als unentbehrliche Requisiten für alle Durchgangsriten: Beim ersten Haarschnitt wird das Kind, bei der Hochzeit das Brautpaar in ein Gerin sing-Tuch gehüllt. Bei der

Gering sing-Ornament

Zahnfeilung dient es als Kopfunterlage und den Toten schließlich als Decke. Kleidungsstücke haben – und das gilt für alle indonesischen Kulturen – recht wenig mit Kälteschutz zu tun. Sie dienen vielmehr dazu, den jeweiligen Status oder, besser gesagt, die jeweilige Erscheinungsform eines Menschen entweder zu kennzeichnen oder sogar zu gewährleisten. Die Ornamente der indonesischen Tuche stehen daher der Tätowierung sehr viel näher als den Designs der westlichen Stoffe. Die Muster sind Schutzzeichen, wirksam insbesondere während der gefährlichen Durchgänge von einer Lebensphase zur anderen, oder aber auch Hilfsmittel, die z. B. auf der Reise ins Totenreich ein Transportmittel, wie ein Schiff oder den Magen eines wilden Tieres, durchaus ersetzen können.

Ähnlich wie ein Tempel als magischer Bezirk umgrenzt und damit herausgehoben wird, dient der heilige Stoff dem Menschen, wenn dieser sich mit den Göttern und Dämonen einläßt, dazu, sich selbst als heiligen Bereich abzugrenzen. (Selbst der Tourist schließt sich, wenn auch in abgeschwächter Form, diesem Brauch an, wenn er, bevor er den ausgegrenzten Tempelbezirk betritt, sich selbst mit dem Selendang, einem Schal, ausgrenzt.) Die Dayak auf Kalimantan benutzen übrigens zwei lange Tücher zum Abgrenzen eines heiligen Bezirkes, und die Balier umgeben ihre Tempelschreine mit den Ider-Ider. Damit wird die Tatsache sinnfällig, daß heilige Tücher sowohl für die Ausgrenzung des heiligen Bezirkes wie für die Heiligung des Menschen, den sie umhüllen, benutzt werden können.

Die Ornamente der Gerin sing: Die Farben sind Schwarz, Rot, Gelb und hell. Einerseits werden figürliche Muster mit einer Art von stilisierten Wayang-Figuren hergestellt, andererseits vierteilig symmetrische Ornamente. Bisher konnten die Muster noch nicht gedeutet werden, und auch ihre Entstehungsgeschichte gibt nicht viel her: Batara Indra hat Wolkenmuster an den Himmel gemalt, die die Frauen von Tenganan kopierten.

Frau am Webstuhl (Zeichnung von W. O. Nieuwenkamp 1906)

(Nach der griechischen Sage ist Arion, das erste Pferd, sogar ein Kind Poseidons.) In malayischen Kulturen (Sumba) steht das Pferd in einem ganz engen Zusammenhang mit dem Fruchtbarkeitskult (Mumuli, S. 196).

Im Mittelteil des Heiligtums führen eine kürzere Mitteltreppe nach oben und zwei nach rechts bzw. nach links sich herunterwindende Treppen wieder hinunter. (Ähnlich sind auch die Treppen vor dem Meerestempel Pura Rambut Siwi angelegt, vgl S. 348 ff.) In der Nische des breitgelagerten, symmetrischen Monuments thront eine gut erhaltene Steinstatue der buddhistischen Hariti (vgl. Goa Gajah, S. 182 ff.), hier Sanghyang Merana genannt. Auch von dieser Gottheit wird Kindersegen erfleht.

Zwischen Tenganan und den anderen Bali Aga-Dörfern Trunyan und Sembiran bestehen Verbindungen, obwohl das Heiratsverbot nach außen sich auch auf diese Dörfer erstreckt. Während in Trunyan die 4 m hohe Götterstatue dem Blick der Fremden entzogen bleibt, wird in Tenganan der Sitz des Gottes **Batara Bagus Selonding** im südlichen Versammlungshaus der Jugendlichen verborgen gehalten. Es handelt sich um vier uralte Selonding-Eisenplatten, von dem Gott selbst geschaffen und Vorbild für alle Musikinstrumente. Später von Menschenhand nachgebildete Platten benutzt man, sie dürfen aber von Fremden keineswegs gespielt oder auch nur berührt werden. Die heiligsten Melodien müssen innerhalb des Dorfes bleiben, es besteht ein strenges Tabu, sie auf Tonträger aufzunehmen.

Das Gamelan Selonding begleitet auch die Kare-Kämpfe der Jugendorganisationen. Die Jungen mit nacktem Oberkörper tragen als passive Bewaffnung ein Rotang-Schild, als aktive einen Bund stacheliger Pandanus-Blätter. Damit schlagen sie aufeinander ein, bis Blut fließt – wie beim Peresian oder auch beim Hahnenkampf, denn vergossenes Blut gewährleistet die Fruchtbarkeit der Felder.

Amlapura und Umgebung

Der Ort Amlapura – früher hieß er Karangasem wie der Distrikt – ist extrem weitläufig. Unterkommen kann man entweder im Home Stay Sidha Karya Jalan Gatot Subroto oder, wenn die Räume nicht für die Familie benötigt werden, im Palast Puri Agung Kanginan. (Home Stays in Tirthagangga, vgl. S. 333).

Der **Palast Puri Agung Kanginan** liegt unweit der Bemo-Station. Direkt an der Hauptstraße vor dem Puri befindet sich das Rumah Makan Setiap, das vor allem indonesisch-chinesische Gerichte anbietet und auch verschiedene Alkoholika vorrätig hat. In den Vorhof des Puri führt ein vierstöckiger, ausnahmsweise vollplastischer Eingangsturm auf quadratischem Grundriß, bewacht von zwei Löwen, zwei Tugus und zwei Schilderhäuschen. Auch den zweiten Torturm zum Innenhof bewachen zwei Löwen. Obwohl die Tiere vom holländischen Wappen stammen, werden sie auch heute noch mit Opfergaben gefüttert. (Die Rajas von Karangasem haben mit den Holländern zusammengearbeitet.) Viele Gebäude im Inneren des Palastes sind durch die gerade hier sehr häufigen Erdbeben ganz erheblich beschädigt. Links neben einem künstlichen See, in dem ein Pavillon liegt, ein großes, mit Ramayana-Reliefs geschmücktes Bale für Durchgangsriten. Die Zahnfeilung der Raja-Kinder findet dort statt. 1981 wurde die verstorbene Lieblingsfrau des letzten Herrschers hier bis zur Verbrennung aufbewahrt. Links gegenüber liegt die große Audienzhalle, das Bale London mit drei reichbeschnitzten Türen, vergoldet und mit blauem und blaugrünem Untergrund.

Hier waren ganz eindeutig Chinesen am Werk, die auch die Hausruine (die das nächste Erdbeben wohl kaum mehr überleben dürfte) rechts im Hof vor dem künstlichen See geschaffen haben. Links und rechts außen am Bale London zwei große, restaurierte Bilder des letzten, 1967 verstorbenen Herrschers Anak Agung Anglurah Ketut (der bereits 1939 nach über 30 Jahren Herrschaft abgedankt hatte), links in balischer Tracht, rechts in holländischer Offiziersuniform. Jeweils darüber das holländische Löwenwappen, mittlerweile mit den indonesischen Farben übermalt. Über der linken Tür, versehen mit Schnitzereien von Vögeln, Kaninchen und Fischen in einer Landschaft (auf dem Türsturz zwei tauziehende Pekinesen), ein Foto des letzten Raja von Lombok. Die Herren von Lombok stammten aus der Familie der Rajas von Karangasem. Als dann der Thron von Karangasem verwaist war, holte man sich einen neuen Raja wiederum aus Lombok, und der brachte Dienstpersonal aus dem Stamm der Sasak mit, deren Nachkommen heute noch in Karangasem siedeln (vgl. S. 332). Die mittlere Tür zeigt die Landschaft eines chinesischen

Himmels, kenntlich an den typischen Wolken, auf denen chinesische Heilige lustwandeln. Im Türsturz Drachen, darüber ein Foto des letzten Rajas als junger Mann. Er studiert unter Anleitung seines Großvaters die heiligen Lontar-Schriften. Dieser Raja hatte eine große Vorliebe für Wasserpaläste, die übrigens auch in Lombok verbreitet sind, und so gründete er den Palast in Ujung und auch die Anlage in Tirtha Gangga. Über der rechten Tür, ganz ähnlich der linken gestaltet, hängt ein Bild des Sohnes des Rajas von Lombok. Im Inneren des Bale London wird eine komplette Gamelan-Ausrüstung aufbewahrt. Sie darf nur bei rituellen Anlässen in Zusammenhang mit dem Haus des Rajas benutzt werden.

Gegenüber dem Puri Agung Kanginan liegt der **alte Palast,** der sich ebenfalls nicht gerade in bestem Zustand befindet. Am Dachvorsprung eines alten Bales sehen Sie einen kompletten Bali-Kalender (vgl. S. 47) – falls er nicht inzwischen einem neuen Erdbeben zum Opfer gefallen ist. Die 7 × 7 Felder sollen vor 400 Jahren – was wahrscheinlich soviel heißt wie ›vor sehr, sehr langer Zeit‹ – angefertigt worden sein. Um die Bilder macht man sich im Palast keine großen Sorgen: Falls etwas passieren sollte, dann lebt doch noch die Familie des Malers im Ort, und da findet sich dann schon jemand, der sie ohne Vorlage neu erstellen kann. Vielleicht ist das dann sogar die Wiedergeburt des Künstlers, der ehemals die Malereien da oben an dem Dach ausgeführt hat! In dem alten Palast werden auch noch aus Lombok stammende Schattenspiel-Figuren (Wayang Sasak) in einer Kiste aufbewahrt. Sie sind in der Zeit vor der Jahrhundertwende entstanden.

Es gibt in der Nähe von Amlapura noch **Sasak-Dörfer,** sozusagen lebendige Überbleibsel aus der gemeinsamen Vergangenheit von Karangasem und Lombok. Gleich rechts neben dem Puri Agung Kanginan führt ein Weg, der immer schmaler wird, in ein tief eingeschnittenes Bachtal. Vom anderen Ufer her grüßt in der Sonne gleißend die 1982 errichtete Aluminium-Kuppel über einer kleinen Moschee inmitten eines Dorfes aus gemauerten, weißgestrichenen Häusern. Fast fühlt man sich nach Bosnien versetzt. Nyuling ist eines der acht von Sasak bewohnten Dörfer Karangasems. Die islamischen Bewohner, deren Vorfahren als Bedienstete des Raja-Hauses nach Bali übersiedelten, pflegen auch heute noch die Sprache und Kultur ihrer Heimat. Sie sorgen dafür, daß bei Festen im Puri Sasak Musik ertönt. Der luxuriöse **Wasserpalast Ujung,** erbaut von Anak Agung Anglurah, seewärts 1 km im Osten gelegen, ist heute nicht mehr zu finden. Bei einem schwachen Erdbeben im Februar 1982 sind die letzten Überbleibsel, die die vorausgegangenen Naturkatastophen übriggelassen haben, in den See gestürzt.

Quellen: Q12, Q15–17

Tirthagangga und Umgebung

Ebenfalls vom letzten Raja wurde **Tirthagangga** ausgebaut. Auch diese Quellenanlage, die zu einem Freibad umgestaltet wurde, demonstriert die Vergänglichkeit alles Seienden. 5 km westlich von Amlapura, direkt an der Straße nach Singaraja gelegen, findet sich hier jedoch immer noch ein schönes Süßwasserbad. (Es gibt übrigens auch eine Abkürzung nach Singaraja, die Tirthagangga links liegen läßt). Die Brunnenfiguren aus einem Ziegelsteinkern sind mit Zement überformt, der jetzt abbröckelt. Unmittelbar neben dem Süßwasserbad liegen Warungs und ein Home Stay. Eine besonders idyllische Unterkunft ist Kusamajaya, ein Haus, das 200 m weiter direkt über der ersten Wegbiegung nach rechts liegt. Einfache Erdstufen führen steil hinauf mitten durch die Reisfeldstufen – von oben ein prachtvoller Überblick über die Reisfelder, die sich weit nach Osten und Süden erstrecken. Im Westen liegt, am frühen Morgen von Wolken unverhüllt, der Gunung Agung.

Tirthagangga mit seinem angenehm gemäßigten Klima ist als Stützpunkt für die Erkundung insbesondere der weiter nördlich gelegenen Gebiete geradezu ideal.

Pura Luhur Lempuyang: einer der sechs ›Reichstempel‹ (Sadkayangan), von Fremden kaum besucht. Die Anlage des Tempels mit ihrem Zementthron und ihren einfachen Schreinen wirkt angesichts ihres hohen Ranges überraschend bescheiden. Dafür ist die Lage auf einer Bergkuppe um so eindrucksvoller. Das kleine Terrassen- und Bergheiligtum erreicht man von Abang aus (an der Straße Richtung Singaraja) zu Fuß. Vom Ort aus geht es Richtung Osten; in höchstens 1½ Stunden ist die Anhöhe bequem zu ersteigen. Auf dem Weg dorthin dürfen nur positive Worte geäußert werden, feindselige Redewendungen oder auch nur negative, wie zum Beispiel »ich bin müde« sind zu unterlassen! Aber die Anstrengung des Aufstiegs in Verbindung mit dem prachtvollen Panorama verschlägt einem ohnehin die Sprache. Für die Balier selbst ist der Bambushain unterhalb des Gipfels, der das Allerheiligste des Tempels trägt, am wichtigsten. Die Leute kommen hierher, um Bambus zu schlagen. Wenn sie Glück haben, fließt Wasser aus dem Bambus heraus, und das ist dann Tirtha, heiliges Wasser.

Es gilt als das einzige heilige Wasser, das man selbst gewinnen kann, das nicht durch die Hände des Priesters geht und von ihm erworben werden muß. So wenigstens sagen es die Leute von Amlapura. Nur stimmt es nicht so ganz: Der in allen Meeresheiligtümern verehrte javanische Priester Bau Rauh hat auch einen kurzen Besuch in Lombok gemacht und die dortigen Buddhisten und Animisten über den Hinduismus belehrt. Als seine Zeit gekommen war, wieder nach Java zurückzukehren, fragten ihn die Leute, was sie denn tun sollten ohne Priester, die für sie heiliges Wasser beschaffen. Da öffnete Bau Rauh für sie die fünffache Tirtha-Quelle Suranadi (Name eines Hinduflusses, etwa: ›Nektarstrom‹) in der Nähe von Darmada mit heiligem Wasser für die Geburt, die Heirat, die Versorgung der Toten – kurz für alle Gelegenheiten und insbesondere für die Durchgangsriten. Dieses Wasser und sicherlich auch noch manches andere, wenn nicht auf Lombok, so doch auf Bali, ist natürliches Tirtha, das jeder nehmen und benutzen kann.

Eines der schönsten Fleckchen Erde, das Bali zu bieten hat, liegt nördlich von Abang. Die Landschaftskunst der **Reisfelder von Tistha** füllt eine Schlucht aus, die im Norden des Ortes aus dem Berg heraus und in eine Ebene hineinführt. Am besten sollten Sie diese Gegend ganz früh am Morgen besuchen; je früher, desto besser. Zu den Zeiten, da auf den Feldern etwas zu tun ist, beginnen die Reisbauern fast schon bei Sonnenaufgang mit ihrer Arbeit. (Achtung: Möglicherweise ist der Dorfname ›Tistha‹ hier nicht ganz korrekt wiedergegeben!)

Culik liegt noch ein paar Kilometer weiter nördlich. Hinter dem Ort ziehen sich ausgedehnte Flächen aus erstarrter Lava bis fast an die Grenzen von Buleleng hin. Auf Hügeln, die die glühende Flut damals ausgespart hat, recken sich zerzauste Lontar-Palmen gen Himmel. Innerhalb von Culik, an der Ostseite der Straße, liegt ein kleiner Tempel, Pura Tangkas (Tangkas ist der Name einer besonderen Gruppe aus dem Sudra-Stand), mit einer kuriosen überlebensgroßen Zementfigur, einem Schreiber, daneben eine Zementdame, die etwas anbietet.

Von Amlapura aus ist in etwa 3½ Stunden Singaraja zu erreichen, von dort in etwa 2 Stunden Gilimanuk (Fähre nach Java).

Quellen: Q16, Q17

Reisterrassen (Zeichnung von W. O. Nieuwenkamp 1906)

Tabanan im Südwesten – vom Meer bis in die Berge

Das ehemalige Raja-Reich Tabanan ist heute ein Gebiet mit üppiger Landwirtschaft. In den Niederungen wächst Reis, während in den Berggebieten aromatische Früchte und farbenprächtige Orchideen gedeihen. Die Bus- und Bemo-Linien von Denpasar in Richtung Kabupaten/Tabanan starten alle von der Station Ubung aus – entweder Richtung Kediri Tabanan, Negara, Gilimanuk oder aber Richtung Mengwi, Bedugul, Candi Kuning und weiter nach Singaraja.

Das Landstädtchen Tabanan

Die Stadt Tabanan selbst ist ein landwirtschaftliches Zentrum, verhältnismäßig modern, nicht unsympathisch, ohne daß es allerdings kulturhistorische Besonderheiten aufwiese. Es ist hier sehr viel zugrunde gegangen. Der Raja und seine ganze Familie haben sich beim Einmarsch der Holländer selbst geopfert. Und auch noch nach dem Zweiten Weltkrieg hat es in Tabanan Unruhen gegeben, die viele Menschen mit dem Leben bezahlen mußten. In Tabanan gibt es ein Hotel (Taruna) in ungünstiger Lage, ziemlich weit im Osten des Ortes. Man tut besser daran, entweder in Denpasar oder in Tanah Lot unterzuschlüpfen.

Der **Pasar Tabanan** neben der an der Bergseite der Hauptstraße gelegenen Bemo-Station, hinter Ladenfronten verborgen, ist ein quicklebendiger Markt, der es fast mit dem in Denpasar aufnehmen kann. Auf der gegenüberliegenden Seite der breiten, boulevardartigen Jalan Erlangga recht ordentliche Speise-Warungs, die allerdings abends geschlossen sind. **Masjid** und **Vihara:** Gegenüber der Bemo-Station verläuft meerwärts die Jalan Kambodscha. Dort liegt auf der Westseite die Masjid Raya, die große Moschee. Eine Parallelstraße im Osten, ebenfalls ausgehend von der Jalan Erlangga, ist die Jalan Melati. Dort finden Sie das Vihara Dharma Catra, ein buddhistisches Zentrum. Sehenswert ist auch das Museum Subak (Museum für die Reiskultivierung) ganz im Westen der Stadt.

Quellen: Q 16, Q 17

Das Meeresheiligtum Pura Tanah Lot

Von der Kreuzung Kediri, 3 km westlich von Tabanan (Richtung Denpasar), führt eine Straße immer leicht bergab nach Tanah Lot (10 km, Bemo-Verkehr zwischen Sonnenaufgang und 16.00 Uhr). Tanah Lot – der Name bedeutet ›Land-Meer‹ – ist ein verhältnismäßig kleiner Tempel auf einem Felsenriff vor der Küste. In unmittelbarer Nähe, an Land, reihen sich eine ganze Menge Warungs aneinander, mittags ist auch ein Fischrestaurant geöffnet. Dort sind Hütten aus Geflecht zu mieten, sehr hübsch und mit Bad, nachts allerdings recht einsam.

Die Felseninsel Tanah Lot ist bei niederem Wasserstand trockenen Fußes zu erreichen. Die Wellen haben aus dem Felsen Höhlen herausgeleckt. Darin leben schwarzweiß gestreifte Wasserschlangen, die sich in Löcher verkriechen. Der Herr des Tempels soll eine Schlange sein, die in einem der Schreine wohnt – wahrscheinlich ist es letztendlich auch wieder Batara Basuki (vgl. S. 318), was dann wieder eine Verbindung zu Besakih ergeben würde. Tatsächlich gibt es auch in zahlreichen Bergtempeln Schreine für die Götter der Seetempel Tanah Lot, Ulu Watu und Sakenan. Einige Listen rechnen Tanah Lot sogar zu den sechs ›Reichstempeln‹. Gegründet wurde Tanah Lot, wie fast zu erwarten, von Pedanda Bau Rauh während seines Aufenthaltes auf Bali. Er übernachtete auf dem Felsen, sprach dann zu den umwohnenden Fischern und bat sie, an dieser Stelle einen Tempel zu errichten. Pedanda Bau Rauh hat in Tanah Lot einen Schrein mit dreistufigem Meru. Schräg gegenüber ein Opferpavillon (Bale Piasan). Der fünfstufige Meru soll der Sitz der Trimurti (Brahma, Wisnu, Siwa) sein – wahrscheinlich eine neuere Zuschreibung, ursprünglich handelte es sich wohl um den Schrein der Schlange. Die nicht sonderlich schöne hohe Säule davor birgt eine heilige Figur (Arca), und das hinterste kleine Bale nimmt wieder Opfergaben auf.

Das eigentliche Ereignis von Tanah Lot ist aber nicht der Besuch des Tempels selbst, sondern die Abendsonne, die hinter dem Felsen untergeht. Der schönste Blick bietet sich einem von der gegenüberliegenden Steilküste aus. Da am Spätnachmittag die Kleinbusse von den Hotels in Kuta und Sanur Richtung Tanah Lot ausschwärmen, ist man dort zwar nicht allein – dennoch verstummen alle vor dem Naturschauspiel, das jeden Abend in anderen Formen und Farben abläuft. Es ist ein wahrhaft erhabenes Ereignis, das sich hier vollzieht, daran kann der kommerzielle Rummel ringsum auch nicht das geringste ändern. Fast immer brandet der Ozean wild gegen die Steilküste und bestärkt die Menschen in Bali in ihrer Furcht vor dem Meer. Rundherum auf den Hügeln sind Bambusstangen, durch einen Einschnitt in Äolo-Harfen verwandelt, aufgestellt.

Wer übrigens die Einsamkeit liebt, kann der **Küste entlang nach Westen** wandern. Auf den Kuppen der Steilhänge unweit Tanah Lot liegen Tempelchen mit winzigen Schreinen. Pura Galuh (Prinzessin), ebenfalls malerisch gelegen, besteht lediglich aus einem Candi Bentar und zwei Schreinen – alle aus Zement. Pura Batu Bolong – heißt ›Steinhöhle‹ und meint höchstwahrscheinlich Lingga-Yoni – umfaßt fünf malerische ›Hüttchen‹. Hinter Reisfeldern etwas landeinwärts Pura Luhur Pekendungan mit einem fünfstöckigen Tor und einem Sieben-Tumpang-Meru. Dahinter in Richtung Westen den Strand entlang beginnt große Einsamkeit. Gelegentlich finden sich ausgewaschene Spuren längst dahingegangener Seetempel. Nach etwa 1½ Stunden Fußmarsch erreicht man ein kleines Tempelchen in der Nähe eines Dorfes. An diesem Ort wird die Asche der in Tabanan verbrannten Toten nach einer feierlichen Zeremonie mit Schiffen hinaus aufs Meer gebracht und verstreut. (Es existiert ein direkter Weg hinauf nach Tabanan!)

Quellen: Q 15, Q 17

Pura Batu Kau bei Wongaya

Zu Füßen des größten Berges der Umgebung – mit 2278 m der zweitgrößte Balis –, des »Kokosnußschalensteines« (Batu Kau oder Karu) erstreckt sich noch einer der sechs ›Reichstempel‹, zugleich ein Heiligtum der Dynastie von Tabanan. Von der Station Tabanan aus läßt sich die 29 km lange Strecke hoch nach Wongaya Gede mit dem Bemo bewältigen. Zur Zeit werden die Straßen dorthin für Busse ausgebaut.

Der Tempel im Wald: Die Dorfstraße von Wongaya ist genau auf den Berg hin ausgerichtet. Kaja, die Heilsrichtung, bezieht sich hier und darüber hinaus in großen Teilen Südbalis nicht auf den Gunung Agung, sondern auf den die Landschaft beherrschenden Batu Kau. Eine knappe Dreiviertelstunde geht es noch zu Fuß durch einen schütteren Urwald, der von Bananenhainen durchwachsen ist. Der Pura selbst wird von lianenumschlungenen und flechtenbewachsenen Baumriesen umgeben, in denen die Nebel wabern. Seitlich vor ihm liegt ein Taman, ein wildes, parkähnliches Gelände mit einem großen See. Dieser künstliche Teich ist ein Abbild, nein mehr, eine Verkörperung des Tamblingan-Sees und ein Landeplatz für die Widadari, die Himmelsnymphen.

Der Tamblingan ist der See, in dem die Subaks, die Reisfeldgenossenschaften von Tabanan, einmal im Jahr ihren Opferbüffel versenken. Tempel mit Seen sind immer auf einen der vier Bergseen bezogen, an ihrem Kult nimmt aber auch immer der Herrscher teil, denn die Herrscher müssen in ihrer Eigenschaft als Erscheinungsform Wisnus rituell die Bewässerung der Reisfelder sichern. In dieser Eigenschaft stellen sie so etwas dar wie die Nachfolger von Regenmacher-Schamanen. (Der See in Mengwi und der ›Trockensee‹ in Kapal sind auf den Bratan-See bezogen. Auch in Kapal gibt es zwei Schreine für die Widadari). Das Ahnenheiligtum der Rajas von Tabanan, denn das ist Pura Batu Kau, soll entstanden sein, nachdem ein Krieg zwischen Tabanan und Buleleng beendet worden war. Deshalb finden sich dort Schreine sowohl für die Rajas von Tabanan (im umseitigen Plan JLM) wie für die von Buleleng (CU). Der Tamblingan-See liegt übrigens auf dem Territorium von Buleleng. Die Stein-Candis erinnern an die Candis in Kapal, Serangan und Mengwi. Selbstverständlich ist auch sowohl ein Meru für den Herrn des Batu Kau (F) als auch ein Schrein für die Gottheiten des Meeres (K) vorhanden.

Wongaya Gede selbst ist ein langgestrecktes Straßendorf. Am südlichen (Kelod) Ende liegt ein Pura Dalem an der Ostseite der Straße – der geradezu klassische Fall eines Baumheiligtums: Zwei riesige, miteinander verwachsene Bäume bilden einen wuchernden Dschungel-Mikrokosmos. Darin muß die Durga hausen, deren Masken aus dem Holz dieser Bäume

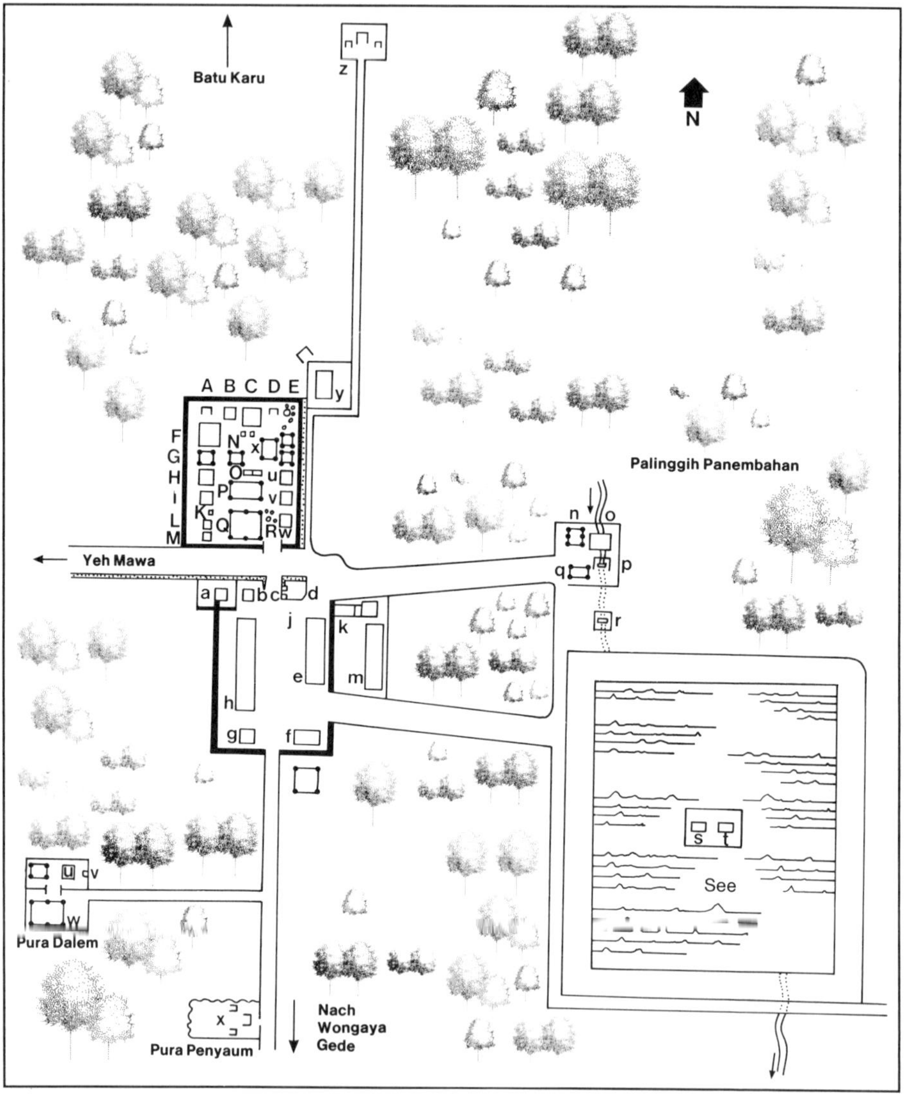

geschnitzt werden. Die beiden Schreine davor mit den drastischen Hexendarstellungen der weißbemalten Durga (links) und der roten Calon Arang wären im Grunde gar nicht mehr notwendig, um das glaubhaft zu machen.

Etwa 2 km weiter südlich liegt das Dorf **Tengkutah.** Wer sich dem gedeckten Tempeltor an der Ostseite der Straße nähert, merkt zu seiner Überraschung plötzlich, daß sich daran

◁ Pura Batu Kau (Batu Karu)
A Padma Bebaturan (Steinlotossitz) für Batara Karihinan Kabayan; B Steincandi (drei Tumpang) für Ratu Dewa Wayan; C Steinerner Candi Purnamasadha (sieben Tumpang) für Batara Panji Sakti; D Padma Bebaturan für Taksu; E Bäume mit Figuren; F Meru (sieben Tumpang); Sitz von Ratu Demade (nach anderer Auskunft für Gunung Batu Kau bzw. Mahadewa); G Piasan, Bale für Opfer (Banten); H Meru (drei Tumpang), Sitz für Ratu Made Kobetan (nach anderer Auskunft für Siwa, Iswara, Brahma, Mahadewa, Wisnu, also die fünf Richtungsgottheiten); I Meru (drei Tumpang); Ahnenmal für das Fürstengeschlecht von Tabanan (nach anderer Auskunft für Trimurti = Brahma-Siwa-Wisnu); K Pesimpanan Batara Pakendunan – offenes Bale für den vorübergehenden Aufenthalt des Herrn eines Meerestempels; L Ziegelbau für die Ahnenverehrung des Fürstengeschlechts von Tabanan; M Ahnenmal fürTabanan (nach anderer Auskunft für Badung); N Saka Pat Bale Alit (Pelapah Asep?) – kleines Vierpfosten-Bale, enthält die für eine Zusammenkunft der Götter benötigten Devotionalien; O Saka Nem Pron Kalih – sechspfostiger Doppelschrein für den Gott und die Göttin des Reichtums Rambut Sedana Manik Galih; P Saka Nem – offenes sechspfostiges Bale für Opferdarbietungen (Banten) an die Götter (Pangunggan); Q Saka Nem Gong – sechspfostiges Bale zur Aufbewahrung der Musikinstrumente (Bale Gong); R Baum mit Figuren; S Gedong Sari – Gebäude für die Ausstrahlung von I Ratu Ngurah Sunantaya; T Saka Pat – Vierpfosten-Bale für I Ratu Kasundaran; U Meru (fünf Tumpang) für den Fürsten (Ratu), der auszog gen Java und nach Bali zurückkehrte; V Meru (fünf Tumpang) für I Ratu Naga Mas (Fürst goldene Schlange); W Meru (fünf Tumpang) für die Ahnen aus dem Geschlecht derer von Tabanan; X Bale Singasari (Bale Agung) – großer Pavillon für regelmäßige Zusammenkünfte;
Y Saka Nem und Bebaturan – sechspfostiges Bale mit Steinsitz für Ratu Made Sedahan; Z Padma Bebaturan – Lotossteinsitz für Ratu Sedahan

a Saka Pat – Vierpfosten-Pavillon für den Fürsten (Cokorda) von Tabanan; b Jineng – Reisscheune für die Ernte vom Tempelgrund für das Essen bei Tempelfesten; c Saka Nem – Sechspfosten-Pavillon für die Vorfahren der Pasek (Gemeinschaft, die für die Erhaltung und Pflege des Tempels sorgt); d Batu Pelinggih – Sitzstein über begrabenen Kleidern der Pasek (Pengakan Pasek); e Bale Pegat – unterteilter Pavillon für Wächterdämonen; f Bale Gong (zerstört); g Saka Pat, Vierpfosten-Pavillon für Wächterdämonen; h Bale Agung (Paruman), großer offener Pavillon für Götterversammlungen; j Bebaturan, erhabene Steinbasis mit Pflanzen; k Pewaregan – Küche; l Pangebatan – Ort zum Schlachten; m Bale Pegat – unterteilter Pavillon; n Saka Nem – Sechspfosten-Pavillon für die Wächterdämonen; o Plattform mit zwei Steinsitzen und Figuren; p mit Steinen ausgelegter Badeplatz für die Reinigung; q Saka Pat – Vierpfosten-Pavillon für die Wächterdämonen; r Platz für die Reinigung; s Saka Nem, Pesimpangan Panembahan Tamblingan – Sitz für den Herabstieg der Gottheit vom Tamblingan-See; t Saka Pat Pucak Kedaton – Sitz für den Herabstieg des Herrn der Spitze des Palastes; u Gedong Pelinggih Dalam, Batara Guru (Kala) – Ziegelgebäude für den großen Lehrer in seiner Unterweltsgestalt; v Padma Bebaturan – Lotossitz für Batari Uma in der Erscheinung als Durga (mit der Figur von Wisnu auf Garuda reitend); w Bale Gong (?); x Padma Bebaturan – Lotosthron für Ratu Sedahan

das Dach einer Basilika anschließt. Diese katholische Kirche, die als christliches Heiligtum ganz selbstverständlich einen Innenraum hat, ist in ihrem Stil weitestgehend an die balische Umgebung angepaßt. Die Engel, die als Reliefs die Türflügel zieren, sehen den Widadari, die in stillen Vollmondnächten im See des Pura Batu Kau plätschern, zum Verwechseln ähnlich.

Heiße Quellen – Yeh Panas – sprudeln 8 km südlich von Wongaya, 200 m östlich der Straße nach Tabanan. Das Wasser bzw. der Geist der Quelle treibt Hautkrankheiten aus.

Quellen: 15, Q 15, Q 17

Rund um den Bratan-See

Die Straße Richtung Singaraja über Mengwi berührt zwei Orte, die hoch in den Bergen (1200 m) am Bratan-See liegen. Sein Wasser füllt einen ehemaligen Vulkankrater aus.

Bedugul – der Name bezeichnet den Opferplatz einer Subak – heißt ein 1,5 km von der Hauptstraße entfernter, direkt am See gelegener Hotelflecken. Direkt an der Abzweigung befinden sich ein Home Stay und Restaurant – etwas sehr einfach, aber nette Leute. Idyllisch gelegen das Hotel Bedugul, die Veranden vor den Zimmern haben Seeblick. In den Mondnächten leuchten magisch die Dunstschleier, hinter denen sich die badenden Nymphen verbergen, während innen in den Zimmern zierliche kleine Bali-Ratten fröhlich auf den Betten tanzen.

Von Bedugul aus schlängelt sich ein ausgesprochen reizvoller Abkürzungspfad in halber Höhe am See entlang durch den Urwald (ca. 20 Minuten) nach **Candi Kuning.** Das Regierungs-Guest House Lila Graha am Ortseingang ist durchaus zu empfehlen. Bis 17.00 Uhr hat das Rumah Makan Mini Bali, bewirtschaftet von netten Javanerinnen, Essen vorrätig. Das Warung-Restaurant liegt 1,5 km weiter an der Hauptstraße Richtung Bedugul in Bukit Mungsa, dem Pasar von Candi Kuning. Auf dem Markt werden die besten Ananas von Bali angeboten und viele andere interessante Früchte sowie Orchideenpflanzen und Blumensamen. Der nahe botanische Garten (Kebun Raya) ist ebenso weitläufig wie enttäuschend, insbesondere angesichts der echten Urwälder in der Umgebung.

In Candi Kuning selbst, von Lila Graha aus Richtung Singaraja, liegt am und zum Teil auch wortwörtlich im See der **Pura Ulun Danu** (›Kopfende des Sees‹). Dewi Danu, die Göttin des Meeres und der Seen, ist es, die hier verehrt wird – wie auch am Bratan-See, an den beiden anderen Bergseen und in Ulu Watu (See = balisch Danu, indonesisch Danau, verwandt mit dem Sanskritwort Danawa. Zu vergleichen mit indo-europäischen Flußnamen: Donau, Don.). Am schönsten ist die Stimmung dort ganz früh morgens, wenn sich die

Pura Ulun Danu am Bratan-See, Candi Kuning ▷
I Candi Bentar; II Kori Agung

A Drei-Tumpang-Meru für Dewi Danu auf der äußersten kleinen Insel im See. Die quadratische Insel ist von kleinen Candi Bentar-Eingängen in allen Himmelsrichtungen umgeben; B Elf-Tumpang-Meru für Dewa Pucak Manu (Gottheit des Berges Manu). Hinter dem Meru ein überdachter Opferplatz; C Erdinsel mit Bambusstauden; D Moderner Padmasana für Sanghyang Widi (oben in der Thronsessellehne abgebildet!). Auf der Rückseite Wisnu auf Garuda reitend, darüber die Gans (Schwan), Reittier von Brahma; E Dreiteiliger Padmasana für Brahma-Siwa-Wisnu. Schildkrötensockel mit zwei Schlangen. Auf der Rückseite übereinander: Boma, Garuda mit Wisnu, Schwan; F Sieben-Tumpang-Meru; G Einfacher Lingga; H Drei-Tumpang-Meru; I Pelinggih Batara Maospait mit Hirschgeweih (Manjangan Seluwang); K Bale Pewedaan, Pavillon für den Priester. Zwei Bilder aus dem Ramayana. Links Kresna zwischen Rama und Laksmana; rechts: Dewi Sinta empfängt Hanoman. Säulensockel in Form von Affe, Tiger, Widadari; L Pagoda Boda; M fünf alte Dhyana-Buddhas; N Bale Gong; O Pura Dalem – Ahnenschrein für das Geschlecht der Rajas von Mengwi; P Kulkul; Q Tempel mit prähistorischen Sarkophagen

hohen Merus vom See, der im Gegenlicht glitzert, abheben. Der Drei-Tumpang-Meru ganz vorne auf einer Insel mit seinen Reliefschnitzereien in Rot, Gold und Blau (eine Frauengestalt vor einem Pedanda-Priester) ist der Sitz von Dewi Danu selbst. Der Elf-Tumpang-Meru auf der näher am Ufer gelegenen Insel soll laut Auskunft eines Priesters für Dewa Pucak Manu bestimmt sein. Falls das wirklich stimmt, bietet sich folgende Erklärung an:

Manu – das Sanskrit-Wort ist mit ›Mann‹ in der Bedeutung von ›Mensch‹ verwandt – gilt als der Urvater aller Menschen, weil er nach einer Sintflut die Menschheit neu erschaffen hat. Ein Fisch, den Manu verehrte, hatte ihn veranlaßt, rechtzeitig ein rettendes Schiff zu bauen. (Dieser Fisch gilt – und das ist besonders interessant – als die erste Erscheinungsform

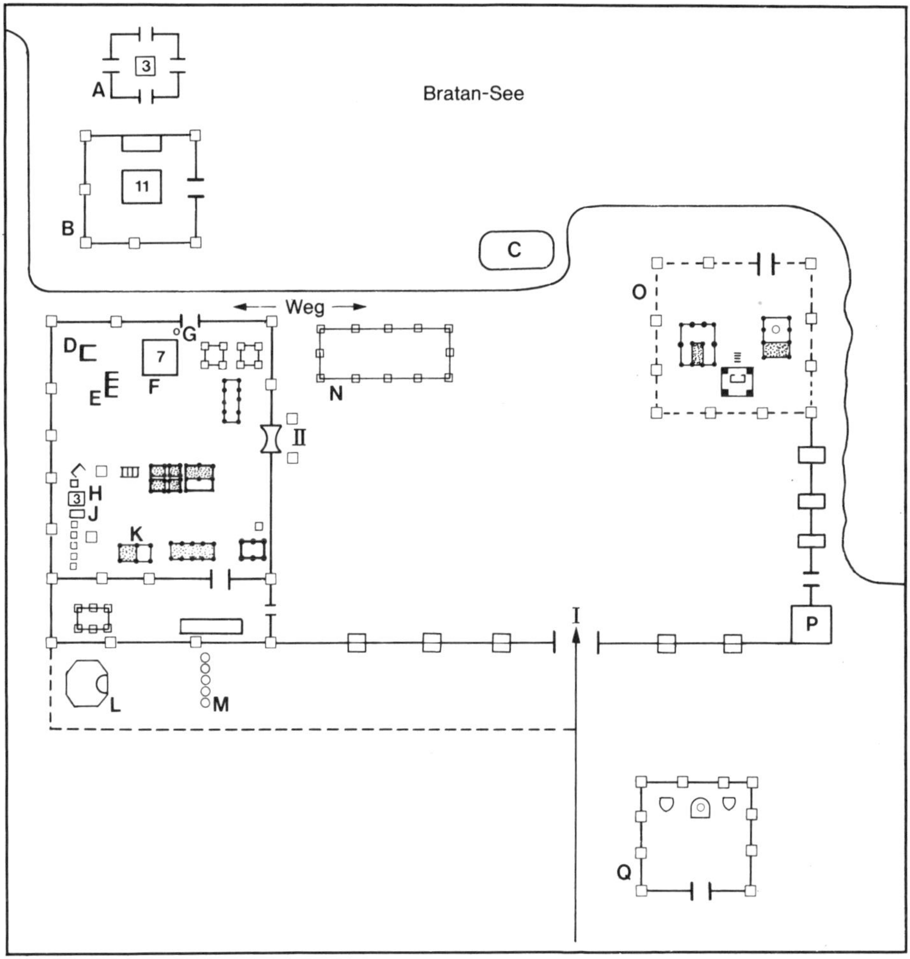

Wisnus!) Der Pucak, der Berg Manus, wäre dann der Himalaya-Gipfel, an dem dieser altindische Noah beim Absinken der Flut sein Schiff festpflockte. Es erscheint durchaus passend, daß gerade hier eine solche mit dem Wasser verbundene Schöpfergottheit verehrt wird. Manu gilt, speziell in Bali, als der erste Anhänger des Hinduismus und damit als dessen Begründer. Und das interessante ist nun, daß in Pura Ulun Danu auch ein anderer Religionsstifter, der Begründer des Buddhismus, Gautama Buddha selbst, verehrt wird, und zwar in der Pagode auf dem Landstreifen vor dem Tempel links vom gespaltenen Tor. Darin kommt zum Ausdruck, daß der balische Hinduismus in beachtlichem Umfang buddhistische Einflüsse in sich aufgenommen hat. Das ist nicht so erstaunlich, wenn man weiß, daß bereits die indischen Brahmanen Buddha in das hinduistische Pantheon aufgenommen haben: Er galt als die neunte und damit vorletzte Erscheinungsform (Avatara) Wisnus. Und da klingt auch schon der wichtigste Grund an, weswegen Buddha gerade hier in so eindrucksvoller Form geehrt wird. Pura Ulun Danu ist ein Tempel der Rajas von Mengwi mit Querverbindungen zu Pura Taman Ayun, Mengwi und Pura Prasada Kapal. Als Verehrungsstätte der Raja-Ahnen dient der sogenannte Pura Dalem, der speziell umfriedete Bezirk im Vorhof rechts. ›Dalem‹ heißt in diesem Falle nicht Unterwelt, sondern ›innen‹ und dient als Beiname des Raja (wer zur höchsten Kaste gehört, ist, salopp gesagt, ›in‹, während die normalen Sterblichen jaba = ›out‹, also ›außen vor‹ sind). Nun stellen die Rajas aber traditionsgemäß die Verkörperung von Wisnu als Herr über das Wasser dar. Zugleich wird aber auch an den Höfen in besonderer Weise die Erscheinungsform Wisnus als Buddha verehrt. So benötigt man für die Weihe eines Rajas neben einigen Siwa-Priestern zusätzlich einen Pedanda Boda – der trotz seines Namens kein Buddhist, sondern ein buddhaverehrender Hindupriester ist.

Vor der Pagode sitzen in einer Reihe im Lotossitz, das rechte Bein über das linke geschlagen, fünf Buddhas – die Meditations-Buddhas (Dhyani-Buddhas oder Jinas), zu unterscheiden an ihren Gesten. Die Dhyani-Buddhas sind die kosmischen Entsprechungen der menschlichen Buddhas, die in verschiedenen Zeitperioden nacheinander in der Welt erschienen. Wie die hinduistischen Richtungsgötter haben auch sie die Aufgabe, die verschiedenen Himmelsrichtungen zu bewachen. Die Reihenfolge der fünf alten, ziemlich verwitterten und ohnehin etwas zweitrangigen Figuren ist durcheinander geraten. Die Buddhas haben früher irgendwo anders gesessen – vermutlich im Vorläufertyp der verhältnismäßig neuen Pagode. Ohnehin scheint hier die Bedeutung der verschiedenen Buddhas und ihrer Gesten in Vergessenheit geraten zu sein. Dafür spricht auch, daß die modernen fünf Buddhas in der Pagode zwar richtungsbezogen angeordnet wurden (in vier Nischen mit dem zentralen Buddha in einer erhöhten, über den anderen liegenden Nische), die charakteristischen Gesten jedoch nicht mehr dargestellt sind. Alle fünf führen die Meditationsgeste aus.

Candi Kuning ist der ideale Ausgangspunkt für Wanderungen durch die Bergurwälder. Wenn Dunst und Nebel auch für eine hohe Luftfeuchtigkeit sorgen, so ist es in 1200 m Höhe nicht mehr so heiß – morgens und abends herrscht hier gelegentlich sogar eine ziemlich empfindliche Kühle.

Die Buddha-Darstellungen im Pura Ulun Danu (von links nach rechts):

Name des Buddha	Geste (Mudra)	Himmelsrichtung	Entsprechende hinduistische Gottheit
1. Vairocana	Argumentation bzw. Drehen des Rades der Lehre (Vitarka Mudra)	Himmelsmitte	Siwa
2. Rathnasambava	Wunschgewährung (Varada Mudra)	Süden	Brahma
3. Akshobhya	Anrufung der Erde zum Zeugen (Bumi Spharsa Mudra)	Osten	Iswara
4. Amithabha (kosmische Entsprechung des historischen Buddha)	Meditation (Dhyana Mudra)	Westen	Mahadewa
5. Amoghasiddhi	Furchtlosigkeit (Abhaya Mudra)	Norden	Wisnu

Den See entlang: Rechts herum nach Bedugul führt der bereits beschriebene hübsche Urwaldpfad, links herum geht es kreuz und quer durch Gemüsefelder, dann etwa eine Stunde am Seeufer entlang. Einsamkeit, Stille – gelegentlich ein Einbaum mit Fischenden. Das in Bedugul stationierte lärmende Motorboot hat glücklicherweise häufig Maschinenschaden. Die letzten zwei bis drei Uferkilometer bis Bedugul sind unpassierbar.

Dschungelpfad nach Tiingan: Die stille Sehnsucht des Europäers nach Urwald läßt sich durch einen Spaziergang nach Tiingan voll befriedigen. Der Hinweg dauert knapp 3, der Rückweg bergauf etwa 4 Stunden. In der letzten Biegung der Stichstraße nach Bedugul zweigt hinter einem Warung ein Pfad ab. Er führt zunächst über eine gute Stunde durch Dschungel. Kaum ein Laut außer dem Gekreische wilder Affen! Dann Gehöfte und Ländereien (vorsichtshalber Steine sammeln und in die Tasche stecken, der kleinen, aber aggressiven Hunde wegen!). Von hier aus prachtvoller Blick auf den Gunung Agung, besonders ganz früh am Morgen. Der Pfad biegt dann nach links unten ab, schlängelt sich nacheinander durch zwei Schluchten und an Wildbächen entlang. Es geht durch Halburwald, Dschungel, durchsetzt mit Bananenpflanzungen. Tiingan selbst ist ein größeres, sehr abgelegenes Dorf. Eine mäßig ausgebaute Straße führt von dort in das einige Kilometer südlich gelegene Plaga. Dort hat man Anschluß an die gelegentlich sogar von Bemos befahrene Asphaltstraße nach Sangeh, aber in Gegenrichtung auch zu einer zunächst sehr schlechten, durch Schluchten unterbrochenen, im oberen Teil wesentlich besseren Straße, die westlich von Gunung Penulisan auf die Strecke Singaraja/Kintamani stößt.

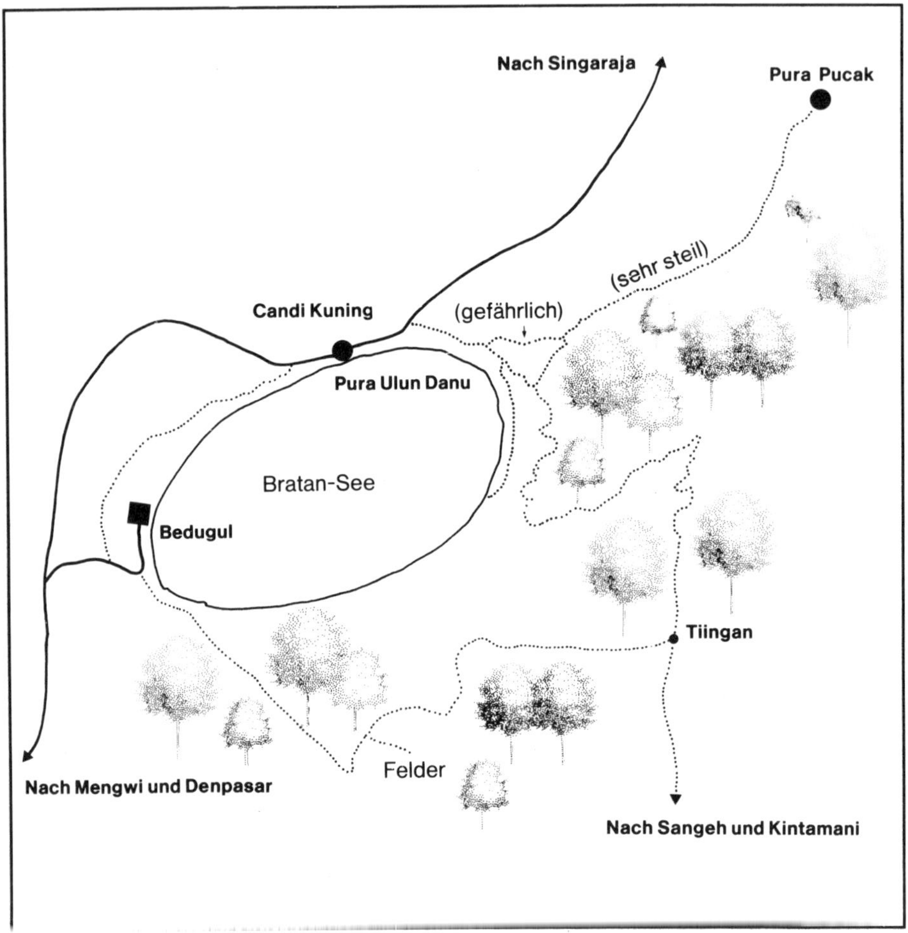

Die Umgebung des Bratan-Sees

Bergheiligtum Pura Pucak Tiingan: Das Heiligtum, verwoben mit dem Tempelsystem von Mengwi und Kapal (vgl. S. 262 ff.), stellt wie Pura Pucak Bon einen magisch-religiösen Bergaußenposten gegenüber der Götterwelt dar, der den Bestand des Reiches von Mengwi sichern soll. Es ist tatsächlich ein ›Reichsheiligtum‹, an dessen Tempelfesten früher das Herrscherhaus von Mengwi teilgenommen hat. Zwei Wege führen zu dem hochgelegenen Heiligtum, ein recht mühsamer und ein sehr mühsamer.

Von Tiingan aus geht es erst durch Felder einen sanften Anstieg hinauf nach Norden, dann in westlicher Richtung durch eine Schlucht mit einem Rinnsal, anschließend wieder etwas bergauf durch dichten Urwald. Nach knapp 2 Stunden eine Gabelung. Nach links geht es hinunter zum Bratan-See, von wo aus man zurück nach Candi Kuning gelangt. Nach rechts in nördlicher Richtung führt ein Pfad steil hinauf (knapp 3 Stunden) durch den Urwald – wirklich steil! Es geht geradeaus nach oben, die Serpentine hat man in Bali offensichtlich noch nicht erfunden. Man muß Wegzehrung, insbesondere etwas zu trinken bei sich haben. Zwischen den Bäumen hängt hier oben immer kaltfeuchter Nebel. Wie können nur an Festtagen die Frauen mit ihren hochgetürmten Opfergaben auf dem Kopf eine solche Strecke bewältigen! Endlich ist das Heiligtum erreicht, obwohl auf dem Gipfel gelegen dicht von Wald umschlossen. Der Tempel ist zwar sehr abgelegen – während der gesamten Wanderung bekommt man keinen einzigen Menschen zu Gesicht – dennoch sind die Schreine gut erhalten, ausgebessert, geschmückt mit neuen Schnitzereien. Moos und Flechten überwuchern lediglich das uralte Lingga–Yoni-Mal (tantrische Tradition, vgl. S. 184). Ein Meru hat fünf, ein anderes drei Tumpang. Merkwürdig: Der holländische Gelehrte C. J. Grader berichtet, daß hier 1949 ein Elfer- und ein Fünfer-Meru gestanden hätten, das eine für den Gott des Berges und das andere für die Göttin von Bon, die als dessen Frau gilt. Andererseits bestätigen alle Befragten, daß dies Heiligtum hier auch tatsächlich das Pura Pucak Tiingan sei. Und letztlich spricht dafür auch ein eigentümlicher Schrein mit Swastika-förmig angelegten Sitzen – vier in die vier Haupthimmelsrichtungen weisend und einer in der Mitte über ihnen. Diese Anlage stellt die mit Abstand augenfälligste Empfangshalle für die 4 × 1 Richtungsgottheiten dar, für die Gottheiten, die die Enden der Welt bewachen. Und ein solcher Schrein befindet sich sicherlich nicht von ungefähr in einem Tempel, der eines der Enden des Rajas-Reiches absichern soll!

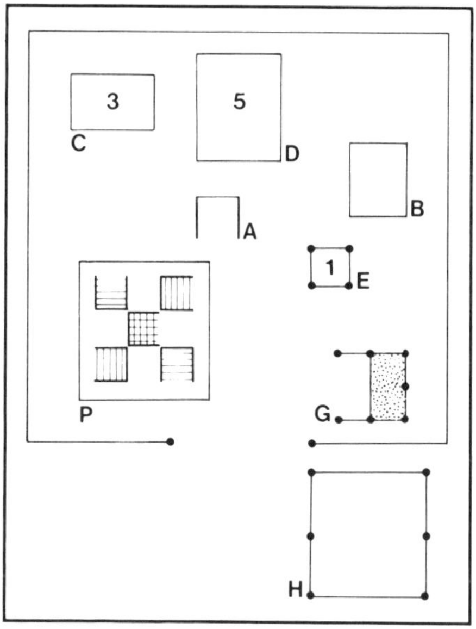

Pura Pucak Tiingan
A Padmasana; B Lingga-Yoni, Phallus mit achteckigem Unterteil, in einer Vertiefung auf quadratischer Platte (tantrische Form); C Drei-Tumpang-Meru, geschlossener Schrein. Auf den Flügeln der Tür Nagas, auf dem Sturz Boma-Kopf; D Fünf-Tumpang-Meru. Auf den Türflügeln Siwa und Uma, links Arjuna Mentapa. Hinten: Arjuna erlegt Niwatakawaca in seiner Wildschweingestalt. Rechte Seite: Arjuna schießt von einem Tempeltor dem Unhold (jetzt in seiner Raksasa-Gestalt) einen Pfeil ins Maul; E Meru (1 Tumpang), geschmückt mit vierblättrigen Lotosblüten; F Sitz für Siwa und die vier Lokapala (Gottheiten der Weltrichtungen): Originelle Anordnung der Göttersitze; G Opferhäuschen; H Verfallene Bude für Gamelan usw.

Der zweite Weg nach Pura Pucak Tiingan führt von Candi Kuning aus erst einmal links herum um den See, dann den Berg hinauf bis zur erwähnten Abzweigung. Man sollte sich führen lassen, da die Abzweigung nach oben gar nicht so leicht zu finden ist. Auf dem Rückweg lockt eine Abkürzung steil herunter zum See. Wenn man den mit heilen Knochen erreicht, hat man ausgesprochenes Glück gehabt.

Quellen: 15, Q 15, Q 17

Ausflug zu den Bergseen von Buleleng

Mindestens ebenso stimmungsvoll wie die beiden großen Seen, der Batur und der Bratan, liegen auch die kleinen Seen, der Buyan und der Tamblingan, in der Berglandschaft. Das große jährliche Büffelopfer der Reisgenossenschaften der verschiedenen Gebiete verteilt sich wie folgt auf die verschiedenen Seen:

See	gelegen im Gebiet:	Opfer durch Subaks aus:
Batur	Bangli	Gyanyar, Bangli
Bratan	Tabanan (früher Mengwi)	Badung (früher Mengwi), Teil von Tabanan
Buyan	Buleleng	Buleleng
Tamblingan	Buleleng	Jembrana, Tabanan

Beide Seen liegen nahe zusammen auf dem Territorium von Buleleng, sind von Singaraja aus, aber eben noch etwas einfacher von Candi Kuning aus zu erreichen.

Von der Straße nach Singaraja zweigt etwa 10 km im Norden von Candi Kuning in westlicher Richtung die Straße nach Munduk ab. Der Weg führt zunächst oberhalb des **Buyan-Sees** durch lockere Wälder und an Ländereien vorbei. Wilde Affen toben durch die Baumwipfel. Eine Landbrücke trennt den Buyan-See vom Tamblingan, der ebenfalls an der Nordseite umgangen wird. Für das alles benötigt man zu Fuß etwa eine Stunde.

3½ km vor Munduk biegt dann ein staubiger Weg nach links in südlicher Richtung ab und führt oberhalb vom **Tamblingan-See** an dessen Westseite entlang. Von dort aus überblickt man schon die am See gelegenen Tempel. Nach etwa 3 km an einer Gabelung nochmals links halten und schließlich neben einem Götterthron nach links in einen Urwaldpfad einbiegen, der hinunter zum See führt. Am sumpfigen Ufer einige Fischerhütten. Schmucklose Einbäume schwimmen auf dem See. Wenn man hier in dieser einsamen Landschaft überhaupt Leute trifft, sind sie still und friedlich. Gleich dort, wo sich der Pfad dem Seeufer nähert, liegen zwei einfache Tempel. Der westliche, etwas versteckt gelegene heißt Pura Sanghyang Kauh (›der verehrte Herr des Westens‹), ein Subak-Tempel für die Reisgenossenschaften des westlichsten Landes in Bali, Jembrana. Dort wird das große Büffelopfer

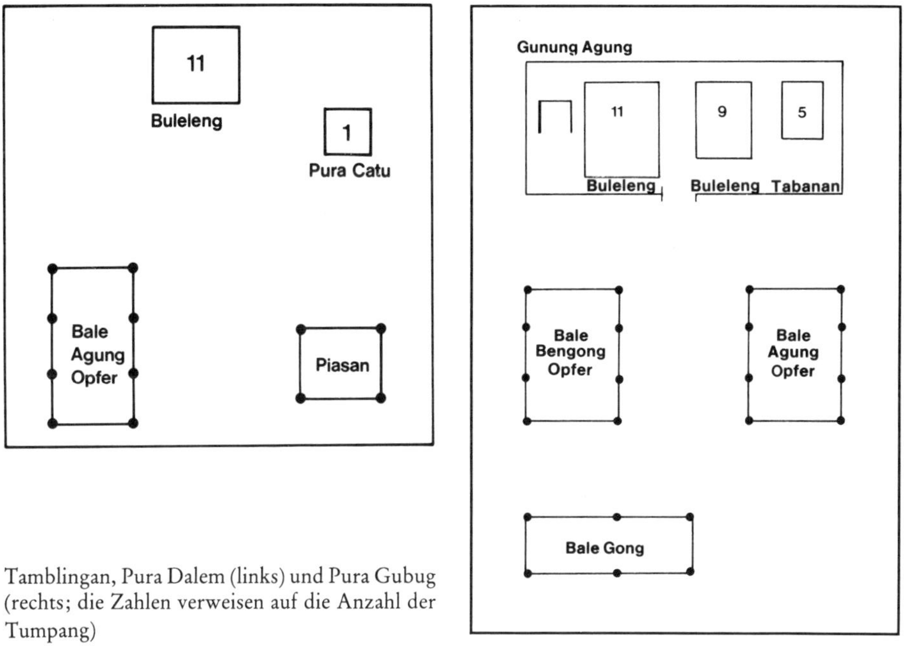

Tamblingan, Pura Dalem (links) und Pura Gubug (rechts; die Zahlen verweisen auf die Anzahl der Tumpang)

vorbereitet. Der kleine, jedoch mit auffälligen neuen Zement-Merus ausgestattete Tempel gegenüber im Osten ist der **Pura Gubug Tamblingan**, der ›Tempel der Versammlung‹. Dort treffen sich die Ahnen der Raja-Geschlechter, insbesondere der von Buleleng, aber auch der von Tabanan. Andererseits stehen ja auch im ›Reichstempel‹ von Tabanan Pura Batu Kau Schreine, die für die Ahnen der Rajas aus Buleleng bestimmt sind. Welche historischen Gründe gibt es für diese Verzahnung der beiden Raja-Reiche? Irgendwie scheint man dadurch, daß sich nicht nur die jeweils herrschenden Rajas wechselseitig besuchen, sondern auch deren vergöttlichte Ahnen, den Frieden auf eine über das Tagesgeschehen hinaus – und in kosmische Dimensionen hineinreichende Art und Weise gesichert zu haben. Und dieses Verfahren hat sich offensichtlich bewährt.

Ein schmaler Pfad führt rechts herum um einen Teil des Sees und an einer Fischersiedlung vorbei zum schlichten **Pura Dalem**. Das Heiligtum selbst, das von Buleleng aus betreut wird, hat nichts aufregendes zu bieten. Der Spaziergang dorthin jedoch ist lohnend. Eine heitere Ruhe strahlt dieser von Bergurwäldern umgebene Opfersee aus. Wer viel Zeit und Geduld mitgebracht hat, trifft vielleicht auf einen Pflanzer, der ihm seine kleine Kaffeeplantage zeigt.

Quelle: Q 17

Jembrana – Land des Westens, nach Java gewandt

Obwohl Jembrana zu den größeren Ländern Balis zählt, nimmt es in diesem Buch nur wenig Raum ein. Es ist das westlichste Land und zugleich das dem Westen Indonesiens, Java mit seiner Hauptstadt Jakarta, um engsten verbundene. Der Einfluß jener großen Insel war in diesem Gebiet schon immer sehr stark. Der Anteil von Muslims liegt in Jembrana besonders hoch, und viele Menschen in Süd- und Zentralbali tun tatsächlich so, als gehöre Jembrana überhaupt nicht mehr so recht zum ›eigentlichen‹ Bali. In Jembrana liegt auch Gilimanuk mit dem Hafen für die Fähre nach Java. (Der Verkehr Java – Zentralbali wurde früher hauptsächlich über Negara abgewickelt, doch ist seit einigen Jahren auch die Straße Gilimanuk – Singaraja im Norden gut ausgebaut.) Angenehme und dennoch preisgünstige Übernachtungsmöglichkeiten gibt es in Negara, auch Gilimanuk verfügt über drei Home Stays. Wesentlich besser kommt man jedoch in Banjuwangi auf der javanischen Seite unter.

Die südwestlichen Meeresheiligtümer

Zwei wichtige, sehenswerte Heiligtümer liegen mehr oder weniger weit von der Straße Denpasar – Tabanan – Gilimanuk im Osten von Negara (ca. 20 bzw. 10 km). Nur knapp ½ km meerwärts der Straße breitet sich die Tempelanlage **Pura Rambut Siwi** aus. Der Tempel ›verehrtes Haar‹ geht auf Sanghyang Nirartha (Pedanda Bau Rauh) zurück, der hier sein Haar abgeschnitten und hinterlassen hat. Derartige ›Pusaka‹ (wie z. B. auch ein ererbter

Pura Luhur Rambut Siwi ▷
I + II + III Candi Bentar in den Mittelhof (Jaba Tengah); IV + V + VI Candi Bentar in den Jeroan; VII Kori Agung (gedecktes Tor) in den Jeroan; IIX Sammelplatz für die Festteilnehmer; IX Pura Melanting
A Pesaren Ulun Danu; B Taksu; C Pengayat Gedong Sari; D Padmasana; E Pengayat Gunung Agung (Mahadewa); F Meru (drei Tumpang) für Sanghyang Nirartha (Bau Rauh); G Gedong Simpan; H Ratu Nyoman Sakti Pecadangan; I Pepelik; K Bale Petandingal, für Opfer; L Pesimpangan Ratu Gede Nusa; M Bale Piasan; N Pesimpangan Rua Brana
a Dapur Suci – heilige Küche; b Bale Peselang für gemeinsame Mahlzeiten; c Tugu; d Bale Petandingan, zur Anfertigung von Opfern (Sajen) aus Kokosblättern; e Kulkul

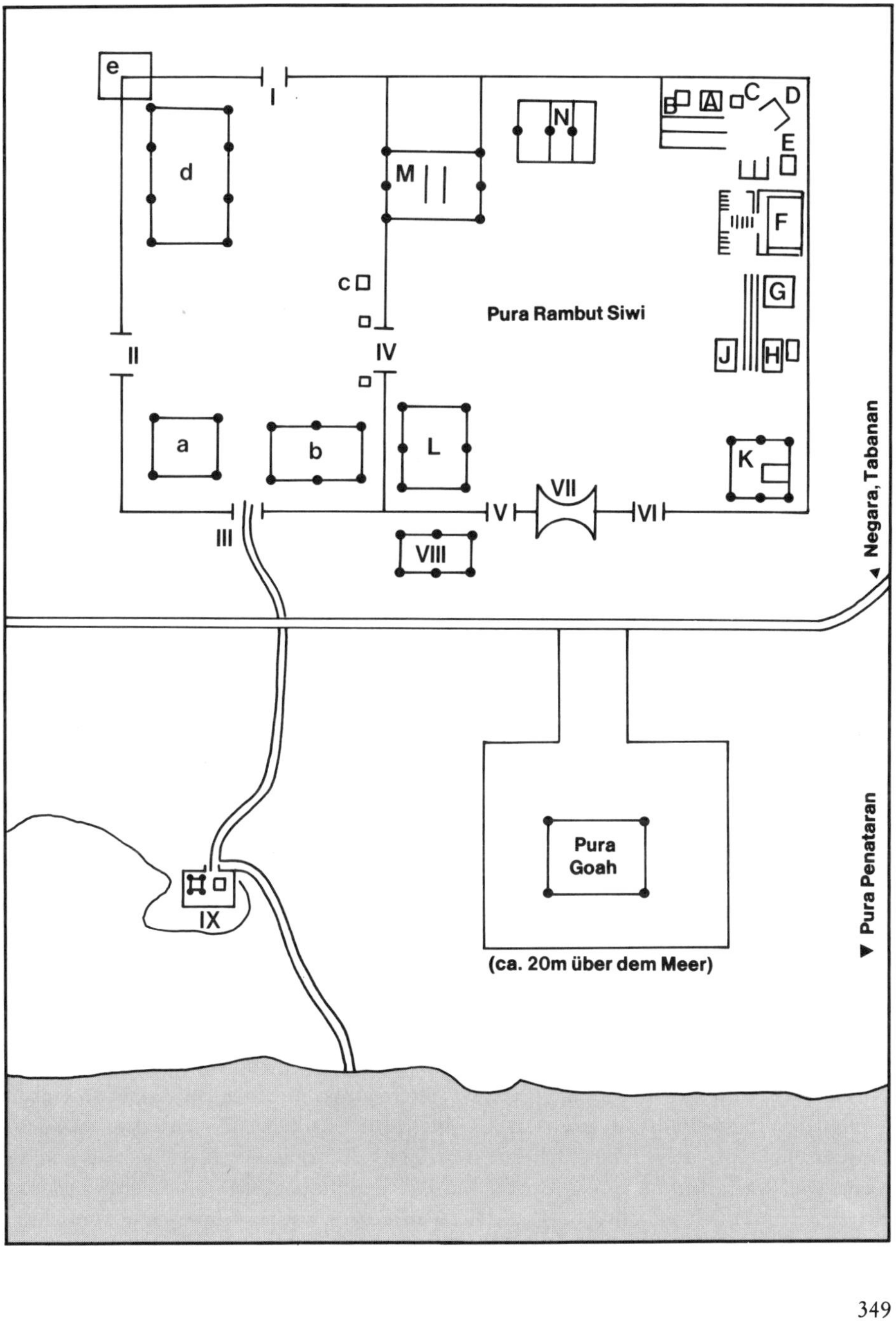
e
I
d
M
N
A
B
C
D
E
F
G
H
J
K
L
c
II
IV
Pura Rambut Siwi
a
b
VII
III
V
VI
VIII
Negara, Tabanan
Pura Goah
IX
(ca. 20m über dem Meer)
Pura Penataran

Kris oder eine Maske) sind ähnlich den heiligen Steinen oder den kleinen, tragbaren Götterstatuen (Arca, Pratina) vorübergehende Körperhüllen oder auch Wohnsitze göttlicher Wesen. Die Verehrung Pedanda Bau Rauhs bringt den Tempel in eine enge Verbindung mit allen anderen Meerestempeln in Bali. Folgende Tempel stehen mit ihm in Zusammenhang: Pura Rambut Siwi (Jembrana), Pura Perancak (Jembrana), Pura Pulaki (Buleleng), Pura Ponjok Batu (Buleleng), Pura Sakenan (Badung), Pura Ulu Watu (Badung), Pura Tanah Lot (Tabanan). So stehen diese Tempel wie Trutzburgen gegen die Dämonen des Meeres rund um Bali herum – besonders massiert im Süden, wo der Pazifik sich auch von seiner wildesten Seite zeigt! Ein Blick auf den Tempelplan zeigt, daß ein Schrein für Mahadewa (Siwa in seiner Erscheinungsform als der Herr der Berge) und Padmasana die Verbindung in die Bergregion aufrecht erhält, während ein Bale für Ulun Banu eine Göttin ehrt, die gleichzeitig für das Meer und für die vier Bergseen zuständig ist. Wenn man von der Hauptstraße her zum Tempel kommt, so bleibt einem zunächst seine landschaftlich reizvolle Lage verborgen. Er liegt auf steilen Felsen über schwarzem vulkanischen Sand, den der weiße Schaum der Brandung übergischtet. Die hiesige Landschaft mit ihrem Stich ins Heroische muß die Errichtung eines Tempels geradezu erzwungen haben. Zwei gewundene, in den Fels gehauene Treppen führen vom Meer herauf. Der Zugang zum Tempel erfolgt also vom Meer her, die Schreine sind auf die Bergwelt ausgerichtet. Das hat Pura Rambut Siwi gemeinsam mit Pura Perancak, Pura Pulaki und dem Bali Aga-Pura bei Candi Dasa (vgl. S. 327). Es sieht fast so aus, als würden die Festteilnehmer, die zu den Tempelzeremonien strömen, die Ankunft des hindu-javanischen Kulturbringers Pedanda Bau Rauh oder auch die noch früherer Religionsstifter rituell wiederholen, wenn sie vom Meer her das Heiligtum betreten. Andere Meerestempel, wie Pura Ulu Watu, sind dagegen gegen das Meer gerichtet, wenden sich an die Götter und Dämonen der See.

Pura Perancak ist auf eine gewisse Weise ähnlich angelegt und dann doch wieder ganz anders. Es ist ebenfalls vom Meer her zugänglich und auch landschaftlich schön gelegen – allerdings in einer friedlich stillen Lagune. Ein Korallenriff, der Küste vorgelagert, bildet einen Schutzwall gegen die Brandung. Bunte Segel vor blauem Himmel, der Strand ladt zum Baden ein. Einsamkeit um Pura Perancak herum – wohl schon deshalb, weil es etwa 12 km abseits der Straße liegt. Rund 10 km vor Negara zweigt in einem Dorf ein Weg zur Küste hin ab. Wer einen Fußmarsch von zwei Stunden scheut, findet leicht einen Motorradfahrer, der einen für ein geringes Entgeld dorthin und wieder zurück bringt. Der weiß gekalkte, meist geschlossene Tempel wird von einem toten Lagunenarm umgriffen. Ein Candi Bentar führt in den Vorhof, ein Kori Agung ins Innere. Der Drei-Tumpang Meru dort ist Sanghyang Nirartha (Pedanda Bau Rauh) zugeeignet. Das interessanteste – schon deshalb weil offenbar einzigartig in Bali – ist die auf einen leeren Götterthron zulaufende Nische links neben dem Eingang. Jeder, der den Tempel betreten will, kniet dort mit einer Geste der Verehrung nieder und wartet ab, bis er das Gefühl hat, daß ihm die Gottheit des Steinthrones das Betreten des Tempels erlaubt. Der Taksu, der Vermittler zwischen Göttern und Menschen, besorgt sozusagen von den mächtigeren, höhergestellten Göttern die Erlaubnis zum

Betreten ihres Territoriums. Das ist gut malayisch gedacht: Die Angehörigen der Stammesreligionen in Nias und in Kalimantan können bis zum heutigen Tag die höheren Gottheiten ausschließlich über die Vermittlung der niedrigeren anrufen.

Die Stierrennen von Jembrana: Wenn die Reisernten vorbei sind, trifft man an Sonntagen in der Gegend um Negara reich geschmückte Wagen an, die von zwei Stieren gezogen werden. Morgens ab 4.30 Uhr bis gegen 12.00 Uhr mittags finden Stierrennen (Makepung Kebo) statt. Zwei Gespanne donnern in einem geringen Abstand hintereinander los, rasen 1 km geradeaus – die Höchstgeschwindigkeit soll bei 80 Stundenkilometern liegen! –, dann um eine Wendemarke herum und zurück zum Startplatz. Die Veränderung des Abstandes zwischen den beiden Gefährten gibt darüber Auskunft, welches gesiegt hat. Die Stiere, die über die Erde stampfen, geben beim Rennen etwas von ihrer Kraft ab an die Reisfelder. Stierrennen sind auch in Buleleng üblich sowie auf der im Norden des gar nicht so fernen Ostjavas gelegenen Insel Madura.

Rituelle Handlungen rund um den Stier hat es bei allen malayischen Stämmen gegeben. In nicht oder nur wenig hinduisierten Stammeskulturen sind sie heute noch verbreitet. Alle diese Bräuche stehen in Verbindung mit Fruchtbarkeit, mit Tod und Wiedergeburt. Der Stier ist ein Symbol der männlichen Kraft, mit der die mütterliche Erde befruchtet wird. Doch Entstehen und Vergehen, Leben und Tod gehören für den Indonesier zusammen. Deshalb spielt auch der Stier eine beachtliche Rolle im Totenkult, genau wie der Lingga, der die Fruchtbarkeit verkörpert, in dem sich aber auch die verstorbenen Ahnen manifestieren. Bei den Toraja in Sulawesi reiten die Verstorbenen auf geopferten Stieren ins Jenseits, und in Bali gewährleisten die in den großen Bergseen oder im Meer ertränkten Büffelstiere die Fruchtbarkeit der Reisfelder.

Quellen: 87, Q17

Nach Gilimanuk

Etwa auf halber Strecke zwischen Negara und dem Fährhafen nach Java zweigen zwei Straßen bergwärts ab. Dort liegen zwei christliche Dörfer. Von Prasil aus verläuft eine Straße nach Palasari. Die Einwohner sind Katholiken balischer Abstammung. An der Abzweigung wartet der höchst private ›Honda-Dienst‹, der überall seine Marktlücke findet, wo die Verkehrssituation Mängel aufweist. Etwa 10 km weiter westlich geht es bergwärts nach **Blimbingsari.** Die schmucken Häuser des protestantischen Dorfes sind zwischen Wäldern und Anpflanzungen verstreut. Das Zentrum bildet eine neue, große Kirche. Entsprechend der Absichten der balischen Christen, nur die ›Essenz‹ des Christentums aufzunehmen, aber die kulturellen Einflüsse der westlichen Mission durch eine Rückbesinnung auf die eigenen kulturellen Werte zu ersetzen, ist an dieser Kirche soviel wie nur möglich typisch balisch gehalten worden: vorne ein Candi Bentar mit breitem Spalt, beidseitig mit einem Kreuz geschmückt, dahinter eine Dämonenabwehrmauer (Aling-Aling). Es folgt ein freistehendes, gedecktes Tor, dreidächrig mit einem großen Kreuz als Bekrönung. Der Durchgang ist mit Hilfe eines Mittelpfeilers zweigeteilt, obendrüber vorkragende, roh zurechtgehauene Steine, die so aussehen, als sollten sie in einen Kala Boma-Kopf umgearbeitet werden. Was wohl endgültig daraus wird? Dieses Tor flankieren zwei Wächterengel. Anstatt des Tempelinnenhofes befindet sich hinter dem Tor nicht etwa ein regelrechter westlicher Innenraum, sondern eine Art von Riesen-Bale mit 18 Zementstützen, über denen sich ein quergelagertes Zeltdach mit einem nahezu ovalen Grundriß wölbt. Im Bale ein einfacher Altar mit einem Kreuz. Vor der Kirche an der rechten Seite anstatt eines Glockenturmes ein Kulkul-Turm. Auch er trägt ein Kreuz, deren Basis allerdings eine Lotosblüte ist.

Die Schlitztrommel selbst ist mit dem heiligen Tuch Saput Poleng in Schachbrettmuster umkleidet, was doch ein erstaunlich weitgehendes Zugeständnis an den Hinduismus darstellt. Dieses Tuch drückt die Vereinigung der Gegensätze von Gut und Böse, Heil und Unheil, links und rechts (→ Ruwa Bineda) aus. Im Christentum aber bilden das Gute auf der einen und das Böse auf der anderen Seite ja doch einen unversöhnlichen Gegensatz!

Bei Bedarf wird der Bürgermeister von Blimbingsari (Kepala Desa) in der Lage sein, Unterkunftsmöglichkeiten zu beschaffen.

Der Hafen nach Java befindet sich in **Gilimanuk.** Vom Bemo-Terminal aus ist die Fähre zu Fuß oder mit dem Pferdekarren zu erreichen. Die Fahrt zur Nachbarinsel dauert eine gute halbe Stunde. 9 km entfernt von der Anlegestelle in Java (gute Bemo-Verbindung!) liegt Banjuwangi – ein Muslim-Städtchen mit einem Hauch von großstädtischem Flair. Im Westen des Ortes soll sich ein Kampong Bali befinden, ein von Hindus bewohnter Ortsteil mit Hindu-Bali-Tempeln. Daß Banjuwangi in Java liegt, merkt man auch an den Becaks, dreirädrigen Mietwagen mit Fußantrieb über Fahrradkette.

Auf der Rückfahrt nach Bali fällt auf, daß der Zugang zum Hafen durch ein großes Candi Bentar gebildet wird. Selbstverständlich liegt dahinter eine Geisterabwehrmauer mit einem Ganesa, dem Sohn Siwas, der Gottheit, die die Zugänge schützt und den Beginn eines Unternehmens fördert. Dies ist der Eingang zu Pulau Dewata Bali, der heiligen Insel, die sich gegenüber dem Westen und seinen Dämonen abschirmt.

Quellen: Q15, Q17

Buleleng – das große Land im Norden

Buleleng ist das größte Land Balis. Es beginnt einige Kilometer nordwestlich von Gilimanuk, umfaßt den gesamten Norden der Insel und stößt erst weit im Osten an Karangasem. Buleleng ist anders, anders vor allem als die südlichen und zentralen Kerngebiete Balis. Die Holländer haben Buleleng ab 1846 angegriffen und 1882 in Buleleng wie übrigens auch in Jembrana die Herrschaft übernommen. In Südbali dagegen hat sich der europäische Einfluß erst Anfang dieses Jahrhunderts massiv bemerkbar gemacht. Noch bevor die Holländer kamen, war Buleleng bereits in internationale Beziehungen verwickelt. Beziehungen zu Java bestanden insofern, als die Rajas von Buleleng in Kämpfe auf der Nachbarinsel eingriffen. Zudem wurde der Hafen von Buleleng schon seit mindestens 1000 Jahren von chinesischen Dschunken angelaufen, was in Kunst und Brauchtum sichtbare Spuren hinterlassen hat. Der Norden unterscheidet sich in der Tempelarchitektur, im Tanz, im Schattenspiel, aber auch in sprachlicher Hinsicht vom Süden. Da die Merus und viele Schreine in Buleleng vielfach mit Wellblech eingedeckt sind, entsteht der Anschein, daß dort oben im Norden alles wesentlich moderner sei. Überraschenderweise haben sich aber trotz aller fremden Einflüsse im Norden architektonische Formen gehalten, die älter erscheinen als die des Südens. Insbesondere der in einer symmetrischen Tempelanlage zentral angeordnete und nach Osten ausgerichtete Padmasana-Sitz Siwas in seiner Erscheinungsform als der Sonnengott Surya läßt verhältnismäßig deutlich erkennen, wie etwa Sonnenheiligtümer ausgesehen haben mögen, die vor der hindujavanischen Epoche in Bali verbreitet waren.

Buleleng war bis 1959 die Hauptstadt der Provinz Nusa Tenggara, die von Bali bis weit in den Osten, bis nach Timur, reichte. Solange es Schiffsverkehr war, der die Verbindung mit dem Ausland aufrecht erhielt, stellte Singaraja die Zentrale dar, von der aus die beschwerliche Reise nach dem Süden angetreten wurde. Heute, im Zeitalter der Flugtouristik, landen die Fremden im Süden. Beschwerlich allerdings ist die Reise über die Berge in den Norden heutzutage nicht mehr. In gut zwei, vielleicht auch drei Stunden kann man von Denpasar aus in Singaraja sein.

Buleleng – Singaraja

Die Stadteinheit Buleleng-Singaraja verfügt über zwei Bemo-Stationen. Kampung Tinggi im Osten (in der Nähe des Hafens Buleleng) bedient die Ostküste bis Amlapura sowie

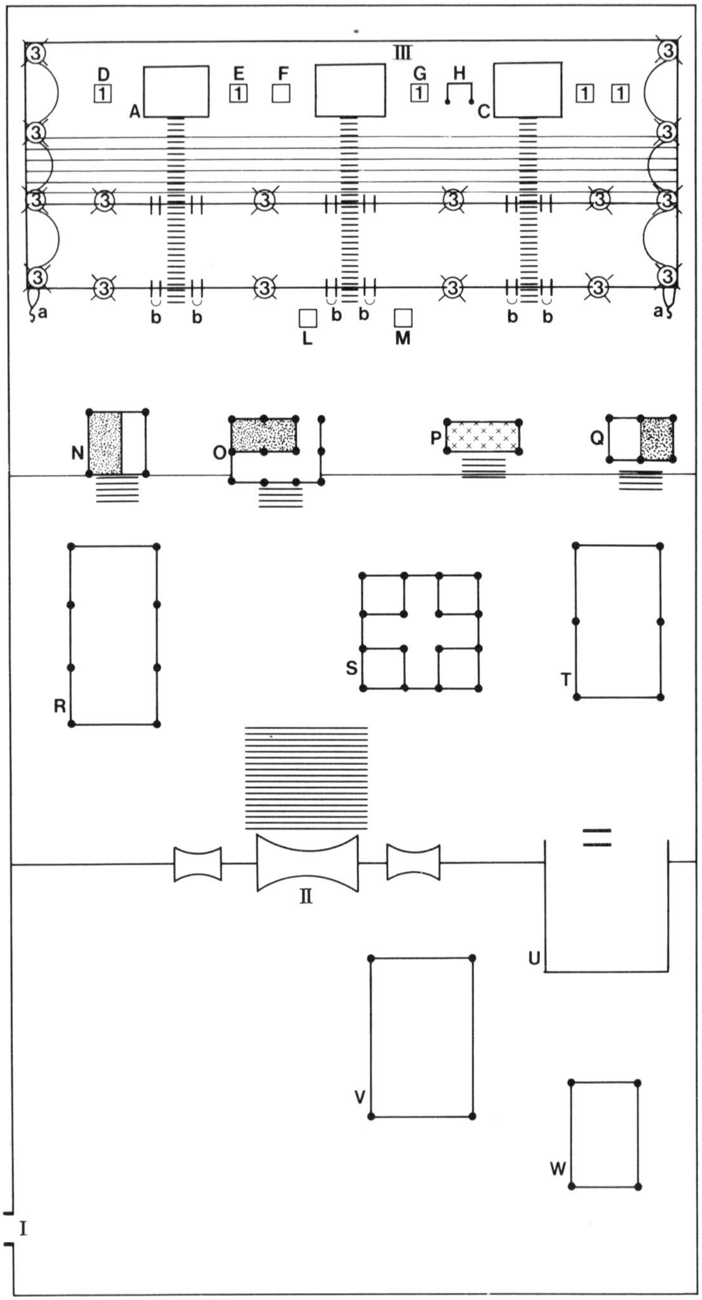
III
D
E
F
G
H
A
C
a
b
b
L
b
b
M
b
b
a
N
O
P
Q
R
S
T
II
U
V
W
I

Kintamani, Bangli und auch Denpasar via Kintamani. Die Station Banyuasri an der Ausfallstraße nach Westen (unweit davon liegen an der Jalan Ahmadyani einige Hotels) ist der Ausgangspunkt für Fahrten nach Lovina Beach, Gilimanuk und Denpasar über Bedugul. Zwischen beiden Stationen verkehren kleine Stadtbemos bzw. Dokars (Pferdedroschken). Die Schalter für die Nachtbusse nach Surabaya liegen im Zentrum nahe der Jalan Dr. Sutomo. Die besten Unterkünfte bieten die einfachen, aber angenehmen Losmen 6 bis 11 km westlich der Stadt an der als Lovina Beach bezeichneten Küste.

Der **Pura Dalem Singaraja-Buleleng** ist ein wenig beachteter Tempel, der höchstes Interesse verdient. Die Anlage befindet sich an der Ostseite der Jalan Gajah Mada, schon ziemlich weit im Norden der Stadt auf einer Anhöhe neben dem Verbrennungsplatz. Es handelt sich um ein eindrucksvolles und auch darüber hinaus ziemlich typisches Beispiel für die Heiligtümer des Nordens.

Der Vorhof des Tempels liegt auf einer Anhöhe, zu der eine Treppe hinaufführt, und ist von links her zu betreten. Der innere Vorhof, von einem Kori Agung geschützt, liegt - und das ist völlig ungewöhnlich – etwa 2 m tiefer. An der Rückseite führt dann das Terrassenwerk des massiv gemauerten Bebaturan wieder steil nach oben. In seiner Grundstruktur ist dieser architektonische Block an sich außerordentlich klar gegliedert. Diese Klarheit wird aber wiederum durch die an drei Seiten und zwischen den drei Treppen aufgestellten schlanken, dreistufigen, Candi-ähnlichen Male aufs Verwirrendste überdeckt oder verhüllt. Die Candi-Fluchten links und rechts außen sind durch Bogen, die sich zu je einem Schlangenleib zusammenschließen, miteinander verbunden. Alle diese kleinen Candis hier im Norden – bei manchen Tempeln bilden sie geradezu Candi Bentar-artige Durchgänge an den Treppen – haben anscheinend keine rituelle, sondern nur eine schmückende Funktion. Die Aufgänge werden von unheimlichen Hexenreliefs flankiert – die gesamte Anlage vermittelt etwas von dem Schaurigen, das einer Begegnung mit einer Gottheit anhaftet.

Der Pura Agung – auch sehenswert, aber meist geschlossen – befindet sich in der Jalan Mayor Metra, der Verlängerung der Gajah Mada auf der Westseite.

◁ Pura Dalem Buleleng/Singaraja
(Neben der Begräbnis- und Verbrennungsstätte an der Jalan Gaja Mada Richtung Nord, linke Seite)
I Kleines gespaltenes Tor zum Vorhof; II Candi Kurung, dreiteilig (führt zum Innenhof, der knapp 3 m tiefer liegt); III Zweistufige Terrasse mit fünf durchgehenden Zwischenstufen. Links und rechts jeweils vier Candis, durch Schlangenbögen miteinander verbunden

A Gedong – geschlossenes farbig bemaltes Gebäude für Wisnu; B Gedong für Siwa; C Gedong für Brahma; D Gottheit (Name nicht ermittelt); E Für Gunung Agung; F Batara Desa; G Geschlossenes Gebäude (Name nicht ermittelt); H Offenes Gebäude (Name nicht ermittelt); I Steingebäude geschlossen; K Holzgebäude geschlossen; L Tugu (Steinlaterne) für Taksu Gede; M Tugu für Taksu Langlang Buana; N Bale Paruman Desa (aus Holz); O Bale Paruman Dalan Siw; P Opfergestell Banyuan Sekar; Q Hochsitz Paruman Dalan für Penangku Priester; R Bale Gong; S Bale Pemalaiyagan; hier treffen sich die Götter mit den Menchen; T Bale Pangemit; U Poargan (Küche); V Bale Pema Gatan; W Bale Pemaksan (Vorbereitung von Essen); a Schlangenkopf; b Rangda-Relief (Hexendarstellung)

Tempel in Nord- und Süd-Bali

...im Süden	... im Norden	Beispiel Pura Dalem, Buleleng-Singaraja
Anlage unsymmetrisch.	Anlage völlig oder fast symmetrisch.	Der Hauptteil ist weitgehend symmetrisch angelegt.
Innenhof eben, bei Terrassentempel als eigene Plattform ausgebildet.	Das Innere ist als eigene gemauerte Sockelzone oder Terrassenanlage (Bebaturan) ausgebaut. Der Bebaturan kann längsrechteckig nach Osten ausgerichtet sein oder auch als rechter Winkel nach Osten und Norden weisen. Obenauf erheben sich Baulichkeiten, zu denen Stufen hinaufführen.	Großer, symmetrischer Terrassen-Bebaturan.
Die Göttersitze sind meist Merus mit Drei-, Fünf-, Sieben-, Neun- oder Elf-Tumpang.	Merus sind zwar nicht unbekannt, finden sich jedoch nicht in allen Tempeln. Die Göttersitze sind als Gedong (geschlossenes Gebäude) ausgebildet. Oft steht ein großer Steinsitz zwischen zwei Gedongs (Sawan, Kubutam bahan) oder ein Gedong ist zentral angeordnet (Sangsit).	Drei Gedongs stehen nebeneinander in symmetrischer Anordnung.
Malerische Wirkung der Architektur durch Wechsel zwischen rotem Ziegel und hellgrauem Naturstein.	Einheitlicher dunkler Stein. Figuren oder Gedongs werden deshalb meist bemalt, oft sehr grell.	Die drei großen Gedongs, jedes mit einem Kala Boma-Kopf über dem Eingang, sind eindrucksvoll bemalt.

Reliefbauplastik bildet in der Regel eine Einheit mit der Architektur.	Sehr flache Relief-Ornamentik, wirkt in sich flächig-graphisch, sieht aus wie ›aufgeklebt‹ auf die Architektur. Die Mauern erscheinen zweischichtig: Die innerste Schicht ist die Wand, darüber breitet sich eine Ornamentschicht.	Die Lotosornamente, die sich um die Gedongs ziehen, wirken ›spalierartig‹.
Die Plastik wirkt überwuchernd üppig.	Die Plastik nimmt übersteigert bizarre Formen an.	Übersteigert expressiv sind insbesondere die Fratzen über den Eingängen zu den Gedongs.
Die architektonischen Teile z. B. eines Tores sind – meist – so miteinander verbunden, daß sie als eine bauliche Einheit erscheinen.	Die einzelnen Teile z. B. eines Tores sind deutlich voneinander abgesetzt. Sowohl die Candi Bentar wie die Kurung Agung wirken wie zusammengestückelt aus nebeneinandergesetzten schlanken ›Mini-Candis‹.	Die nordbalische ›Baukasten-Konstruktion‹ ist auch am Pura Dalem Singaraja abzulesen, wenn sie auch in anderen Tempeln weit deutlicher zur Geltung kommt.
Die Eckverzierungen von Toren und Gebäuden scheinen organisch aus der Architektur herauszuwuchern.	Die Eckverzierungen sind sehr flächige Reliefs, die so aussehen, als wären sie auf die Architektur aufgeklebt oder aufgenagelt.	Die Steinlaternen zwischen den drei Gedongs haben z. B. ›quasi-angeklebte‹ Eckverzierungen.
Große eindrucksvolle Kala Boma-Köpfe über dem Haupttor.	Kala Boma-Köpfe (wie auch in Ostbali) verhältnismäßig klein. Dafür sind manche Tempeltore geradezu gespickt mit Rangda-Köpfen.	Eindrucksvoll sind die Fratzen über den Eingängen zu den drei Gedongs.

Das **Gedong Kirtya** unweit des Pura Dalem an der Ecke, die die Jalan Gajah Mada mit der Jalan Veteran bildet, ist eine (morgens geöffnete) Bibliothek, insbesondere für handgeschriebene Texte, für Lontar-Bücher (ca. 3000 Stück) und für Prasasti (alte, in Metallplatten eingeritzte Texte). Auch einige kleine Tonstupen werden dort gezeigt. Es ist möglich, Kopien auf Lontar-Blättern oder auf Papier, auch in lateinischer Schrift, zu bestellen. Wer kulturhistorische Monumente im Bereich Buleleng sucht, kann damit rechnen, im Gedong Kirtya eine zuverlässige Auskunft zu erhalten. Die 1928 von den Holländern gegründete Bibliothek ist eng mit den Namen bekannter holländischer Bali-Experten verbunden.

Buleleng-Singaraja ist aber auch ein Zentrum von Kultstätten verschiedener Religionen. Die **Große Moschee,** Mesjid Agung, befindet sich in der Jalan Iman Bonjol, einer Straße, die direkt zum Hafen führt. Das 1878 errichtete Gebäude besteht aus einem schlichten, quadratischen Raum mit ornamentalen Lichtlochdurchbrechungen oben in der Wand. Vier eingestellte Säulen tragen eine fensterlose Kuppel, in der Außenansicht klobig und zwiebelförmig. In die Pfeilervorhalle ist ein durchs Dach stoßender Minarettstumpf eingestellt. Im Grunde genommen läßt sich kein größerer Gegensatz als der zwischen dieser Moschee und dem Pura Dalem denken. Der Islam lehnt als Religion des Wortes das Bild grundsätzlich ab, während der Bali-Hinduismus das, was er ausdrücken will, vor allem über das Bild und über bildhafte Mythen vermittelt. Die hübsche, grünfarbig bemalte Mesjid Taquwa, leider meist geschlossen, befindet sich unweit der Bank in der Jalan Erlangga. Es ist Sitte, vor dem Betreten einer Moschee die Schuhe auszuziehen und sich die Füße zu waschen.

Die Jalan Erlangga verbreitert sich in Richtung Kompung Tinggi. An den die Straße flankierenden Häusern ist abzulesen, daß dieser Bereich hier zum ehemaligen Chinesenviertel gehört. Dort liegt, vor der Brücke, direkt am Hafen, auch ein Konfuzius-Tempel.

Quellen: Q 15–17

Der Osten von Buleleng – Land der bizarren Tempel

Sangsit

8 km östlich der Bemo-Station Kampung Tinggi liegt an der Hauptstraße nach Amlapura Sangsit. Im Westteil des Dorfes, auf der Bergseite der Straße, führen 16 Stufen, flankiert von 2 × 3 Figuren aus dem Ramayana, zum Pura Desa hinauf. Das Candi Bentar in der für den Norden typischen, aus ganzen und halben Candi-Malen zusammengestückelten Form steht frei. Im Inneren Holz-Merus moderner Art mit Schreinwänden in der Form von Lattengittern. Der Padmasana wird von einer bizarren Unterweltschildkröte getragen, von der lediglich Kopf und Füße vollplastisch aus der Steinbasis herausragen. Eine Schlange

umringelt in einer Flachrelief-Spirale den Schildkrötenkopf. Der Schlangenkopf selbst ist ebenfalls vollplastisch.

Am Pasar im Orstinneren zweigt ein Weg zum 500 m seewärts gelegenen **Pura Beji** ab (kleines Hinweisschild). Die Anlage gehört zu den sehenswertesten und bekanntesten Tempeln Nordbalis. Den Schwerpunkt dieses Subak-Tempels stellt ein Gedong für die Reisgöttin Dewi Sri dar. Der männliche Aspekt der Fruchtbarkeit ist ebenfalls vertreten, und zwar in Form von Linggas, die auf Steinsitzen thronen. Das Gedong, die Steinsitze sowie Steinlaternen und kleinere Gebäude sind alle auf einem rechtwinkligen, nach Osten und Norden ausgerichteten Terrassenbau angeordnet. Insgesamt vier Treppen, die jedoch keinesfalls betreten werden dürfen, führen nach oben. Die Ecken des Pyramidendaches schwingen in chinesischer Manier nach oben. Auch die Tatsache, daß zwei Schlangen – von etwas anderer Form allerdings als die Drachen aus dem Reich der Mitte – über die Dachgrate kriechen, weist auf chinesische Anregungen hin.

Wie alle Tempel der Reisfeld-Genossenschaften ist auch diese für einen Pura Subak riesenhafte Anlage inmitten von Reisfeldern gelegen. Zum Candi Bentar (aus 2 × 4 Candis) führt eine von Schlangen flankierte Sumpfbrücke. Davor eine Steinmauer mit Ramayana-Reliefs. Das dreiteilige, gedeckte Tor ist mit einer voluminös gearbeiteten Aling-Aling (Geisterschutzmauer), nach dem Inneren zu flankiert von zwei Schlangen, abgesichert. An der Außenseite des Tores sieben Hexenfratzen inmitten von wuchernden Lotosflachreliefs. Die Winkelterrasse im Inneren selbst ist an sich als Rohbau recht einfach und übersichtlich. Durch die Zufügungen jedoch – Aufbauten, Steinlaternen, Treppen und Candi Bentar-Flankierungen, Sockelvorsprüngen mit Figuren – wird das ganze zu einer verwirrenden Vielfalt, vor der man zunächst ziemlich ratlos steht.

Daran liegt es wohl, daß die ältere Literatur gerade auch diesen Tempel wegen seiner angeblichen Überladenheit als Kunstwerk ablehnt. Nun erscheint es aber doch als ein Zeichen von Arroganz in Verbindung mit Ignoranz, europäische Sehweisen für die Beurteilung eines balischen Tempels heranzuziehen. Aus der abendländischen Tradition heraus ist der Betrachter geneigt, einen oder mehrere Blickpunkte zu erwarten, von denen aus er die Architektur als Ganzheit übersehen kann. Solche Blickpunkte haben aber der Pura Beji und auch andere balische Tempel eben gerade nicht aufzuweisen. Sie lassen sich daher auch – und das ist ganz charakteristisch für sie – im Überblick weder malerisch noch fotografisch abbilden – wenigstens nicht eindrucksvoll. Um diese Terrassenanlage zu erleben, muß sich der Betrachter bewegen. Dann verschieben sich die hintereinander gestaffelten Candis und Figuren gegeneinander. Bei jedem Schritt nach vorne oder zur Seite, ja bei jeder Kopfbewegung, verändert sich die Erscheinung dieses Gebildes, und gerade darin liegt sein Reiz.

Der Kontrast zwischen der einfachen Grundform und dem wie tropischer Urwald wuchernden Steinbewuchs aus architektonischen Zusätzen und Reliefs ist aus dem Bestreben zu verstehen, zwei gegensätzliche Anliegen miteinander zu verbinden: Auf der einen Seite soll zu Ehren der Götter ein überfließender ornamentaler Dekor geschaffen werden, auf der anderen Seite wollte man die traditionelle Grundform so wenig wie nur möglich

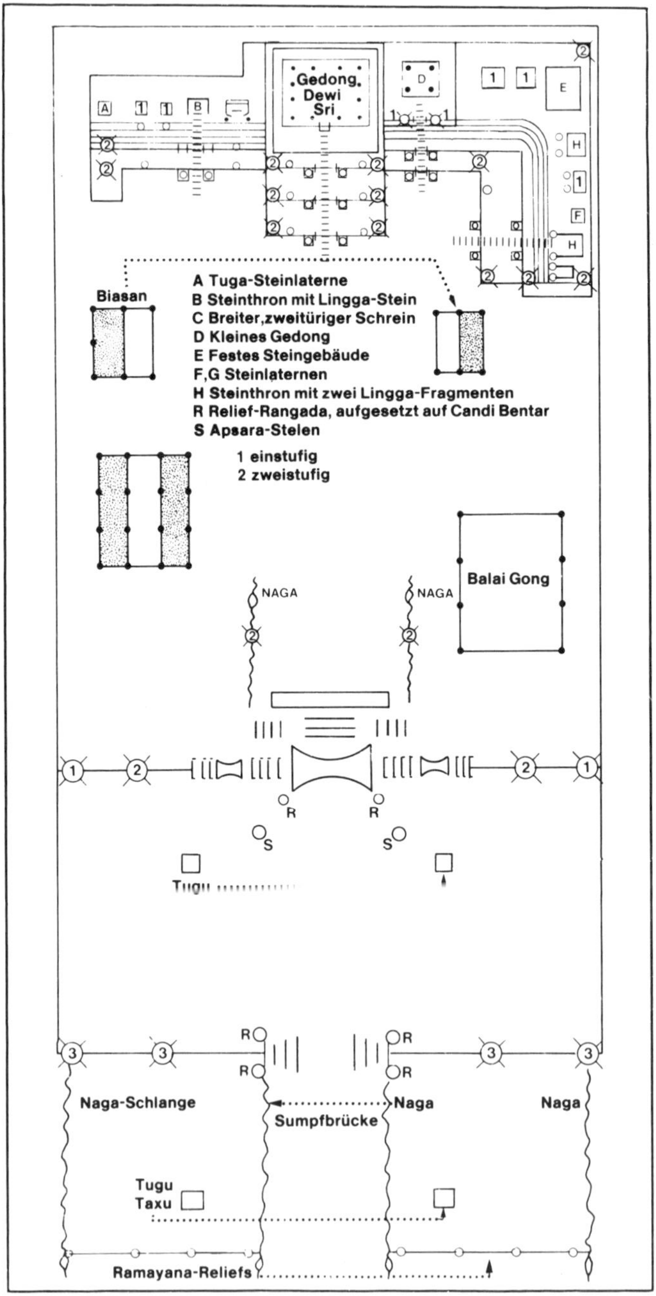

Pura Beji, Sangsit

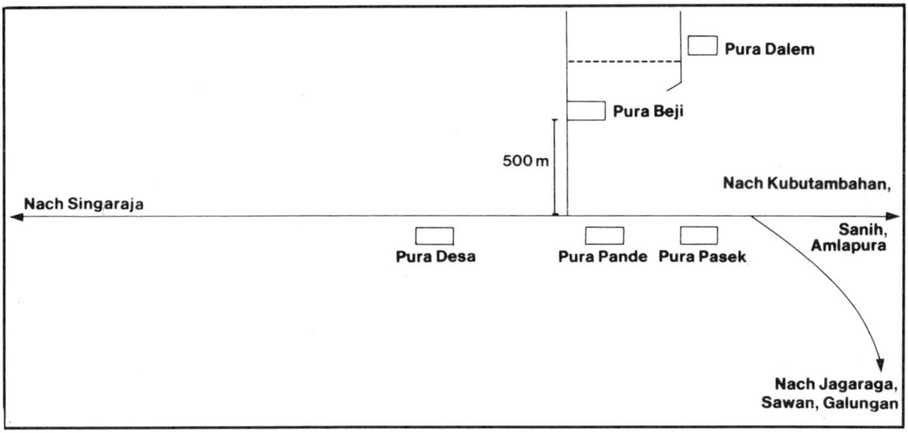

Lage der Tempel von Sangsit

verändern. Im Süden wurde der Dekor in die Architektur eingegliedert, weswegen sich sowohl der Dekor wie die Architektur allmählich verändert haben. Demgegenüber kann man davon ausgehen, daß im Norden unter der schützenden Hülle des Dekors Grundformen erhalten geblieben sind, deren Tradition besonders weit in die Vergangenheit zurückreicht. Tatsächlich ist ›Steinbewuchs‹ oder ›Steinumkleidung‹ der richtige Ausdruck für das Flachreliefwerk, das sich über die Wände der Gedongs und Tore hinwegzieht. Man kann ihm noch ansehen, daß es doch letztlich auf Gebäudebemalung (wie in Julah, vgl. S. 374) bzw. auf Schmuckumkleidung mit Tuch oder Flechtwerk zurückgeht.

Die Verlängerung der Straße vom Pura Beji gen Süden führt schon nach ein paar Metern mitten hinein zwischen Reisfelder. Im Osten ist dann ein Tempel zu sehen. Ein schmaler Pfad schlängelt sich durch die Felder hindurch hin zum **Pura Dalem Sangsit.** Neben Hexen mit ebenso langen Hauerzähnen wie dicken Busen wird auf Reliefs an der Außenmauer recht deftig ›in Liebe gemacht‹. Erotische Darstellungen an Tempelwänden? Das wirft natürlich die Frage nach deren Sinn auf. Ältere Autoren meinen, daß das Obszöne die Dämonen schrecke – ähnlich wie vielleicht die anal-erotische Geste des Gesäßweisens. Das ist sicherlich erwägenswert, obwohl man sich fragt, ob früher in Bali derartige Szenen überhaupt als obszön angesehen wurden. Wir kennen aber nun auch indische Tempel, die überladen sind mit – im wahrsten Sinne des Wortes – vollplastischer Erotik von hohem ästhetischen Reiz. Sie soll die äußerste Glückseligkeit (Maithuna), die einen in himmlischen Gefilden erwartet, darstellen. Man nahm, und wer sollte das nicht verstehen, die äußerste ekstatische Beglückung, die der Mensch erleben kann, als Bild des glückseligen Seins. Aber weder die indische Formenwelt der Erotik noch deren Ästhetik und auch nicht deren Sinn scheinen in Bali irgendeinen Niederschlag gefunden zu haben. Andererseits wird das Liebesspiel in sehr vielen bäuerlichen Kulturen in unmittelbaren Zusammenhang mit der Fruchtbarkeit der Felder gebracht. Und das muß auch hier der eigentliche Sinn der

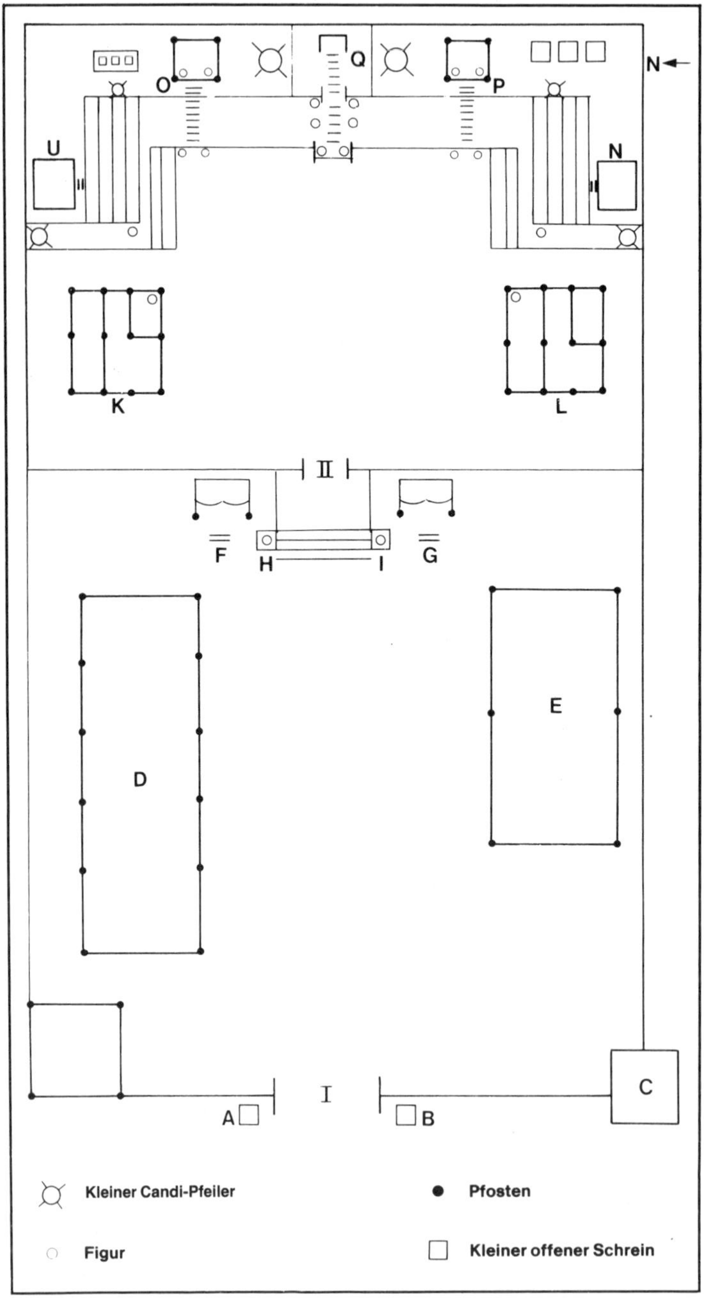
N
O
Q
P
U
N
K
L
II
F
H
I
G
D
E
I
A
B
C
Kleiner Candi-Pfeiler
Pfosten
Figur
Kleiner offener Schrein

Darstellungen sein, die so richtig demonstrieren, ›wie man seinen Acker pflügt‹. Solche Darstellungen waren früher in Bali weit verbreitet, in den 30er Jahren hat sich sogar ein Teil der Souvenir-Produktion darauf spezialisiert. Aber europäische Prüderie hat es nun einmal nicht lassen können, den Menschen in Bali beizubringen, was ›Unanständigkeit‹ ist.

An der Hauptstraße vom Pasar aus Richtung Osten liegt bergwärts ein **Pura Pande,** das meist geschlossen ist. An der Außenwand Reliefs aus der Sutasoma-Geschichte (vgl. S. 294). Noch etwas weiter östlich, aber immer noch im Dorf, der **Pura Pasek Sangsit,** ein Familiengruppentempel. Gleich dahinter biegt eine Abzweigung nach Norden ab Richtung Jagaraga, Sawan und Galungan. Bis in die Mittagszeit hinein verkehren Bemos zwischen Kampung Tinggi, Singaraja und Sawan, den Rückweg von Sawan bis Sangsit, etwa 7 km gemächlich bergabwärts, kann man als gemütlichen Nachmittagsspaziergang bewältigen.

Sawan

Sawan ist ein Dorf, in dem Gongs hergestellt werden und wo auch ab und zu eine Drama-Gong-Aufführung stattfindet. Mitten im Ort liegt an der Ostseite der Straße der **Pura Sakti Sawan.** Vor demTempel breitet sich ein kleiner Markt aus. Pura Sakti selbst ist in typisch nordbalischem Stil achsialsymmetrisch angelegt. Den zentralen Bezugspunkt stellt der zum Sonnenaufgang hin ausgerichtete Surya-Thron Padmasana zwischen zwei hintereinander gestaffelten Candi Bentar-artigen Gebilden dar, flankiert links und rechts von je einem Gedong Penimpanan. Mehrere völlig geweißte Figuren mit roten Markierungen (z. B. der Lippen) stehen in Verbindung mit heiligem Wasser und mit Fruchtbarkeitsriten. (›Sakti‹ ist die weibliche, fruchtbarkeitsspendende Energie einer bedeutenden Gottheit.) Eine kinderreiche Frau, Nachfolgerin der Hariti, ist als Tirtha-Gefäß-Trägerin ausgebildet, und auch der Garuda wird im geweißten Relief zusammen mit einem Tirtha-Gefäß als Amritaharana (›Heiliges-Wasser-Stehler‹) dargestellt (vgl. S. 290). Im Vorhof an einem Schrein ein grobes Baumrelief, deshalb interessant, weil ins Geäst schwarz ein Gesicht eingezeichnet ist (Baum und Geist vgl. S. 91).

Etwas südlich, an der Westseite der Straße, liegt der **Pura Bale Agung Sawan.** Nieuwenkamp hat 1906 das Problem, daß balische Tempel weder zeichnerisch noch fotografisch in einer Übersicht vernünftig dargestellt werden können, auf elegante Weise

◁ Pura Sakti, Sawan
(Der Tempel ist symmetrisch angelegt)
I Candi Bentar zum Jaba (Vorhof); II Candi Bentar zum Jeroan (Innenhof); A und B Tugus für Taxu; C Kulkul; D Bale Pengebatan; E Bale Gong; F und G Pemsipanan Dewa Gede mit jeweils einer Garuda-Figur auf der Rückseite. Im linken Gebäude Flachrelief: Baum mit Dämonenkopf; H und I Pateh Korban; K und L Piasan – Sitz für opfernden Pedanda-Priester mit weiß-rot bemalten Halterfiguren für Tirtha-Gefäß; M Sapta Patala für den Schlangenkönig Antaboga, Herr der sieben Höllen; N Pesamuan, Empfangshalle für besuchende Götter; O und P Gedong Penimpanan Dewa Gede; Q Padmasana, davor kleine Candi Bentar-Anlagen

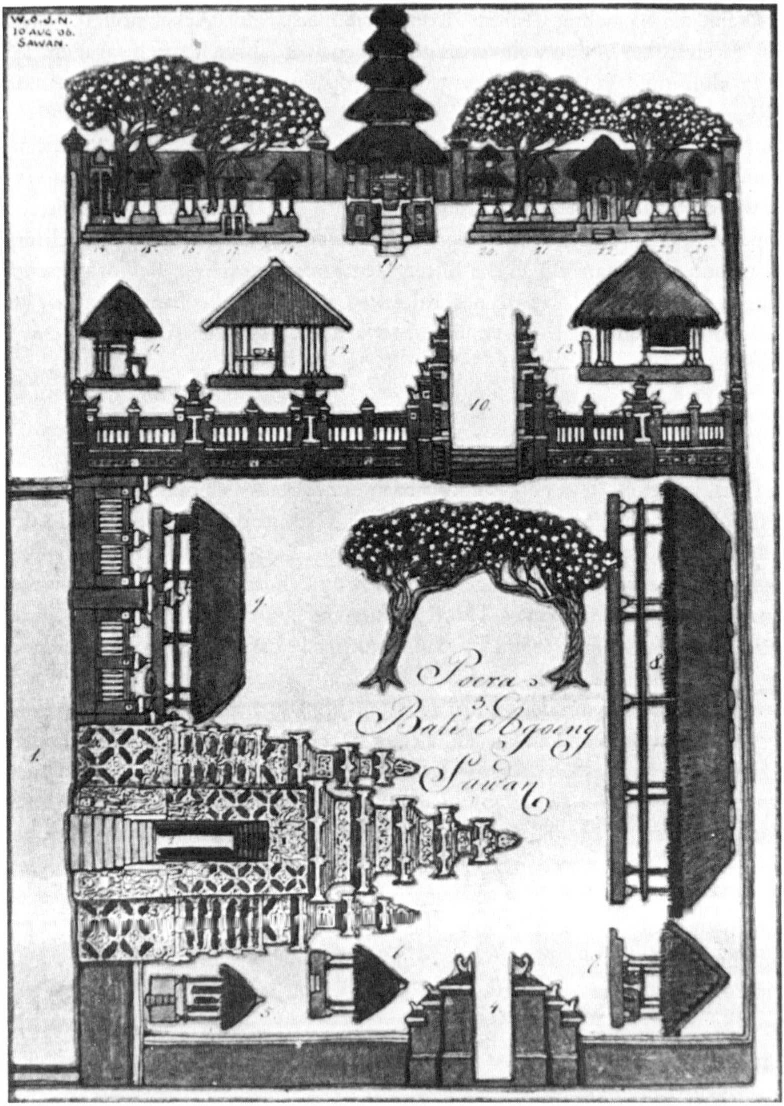

Pura Bale Agung, Sawan, Plan von Nieuwenkamp (1906)
1 Der Vorhof schließt hier nach links an; 2 Paduraksa (Candi Kuning); Eingang zum inneren Vorhof; 3 Innerer Vorhof; 4 Zweiter Zugang, kleines gespaltenes Tor; 6 Bale Kulkul; 7 Küche; 8 Bale Agung für Versammlungen; 9 Bale, wo die Speisen bei Tempelfesten serviert werden; 10 Candi Bentar zum Innenhof; 11 Sitz für Pedanda-Priester; 12 Bale für Opfer, liegt heute unterhalb des Bale Nr. 11; 13 Bale für Opfer
Die Bedeutung der übrigen Ziffern wurde nicht veröffentlicht

dadurch gelöst, daß er einen Grundplan des Pura Bale Agung anfertigte, in den er dann die einzelnen, in frontaler Vordersicht dargestellten Gebäude eintrug – in einer Art von umgeklappter Perspektive. Im Vergleich zum heutigen Zustand zeigt sich, daß solch ein Tempel tatsächlich ein lebendiges Wesen ist, das sich verändert, ohne jedoch seine Identität preiszugeben. Das heutige Haupttor (Paduraksa), mit Sicherheit noch recht neu, gleicht im Gesamtaufbau – zusammengesetzt aus einem schmalen Fünf-Tumpang-Mittelstück mit Durchgang und zwei flankierenden, noch schmaleren Drei-Tumpang-Candis – weitestgehend dem Tor von 1906. Allerdings ist es inzwischen durch zwei zusätzliche, niedrige Seiten-Candis zu einer fünfteiligen Einheit ausgebaut worden, präsentiert sich also jetzt sowohl der Höhe als auch der Breite nach fünfteilig. Mit ganz geringen Abweichungen wurde auch die Ornamentik übernommen. Ob die Treppenflucht zum Durchgang schon damals mit zwei Candi Bentar oder ähnlichen Formen flankiert war, ist aus der Zeichnung nicht mit absoluter Gewißheit zu entnehmen. Im Innenhof scheint die Hauptterrasse damals noch nicht ganz so massiv ausgebaut gewesen zu sein wie heute. Die Zahl der Schreine auf dem Bebaturan hat sich um einen vermehrt. Damals ist die Anlage auch symmetrisch gewesen. Die Mitte bildete ein Fünf-Tumpang-Meru. Heute sind sowohl ein Drei- wie ein Fünf- und auch noch ein Sieben-Tumpang Meru vorhanden, jedoch asymmetrisch angeordnet.

Pura Dalem Sawan liegt – natürlich – meerwärts, nördlich von Pura Bale Agung und auch von Pura Sakti an der Ostseite der Straße Richtung Sangsit. Das Heiligtum ist ebenfalls ein typisch nördlicher, symmetrisch angelegter Dalem-Tempel mit hufeisenförmiger Terrasse und einem nach allen Seiten hin auswuchernden Steinsitz in der Mitte, flankiert von zwei Gedongs. Gegenüber den schreckenerregenden Rangda-Wächterinnen vor den Gedongs und den grell bemalten, bizarren Hexenköpfen über ihren Portalen wirkt der Kala Boma-Kopf über dem Durchgang des Paduraksa verhältnismäßig harmlos. Er verliert sich im farbigen Lotosdekor. Dieses gedeckte Portal ist wie das Candi Bentar (mit Schlangen davor)

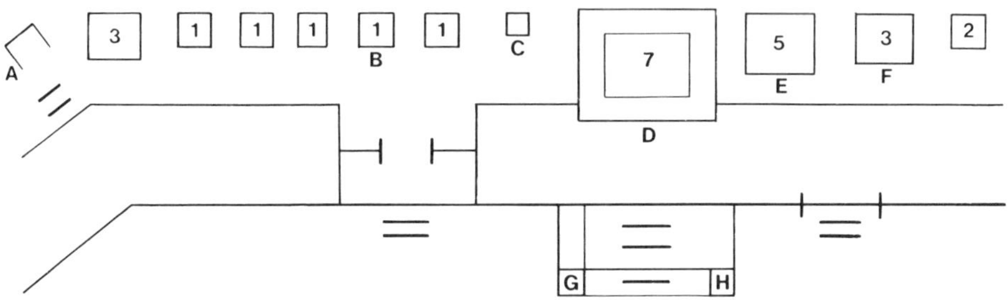

Pura Bale Agung, Sawan. Neuer Plan der Hauptterrasse
A Padmasana; B Pura Maospait (Zwerghirsch) C Tugu-Steinlaterne; D Sieben-Tumpang-Meru für Gunung Agung/Pura Besakih; E Fünf-Tumpang-Meru für Pura Batur; F Drei-Tumpang-Meru für die Pasek, die Gemeinschaft, die den Tempel pflegt; G und H Tugu-Steinlaternen für die Besitzer und Wächter des Tempelgrundes (die Zahlen weisen auf die Anzahl der Tumpang hin).

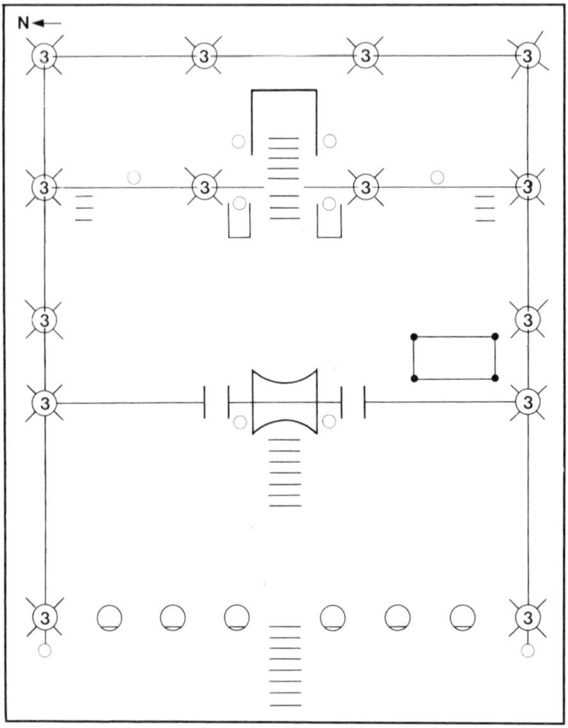

Pura Peningjoan, Desa Menyali, Sawan

ganz charakteristisch aus unverbundenen Teilen zusammengestückelt. Unter den Hexen der Gedongs übrigens eine hübsche Figur in älterem Stil!

Weitere Heiligtümer in Sawan: 30 bis 40 Minuten seewärts Richtung Sangsit ist der hochinteressante Pura Dalem Jagaraga gelegen. Unterwegs fällt gegenüber der Grundschule Menyali ein einfacher Tempel (Ostseite) auf, bestehend lediglich aus einem Steinthron mit Lingga zwischen dekorativen Candi-Formen, alles auf einer Terrasse und symmetrisch angelegt. Dieser Tempel verkörpert das Prinzip des nördlichen Heiligtums in seiner einfachsten Form. In Desa Menyali selbst befindet sich noch ein weiteres, ebenso schlichtes wie eindeutig als Terrassentempel angelegtes Heiligtum – Pura Peningjoan.

Jagaraga

Jagaraga ist, was man ihm vielleicht nicht mehr so ohne weiteres ansieht, ein historisch bedeutender Ort. Dort lagen die Stellungen von Gusti Ketut Jelantik, der Stützpunkt, von dem aus er zweimal (1846 und 1848) die holländische Expedition zurückschlagen konnte. Erst 1849 gelang es den Holländern mit Hilfe ihrer Artillerie, das Gebiet zu erobern. Das führte dann zum ersten Puputan (vgl. 239). Die Frauen aus den höheren Kasten rannten auf der Suche nach dem Tod direkt in das Feuer des Feindes. Gusti Jelantik selbst entkam und organisierte den Widerstand von Karangasem aus. Wer weiß, ob ein Zusammenhang damit besteht oder nicht, jedenfalls finden sich an den Tempeln in Jagaraga die Reliefs, die die Holländer am krassesten karikieren. Bereits in der Nähe des südlichen Ortseingangs liegt westlich der Straße ein wenig beachteter **Tempel** mit einem ziemlich überwachsenen, deutlich aus fünf Teilen zusammengesetzten Paduraksa. Wie auch beim Candi Bentar

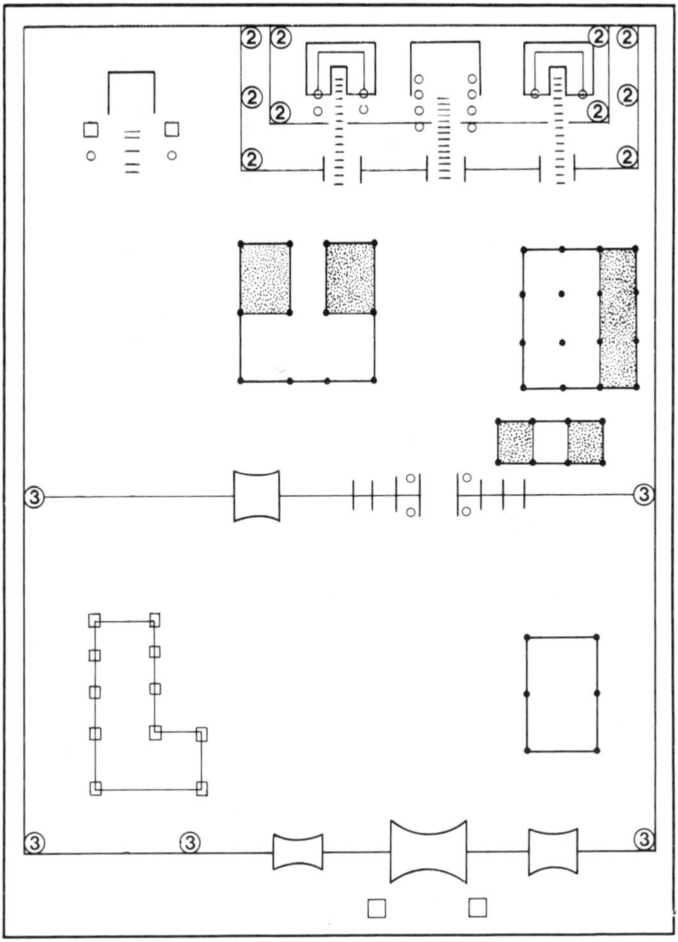

Pura Dalem, Sawan

überwachsen anstatt des üblichen Lotosdekors die unheimlichen, entstellten Flachreliefleiber von Hexen die Wand. Ihre Köpfe und auch ihre Hände ragen und greifen vollplastisch aus dem Mauerwerk heraus. Das wirkt alptraumhaft phantastisch. Die Reliefdarstellungen der Europäer an der Außenmauer verzichten in bemerkenswerter Weise auf jeden Anflug falscher Höflichkeit.

Links vor einer Blumenvase sitzt ein kahlköpfiger Weißer mit Knollennase. Er nimmt von einer Taube einen Brief entgegen. Hinter ihm eine zischende Schlange. Auf der rechten Seite der Blumenvase rackert sich ein Chinese mit einer Hacke ab. Weiße sowie drollige Clownsfiguren (Penasar) ziehen Fische, Hummer und andere Meerestiere an Land. Diese Reliefs werden von Hexenköpfen ›durchbrochen‹. Da die See ohnehin als die Welt der Dämonen gilt, fragt sich, ob die hier dargestellten Weißen, die ja schließlich auch vom Meer her gekommen sind, nicht als Beherrscher des Meeres und damit als Mächte der Unterwelt, des Totenreiches, angesehen werden. Interessanterweise bringen ja auch die Berichte aus Pulaki (vgl. S. 375) die Eroberung in Verbindung mit schwarzer Magie. Die hier in Jagaraga ebenfalls im Relief dargestellten Fledermäuse fügen sich ganz passend in diesen Zusammenhang ein. Der Stil der Darstellungen entspricht übrigens dem auf den Reliefs des im Norden des Dorfes (östlich der Straße) gelegenen **Pura Dalem Jagaraga.** Dieser Unterweltstempel stellt einen absoluten Höhepunkt an bizarrer Phantastik dar. Der wilde Wuchs des gedeckten, breitgelagerten Tores verstärkt sogar noch den Eindruck des unwirklich Unheimlichen. Die anderen Figuren an den Toren und Gedongs haben derartig betonte, weit herausragende, chamäleonartige Feuerzungen, derartige Libellen-Quellaugen, derartig lange und spitze Finger, derartig brünstig hervorquellende Busen, daß sich bisweilen ihre Formen fast schon wieder in ein abstraktes Ornament auflösen. Die Ausarbeitung der Details, die den Betrachter schrecken, aber auch – wie stets bei den balischen Rangdas – gewisse erotische Empfindungen hervorrufen sollen, sind sozusagen als überdimensionierte Schlüsselreize derart übersteigert, daß gerade durch diese Übertreibungen Schrecken und Erotik schon wieder weitgehend neutralisiert werden.

Besonderes Interesse verdienen die Reliefszenen außen und innen an der Außenmauer: * Ein Fischerboot mitten in einem Getümmel von Seetieren, die denen auf den Reliefs am weiter südlich gelegenen Tempel gleichen. Über dem Boot steigen Drachen in den Himmel. * Ein Dampfer, aus dem ein Kopf ragt, zwischen Seeungeheuern. Möglicherweise ist der Dampfer selbst eines. * Ein Weißer, seine Zigarre schmauchend, in einem Bale, davor ein Bus. * Flugzeuge mit Menschenköpfen und Fischschwänzen (auch die Drachen über den Fischen haben Fischschwänze, einige malayische Stämme haben Drachen früher einmal zum Fischen benutzt). * Radfahrer. * Ein Ford T, angehalten von Banditen. Hier mag sich die Erinnerung an einen Kriminalfilm, der großen Eindruck gemacht hat, niederschlagen.

Als was sollte man in Bali die von der See her eindringenden Weißen schon anderes ansehen denn als Unterweltsdämonen? Und daß besonders in Nordbali in manchem abgelegenen Dorf noch mancher Tourist der gleichen Kategorie von Lebewesen zugeordnet wird, erscheint dann gar nicht so ausgeschlosssen. Unmittelbar bei diesem Pura Dalem liegt ein Gräberfeld, kurz vor Sangsit ein reich ausgestatteter chinesischer Friedhof.

Kubutambahan

Der nächste Ort an der Hauptstraße Richtung Amlapura von Sangsit aus ist Kubutambahan. Im Westen, an der Südseite der Straße, der Pura Dalem: Dreistufiges Tor, beidseitig flankiert von je einem zwei- und einem eindächrigen Candi. Buntfarbige Rangdas als Wächter, auch kopfstehende Dämonen, die zur Abschreckung ihr Gesäß weisen. Das Innere beherrscht ein großes Gedong auf dreistufiger Terrasse mit Bima Suarga-Reliefs (vgl. S. 291 f.) am Sockel. Angedeutet sind drei Dächer – wir haben hier so eine Art Zwischenlösung zwischen Gedong und Meru vor uns. Die Geisterabwehrmauer bewacht ein offensichtlich aus einem Hollywood-Horrorfilm ausgekniffener Dämonenkopf mit Riesenhauern, der aus dem Flachrelief-Blumendekor vollplastisch herausragt. Nach Osten zu folgt an der Seeseite gelegen ein kleines Pura Pemarajan, hübsch, mit Winkelterrasse – eine verkleinerte Ausführung von Pura Beji Sangsit. Dahinter der Pasar. Noch etwas weiter im Osten bergwärts gelegen der Pura Desa Kubutambahan und unmittelbar dahinter die Kreuzung mit der Abzweigung nach Kintamani. Ein Sockel mit vier Gesichtern in deren Mitte gemahnt daran, die Richtungsgottheiten im Gedächtnis zu behalten.

Nach fünf Fußminuten Richtung Amlapura liegt an der dem Meer zugewandten Seite der Straße **Pura Meduwe Karang,** der ›Tempel des Herrn der Felder‹. In Nordbali ist der Reisanbau nur in begrenztem Umfange möglich, statt dessen werden dort verschiedene andere Feldfrüchte, z. B. auch Mais, kultiviert. Meduwe Karang ist sozusagen das männliche Gegenstück zur in Pura Beji Sangsit verehrten Reisgöttin Dewi Sri, zuständig für alle anderen Ackerbauprodukte. Er wird gleichgesetzt mit dem Sonnengott Surya, der wiederum eine Erscheinungsform Siwas ist.

Der Blickpunkt im achsialsymmetrisch angelegten Tempel ist der Padmasana, also der Platz, der für Meduwe Karang freigehalten wird. Des morgens, wenn der Sonnengott aufgeht, steht er, vom Eingang her gesehen, direkt hinter dem Padmasana. Doch auch das weibliche Element wird in diesem Tempel nicht vergessen. Die Bauern vergraben die Reste dessen, was hier geopfert wird, auf den Feldern, um damit Mutter Prtiwi, also Mutter Erde, zufrieden zu stellen. Während das Gedong zur Rechten des Padmasana für die feldhütende männliche Gottheit bestimmt ist, wurde das linke für die feldhütende Göttin errichtet. Man vermeidet grundsätzlich die Extreme in Bali. Wird der eine verehrt, so fällt auch für den anderen etwas ab, wenigstens so ein bißchen. In den Subak-Tempeln für Dewi Sri hat nebenbei auch Wisnu, mit dem sie vermählt ist, einen Platz. Werden die Götter der Oberwelt verehrt, so fällt auch für die chtonischen Götter und die Dämonen etwas ab und umgekehrt.

Auf der Rückseite der Hauptterrasse verkörpern die verwegenen Hexengestalten mit ihren betonten Geschlechtsmerkmalen die verschiedenen Seiten der Mütterlichkeit – Werden und Entstehen, Fruchtbarsein und Nähren, aber auch Verschlingen und Zugrunderichten. Man darf nicht vergessen, daß Durga auch eine Erscheinungsform von Dewi Sri ist (vgl. S. 39). Meduwe Karang wird übrigens auch in anderen Tempeln, insbesondere in den Berggebieten, wo kein Reisanbau möglich ist, verehrt. Die ihm geweihten Heiligtümer

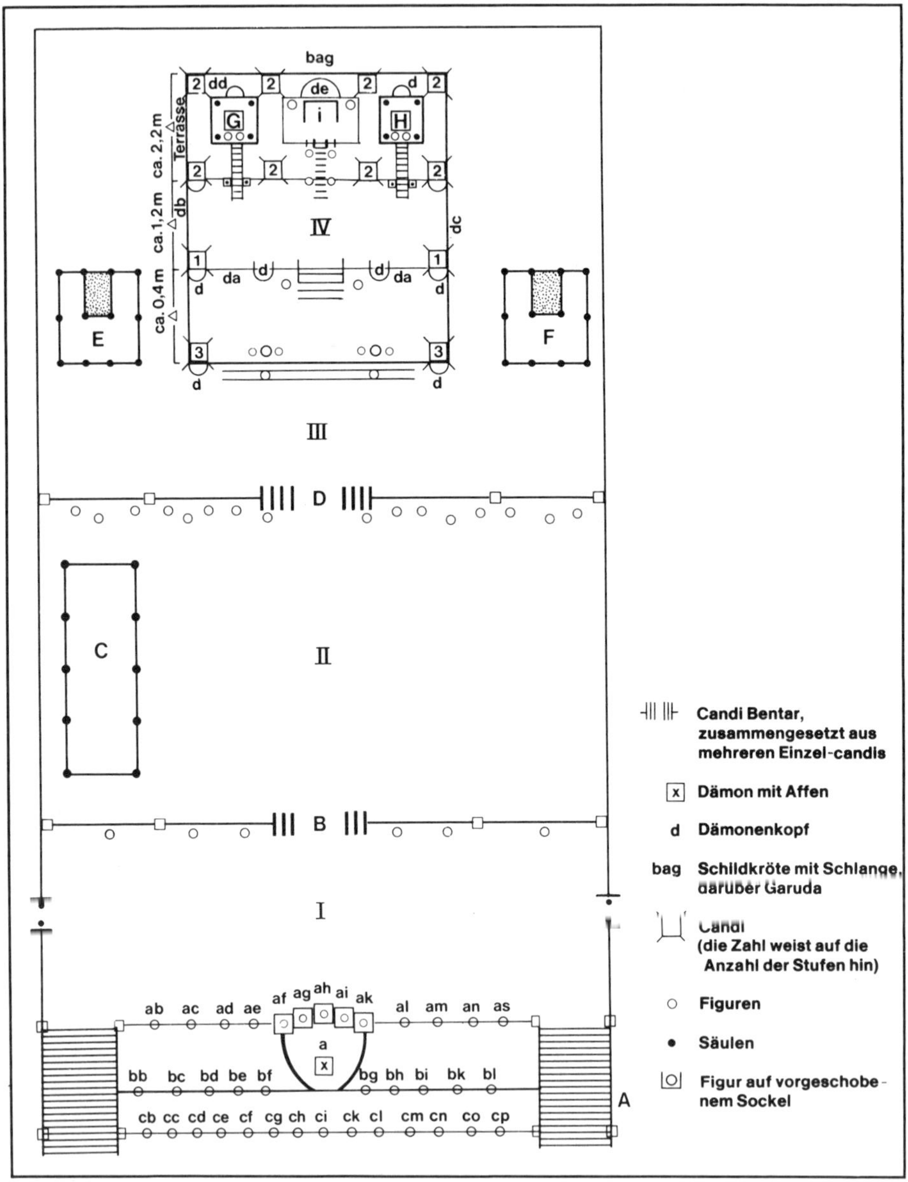
bag
dd
de
d
i
G
H
Terrasse
ca. 2,2 m
ca. 1,2 m
ca. 0,4 m
db
dc
IV
da
d
E
F
III
D
C
II
B
I
ab ac ad ae af ag ah ai ak al am an as
a
bb bc bd be bf bg bh bi bk bl
cb cc cd ce cf cg ch ci ck cl cm cn co cp
A
Candi Bentar, zusammengesetzt aus mehreren Einzel-candis
Dämon mit Affen
d Dämonenkopf
bag Schildkröte mit Schlange,
(die Zahl weist auf die Anzahl der Stufen hin)
Figuren
Säulen
Figur auf vorgeschobe-nem Sockel

ersetzen dort die Subak-Tempel der Dewi Sri. Am Sockel der Terrasse, die den Padmasana trägt, befinden sich die eigentümlichen Reliefs, von denen eines, das sogenannte ›Blumenfahrrad‹ an der linken Seite, schon immer auf besonderes Interesse gestoßen ist.

Westliche Wissenschaftler sehen den Radfahrer entweder als hohen Beamten, möglicherweise ein Mitglied der Familie des Raja, im Dienste der Holländer an oder aber sind der Meinung, daß hier eine Anspielung auf Nieuwenkamp vorliegt, der Anfang des Jahrhunderts zum ersten Mal die Gegend hier mit dem Rad durchwandert hat. Auch die Flachrelief-Darstellung des wilden Reiters würde dann an diesen holländischen Maler und Entdecker erinnern. Die Tracht des Radlers entspricht dem Adat Bali, weist also auf einen Balier hin, die spitze Nase hingegen auf einen Europäer (obwohl andererseits die Holländer besonders gern mit einer Knollennase dargestellt werden). Die Leute von Kubutambahan vertreten eine ganz andere Ansicht. Sie sagen, daß der Tempel mit den Reliefs vor 400 Jahren

◁ Pura Meduwe Karang

I Jaba Vorhof; II Jaba Tengah Innerer Vorhof; III Jeroan – das Allerheiligste; IV Bebaturan – gestufter Steinsockel als Basis für Schreine

A Opfersäule (Tugu) für Jero Gede, Wächter des Vorhofes und der Tore; B Candi Bentar, gespaltenes Tor, aus vier Teilen; C Bale Gong, für Gamelan; D Candi Bentar zum Innenhof (aus sechs Teilen); E Bale Piasan; F Bale Piasan; G Gedong Pesimpangan für die edle Dame Ratu Ayu Penaban Sari, eine Erscheinungsform von Ibu Prtiwi (der Erdmutter, die die Felder schützt). Sie hat chtonischen Charakter; H Gedong Pesimpangan für Ratu Ngurah Penaban Sari, den Protektor der Lebenskraft der wachsenden Frucht; I Padmasana über der von zwei Schlangen umwundenen Unterweltschildkröte. Sitz des Sonnengottes Surya in seiner Gestalt als der Herr der Trockenfrüchte (Meduwe Karang)

a Drei Reihen mit Statuen aus dem Ramayana-Epos. Im Zentrum die große Gestalt von Kumbakarne während der großen Entscheidungsschlacht, verwickelt in heftige Kämpfe mit Sugriwas Affenheer

Figuren in der letzten Reihe:		... in der mittleren Reihe:		Frontseite:	
ab	Rama	bb	Darimuka	cb	Singamuka
ac	Laksmana	bc	Sempati	cc	Rekatamuka
ad	Wibisana	bd	Ursaba	cd	Delem
ae	Sugriwa	be	Lembumuka	ce	Prahasta
af	Anggada	bf	Bimasuka	cf	Twalen
ag	Anila	bg	Menda	cg	Gawa-Gawa
ah	Hanoman	bh	Kebomuka	ch	Sarpamuka
ai	Andala	bi	Satomuka (Satobali)	ci	Makaramuka
ak	Gowaksa	bk	Jambawan	ck	Aswamuka
al	Durwada	bl	Strenggimuka	cl–cp	Figuren nicht bestimmt
am	Gawaya				
an	Mongmuka				
ao	Astimuka				

da Darstellungen aus dem Ramayana – Sugriwa und Anila mit ihren Scharen überwinden Patih Prahasta; db Das Lotosfahrrad und der galoppierende Reiter; dc Astimuka = Elefantengesicht. Die Figuren sollen Ganesa entsprechen; dd Durga als Mahisasuramardini. Sie tötet die menschliche Figur, die dem Maul des Büffeldämons entfahren ist. Das sexuelle Element ist in der Darstellung stark betont; de Wisnu reitet auf dem Garuda. Wisnu ist der Regenbringer

entstanden sei. Der Radfahrer ist ein Brahmanen-Priester, der lange vor der Erfindung des Fahrrades in der Yoga-Meditation auf so einem Gefährt die ganze Welt durchreiste. Daß man in Bali jemanden trifft, der in der Meditation Tokio oder auch Paris besichtigt hat, ist gar nicht so besonders ungewöhnlich.

Nun läßt sich aus diesen beiden unterschiedlichen Deutungen auch die unterschiedliche Weltsicht der Menschen in Bali und der im Westen ablesen. Der Europäer legt die Elle des Historischen an das, was er betrachtet, er fragt nach der realen Ursache für eine Erscheinung. In Bali bedeutet hingegen Historie nichts. 400 Jahre – das ist lediglich ein anderer Ausdruck für ›es war einmal vor langer, langer Zeit‹. Wann das war, ist uninteressant. Von Bedeutung ist dagegen, daß dieses Ereignis einen Vorbildcharakter trägt, der für das Leben jetzt wichtig ist. Und welcher von den verschiedenen Deutungsversuchen dem am nächsten kommt, was sich der Künstler, der das Relief schuf, dabei gedacht hat, das dürfte auch gar nicht so einfach festzustellen sein. Sicher ist lediglich, daß es sich hier nicht um einen ganz gewöhnlichen Radfahrer auf einem gewöhnlichen Rad handelt. Das Hinterrad stellt nicht mehr und nicht weniger als den achtblättrigen Lotos dar (Padma, vgl. S. 40ff.), der für die Menschen in Bali einerseits ›die Welt‹, andererseits ›die Yoni‹ bedeutet. Das Vorderrad enthält etwas, das sich als drehende Vajra auffassen läßt. Dabei handelt es sich um einen Doppelstab mit drei Zacken an jedem Ende, der den Blitz symbolisiert, zugleich aber auch das männliche Glied. Er ist eines der Kultobjekte des Pedanda-Priesters, ursprünglich aus dem nordindischen/tibetanischen Tantrismus stammend. Durch die Drehbewegung wird das Vajra zum Cakra, zum Lebensrad, das die balische Auffassung der Zeit wiedergibt. So vereinigen sich also in diesem Zweirad die Gegensätze von Zeit und Raum, von Männlichem und Weiblichem (→ Ruwa Bineda).

Die Balier haben in den ersten Fahrrädern, die sie zu Gesicht bekamen, sicherlich etwas ganz anderes gesehen als wir. Sie werteten das Zweirad vom Standpunkt der Nützlichkeit im Rahmen ihrer eigenen Kultur und gliederten es konsequenterweise in sie ein, und zwar als Symbol für ihre Weltsicht. Wir sehen im Fahrrad ein Fahrzeug, das nach physikalischen Gesichtspunkten funktioniert. Ganz wesentlich dabei ist die Fahrradkette, die die menschliche Kraft auf das Antriebsrad überträgt. Dem balischen Künstler schien die Kette entbehrlich. Für ihn funktioniert das Fahrrad auch so.

Von Yeh Sanih nach Tejakula

Yeh Sanih (Air Sanih) liegt 18 km nördlich von Singaraja und 6 km von Kubutambahan an einer Stelle, wo Ströme von Süßwasser aus dem Gebirge quellen. Zwei Unterkünfte, eine etwas einfachere und eine komfortablere mit einem Süßwasserbad, machen den Ort zu einem idealen Ausgangspunkt für Ausflüge nach Ost-Buleleng. 1 km in Richtung Singaraja an der Bergseite befindet sich Pura Kerta Negara Mas. Rechts im Vorhof ein künstlicher See mit einer rechteckigen Insel, zu der eine Brücke führt. Nach Osten verläuft die Straße entlang der Meeresküste mit ihren schwarzen Klippen und ihrem schwarzen Sandstrand.

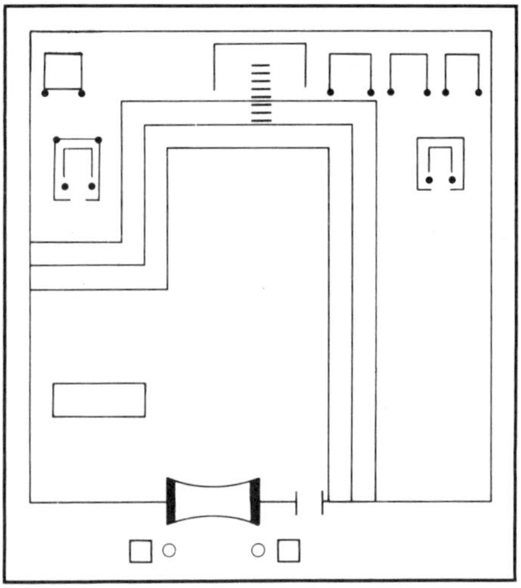

Pura Ponjok Batu

Pura Ponjok Batu liegt 7 km von Yeh Sanih entfernt, neben einem Fischerdorf. Das kleine Meeresheiligtum auf einem Hügel wurde von Pedanda Bau Rauh gegründet. Die Steinterrasse im Innenhof ist hufeisenförmig angelegt, allerdings mit stark verkürztem linken Schenkel. Anstelle eines Padmasana in zentraler Position ein Nischenbau mit einem Garuda auf der Rückseite. Seine Flügel überragen den Nischenbau, so daß dieser wirkt, als wolle er sich jeden Augenblick in die Lüfte erheben. In der Nische eine Durga-Statue mit stark herausgearbeiteter Körperlichkeit, so wie es die Inder lieben. Leider ist die Oberfläche stark verwittert. Links, seitlich neben dem Eingang in den Innenhof, ein trinkender Stier aus Stein. Das gedeckte Tor selbst ist ganz einfach gehalten (seine Form entspricht der in Julah, vgl. S. 374), allerdings reichlich von pflanzlichem Flachreliefdekor überwuchert. Interessant: Beim Neubau der Tempelmauer hat man einen störenden Baum nicht einfach abgehauen, sondern mit einem Bogen umbaut. An der Küste unterhalb des Tempels ist bei tiefem Wasserstand eine Quelle zu sehen, die ansonsten vom Meeresspiegel verdeckt wird.

Es ist immer wieder festzustellen, daß es in Bali vor allem Naturerscheinungen sind, die einen Anlaß dazu geben, den heiligen Bezirk auszugrenzen, der dann zu einem Tempel ausgebaut wird. Schwarzsandige Buchten zwischen schwarzen Klippen, Haine von Kokospalmen – das zeichnet die Landschaft von Ost-Buleleng aus. Die Küstenstraße von Singaraja bis an die Grenze von Karangasem ist eine einzige Allee.

Sembiran heißt eine Siedlung in den küstennahen Bergen, die die Einwohner selbst als die älteste Balis ansehen. Sie, die sich zu den Bali Aga rechnen, sprechen einen Dialekt, der dem altjavanischen nahe verwandt ist. Ihre Vorfahren sollen aus dem ostjavanischen Reich von Medang Kemulan stammen, das im 8. Jahrhundert bestand. Zu erreichen ist Sembiran von Pacung aus (27 km östlich von Singaraja an der Hauptstraße). Eine schmale, aber gut ausgebaute Straße führt 3 km lang ziemlich steil hinauf in die Berge. Ist die Anhöhe einmal erreicht, so überblickt man im Norden den Küstenstreifen von Buleleng, während sich in eine Talmulde im Süden das Dorf Sembiran schmiegt mit seinen ungewöhnlich stabil gebauten, weißgefärbten Steinhäusern, die geschieferte Satteldächer tragen. 17 von den 20 Tempeln, die alle ziemlich neu sind, bergen heilige Megalithsteine, die alle auf gewaltigen Thronen aus schwarzem Basalt oder Zement liegen. Wie die Bewohner von Trunyan kennen auch die von Sembiran keine Totenverbrennung. Die Verstorbenen werden in eine abgelegene Waldschlucht geworfen, der sich kein Lebender gerne nähert, weil dort die bösen Geister ihr Unwesen treiben.

Julah liegt etwa 3 km östlich von Pacung (29 km von Singaraja) an der Hauptstraße. Nach Süden zweigt ein 150 m langer Weg ab zum kombinierten Pura Desa und Pura Puseh, dem ältesten Tempel von Buleleng. Tatsächlich hat das Tor auch eine archaische Form. Es ist schlicht gehalten, nicht mit Ornamentik überladen, sondern bemalt. Auch wenn die Farbe immer wieder erneuert werden muß, wird dennoch nichts verändert. Eine Zeichnung, die Moojen 1914/15 anfertigte, könnte genauso gut heute erstellt worden sein. Auffällig sind die großen ›Sonnenräder‹, die das Oberteil des Mittelstücks flankieren, das linke zehn-, das rechte achtspeichig. Eine zuverlässige Deutung steht noch aus. Alles, was man mit Vorbehalt sagen kann, ist, daß auch diese beiden Räder eine Gedankenwelt ausdrücken, deren Weiterentwicklung später zu Gestaltungen wie dem ›Blumenrad‹ in Kubutambahan führte. Seitlich ist links und rechts neben dem Durchgang je eine Schlange aufgemalt, darüber baumähnliche Gewächse – man wird an den Kayonan, den magischen Baum des Schattenspiels, und an die ganzen mythischen Traditionen um den Lebensbaum erinnert (vgl. S. 87ff.). Die außen angesetzten Seitenteile tragen Schattenspielfiguren, links Bima, rechts eine lustige Dienerfigur (Penasar), einen ›Interpreten‹ also.

Hochinteressant ist, daß Bima, der mythische Prototyp des Schamanen, gerade in Verbindung mit diesem alten Tor, das – wie alle balischen Tore – eben auch die Funktion einer Art von schamanischer Himmelsleiter hat, auftritt. Das Tor selbst hat man ochsenblutfarben gestrichen, und gerade das läßt an ein Ereignis aus einem ganz anderen Kulturkreis denken: Vor dem Auszug aus Ägypten haben die Kinder Israels ihre Pforten mit dem magisch wirksamen Blut von Opferlämmen (Osterlämmern) bestrichen, um den Todesdämonen abzuhalten. Blut ist schon ein ganz besonderer magischer Saft – und Menschenblut der allerwirksamste. Nun wird ja auch behauptet, daß die Tengananer den braunroten Ton ihrer Gewebe durch Einfärbung mit Menschenblut erzielten (vgl. S. 328). Das alles muß nicht unbedingt bedeuten, daß man das Tor wirklich früher einmal mit Blut einfärbte – jede rote Farbe kann einfach dadurch magische Kraft besitzen, daß sie Blut bedeutet.

Der **Pura Dalem Julah** liegt ein Stückchen meerwärts von der Hauptstraße. Beim Rückweg von Pura Desa und Puseh die Hauptstraße überqueren und dann die nächste gangbare Abzweigung nach Westen nehmen! Der Pura Dalem sieht womöglich noch urtümlicher aus als der vorherige Tempel: Einfache Tore aus luftgetrockneten Lehmziegeln, strohgedeckte

Schreine, hohe Bäume. Der Innenhof ist der reinste Wald. Dieser Tempel vermittelt wirklich eine Vorstellung davon, wie in alten Zeiten einmal ein ›heiliger Bezirk‹ ausgesehen hat.

35 km östlich von Singaraja durchquert die Hauptstraße nach Amlapura das kleine Handelsstädtchen **Tejakula.** Mitten in dem sichtlich chinesisch geprägten Ort zweigt von der Hauptstraße eine breite Stichstraße ab zum ›Pferdebad des Rajas‹. Dabei handelt es sich um eine prachtvolle Anlage, bei der Bogen – europäische Bauelemente – nicht als Architekturteile, sondern als reine Schmuckelemente eingesetzt worden sind, etwa so, wie man hier in Nordbali ansonsten in den Tempeln die Candi-artigen Formen verwendet. Das Prachtbad, heute von Menschen benutzt, verdeutlicht, wie hoch man die Pferde als Tiere der Herrscher und Götter einschätzte (vgl. S. 159, 326ff.).

Quellen: 15, 16, 87, 94, 97, 117, Q 17

Der Westen von Buleleng

Lovina Beach umfaßt ein Gebiet 8 bis 11 km westlich von Singaraja, in dem unweit der Küste die Dörfer Anturan, Kalibukbuk und Lovina liegen. Dort findet man zahlreiche hübsche, unmittelbar an der See gelegene Home Stays. In Anturan weist ein Schild ›Simon's Seaside Cottages‹ zu drei Home Stays an der Küste, direkt neben einer winzigen Fischersiedlung. Wenn die Sonne im Meer versinkt, dann spielen die Kinder am Strand völlig unbeeindruckt von den vielen Fremden, die die ausfahrenden Fischerboote beobachten.

Pura Manik Dalang in Pemaron: Der ›Tempel der Perle des Schattenspielers‹ ist im Grunde genommen nur deshalb interessant, weil zu ihm die Dalangs aus ganz Bali wallfahren. 2 bis 3 km östlich von Anturan (Richtung Singaraja) biegt ein Weg landeinwärts nach Pemaron ab. Nach etwa 500 m wird eine Kreuzung erreicht, auf der linken Seite davor der Pura Siwa. Wenn man jetzt erst rechts, dann gleich wieder links geht, dann liegt zur Rechten der Pura Desa und zur Linken gegenüber der Pura Manik Dalang. Zwei Schlangen im Flachrelief kriechen über das Tor und erinnern an die zwei Schlangen auf dem Kayonan, dem Baum- und Bergsymbol, das jedes Schattenspiel eröffnet und beschließt.

Vihara Buddha in Banjar, ein Kloster- und Meditationszentrum, liegt ganz im Süden des Ortes Banjar (18 km westlich von Singaraja). Von der Hauptstraße aus muß man eine gute halbe Stunde zu Fuß gehen. Das Vihara wird von gelbgekleideten Mönchen unterhalten. In diesem Fall sind es keine Hindus, die Buddha verehren, sondern Hinayana-Buddhisten, die der in Sri Lanka verbreiteten Form des Buddhismus anhängen. Etwa 1 km westlich von Vihara ein kleines Becken mit einer schwefelhaltigen Heißwasserquelle (Air Panas).

Pura Pulaki (53 km westlich von Singaraja) zählt zu den sechs überregionalen Tempeln (vgl. S. 83). Das zwischen scharfkantige Felsbrocken eingebettete Heiligtum wird von einem

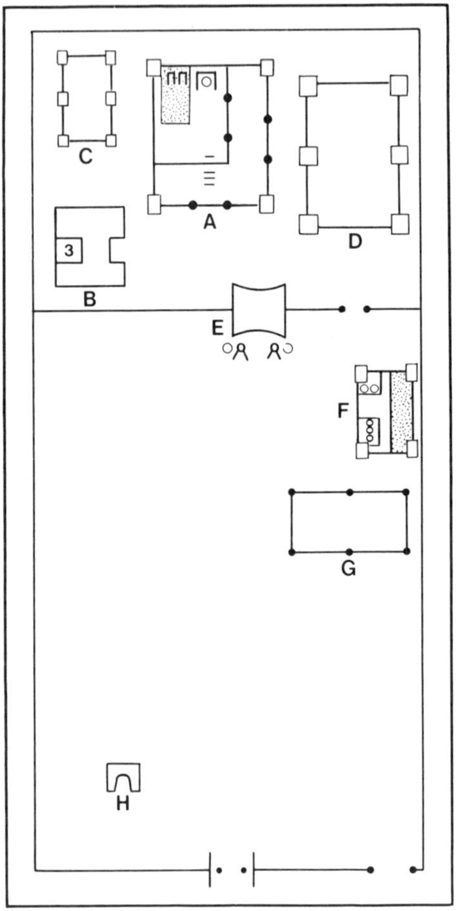

Pura Manik Dalang – Tempel für Schattenspieler, Pemaron
(Von Singaraja aus ca. 5 km Richtung Lovina, dann ½ km bis zur Ortsmitte, gegenüber dem Pura Desa)
A Pelinggih mit Tirtha-Gefäß. Platz der Anbetung, zweistufige Terrasse mit zwei Holzthronen, Säulen und Doppeldrachen aus Holz. Wellblechdach; B Steinaltar mit Steinlaterne, dreistufiger Sitz von Dewa Bagus; C Penimpanan aus Holz; D Bale für Opferablage, Steinpfeiler und Ziegeldach; E Geschlossenes Tor mit zwei aufgemalten Schlangen – ähnlich wie auf einem Kayonan. Zwei bunt bemalte dämonische Wächter; F Küche; G Bale, in dem sich die Menschen vor einer Zeremonie versammeln; H Tugu, Steinlaterne für Taxu

dreisten Affenvolk bewohnt. Allabendlich nehmen die Nachkommen Hanomans ein erfrischendes Bad im Meer. Hochintelligent wie sie nun einmal sind, verstehen sie es, alles was nicht niet- und nagelfest ist, von geparkten Fahrzeugen abzumontieren. Es spricht daher einiges dafür, Autos oder Fahrräder etwas weiter entfernt vom Tempel abzustellen. Auch Pura Pulaki ist als Meeresheiligtum über den inzwischen wohlbekannten Kulturbringer und Hindupriester mit dem von hier gar nicht so weit entfernten Java verbunden. Er soll auch diesen Tempel gegründet haben. Das Heiligtum besteht aus einer merkwürdig unsymmetrischen Terrassenanlage mit einer von rechts nach links hochführenden Treppe sowie einer abgetrennten, niedriger gelegenen Plattform auf der linken Seite. Die lange, nach links ausschwingende Treppe zur Haupterrasse wirft die Frage auf, ob die Anlage von Pura Pulaki wirklich komplett ist. Man könnte sich nämlich durchaus noch eine weitere, von links unten nach rechts oben hochführende Treppe vorstellen, so daß der Aufgang ähnlich gestaltet wäre wie im Pura Rambut Siwi oder im Candi Dasa. Dieser Treppenteil war vielleicht geplant und ist dann nicht ausgeführt worden, oder aber er war vorhanden und wurde zerstört.

Es gibt Berichte darüber, daß mit dem Gebiet um Pura Pulaki vor über 100 Jahren etwas Dramatisches passiert sei: Alles Land hier gilt als unheilig, denn hier soll ein ganzes Gebiet mit vielen Menschen eines Tages unsichtbar geworden und bis auf den heutigen Tag geblieben sein. Das einzige, was man davon noch sieht, ist der Tempel selbst. Das Ereignis – so ein Gewährsmann – spielte sich nach der ersten Landung der Holländer 1846 ab. Die Angreifer konnten zunächst auf dem Territorium von Buleleng keine Fortschritte erzielen, weil der Raja von Singaraja mit Hilfe schwarzer Magie, die unter besonderen Umständen auch für gute Zwecke eingesetzt werden kann, bewirkte, daß die Soldaten aus dem fernen Europa alle von einer unangenehmen Form von Magenverstimmung gepackt wurden, die ihren Angriffsgeist in Grenzen hielt. Daraufhin schossen die Holländer eine Granate, gefüllt mit Silbermünzen, gegen die Bambuspalisaden der Verteidiger. Das war raffiniert ausgedacht, denn prompt holten die Balier die zwischen der Wehranlage verstreuten Münzen heraus und beschädigten dabei den Verteidigungswall. Der Raja zog sich mit seinen Leuten nach Pulaki zurück. Weil die Holländer aber noch immer nicht imstande waren, etwas gegen ihn auszurichten, verbündeten sie sich mit Leyaks und Zauberpriestern, die schwarze Magie mit üblen Hintergedanken trieben. Und die brüteten folgenden Ratschlag aus: »Ihr müßt eine Granate mit einer Leiche füllen!« Die Holländer fertigten dann tatsächlich eine derartige, magische Geheimwaffe an und schossen sie ab – woraufhin das Land ringsum mit all seinen Bewohnern und Verteidigern unsichtbar wurde.

Auch wenn das Land heute nicht zu sehen ist, so existiert es doch noch. Immer wieder macht die Gegend hier durch unerklärliche Schiffsuntergänge und Flugzeugabstürze von sich reden. 1974 zum Beispiel funkte ein Pan Am-Pilot nach Surabaya, daß er sich auf dem Landeanflug auf den Flughafen von Denpasar befände. Den Hügel, gegen den er kurz darauf prallen sollte, hatte er nicht gesehen, konnte er auch nicht gesehen haben, denn er gehörte zum unsichtbar gewordenen Gelände Pulaki. Der Unfall kostete viele Menschen das Leben.

Wer weiß, vielleicht haben sogar die vielen heißen Quellen, die in dieser Gegend aus dem Boden sprudeln, mit dem unheimlichen Vorkommnis zu tun. 4 km weiter im Westen liegt außerhalb des Pura Pemuteran ein Air Panas, und nochmals 3 km weiter gibt es eine Quelle Banyu Wedang (›heißes Wasser‹), die bei Flut unter dem Meeresspiegel liegt.

Ganz weit weg im ›finsteren Westen‹, unweit von Gilimanuk, da wo Buleleng zu Ende geht, liegen die Bucht und der Ort **Teluk Terima.** Das östlich des Ortes gelegene, durch die Straße abgeschnittene Kap gehört zum Naturschutzgebiet Bali Barat Reserve. Es wird von der P. P. A. (Direktorat Perlindungan dan Pengawetan Alam) bewacht. Die Organisation soll auch in Teluk Terima ein (allerdings nur zeitweise geöffnetes) Guest House unterhalten.

Westlich vom Ort liegt an der Straße der **Makam Jayaprana,** eine Gedenkstätte für den hier ermordeten Jayaprana und seine Frau Layon Sari, die sich selbst den Tod gab. Das

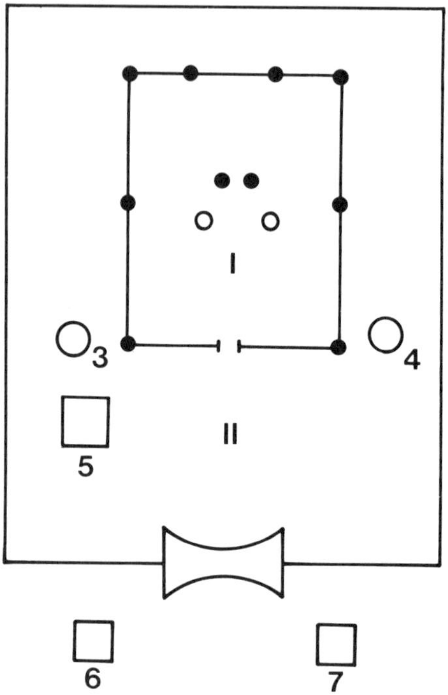

Denkmal (Makam) Jayaprana und Layon Sari
I Innenraum; II Hof
1 Figur Jayaprana; 2 Figur Layon Sari; 3 Patih Yama – ein Assistent des Totengottes; 4 Suratma Tukan Catat, der Meister des Schreibens; 5 Pecalang Agung für Taksu; 6 und 7 Wächterfiguren (Penjaga Lawang)

Makam liegt an der Stelle, an der der Mord geschah, in der Nähe des ehemaligen Grabes der beiden. Das gesamte Territorium hier gehört zu Pura Pulaki. Von der Straße aus führen Abstufungen etwa 400 m hinauf zu der recht anspruchslosen Stätte des Gedenkens, die allerdings genau wie ein Tempel behandelt wird. Ein Priester opfert, Frauen wenden sich mit dem vierfarbigen Blumenopfer (Puspa Catur Warna) an die vier Richtungsgottheiten und küssen auch erst die weiße Scharpe der Layon Sari-Figur, dann die der Jayaprana-Statue. Es sieht so aus, als ob historische Gestalten, die bereits zu Heroen geworden sind, gerade dabei wären, zu Göttern heranzureifen.

Aufgezeichnet wurde diese balische ›David und Bathseba-Geschichte‹ Anfang des 17. Jahrhunderts. Über die Volksoper (Arja), in Broschüren und Zeitschriftenveröffentlichungen, ja sogar übers Schattenspiel wurde das Thema in ganz Bali und darüber hinaus verbreitet. Eine neue Welle des Interesses am Schicksal Jayapranas flammte nach dem Kriege mit der japanischen Besetzung und nach dem Ende der Befreiungskämpfe (Mitte 1948) auf. Ein in der Krisenperiode reich gewordener Balier richtete aufgrund eines Gelübdes die Grabstätte für das Heroenpaar ein und schuf damit die Grundlage dieser Gedenkstätte.

Etwa zur gleichen Zeit überlegte man in **Kalianget** (2 km östlich Seririt an der Hauptstraße, ½ km landeinwärts), einem ohnehin armen, dazu auch noch von den Kämpfen in Mitleidenschaft gezogenen Dorf, auf welche Ursache das Unheil zurückzuführen sei, das den Ort heimgesucht hatte. Es erschien wahrscheinlich, daß der Geist Jayapranas, dessen Kampung in Kalianget liegt, ungehalten darüber war, daß man für ihn während all der inzwischen verstrichenen Jahrhunderte noch keine Verbrennungszeremonie ausgerichtet hatte. Deshalb setzten sich nun die Dorfältesten über ein Medium, einen ekstatischen Heilkundigen (Balian), mit dem Geist Jayapranas in Verbindung. Im Verlauf der langwierigen Verhandlungen wurde eine feierliche Zeremonie für den August des Jahres 1949 vereinbart – ›Erweckung der Toten‹ (Überführung aus dem Grab in Teluk Terima),

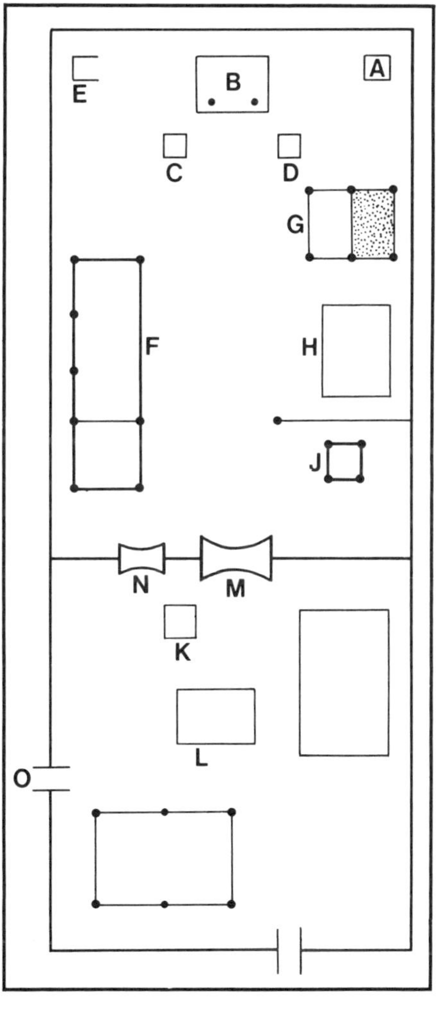

Pura Anyar, Kalianget, Tempel für Jayaprana
A Schrein für Layon Sari; B Schrein für Jayaprana (wellblechgedeckt); C und D Steinlaternen Pecalang für Wächter; E Steinthron; F Bale Gong; G Piasan; H Kamar Suci – Kammer für heilige Gerätschaften. Fotos von der Verbrennungszeremonie für Jayaprana; I Pesimpangan; K Babinye Pegatan; L Tisch für Opfer; M Kleines Candi Kurung; N Großes Candi Kurung; O Großes Candi Bentar

Jayaprana und Layon Sari

Im Dorf Kalianget (bei Banjar) raffte eine Epidemie alle Angehörigen einer Familie dahin. Übrig blieb nur ein Sohn, Jayaprana. Der Herrscher, ein Anak Agung, nahm ihn in seinen Haushalt auf. Jayaprana entwickelte sich gut, und als er das Heiratsalter erreicht, erhält er die Erlaubnis, sich unter den Töchtern des Landes umzusehen. Seine Wahl fällt auf Ni Nyoman Layon Sari, die einem etwas höheren Stande angehört. Beide lieben sich. Kaum jedoch hat er sie geheiratet, so erwärmt sich der Anak Agung so stark für die Frau seines Gefolgsmannes, daß er schließlich einen schlimmen Plan ausheckt. Unter dem Vorwand, Piraten seien eingefallen in Buleleng, entsendet er Jayaprana mit einem Heer ganz weit weg, an das unzugängliche äußerste Ende Balis im Westen (der unheilvollen Richtung). An der Expedition nimmt auch der Patih teil, der erste Minister des Rajas, der dessen Instruktionen kennt: Er hat den Ehemann Layon Saris hinzumeucheln. Jayaprana rennt sehenden Auges in sein Unglück. Trotz übler Vorzeichen und den flehentlichen Bitten seines schönen und getreuen Weibes läßt er sich einfach nicht davon abhalten, den Auftrag, den ihm sein Herrscher erteilt hat, auszuführen. In Teluk Terima wird Jayaprana vom Patih über die wahren Absichten, deretwegen das Unternehmen in Angriff genommen wurde, informiert. Der getreue Jayaprana findet sich damit ab, daß er sterben muß.

Der Rückmarsch der Truppen soll sich als ein gefährliches Unternehmen erweisen. Die gesamte Natur hat sich gegen die Mörder verschworen. Nur unter schweren Verlusten kann das arg gebeutelte Aufgebot die Heimat erreichen. Der Anak Agung jedoch hat nichts anderes im Sinn als, im Gegensatz zu allen guten Sitten, sofort und auf der Stelle Layon Sari dazu zu drängen, seine Frau zu werden. Doch sie zieht es vor, ihrem rechtmäßigen Gatten in den Tod zu folgen und stirbt durch ihre eigene Hand. Außer sich von Sinnen – welch ein Gegensatz zu Jayaprana, der den Tod mit Würde auf sich nahm – stürzt sich der Raja auf den leblosen Körper Layon Saris und überdeckt ihn mit Küssen. Verzweiflung übermannt den Herrscher. Jetzt sieht auch er für sich selber nur noch einen einzigen Ausweg – den Tod durch eigene Hand.

Reinigung, Ehrerweisung und Verbrennung. Die Tatsache, daß keine Gebeine vorhanden waren, stellte kein unlösbares Problem dar: In allen Fällen, in denen die Überreste eines Toten völlig vergangen sind, fertigt der Pedanda-Priester eine Ersatzfigur an. Diese Zeremonien – Fotos davon sind im Jayaprana-Tempel in Kalianget zu sehen – wuchsen sich zu einem unerwartet großartigen, ganz Bali umfassenden Ereignis aus. Selbst aus Java, Lombok und Sulawesi pilgerten Hindus zu dem kleinen Ort Kalianget.

H. J. Franken ist der Ansicht, daß die besondere Situation der Nachkriegszeit und auch die Auseinandersetzung mit Islam und Christentum diese aus alten und modernen Elementen gemischten neuen mythisch-kultischen Erscheinungen hervorgerufen hat. Immerhin ist der neue Gott ein unschuldig Ermordeter! Eine wichtige Rolle mag dabei auch der Wunsch gespielt haben, die neu aufkommende nationale, auf ganz Indonesien bezogene Gesinnung einzugliedern in eine Religion, die sich bisher völlig auf den engen Bereich des eigenen Territoriums konzentriert und beschränkt hat. Es kann kein Zufall sein, daß als der endgültige Gründungstag des Makam Jayaprana der 17. August, also der indonesische Nationalfeiertag, des Jahres 1949 angesehen wird. Der Jayaprana-Kult zeigt deutlich Züge, die über Bali hinausweisen, auf die Nation und auf die Gesamtmenschheit hin. So erscheint es denn als mehr als nur eine Geste, daß der Autor vom Tempelpriester eingeladen wurde, mit ihm gemeinsam die während einer kleinen Feier gespendeten Opfer zu verzehren – dazu Fremde einzuladen, ist ansonsten in Bali völlig unüblich!

Kunst und Kult in Bali haben die Aufgabe, die Erkenntnisse der Vorfahren über die Welt, das Leben und über das Verhältnis des einzelnen zur Gemeinschaft bewahrend weiterzugeben. Gleichzeitig werden aber auch Änderungen in den Lebensauffassungen modellhaft in der Kunst Balis vorgebildet. Daher ist die Geburt eines neuen Gottes Jayaprana als Batara Jayakusuma und einer neuen Göttin Layon Sari als Batari Pulasari nur ein äußeres Anzeichen für ein erfolgreiches Einschmelzen neuer geistiger Vorstellungen in ein uraltes kulturelles Konzept. Und wenn dies glückt, läßt das die Hoffnung zu, daß die Bewohner Balis in der Lage sind, auch noch mannigfache fremde Einflüsse aufzunehmen und zu bewältigen, ohne sich selbst dabei zu verlieren!

Quellen: 9, 15, 16, 87, 97, Q 6, Q 16, Q 17

Maler in Bali

Wayang-Stil

(Alle alten Gemälde sind anonym)

* Ida Bagus Gelgel (1900–1937), Kamasan
* Pan Putra (geb. 1923), Kamasan
* Anak Agung Gede Rai (geb. 1947), Ubud
* Ni Made Suciarmi, Malerin, Kamasan
* I Wayan Wirya, Denpasar
* I Wayan Suweca (geb. 1952), Kamasan
* I Nyoman Madera (geb. 1952), Kamasan
* Pan Seken, Kamasan

Stil des neuen Hintergrundes

(Übergangsstil)

* Ida Bagus Gelgel (1900–1937), Kamasan
* I Gusti Nyoman Lempad (1873–1978), Bedulu/Ubud
* Ida Bagus Kembang (1897–1952), Tebesaya
* I Gusti Dokhar (1911–1963)
* Anak Agung Gede Sobrat (geb. 1911), Padang Tegal
* I Dewa Bagus Buda, Batuan
* I Made Gria (1898–1934), Ubud
* I Patere (1900–1935), Batuan
* I Dewa Kompiang Kandel (geb. 1912), Batuan
* I Reneh, Batuan
* I Ketut Liga, Pengosekan
* Ida Bagus Wija (geb. 1912), Batuan
* Anak Agung Gede Meregeg (geb. 1912), Padang Tegal

Die Pita Maha und ihre Nachfolger

1) Die Ubud-Schule

* I Gusti Nyoman Lempad (1873–1978), Bedulu/Ubud
* Anak Agung Gede Sobrat (geb. 1911), Padang Tegal
* Anak Agung Gede Meregeg (geb. 1912), Padang Tegal
* I Gusti Nyoman Molog (geb. 1914)
* I Dewa Nyoman Leper (geb. 1917), Padang Tegal
* Anak Agung Gede Turas (geb. 1917)
* I Gusti Made Baret (geb. Ciara 1925), Pengosekan
* Ida Bagus Made Poleng (geb. 1915), Sohn von Kembang
* Ida Bagus Made Nadera geb. Circa 1910), Tegallingah
* I Ketut Tungeh (geb. Circa 1915), Padang Tegal
* I Gusti Kobot (geb. 1917), Pengosekan
* I Dewa Putu Bedil (geb. um 1921)
* I Dewa Ketut Rungun (geb. 1942), Tebesaya

2) Die jüngere Generation

* I Nyoman Gorim (geb. 1938), Penestanan
* I Nyoman Daging (geb. 1940), Peliatan
* I Dewa Nyoman Jati (geb. 1940), Ubud
* I Ketut Gelgel (geb. 1940), Pengosekan

* I Made Sukade (geb. 1945), Padang Tegal
* I Dewa Nyoman Batuan (geb. um 1938), Pengosekan
* I Dewa Putu Mokah (geb. um 1933), Pengosekan
* I Dewa Ketut Karta (geb. um 1945), Pengosekan
* I Wayan Patera, Guru Lukisan, Ubud
* I Made Gatra (geb. um 1933), Pengosekan
* I Nyoman Malen (geb. 1942), Gyangyar
* I Wayan Rapet (geb. 1942), Tebesaya
* I Made Sanggra (geb. 1939), Tebesaya

3) Die Batuan-Schule
* I Ngendon (1903–46), Batuan
* I Patere (1900–1935), Batuan
* I Dewa Kombian Kandel (geb. 1942), Batuan
* I Tombelos (geb. 1908), Batuan
* Ida Bagus Jatasura (1917–1946), Batuan
* Ida Bagus Wija (geb. 1912), Batuan
* Ida Bagus Made Togog (geb. 1913), Batuan
* I Made Djata (geb. 1914), Batuan/Sukawati

4) Jüngere Generation der Batuan-Schule
* I Dewa Ketut Baru, Batuan
* I Ketut Karsana, Batuan
* I Wayan Rajen, Batuan
* I Made Budi, Batuan
* Ida Bagus Tibah (geb. 1939), Batuan
* Ida Bagus Ketut Togog (geb. 1949), Batuan
* I Dewa Nyoman Tirta (geb. 1940), Batuan

5) Die Sanur-Schule
* Ida Bagus Nyoman Rai (geb. 1915), Anggarkasih/Sanur
* I Regeg (geb. 1919)
* I Rudin, Sanur
* I Gusti Made Rudu (geb. 1916)
* I Sukurio
* I Gusti Made Deplog, Denpasar

Der ornamentale Relief-Stil
* I Gusti Nyoman Molek, Padang Tegal
* I Gusti Ketut Kobot (geb. 1917), Pengosekan
* I Gusti Made Baret (geb. 1925)
* I Dewa Nyoman Batuan (geb. um 1938), Pengosekan

›Young Artists‹-Stil
* I Ketut Punduk (geb. 1951), Penestanan Kaja
* I Wayan Pugur (geb. 1946), Penestanan Kaja
* I Made Nori, Penestanan Kaja
* I Made Raja (geb. 1946), Penestanan Kaja
* I Made Sekar (geb. 1949), Penestanan Kaja
* I Nyoman Londo (geb. 1946), Penestanan Kaja
* I Nyoman Cakra (geb. 1946), Penestanan Kaja

* I Ketut Soki (geb. 1950), Penestanan Kelod
* I Wayan Kembang, Penestanan
* I Nyoman Gerebig (geb. 1947), Penestanan Kelod
* I Wayan Dawa (geb. 1944), Penestanan Kaja
* I Made Jaya (geb. 1946), Penestanan Kelod
* I Nyoman Kinigan (geb. circa 1947), Penestanan Kelod
* I Made Runia (geb. 1944), Penestanan Kaja
* I Wayan Mujung (geb. 1953), Penestanan Kaja
* I Wayan Kembang (geb. 1948), Penestanan Kelod
* I Made Sinteg (geb. 1943), Penestanan
* I Ngurah KK, Campuan (fantastischer Stil)

Westlicher akademischer Stil

* Antonio Maria Blanco (geb. 1922), Manila/Campuan; skurrilimpressionistisch
* Rudolf Bonnet (geb. 1895 Amsterdam, gest. 1978); Menschendarstellungen in einer Art von romantischem Realismus
* Donald Friend (geb. 1915 Sidney); aquarelliert Szenen aus dem Leben
* Theo Meier (geb. 1908 Basel), 29 Jahre in Bali, heute in Thailand, schätzt Farbverfremdungen
* Arie Smit (geb. 1916 Zaandam) Sanur; sein Anliegen: die Flüchtigkeit der Erscheinung einer Landschaft oder eines Menschen, wobei der Akzent auf der Farbgebung liegt
* Han Snel (geb. 1925 Scheveningen), Ubud
* Walter Spies (geb. 1895 Moskau, gest. 1942 auf einem Internierungsschiff), 16 Jahre in Bali; Magischer Realismus.
* Abdul Azis (geb. 1928 Zentraljava), Denpasar; neorealistisch, malerische Menschen-Darstellungen
* Nyoman Darsane (geb. 1939 in Peliatan), Denpasar; malerische Behandlung balischer Motive in christlicher Sicht mit Licht-Schatten-Effekten

Praktische Reiseinformationen

Reisevorbereitungen

Botschaften, Konsulate und Informationsstellen

... in der Bundesrepublik Deutschland:

Botschaft der Republik Indonesien mit Konsularabteilung
Bernkasteler Str. 2
5300 Bonn
✆ (0228) 310091

Generalkonsulat
Bebelallee 15
2000 Hamburg 60
✆ (040) 512071 – 73 (9.00–12.30 Uhr)

Generalkonsulat
Herdweg 62
7000 Stuttgart 1
✆ (0711) 223729

Konsulat
Lietzenburger Str. 56
1000 Berlin 15
✆ (030) 8832082

Indonesia Tourist Promotion Office
Gutleutstr. 75
6000 Frankfurt/Main
✆ (0611) 235681

... in Österreich:
Botschaft der Republik Indonesien
Cottagegasse 49
1190 Wien

... in der Schweiz:
Botschaft der Republik Indonesien
Elfenstr. 9
Bern

Touristenbüro in Bali:
Badung Tourist Promotion Board
Jalan Surapati 2
Denpasar

Einreisebestimmungen

Für Touristen aus der Bundesrepublik Deutschland, aus Österreich und der Schweiz ist Anfang 1983 die Visumpflicht aufgehoben worden, seither sind nur noch ein gültiger Reisepaß und die Vorlage eines Rückflugtickets erforderlich. Der Aufenthalt kann bis zu acht Wochen ausgedehnt werden, eine Verlängerung darüber hinaus wird nicht gewährt. Geschäftsleute und kulturell Tätige benötigen ein Visum, das fünf Wochen Gültigkeit hat und um drei Wochen verlängert werden kann. Über die Bedingungen für spezielle Besuchsvisa, die Bürgen in Indonesien voraussetzen, informieren die Konsulate.

Gesundheitsvorsorge und Impfungen

Über die jeweils ratsamen Impfungen informieren die Impfstellen der Gesundheitsämter.

Gegen **Cholera:** Zwei Impfungen mit Typhoral L im Abstand von 8–14 Tagen, ½ Jahr wirksam. Drei Tage nach den Impfungen keinen Alkohol trinken. Wichtig!

Gegen **Kinderlähmung** (Polio): nach 5 Jahren durch einmalige Schluckimpfung auffrischen. Wichtig!

Gegen **Wundstarrkrampf** (Tetanus): Nach jeweils 10 Jahren auffrischen. Wichtig!

Gegen **Gelbsucht:** Hepatitis A: Depotspritze mit Immunglobulin 0,06 ml/kg. Drei bis sechs Monate wirksam. Stellt auch einen eingeschränkten Schutz gegen Hepatitis B dar. Hepatitis B (wird durch Blut oder sexuelle Kontakte übertragen): Hevac B vom Institut Pasteur Paris (kostspielig!).

Gegen **Typhus/Parathypus:** Beratung durch Impfanstalt einholen!

Gegen **Pocken:** Impfung wird zur Zeit als nicht erforderlich angesehen.

Alle Impfungen unbedingt in den gelben internationalen Impfpaß eintragen lassen, der unterwegs z. B. auch in Singapur und Bankok gebraucht wird. Eventuell eine Zusatz-Krankenversicherung für die Reise abschließen.

Malaria: Zur Zeit noch keine Impfung möglich. Es gibt keinen absoluten Schutz. Ab vier Wochen vor bis sechs Wochen nach der Reise wöchentlich mindestens einmal Resochin oder Daraprin bzw. eine Kombination von beiden schlucken. Die jeweils günstigste Kombination ist bei den Gesundheitsämtern zu erfahren. Fansidar, zu Unrecht als ›Wundermittel‹ gegen Malaria bezeichnet, wird derzeit lediglich als ›Notbremse‹ beim Auftreten fieberhafter Erkrankungen während der Reise eingesetzt.

Bitte beachten: 1. Unbedingt die Malaria-Prophylaxe genauestens einhalten! 2. Tritt nach der Rückkehr von der Reise Fieber auf, eine Blutuntersuchung auf Malaria-Verdacht vornehmen lassen. Keinesfalls eine etwaige Infektion verschleppen! 3. In Bali selbst die Räume möglichst mückenfrei halten. Die an jedem Warong erhältlichen ›Weihrauchringe‹ Marke Moon Rabbit sind spottbillig und leisten hervorragende Dienste!

Allgemeine Vorbeugung im Lande: Zum Trinken und Zähneputzen abgekochtes Wasser, Tee, Mineralwasser, Kokosnußmilch oder Whisky verwenden. Auf Eiswürfel total verzichten! Das gesündeste Getränk ist Kokosmilch direkt aus der Nuß! Bei Magen-Darm-Erkrankungen Kochsalz und Traubenzucker zuführen! Auch scheinbar harmlose Verletzungen sofort desinfizieren (Gefahr von Tetanus). Vorsicht bei Verletzungen durch Korallen, die leicht zu Geschwüren führen können; feste Badeschuhe tragen!

Reisezeit

Trocken ist – Ausnahmen bestätigen die Regel – der Bali-›Winter‹ zwischen April und September (die Insel liegt südlich des Äquators). Der Dezember ist verhältnismäßig warm und naß. In Nordbali halten sich die Niederschläge aber auch während der Regenzeit in erträglichen Grenzen. Die Temperaturen sind in Bali allgemein nicht sehr hoch – zwischen 28 und 31° C –, in den Berggebieten kann es sogar ausgesprochen kühl werden. Bali liegt an der östlichen Grenze einer Zeitzone: Sonnenaufgang vor 5 Uhr, Sonnenuntergang gegen 17 Uhr! Wer vom Tag etwas haben will, muß also früh auf den Beinen sein.

Ausrüstung

Leichte, strapazierfähige Kleidung, aber auch ein warmer Pullover, ein Schal und ein leichtes Regencape. Festes Schuhwerk, als Ersatz stabile Turnschuhe. In den Losmen und Home Stays außerhalb der Touristen-Zentren wird keine Bettwäsche gestellt! Daher entweder Leinenschlafsack mitnehmen oder Nähzeug, um zwei einfache Sarongs zusammenzunähen. An Batterie-Rasierer denken! Im übrigen kann man in Denpasar (fast) alles kaufen, was man vergessen hat.

Museen mit Bali-Ausstellungen

Unter anderem zeigen folgende europäische Museen Objekte aus Bali: Amsterdam, Tropenmusem; Hamburg, Völkerkunde-Museum (Indonesien-Abteilung); Leiden, Rijksmuseum voor Volkenkunden; München, Staatliches Museum für Völkerkunde; Offenbach, Ledermuseum; Stuttgart, Lindenmuseum.

Anreise

Abgesehen von Pauschalreisen gibt es günstige Sonderangebote für Flüge zwischen Frankfurt oder Amsterdam und Jakarta. (Preise 1983 um DM 2000). Von dort nach Depasar kommt man mit der einheimischen Luftlinie Garuda (bisweilen auch mit der australischen Quantas). Alle indonesischen Flughäfen erheben (wie die meisten anderen südostasiatischen Flughäfen auch) beim Abflug eine Flughafengebühr.

In Bali

Verhalten im Alltag

Die balische Sprache kennt keine Begrüßungsformel. Stattdessen wird der Fremde nach seinem Namen und seinem Ziel gefragt (»What's your name? Where you go?«). Innerhalb Balis ist es außerordentlich wichtig, den Namen seines Gegenübers zu kennen, weil dieser Aufschluß über die Kasten- oder Standeszugehörigkeit gibt. Nur wenn man das weiß, kann man den anderen auch in der angemessenen feinen, mittleren oder auch groben Sprache anreden.

Früher wurde Weißen generell ein hochrangiger Status zugeschrieben. Da aber mittlerweile in Bali viele Reisende in sehr einfacher Kleidung mit dem Rucksack auf dem Rücken unterwegs sind, hat sich die Einschätzung der Balier verändert. Man weiß nicht genau, wie es mit dem Verhältnis des eigenen Ranges zum Range des Fremden aussieht, und da diese Ungewißheit für den Balier etwas sehr Beunruhigendes ist, neigt er dazu, diese Frage zu klären. So kann es also passieren, daß der Fremde bei Busfahrten mit den Knien in die Ecke, weg von den ›guten‹ Plätzen an der Einstiegsöffnung, gedrängt wird. Es hat keinen Sinn, mit Zorn zu reagieren! Viel besser: ruhig bleiben, freundlich lächeln und sich einfach nicht wegdrängen lassen!

Überall da, wo die Verständigung schwierig wird, hilft ein freundliches Lächeln weiter. Lächeln ist das Verständigungsmittel, mit dem man in Südostasien am weitesten kommt. Und es wäre gar nicht so schlecht, die Gewohnheit des Lächelns nach der Rückkehr von Bali einfach beizubehalten.

Bei Tempelbesuchen ist unbedingt ein Schal um die Hüfte zu schlingen. Wer keinen solchen *Selendang* trägt, wird höflich aus dem Tempel hinausgebeten. Eine solche Situation ist sowohl für den Gast als auch für den Einheimischen peinlich und sollte daher vermieden werden.

Unter keinen Umständen darf man auf Mauern, insbesondere nicht auf Tempelmauern, klettern. Das könnte nämlich zur rituellen Verunreinigung führen, die aufwendige Reinigungszeremonien notwendig macht. Bevor man einen erhöhten Standpunkt einnimmt, besser erst klären, ob man damit nicht die Gefühle der Einheimischen verletzt!

Bei Tempelzeremonien setzen oder hokken sich die Andächtigen hin. Alle achten peinlich darauf, daß sie mit ihrem Kopf den Priester nicht überragen. Auch der fremde Gast tut gut daran, eine gebückte Haltung einzunehmen. Während es in Europa unhöflich ist, in bestimmten Situationen sitzen zu bleiben, gilt es in Bali als unhöflich, zu stehen. Im Zweifelsfalle sollten Sie sich lieber einmal zuviel bescheiden in eine Ecke setzen, als in die Gefahr geraten, unhöflich zu sein.

Ein Tempel darf von Leuten, die aus offenen Wunden bluten, und von Frauen während ihrer Periode nicht betreten werden. Blut, das wie das Feuer zu den dämonischen Kräften gehört, verursacht rituelle Verunreinigungen.

Die linke Hand gilt als unrein, man ißt nur mit der rechten. Bitte nichts mit der linken zureichen oder annehmen! Das könnte als Beleidigung aufgefaßt werden.

Bei Teilnahme an einer Zeremonie innerhalb eines privaten Gehöftes unbedingt ein Gastgeschenk mitbringen.

Fotografieren

Filme im Handgepäck transportieren und auf den Flughäfen nicht röntgen lassen. Auf asiatischen Flughäfen ist man hilfsbereit und nimmt Handkontrollen vor.

In Denpasar sind Farbfilme zu verhältnismäßig günstigen Preisen erhältlich. Einige Typen von Dia-Filmen und Farbnegativ-Filmen kann man dort auch entwickeln lassen.

In Bali geht die Sonne gegen 5.00 Uhr auf und gegen 17.00 Uhr unter. Für Landschaftsaufnahmen herrscht das beste Fotolicht bis morgens um 9.00 Uhr und dann wieder ab 13.00 Uhr.

Besonders in Südbali sind viele Menschen fotoscheu. Sie lassen sich ungern in Alltagskleidung fotografieren. Abwehrende Handbewegungen sollte man respektieren. Wenn die Menschen bei Tempelzeremonien festlich gekleidet sind, haben sie im allgemeinen weniger gegen das Fotografieren einzuwenden. Wenn es darum geht, Menschen zu fotografieren, am besten durch ein Lächeln oder eine Geste bei den Betroffenen anfragen, ob sie auch wirklich damit einverstanden sind. Manchmal wird auch Geld fürs Fotografiertwerden verlangt – eine Haltung, die man nicht unterstützen sollte.

Bei nächtlichen Tempelfesten nur blitzen, wenn man sicher ist, daß dies auch nicht als störend empfunden wird. Es gibt dafür keine allgemeingültige Regel: Manchmal sind die Menschen der Auffassung, daß Blitzen die Götter verscheucht, ein anderes Mal fordern sie den Fremden geradezu auf, Blitzaufnahmen zu machen.

Immer wieder werden Schattenspiel-Schirme von vorne angeblitzt mit dem Ergebnis, daß nichts weiter auf das Bild kommt als ein leeres Stück Leinwand. Schattenspiele können nur mit höchstempfindlichen Filmen fotografiert werden. In Bali gibt es überhaupt eine Menge guter Gelegenheiten, höchstempfindliche Farbfilme einzusetzen!

Verkehrsverbindungen

Bemo: Kleinlaster, für den Personentransport ausgebaut. Die Bemos befahren ganz bestimmte Strecken und halten überall an, um jemand aufzunehmen oder abzusetzen. Wenn Bemo-Jungen Zielorte ausrufen, dann klingt das so:

Dung-Dung	=	Badung / Denpasar
Bud-Bud	=	Ubud
Nurr	=	Sanur
Yarr-Yarr	=	Gyanyar
Leleng-Leleng	=	Buleleng / Singaraja
Asem-Asem	=	Karangasem / Amlapura

Bezahlt wird bei der Ankunft, am besten mit abgezählten Münzen. Die Preise darf man nicht erfragen, man muß sie kennen. Manchmal versuchen die Bemo-Jungen vor Antritt der Fahrt überhöhte Preise zu vereinbaren. Wenn man sich darauf einläßt, muß man zahlen – in Bali ist ein Wort ein Wort. Auf vielen Strecken ist es schwierig, nach 16.00 Uhr ein Bemo zu finden. Halbleere Bemos nehmen auch Fahrräder mit, zum Preis einer Person. Man kann auch Bemos chartern, und zwar zu einem weit günstigeren Preis als ein Taxi.

Colts: Moderne Wagen, in denen man in Fahrtrichtung sitzt, werden als Langstrekken-Bemos verwendet. Die Transportpreise sind knapp doppelt so hoch wie beim Bemo.

Busse: Die oft uralten Gefährte befahren lange Strecken, sind gemütlich und nicht teuer. Busse transportieren auf dem Dach auch Fahrräder.

Taxis: In Denpasar stehen sie am Flughafen (am Puri Pemecutan), sie können aber auch von den Hotels telefonisch geordert werden. Die Preise sind denen in Europa vergleichbar. Zu günstigen Konditionen kann man komplette Tagestouren vereinbaren. Die Fahrer haben ein gewisses Interesse daran, ihre Gäste zu möglichst vielen Kunstgalerien zu chauffieren.

Motorradverleih: Bali auf dem Motorrad zu ergründen, ist durchaus nicht empfehlenswert, die Unfallrate liegt extrem hoch. Wer dennoch meint, es nicht lassen zu können, sollte sich einen Sturzhelm und einen internationalen Führerschein Klasse Zwei mitbringen.

Entfernungstabelle

	Denpasar	Celuk	Sukawati	Sakah	Teges	Ubud	Gyanyar	Bangli	Penelokan	Kintamani	Gunung Penulisan	Kubutambahan	Singaraja/Buleleng	Klungkung	Amlapura	Tabanan	Negara	Gilimanuk	Mengwi	Candi Kuning
Denpasar																				
Celuk	11																			
Sukawati	15	6																		
Sakah	20	7	5																	
Teges	19	17	12	7																
Ubud	24	18	15	10	3															
Gyanyar	27	14	13	10	14	17														
Bangli	40	31	28	21	20	23	11													
Penelokan	61	52	49	42	38	41	33	21												
Kintamani	53	57	42	35	45	48	41	28	7											
Gunung Penulisan	59	63	48	41	53	56	47	34	13	6										
Kubutambahan	108	77	74	90	88	91	80	68	46	41	35									
Singaraja/Buleleng	120	89	86	102	100	103	92	80	59	53	47	12								
Klungkung	38	29	25	22	26	29	17	18	40	46	52	122	134							
Amlapura	78	69	65	60	64	67	50	55	76	83	89	78	96	39						
Tabanan	22	32	35	38	43	46	48	62	75	81	87	80	92	61	99					
Negara	95	106	108	111	117	120	122	135	159	163	169	124	112	135	173	74				
Gilimanuk	128	139	142	145	150	153	153	140	188	181	185	148	85	168	206	106	33			
Mengwi	16	27	30	34	38	41	43	56	79	84	90	124	136	56	94	9	83	116		
Candi Kuning	52	63	68	70	74	77	79	60	104	140	73	38	26	92	130	47	74	152	36	

Weitere Entfernungen:

Singaraja –	Sangsit	8 km
	Sawan	16 km
	Jagaraga	11 km
	Kubutambahan	12 km
	Yeh Sanith	18 km
	Ponjok Batu	25 km
	Julah	29 km
	Sembiran	30 km
	Tejakula	35 km
	Panji	10 km
	Anturan	8 km
	Kalibukbuk	10 km
	Lovina	9 km
	Banjar	18 km
	Seririt	22 km
	Pulaki	53 km
	Banjuwedang	60 km
	Teluk Terima	76 km
	Gilimanuk	88 km
Amlapura –	Rendang	32 km
	Besakih	40 km
	Tirthagangga	5 km
	Ujung	4 km
	Padangbai	16 km
Klungkung –	Padangbai	22 km
	Gelgel	6 km
	Rendang	12 km
	Besakih	22 km

Fahrradverleih: Von den Bergen nach Süden gibt es eine ganze Reihe schöner und nicht zu steiler Abfahrten. Sonnenbrillen schützen vor Insekten, die sonst leicht ins Auge geraten. Bei längerem Aufenthalt kann es sich lohnen, ein Fahrrad zu kaufen.

Die wichtigsten Unterkunftsmöglichkeiten

Ubud: Zahlreiche sehr gute Unterkünfte! Sowohl Luxushotels (wie Hotel Campuan) und Mittelklasse-Unterkünfte (wie Mumbul Inn) als auch einfache, aber sehr gute Unterkünfte mit familiärer Atmosphäre (wie Dinner Inn, hinter dem Sportplatz, dort auch Beratung über Tanz-, Musik- und Malkurse).
Bangli: Hotel Puri Artha Sastra (Informationen über Tempelfeste und andere Veranstaltungen).
Tannah Lot: Das Fischrestaurant vermietet einfache und einsame Bungalows.
Candi Kuning: Guesthouse Lila Graha, etwas gehobenere Kategorie.
Lovina Beach (Singaraja): Zahlreiche preisgünstige und hübsche Unterkünfte (*Losmen* beziehungsweise ›Home Stay‹ genannt) an der See in Anturan, Kalibukbuk und Lovina.
Yeh Sanih: Zwei Unterkunftsmöglichkeiten mit unterschiedlichem Komfort und Preis.
Tirthagangga: Home Stay Kusumajaya (in den Reisfeldern am Hang), Home Stay am Badeplatz Tirthagangga.
Amlapura: Bisweilen Unterkunftsmöglichkeit im Puri Agung Kanginan. Ansonsten: Home Stay Sidha Karya, Jalan Gatot Subroto.
Padangbai: Ein Hotel und Ex-Losmen mit zwei recht unterschiedlichen Kategorien.
Negara: Mehrere einfache, aber gute Home Stays.
In **Denpasar, Sanur** und **Kuta** stehen zahlreiche Unterkünfte der unterschiedlichsten Kategorien zur Verfügung. Falls Ausnahmsweise am Flughafen keine Buchung möglich sein sollte, helfen Taxi-Chauffeure weiter. Speziell für den kulturell Interessierten sind allerdings die außerhalb dieser Zentren gelegenen Orte als Ausgangspunkt günstiger.

Eine ausführliche Übersicht über preisgünstige Unterkünfte in ganz Bali und Lombok gibt Peter Rump in seinem Globetrotter-Handbuch Bali & Lombok.

Post und Telex

Die Hauptpost (Kantor Pos Pusat) in Denpasar liegt sehr ungünstig an der Jalan Puputan Raya, Renon (geöffnet bis 14.00 Uhr, freitags nur bis 11.00 Uhr). Für etwaige ›Notsignale‹ von und nach Deutschland notiert man sich am besten die Telex-Nummer eines Betriebes, in dem man Bekannte hat. Zum zentral gelegenen Telegrafen- und Telexamt in Denpasar (Nähe Puputan-Platz), Jalan Kaliasem, kann man sich ein Telex auch lagernd senden lassen. Telex Nummer: 35141 TLX BOTH DPR.

Versand von Gepäck: Die Laufzeit von Postpaketen (bis 10 kg, Preis unabhängig vom Gewicht) beträgt zwei Monate. Annahme nur bei der Hauptpost in Renon (Denpasar). Pakete wasserfest verpacken und nur unzerbrechliche Waren versenden. Selbst Skulpturen kommen mitunter als ›Kleinholz‹ an. Verschiedene Frachtkontore in Denpasar übernehmen den teuren, aber ansonsten problemlosen Versand von Luftfracht. Einige Fluglinien bieten Sonderkonditionen für ›Unaccompanied Travelling Luggage‹.

Radio (Deutsche Welle)

Ein Kurzwellenempfänger ermöglicht den Empfang der Sendungen der Deutschen Welle Köln. Sendungen für Südost- und Südasien:

Greenwich-Zeit	Bali-Zeit (+7 Stunden)	kHz
00.00–02.00	07.00–09.00	11795
02.00–04.00	09.00–11.00	15105
04.00–05.47	11.00–12.47	21560
06.00–12.00	13.00–19.00	21560
14.00–18.00	21.00–01.00	15275, 17875
20.00–22.00	03.00–05.00	9610, 11955
22.00–00.00	05.00–07.00	7235, 9610, 11795, 15275

Da die Sendefrequenzen häufig gewechselt werden, empfiehlt es sich, kurz vor der Reise die aktuelle Situation zu erfragen bei: Deutsche Welle, Postfach 100444, D–5000 Köln 1

Vor der Heimreise: Rückbestätigung des Fluges (Reconfirmation)

Den Rückflug müssen Sie spätestens 3 Tage vor Abreise bestätigen lassen! Adressen der Fluglinien:
Garuda / KLM: Jalan Melati 61, Denpasar, ✆ 2028/4235 (Günstige Besuchszeit morgens zwischen 7.00 und 8.00 Uhr).
Merpati: Jalan Veteran 2, ✆ 2159/4457.
In Bali Beach Hotel Sanur sind vertreten: Thai International / SAS, ✆ 8063; Quantas, ✆ 8331; Cathay Pacific / British Airways, ✆ 8511.

Alle anderen Fluggesellschaften haben keine Vertretungen in Bali. Reconfirming per Telex vom Telegraph and Telex Office aus vornehmen (beim Puputan-Platz, Jalan Kaliasem, Denpasar). Auf Rücktelex kann gewartet werden.
Telex-Nummern: Singapur Airlines, Jakarta 44446 SIA/JKT; Japan Airlines, Jakarta 46367 JLAP/JKT; Japan Airlines, Singapur 21328 JRN/AIR/RS; Pan Am Singapur 21307 PAN/AIR/RS. Lufthansa: kein Telex, nur Telegramm (Lufthansa Cable Adress, Jakarta)
Muster für Telex: Please reconfirm for (Name) flight (Flug-Nr., Datum) from (Abflugort) to (Ankunftsort, Flugzeit). I am waiting on telegraph office for answer by telex. (Name) 35141 TLX/BOTH/DPR.

Literaturverzeichnis

(Die Nummern entsprechen den Quellenverweisen im Text.)

Bücher

(1) Drs. I Gusti Gede Ardana: Goa Lawah Temple, Denpasar 1979

(2) Drs. I Gusti Gede Ardana: The Glimpses of Tirta Empul Temple, o. A.

(3) K. C. und Subashini Aryan: Hanuman in Art and Mythology. Delhi

(4) Alexander Götz. Bali Art. EP Galerie Düsseldorf, Katalog 70er Jahre

(5) Gregor Batison/Margaret Mead: Balinese Character – A photographic Analysis. New York 1942

(6) Gaetana Benedetti: Über die Kreativität des schizophrenen Leidenden; in ›Psychologie heute‹ Nr. 6/82

(7) C. C. Berg: Het Rijk van de Vijfvoudige Buddha. Amsterdam 1962

(8) C. Blacker/M. Loewe: Weltformeln der Frühzeit. Düsseldorf/Köln 1977

(9) James A. Boon: The Anthropological Romance of Bali 1597–1972. Cambridge 1977

(10) Dr. F. D. K. Bosch: De Laatse der Pandawas. Bijdragen tot de Taal Land En Volkenkunde Deel 104 Afl. 4, Leiden 1945

(11) Peter Buurman: Wayang Golek – De faszinierende Wereld van het klassieke West-Javanse Poppenspeel. Alphen 1980.

(12) Le Khoon Choy: Indonesia between Myth and Reality. Singapur 1977

(13) Captain W. Cool: With the Dutch in the East – an outline of the military Operations in Lombok 1894. London 1934

(14) John Dowson: A classical Dictionary of Hindu Mythology. London 1957

(15) Dutch Scolars: Bali – Studies in Life, Thought and Ritual. Amsterdam 1960

(16) Dutch Scolars: Bali – further Studies in Life, Thought and Ritual. Den Haag 1969

(17) C. J. van Eerde: Aanteekeningen over de Bhodas von Lombok. 1901

(18) Irenäus Eibl-Eiblsfeldt: Menschenforschung auf neuen Wegen. Molden, Wien/München 1976

(19) Mircea Eliade: Schamanismus und archaische Ekstasetechnik. Zürich/ Stuttgart 1955.

(20) Louis Frederic: Südost-Asien – Tempel und Skulpturen. Essen 1968

(21) Richard Garbe: Die Bhagavadgita. Darmstadt 1978

(22) Clifford Geertz: Person, Time and Conduct in Bali. Yale 1966.

(23) Hildred and Clifford Geertz: Kinship in Bali. Chicago-London 1975.

(24) Robert Heine Geldern: Altjavanische Bronzen. Wien/Lepizig 1925

(25) Robert Heine Geldern: Conceptions of States and Kinship in Southern Asia. Ithaka/New York 1956

(26) Robert Heine Geldern: Urheimat und früheste Wanderungen der Austronesier. Anthropos, Wien 1932

(27) Robert Heine Geldern: Some Problems of Migration in the Pacific; in: Kultur und Sprache, Wien 1952

(28) Robert Genin: Die ferne Insel – Aufzeichnungen einer Fahrt nach Bali. Berlin 1928

(29) Ketut Ginsara: Gambar Lambang. Bali 1979

(30) Mattiebelle Giltinger: Indonesian Textiles, Washington 1979

(31) Helmuth von Glasenapp: Die nichtchristlichen Religionen. Lexikon, Frankfurt 1957

(32) Gero von der Weyden: Indonesische Reisrituale. Basel 1981

(33) Bauer Golowin: Lexikon der Symbole. Wiesbaden 1982

(34) J. Gonde: The Indian religions in pre-Islamic Indonesia and their revival in Bali; in: Handbuch der Orientalistik, 2. Bd. Religionen, Leiden/Köln 1975

(35) Dr. R. Goris: Secten op Bali. Meddeelingen Avl. 3, 1973

(36) Dr. R. Goris/Drs. P. L. Dronkers: Atlas Kebudayan

(37) R. M. Goslings: Een merkwaardige Grottempel op Bali; in: Nederlandsch Indie Ould en Nieuw, XI 12, 1926

(38) G. J. Grader: Tweedelling in Het Oud Balische Dorp. Mededeelingen van de Kirtya Liefrinck – Van der Tuuf, Aflevering 5

(39) La Grammaire des formes et des styles Asie. Fribourg 1978

(40) W. P. Groeneveldt: Hindoe-Javaansche Portretbeelden. 1907

(41) Hedendaagse Kunst von Bali. Katalog, Den Haag 1961

(42) Hans Helfritz: Indonesien – DuMont Kunstreiseführer. Köln 1977

(43) Rosemary Hilbery: A Balinese Journal 1971–72. Univ. of Hawaii 1975

(43A) Rosemary Hilbery: A Balinese Journal continued. University of Hawaii 1979

(43B) Rosemary Hilbery: Reminescence of a Balinese Prince Tjokorde Gde Agung Sukawati. University of Hawaii 1979

(44) H. I. R. Hinzler: Bima Swarga in Balinese Wayang. Den Haag 1981

(45) Van der Hoop: Indonesische Siermotiven. Bandung 1949

(46) C. Hooykaas: Agama Tirtha. Amsterdam 1964

(47) C. Hooykaas: Surya-Sevana. Amsterdam 1966

(48) C. Hooykaas: Bagus Umbara, Prince of Koripan. London 1968

(49) C. Hooykaas: Tovenarij op Bali – Magische Tekeningen. Amsterdam 1980

(50) C. Hooykaas: Drawings of Balinese Sorcery. Amsterdam 1980

(51) C. Hooykas: A Balinese Temple Festival. Den Haag 1977

(52) C. Hooykaas: Kama and Kala – Materials of the study of shadow theatre in Bali. Amsterdam 1973

(53) C. Hooykaas: Religion in Bali. Leiden 1973

(56) C. Hooykaas: Cosmogony and Creation in Balinese Tradition. Den Haag 1974

(57) Jacoba Hooykaas van Leeuwen Boomkamp: Märchen aus Bali. Zürich 1963

(58) T. Gouderiaan and C. Hooykaas: Stuti and Stava – Buddha Saiva Vaisnava
(59) Illustrated Tourist Guide to East Java, Bali and Lombok. Official Tourist Bureau, Weltevreden 1914
(60) Java und Bali, Buddhas – Götter – Helden – Dämonen. Ausstellungskatalog, Mainz 1980
(61) Rudolf Jockel: Götter und Dämonen. Mythen der Völker, Darmstadt 1953
(62) Kamus Bali – Indonesia. Balisch-Indonesisches Lexikon, Denpasar 1978
(63) Kat Angelino: Mudras auf Bali – Handhaltungen der Priester. Hagen 1923
(64) A.J. Bernet Kempers: Monumental Bali. Den Haag 1978
(65) Anneliese und Peter Keilhauer: Ladakh und Zanskar – DuMont Kunstreiseführer. Köln 1980
(66) Bin Kimura: Zur Phänomenologie der Depersonalisation; in: Depersonalisation, Darmstadt 1968
(67) V.E. Korn: Het Adatrecht van Bali. S'Gravenhage 1932
(68) Dr. N.J. Krom: Hindoe-Javaansche Geschiednis. S'Gravenhage 1931
(69) De kunst van Bali – verleden en heden. Ausstellungskatalog, Den Haag 1961
(70) Hedendaagse Kunst van Bali. Ausstellungskatalog, Utrecht 1962
(71) C. Lekkerkerker: Bali en Lombok – Overzicht der Literatuur. Rijswijk 1920
(72) J.E. van Lohuizen – De Leeuw: Indologial Studies. 1962
(73) Andreas Lommel: Motiv und Variation in der Kunst des zirkumpazifischen Raumes. München 1962
(74) L. Mardiwarsito: Kamus Jawa Kuna Indonesia. Altjavanisch-Indonesisches Lexikon, Ende-Flores 1981
(75) Wolfgang Marschall: Transpazifische Kulturbeziehungen. München 1972
(76) R.L. Mellema: Wayang Puppets. Amsterdam 1954
(77) Merian-Heft Bali. Hamburg
(78) K. Mershon: Seven plus Seven – Misterious Life Rituals in Bali. 1971
(79) Georg Michell: Der Hindu-Tempel – Bauformen und Bedeutung. DuMont-Dokumente, Köln 1975
(80) G.B. Milner: Natural Symbols of South East Asia. London 1978
(81) Dr. R. Moerdowo: Ceremonies in Bali. Jakarta 1973
(82) Sir M. Monier: Sanskrit – English Dictionary. Oxford 1899
(83) W.O.J. Nieuwenkamp: Zwerftochten op Bali. Elsevier, Amsterdam 1922
(84) W.O.J. Nieuwenkamp: Beeldhouwkunst van Bali. S'Gravenhage 1926
(85) W.O.J. Nieuwenkamp: Bouwkunst van Bali. S'Gravenhage 1928
(86) Officiel Vereeniging voor Toeristenverkeer in Nederlandsch-Indie: Bali. Batavia-Java 1935
(87) I.D.G. Oka: The ABC of Bali. Denpasar 1978
(88) Mohd. Taib Osman: Traditional Drama and Music of Southern Asia. Kuala Lumpur 1974
(89) Peasant Painters from Bali. Ausstellungskatalog, Singapur 1970
(90) Parisada Hindu Dharma: Upadeca tentang Ajaran-Ajaran Agama Hindu. Bali 1978

(91) Peter W. Pink: Massenmedium mit Tradition: Das Schattentheater. Mera in, Hamburg

(92) Peter W. Pink: Gathutkaca Nagih Janji – G. fordert die Einlösung eines Versprechens. Berlin

(93) Clara B. Pink-Wilpert: Bali – eine Einführung. Hamburg 1977

(94) Urs Ramseyer: Kultur und Volkskunst in Bali. Zürich 1977

(95) Hans Rhodius/John Darling: Walter Spies and Balinese art. Zuphten 1980

(96) Peter Rump: Bali & Lombok. Oerlinghausen 1981

(97) Silvio Santosa: Bali, What and Where. Denpasar 1981

(98) I Made Sutaba: Prasejarah Bali. Bali 1980

(99) Sondarsono: Dances in Indonesia. Jakarta 1974

(100) Günter Spitzing: Schulfotografie – Didaktik + Methodik. München 1978

(101) Günter Spitzing: Das indonesische Schattenspiel, Bali – Java – Lombok. DuMont-Taschenbuch, Köln 1981

(102) Günter Spitzing: Farbdias – Aufnahme, Verarbeitung, Projektion. München 1981

(103) Günter Spitzing: Dämon im Gespinst der weißen Linien; in: Die Welt 8. 1. 1983

(104) Günter Spitzing: Shiwas Sieg im Streit der Götter Balis; in: Die Welt 3. 1. 1983

(105) Günter Spitzing: Wer siegt im Luftkampf der Drachen; in: Die Welt 25. 10. 1982

(106) D. J. Stuart-Fox: The Art of Balinese Offering. Jakarta 1974

(107) Wilhelm Stutterheim: Rama-Legenden und Rama-Reliefs. München 1925

(108) W. F. Stutterheim: Oudheden van Bali – I Het oude Rijk van Pedjeng. 1924–30

(109) Drs. Sudarmaji: Different Styles of Painting in Bali. Bali 1976 (?)

(110) Tantrische Kunst des Buddhismus. Berlin 1981

(111) Helmut Uhlig: Bali – Insel der lebenden Götter. München 1979

(112) H. G. Quaritsch Wales: The Universe around them. Cosmology and Cosmic Renewal in Indianized South-East Asia. London 1979

(113) Fritz A. Wagner: Indonesien – Die Kunst eines Inselreiches. Baden-Baden 1961

(114) I Gusti Made Warsika: Kertha Gosa. Klungkung 1979

(115) Wolfgang Weck: Heilkunde und Volkstum auf Bali. Nachdruck Bali 1976

(116) Clara B. Wilpert: Zur Herkunft, Ausbildung und sozialen Stellung des balinesischen Schattenspiels; in: Mitteilungen aus dem Museum für Völkerkunde Hamburg, 1979

(117) Dr. Paul Wirtz: Der Totenkult auf Bali. Stuttgart 1928

(118) Heinrich Zimmer: Indische Mythen und Symbole, Düsseldorf/Köln 1972

(119) Beryl de Zoete/Walter Spies: Dance and Drama in Bali. London 1972

Mündliche Quellen

(Q 1) I Gusti Made Dan, Taman, Ubud

(Q 2) I Nyoman Darsane, Denpasar

(Q 3) Dr. I Nyoman Gelebet, Architekt, Denpasar
(Q 4) I Dewa Made Rai Mesi, Bangli
(Q 5) I Nyoman Partha Gunawan, Tenganan
(Q 6) I Wayan Patera, Art Teacher, Ubud Kelod
(Q 7) Anak Agung Rama, Bangli
(Q 8) I Made Rena, Singaraja
(Q 9) Agung Artha Sastra, Bangli
(Q 10) Arie Smit, Sanur
(Q 11) Cokorda Oka Sukawati, Ubud
(Q 12) Ein Angehöriger des Herrscherhauses von Karangasem
(Q 13) Peter Rump
(Q 14) Tagebuch Günter Spitzing 1979
(Q 15) Tagebuch 1980
(Q 16) Tagebuch 1981
(Q 17) Tagebuch 1982

Glossar

Die Schreibweise der balischen Wörter im vorliegenden Buch lehnt sich an die offizielle Regelung bezüglich der Sprachen Bahasa Indonesia und Bahasa Melayu vom 17. August 1972 an, die eine Vereinheitlichung von Indonesisch und Malayisch zum Inhalt hat. Berücksichtigt wurden, soweit wie möglich, neuere Ausgaben balischer und altjavanischer Lexika, sofern diese untereinander übereinstimmen. Bisweilen erschien es ratsam, in der Literatur eingeführte abweichende Schreibweisen zu übernehmen. Um die Lesbarkeit zu erleichtern, wurden die Hauptwörter – obwohl in balischen Texten klein wiedergegeben – groß geschrieben.

Folgende Buchstaben werden abweichend vom Deutschen so ausgesprochen:

c	wie	tsch
j	wie	dsch
y	wie	j
z	wie	ts
s	stimmhaft	
Sch/sh	kommen nicht vor	

In Bali wird auslautendes a wie ö bis ao ausgesprochen. Die Betonung liegt auf der letzten Silbe. Das gilt meist auch für aus dem Sanskrit übernommene, von Hause aus auf der drittletzten Silbe betonte Wörter.

Begriffe aus der Sprache Balis

Adat Gewohnheitsrecht eines Dorfes oder Volkes, großenteils mündlich überliefert.

Agama Religion. Der Hinduismus in Bali wird als *Agama Hindu Bali* oder *Agama Hindu Darma* bezeichnet, gelegentlich auch als *Agama Tirtha* (Religion des heiligen Wassers).

Agung Groß, Herrscher

Anak Agung Titel für Angehörige der (→) *Ksatria*-Kaste

Arca Kleines Götterbild aus Sandelholz, zeitweiliger Wohnsitz einer Gottheit.

Arja Sing- und Tanzspiel. Der Inhalt wird oft den *Panji*-Legenden entnommen.

Awak	Körper, (→) Effigie des Toten. Bei den Verbrennungszeremonien zur Reinigung der Seele erforderlich. (In Nordbali *Adegan)*
Bade	Transportschrein zur Verbrennungsstätte für Angehörige der (→) *Triwangsa.* Für (→) *Jaba* wird ein *Wadah* verwandt.
Bale (Balai)	Pavillonähnliches Gebäude im Gehöft oder Tempel.
Bale Agung	Treffpunkt der Ältestenversammlung eines Dorfes *(Desa)* im oder nahe dem *Pura Desa.*
Bale Banjar	Treffpunkt des (→) *Banjar.*
Bali Aga	Angehöriges eines Bergdorfes mit sehr ursprünglichem, nur wenig von hindujavanischen Einflüssen überlagertem Brauchtum.
Balian (Balean)	Arzt oder Ärztin, im traditionellen Stil heilend.
Banjar	Einer von mehreren Bezirken innerhalb einer (→) *Desa.* Auch die Vereinigung der Banjar-Mitglieder. Diese befaßt sich mit weltlichen Angelegenheiten des Dorfes und mit der Durchführung von (→) Durchgangsriten – insbesondere der unterweltlichen.
Barong	Mythisches Fabeltier (vgl. S. 176 und 234), Vertreter der Magie, bekämpft die Hexe Rangda.
Batara	Titel für Götter und Heroen.
Batu	Stein, Berg
Bendesa	Traditioneller Leiter der Selbstverwaltung des Dorfes *(Desa).*
Brahma	Schöpfergott indischer Herkunft. Hat in Java und Bali die Rolle eines Feuergottes übernommen.
Brahmana	Priesterkaste (→ *Triwangsa).*
Buta	Unfreundlich gesonnener Geist niedrigen Ranges.
Buwana	Welt. *Buwana Alit* = Mikrokosmos, *Buwana Agung* = Makrokosmos.
Cakra	Lebensrad, radförmige Waffe Wisnus.
Candi	Steinerne, säulenförmige Stufenpagode, in (→) *Lingga*-Form in Ahnentempeln der Raja-Geschlechter.
Caru	Versöhnungsopfer für die (→) *Buta* und (→) *Kala.*
Cerana	Transportmittel für magische Einflüsse, z.B. ein mit Beschwörungen oder Verfluchungsformeln beschriebener Zettel.
Cintia	Bildliche Darstellung des höchsten göttlichen Prinzips (vgl. S. 245).
Dalang	Schattenspieler (vgl. S. 123)
Dalem (Dalam)	Innen, unten. 1. Das Pura Dalem ist ein Unterweltstempel. 2. Dalem bezeichnet auch ein Raja-Geschlecht. Manche Pura Dalem sind Ahnentempel der Familie des Agung.
Desa	Dorf, Dorfgemeinschaft. Die Versammlung der verheirateten Männer des Dorfes heißt *Kerama Desa,* ihr Treffpunkt ist der (→) *Bale Agung.*
Dewa/Dewi	Das Sanskritwort (lateinisch ›deus‹, ›divinus‹) ist der Titel von Göttern/Göttinnen oder Angehörigen der (→) *Ksatria.*
Dewa Agung	Titel des Herrschers aus Klungkung.
Dewi Sri	Die Reisgöttin. *Sri* = weiß, glänzend. Das Sanskritwort hängt mit *Surya* (Sonne), lateinisch ›sol‹, zusammen.
Galungan	Hauptfest Balis. Die Ahnen der Familien stehen in seinem Mittelpunkt.
Gambang	Instrumentensatz mit Klangplatten aus Bambus.

Gamelan Metallophon-Instrumentensatz

Gandem Selunding Eisen-Metallophon, vor allem in traditionellen Bali Aga-Dörfern vorhanden.

Garuda Mungkur Garuda-Maske auf der Rückseite von traditionellem Kopfschmuck (Tanz, Wayang-Figuren, Statuen aus Stein oder Holz). Dient als Schutz gegen von hinten angreifende Feinde.

Guni Welt

Guru Lehrer

Ider-Ider Stoffstreifen, ca. 30 cm breit, mit Bildern verziert (vgl. S. 108f.), wird um die Dachkanten von Tempel-Bales gespannt.

I-Gusti Titel für Angehörige der (→) *Wesia*-Kaste (→ *Triwangsa).*

Jaba Reisbauernkaste. Unterste Kaste, zu der 95 % der Einwohner Balis gehören.

Jero 1. Innen oder unten, Titel für in der Erde wohnende Geister. 2. Anrede für Unbekannte oder Jaba-Angehörige

Joged Erotischer Tanz

Kain Stoffbahn, die als Kleidungsstück dient, Sarong.

Kaja ›Nach Innen‹ – bergwärts, Richtung zu den Göttern. Ausgesprochen: ›kodjo‹.

Kangin ›Windwärts‹ (Ost, falls Kaja Nord)

Kauh Links von Kaja (West, falls Kaja Nord)

Kelod ›Zum Meer‹. Richtung zur Unterwelt.

Keris (Kris) Malayischer Dolch. Kann vorübergehend als Sitz einer Ahnenseele dienen. Hat die Bedeutung (→) *Lingga.*

Klihan Ältester, Vorsitzender einer (→) *Desa,* eines (→) *Banjar* oder einer sonstigen Gruppe.

Ksatria (Satria) Herrscher- und Kriegerkaste (→ *Triwangsa)*

Kuningan Wichtiges Fest. Im Mittelpunkt steht die Verehrung der Ahnen, auch der von Majapahit.

Leyak Mensch, meist Frau. Hat sich der *Durga* verschrieben, treibt schwarze Magie, um die Macht zu vernichten auszukosten. Kann in Tiergestalt auftreten.

Lingga Phallusstein, Verkörperung von Siwa (vgl. S. 184)

Madiapada Mittelwelt, Wohnsitz der Menschen.

Mahabutasa Elemente, die – fünf an der Zahl – auch den menschlichen Körper bilden (vgl. S. 35).

Mantra (Mantera) Anrufungs- oder Beschwörungsformel.

Meru Berg, auch Götterschrein mit mehreren Dächern.

Mudra Anrufungsgeste, mit den Händen geformte Gebetsgeste.

Nawa-Sanga *Padma* mit acht Göttern rund um den in der Mitte situierten Siwa (vgl. S. 40)

Ngaben Verbrennung eines Verstorbenen zur Reinigung seiner Seele (Krematorium).

Nrgurah (Ngurah) Ratu Ngrurah ist ein Herr der Erde, der Gehöfte und Tempel schützt.

Nini ›Reisgroßmutter‹, (→) Dewi Sri in Gestalt der erstgeernteten Reiskörner, die als Verkörperung der Göttin gedacht werden.

Nusa Insel

Nyepi Neujahrsfest (im Vorfrühling).

Odalan Jahresfest (alle 210 Tage) eines Tempels.

Paibon Opfersäule in Ahnentempeln für größere Gruppen, Ursprungsschrein in Clan- und Familientempeln von Raja-Familien.

Panca Dewata Die fünf Götter der vier Himmelsrichtungen und des Zentrums.

Pande Die besonders bevorrechtigte Gruppe der Schmiede (*Jaba*-Kaste). *Pande Mas* = Goldschmied, *Pande Wesi* = Grobschmied.

Pasek Wichtige genealogische Gruppe innerhalb der *Jaba*-Kaste.

Pemerajan Haus- oder Familiengruppentempel der (→) *Triwangsa.*

Penasar Lustige Dienerfigur im Schattenspiel.

Perbekel Regierungsamtlicher Verwaltungsbeamter mit Machtbefugnissen im Banjar/Desa-Bereich.

Pesaren Freiwillige Frauengruppe, befaßt mit der Vorbereitung von Tempelzeremonien.

Pirata Unreiner Toter, noch nicht eingeäschert.

Pitara Verbrannter, vom Körper erlöster, aber noch nicht völlig gereinigter und vergöttlichter Toter.

Prasada (→) *Candi*

Pura 1. Tempel. 2. Als Bestandteil von Ortsnamen: Stadt. Das Sanskritwort (von dem auch *Puri* = Palast abstammt) ist mit dem griechischen ›Polis‹ verwandt (Lautwandel L/R).

Purnama Vollmond. Der halbe Mond zwischen *Tilem* = Neumond und *Purnama* mit den mondhellen Abenden gilt als reine, uranische Zeit. Die andere Monatshälfte *Purnama* bis *Tilem* mit den dunklen Abenden ist chtonisch.

Puspa Anbetung mit Blüten.

Raksasa Riesendämon – gefährlich, tritt aber auch als Tempelwächter auf.

Rangda Hexe, Verkörperung der schwarzen Magie, (→) *Barong,* S. 234.

Ratu *Raja* = Herrscher

Rua (Ruwa) Bineda Die Lehre von der Zweiteilung alles Seienden in die großen Gegensätze: Oben/Unten, Mann/Frau, Berg/Meer, Rechts/Links, Wasser/Feuer, Leben/Tod, Rein/Unrein. Eindringliches Symbol dafür ist das *Saput Poleng,* das weiß-schwarz gewürfelte heilige Tuch.

Sadkayangan Die sechs für ganz Bali zuständigen Tempel (vgl S. 262)

Sanghyang Titel des höchsten göttlichen Wesens (vgl. S. 244)

Sanggah Familientempel der vierten Kaste (→ *Jaba).*

Sanggah Kemulan Schrein des Ursprungs der Familie, im Familientempel (vgl. S. 77)

Sate Gegrillte Fleischspieße. Das *Sate Caru* wird den Dämonen geopfert.

Sawah Reisfelder

Seka Freiwilligengruppe, die sich dem Tanz, dem Gamelan-Spiel, der Tempelpflege oder einer anderen Aufgabe widmet.

Sembah Verneigung, Geste der Verehrung gegenüber Göttern und Höherstehenden.

Sengguhu Priester aus der (→) *Jaba*-Kaste, der vor allem die niederweltlichen Mächte versöhnt und beschwichtigt.

Siwa Gott, der durch Vernichtung die Voraussetzung für die Neuentstehung schafft. Vom indischen Shiva stammend, steht er in Bali im Mittelpunkt der Verehrung. Alle anderen Götter sind Erscheinungsformen von ihm. Er verkörpert sich im (→) *Lingga,* andererseits wird er selbst als Erscheinungsform des höchsten göttlichen Prinzips aufgefaßt (vgl. S. 45).

Subak Selbstverwaltete Reisfeldgenossenschaft

Sudra Angehöriger der vierten Kaste (= *Jaba).*

Surya Sewana Täglicher Meditationsritus des Pedanda-Priesters in seinem Familientempel. Er wird dabei zum Sonnengott Surya und stellt in dieser Erscheinungsform heiliges Wasser her.

Tilem Neumond (→ *Purnama*).

Triaksara Die heilige Silbe ›AUM‹ (›OM‹), die sich zusamensetzt aus den Lauten: Ang = Brahma der Schöpfer, Ung = Wisnu, der Erhalter, Mang = Siwa, der alles zum Ursprung zurückführt. Sie umfaßt also die gesamte Göttertrinität *Trimurti.*

Triwangsa Die drei oberen Kasten (ca. 5% der Bevölkerung, 95% sind → *Jaba*): Brahmanen, Ksatria, Wesia

Tukan Banten Die Meisterin der Opferherstellung, sie lehrt die anderen Frauen die ebenso kunstvolle wie bedeutungsvolle Ausführung der Opfer.

Umbul-Umbul Längliche Wimpel: schmücken Tempel und werden Prozessionen vorangetragen.

Usada Lehre von der Medizin in Verbindung mit der Botanik.

Warung Einfacher Verkaufsstand. Bietet Getränke und kleine Speisen an.

Wayang Kulit Schattenspiel

Wesia Kaste der Verwaltungsbeamten (→ *Triwangsa*).

Widadari Geflügelte Himmelsnymphe, Vermittlerin zwischen der Götter- und Menschenwelt.

Fachausdrücke

Austronesisch Bezeichnung für Sprache, Rasse und Kultur der indonesischen, melanesischen, mikronesischen und polynesischen Völker. Als Ursprungsland der Ur-Austronesier gilt Südchina (Yünnan).

Chtonisch ›Der Erde, den Unterirdischen zugehörig‹. So werden unterweltliche, dämonische Mächte bezeichnet, die nicht in jedem Falle von vorne herein übelwollend sein müssen.

Durchgangsriten Riten, die von einer Status- oder Existenzform eines Menschen (auch seiner Totenseele) in eine andere hinüberführen. Der Fachausdruck ›Rites de passage‹ wird in diesem Buch nicht als ›Übergangsriten‹ wiedergegeben, sondern als ›Durchgangsriten‹, weil eben ein ›Durchgang‹ durch einen ›kleinen Tod‹ in Verbindung mit einer ›kleinen Wiedergeburt‹ erfolgt (vgl. S. 48f.).

Effigie Figürliches Gebilde, das einen Menschen symbolisiert bzw. als Ersatz für ihn dient.

Essenz Das als unsichtbar aufgefaßte, etwa mit dem Duft vergleichbare Wesen, sozusagen die ›Seele‹ eines Dinges. Die Essenz des Opfers wird den Göttern oder Dämonen zugefächelt. Das Transportmittel ist Weihrauch. Bei Opfern außerhalb des Tempels bleibt nur die weltliche Hülle zurück. Hunde und Hühner machen sich darüber her.

Endogamie Brauch, nur innerhalb einer bestimmten Gruppe (Familie, Stamm oder Kaste) zu heiraten. Gegenteil: *Exogamie.*

Sanskrit Indoeuropäische Sprache, in Indien spätestens im 4. vorchristlichen Jahrhundert entstanden. Als Sprache des religiösen Kults und des Schrifttums in Asien weit verbreitet. Ins Balische und Indonesische sind viele Ausdrücke aus dem ›Latein des Ostens‹ eingedrungen. Derartige Wörter sind oft überraschend eng mit Wörtern aus europäischen Sprachen verwandt.

Shivaitisch Strömungen des Hinduismus (Südindien, Bali), in denen Shiva (zumindestens rituell) als höchster Gott verehrt wird.

Uranisch ›Dem Himmel zugehörig‹. Bezeichnung für oberweltliche Mächte, für Götter und ihren Bereich.

Auch in Bali – und gerade dort – ist alles einem ständigen Wandel unterworfen. Es mag durchaus sein, daß Sie in dem einen oder anderen Tempel das eine oder andere hier genannte Bildwerk nicht mehr vorfinden. Es kann auch vorkommen, daß ein anderes Monument ganz neu und in interessanter Weise ausgebaut wird oder auch ein junger Maler einen ganz neuen, eigenen Stil entwickelt. Wenn Sie auf so etwas stoßen, seien Sie bitte so nett, dies dem Autor ganz formlos mitzuteilen:

Günter Spitzing, c.o. DuMont Buchverlag,
Mittelstr. 12–14, 5000 Köln 1.

Im voraus vielen Dank!

Register

Orte, Tempel und Paläste

Personen, Sagengestalten, Götter und Dämonen

(Sammelbegriffe vgl. Sachregister)

Sachregister

Von Günter Spitzing erschien in unserem Verlag:

Das indonesische Schattenspiel

Bali – Java – Lombok

236 Seiten mit 8 farbigen und 115 einfarbigen Abbildungen und Zeichnungen, Literaturhinweisen, Glossar, Übersichtskarte über die Verbreitung des Schattenspiels sowie einer vergleichenden Karte über die Gemeinsamkeiten und Unterschiede der Figuren auf Bali, Java und Lombok; Register (DuMont Taschenbücher, Band 110)

»Dieser Band ist ein echtes Schatzkästlein – und zwar nicht nur für Schattenspielliebhaber und -spezialisten. Es vermittelt einen sehr intensiven und auch für den Laien durchaus verständlichen Einblick in diese bezaubernde Welt.« *Puppenspiel und Puppenspieler*

Bitte beachten Sie auch folgende Veröffentlichungen aus unserem Verlag:

Indonesien

Ein Reisebegleiter nach Java, Sumatra, Bali und Sulawesi (Celebes)

Von Hans Helfritz. 282 Seiten mit 26 farbigen und 100 einfarbigen Abbildungen, 37 Zeichnungen, Karten und Plänen, 11 Seiten praktischen Reisehinweisen, Literaturhinweisen, Zeittafel, Personen- und Ortsregister (DuMont Kunst-Reiseführer)

Indien

Von den Klöstern im Himalaya zu den Tempelstätten Südindiens

Von Niels Gutschow und Jan Pieper. 424 Seiten mit 42 farbigen und 188 einfarbigen Abbildungen, 74 Zeichnungen und Plänen, Literaturhinweisen, 24 Seiten praktischen Reisehinweisen, Register (DuMont Kunst-Reiseführer)

Ladakh und Zanskar

Lamaistische Klosterkultur im Land zwischen Indien und Tibet

Von Anneliese und Peter Keilhauer. 416 Seiten mit 52 farbigen und 105 einfarbigen Abbildungen, 207 Zeichnungen und Plänen, 20 Seiten praktischen Reisehinweisen, Literaturangaben, Register (DuMont Kunst-Reiseführer)

Thailand und Burma

Tempelanlagen und Königsstädte zwischen Mekong und Indischem Ozean

Von Johanna Dittmar. 371 Seiten mit 51 farbigen und 125 einfarbigen Abbildungen, 68 Zeichnungen und Plänen, Glossar, Bibliographie, 22 Seiten praktischen Reisehinweisen, Register (DuMont Kunst-Reiseführer)

»Richtig reisen«: Bangkok

Von Stefan Loose und Renate Ramb. 326 Seiten mit 58 farbigen und 286 einfarbigen Abbildungen, Karten und Plänen, 50 Seiten praktischen Reisehinweisen, Register

Der Hindu-Tempel

Bauformen und Bedeutung

Von George Michell. 200 Seiten mit 106 einfarbigen Abbildungen und Zeichnungen, Literaturhinweisen, Register, Daten zur indischen Geschichte, Karten der wichtigsten hinduistischen Tempelstätten (DuMont Dokumente)

DuMont Kunst-Reiseführer

Ägypten und Sinai – Geschichte, Kunst und Kultur im Niltal
Vom Reich der Pharaonen bis zur Gegenwart. Von Hans Strelocke

Äthiopien – Kunst im Verborgenen
Ein Reisebegleiter ins älteste Kulturland Afrikas. Von Hans Helfritz

Algerien – Kunst, Kultur und Landschaft
Von den Stätten der Römer zu den Tuareg der zentralen Sahara. Von Hans Strelocke

Belgien – Spiegelbild Europas
Eine Einladung nach Brüssel, Gent, Brügge, Antwerpen, Lüttich und zu anderen Kunststätten. Von Ernst Günther Grimme

Dänemark
Land zwischen den Meeren. Kunst – Kultur – Geschichte. Von Reinhold Dey

Deutsche Demokratische Republik
Geschichte und Kunst von der Romanik bis zur Gegenwart. Brandenburg, Mecklenburg, Sachsen-Anhalt, Sachsen, Thüringen. Von Gerd Baier, Elmar Faber und Eckhard Hollmann

Bundesrepublik Deutschland

Das Bergische Land
Kultur, Geschichte, Landschaft zwischen Ruhr und Sieg. Von Bernd Fischer

Bodensee und Oberschwaben
Zwischen Donau und Alpen: Wege und Wunder im ›Himmelreich des Barock‹. Von Karlheinz Ebert

Franken – Kunst, Geschichte und Landschaft
Entdeckungsfahrten in einem schönen Land – Würzburg, Rothenburg, Bamberg, Nürnberg und die Kunststätten der Umgebung. Von Werner Dettelbacher

Hessen
Vom Edersee zur Bergstraße. Die Vielfalt von Kunst und Landschaft zwischen Kassel und Darmstadt. Von Friedhelm Häring und Hans-Joachim Klein

Köln
Stadt am Rhein zwischen Tradition und Fortschritt. Von Willehad Paul Eckert

München
Von der welfischen Gründung Heinrichs des Löwen bis zur Gegenwart: Kunst, Kultur, Geschichte. Von Klaus Gallas

Münster und das Münsterland
Geschichte und Kultur. Ein Reisebegleiter in das Herz Westfalens. Von Bernd Fischer

Zwischen Neckar und Donau
Kunst, Kultur und Landschaft von Heidelberg bis Heilbronn, im Hohenloher Land, Ries, Altmühltal und an der oberen Donau. Von Werner Dettelbacher

Der Niederrhein
Das Land und seine Städte, Burgen und Kirchen. Von Willehad Paul Eckert

Oberbayern
Kultur, Geschichte, Landschaft zwischen Donau und Alpen, Lech und Salzach. Von Gerhard Eckert

Oberpfalz, Bayerischer Wald, Niederbayern
Regensburg und das nordöstliche Bayern. Kunst, Kultur und Landschaft. Von Werner Dettelbacher

Ostfriesland mit Jever- und Wangerland
Über Moor, Geest und Marsch zum Wattenmeer und zu den Inseln Borkum, Juist, Norderney, Baltrum, Langeoog, Spiekeroog und Wangerooge. Von Rainer Krawitz

Die Pfalz
Die Weinstraße – Der Pfälzer Wald – Wasgau und Westrich. Wanderungen im ›Garten Deutschlands‹. Von Peter Mayer

Der Rhein von Mainz bis Köln
Eine Reise durch das Rheintal – Geschichte, Kunst und Landschaft. Von Werner Schäfke

Schleswig-Holstein
Zwischen Nordsee und Ostsee: Kultur – Geschichte – Landschaft. Von Johannes Hugo Koch

Der Schwarzwald
und das Oberrheinland. Wege zur Kunst zwischen Karlsruhe und Waldshut: Ortenau, Breisgau, Kaiserstuhl und Markgräflerland. Von Karlheinz Ebert

Sylt, Amrum, Föhr, Helgoland, Pellworm, Nordstrand und Halligen
Natur und Kultur auf Helgoland und den Nordfriesischen Inseln. Entdeckungsreisen durch eine Landschaft zwischen Meer und Festlandküste. Von Albert am Zehnhoff (DuMont Landschaftsführer)

Der Westerwald
Vom Siebengebirge zum Hessischen Hinterland. Kultur und Landschaft zwischen Rhein, Lahn und Sieg. Von Hermann Joseph Roth

Östliches Westfalen
Vom Hellweg zur Weser. Kunst und Kultur zwischen Soest und Paderborn, Minden und Warburg. Von G. Ulrich Großmann (Erscheint Herbst '83)

Frankreich

Auvergne und Zentralmassiv
Entdeckungsreisen von Clermont-Ferrand über die Vulkane und Schluchten des Zentralmassivs zum Cevennen-Nationalpark. Von Ulrich Rosenbaum

Die Bretagne
Im Land der Dolmen, Menhire und Calvaires. Von Frank und Almut Rother

Burgund
Kunst, Geschichte, Landschaft. Burgen, Klöster und Kathedralen im Herzen Frankreichs: Das Land um Dijon, Auxerre, Nevers, Autun und Tournus. Von Klaus Bußmann

Côte d'Azur
Frankreichs Mittelmeerküste von Marseille bis Menton. Von Rolf Legler

Das Elsaß
Wegzeichen europäischer Kultur und Geschichte zwischen Oberrhein und Vogesen. Von Karlheinz Ebert

Frankreich für Pferdefreunde
Kulturgeschichte des Pferdes von der Höhlenmalerei bis zur Gegenwart. Camargue, Pyrenäen-Vorland, Périgord, Burgund, Loiretal, Bretagne, Normandie, Lothringen. Von Gerhard Kapitzke (DuMont Landschaftsführer)

Frankreichs gotische Kathedralen
Eine Reise zu den Höhepunkten mittelalterlicher Architektur in Frankreich. Von Werner Schäfke

Korsika
Natur und Kultur auf der Insel der Schönheit. Menhirstatuen, pisanische Kirchen und genuesische Zitadellen. Von Almut und Frank Rother

Languedoc – Roussillon
Von der Rhône zu den Pyrenäen. Von Rolf Legler

Das Tal der Loire
Schlösser, Kirchen und Städte im ›Garten Frankreichs‹. Von Wilfried Hansmann

Die Normandie
Vom Seine-Tal zum Mont St. Michel. Von Werner Schäfke

Paris und die Ile de France
Die Metropole und das Herzland Frankreichs. Von der antiken Lutetia bis zur Millionenstadt. Von Klaus Bußmann

Périgord und Atlantikküste
Kunst und Natur im Lande der Dordogne und an der Côte d'Argent von Bordeaux bis Biarritz. Von Thorsten Droste

Die Provence
Ein Reisebegleiter durch eine der schönsten Kulturlandschaften Europas. Von Ingeborg Tetzlaff

Savoyen
Vom Genfer See zum Montblanc – Natur und Kunst in den französischen Alpen. Von Ruth und Jean-Yves Mariotte

Südwest-Frankreich
Vom Zentralmassiv zu den Pyrenäen – Kunst, Kultur und Geschichte. Von Rolf Legler

---

Griechenland

Athen
Geschichte, Kunst und Leben der ältesten europäischen Großstadt von der Antike bis zur Gegenwart. Von Evi Melas

Die griechischen Inseln
Ein Reisebegleiter zu den Inseln des Lichts. Kultur und Geschichte. Hrsg. von Evi Melas

Kreta – Kunst aus fünf Jahrtausenden
Minoische Paläste – Byzantinische Kirchen – Venezianische Kastelle. Von Klaus Gallas

Alte Kirchen und Klöster Griechenlands
Ein Begleiter zu den byzantinischen Stätten. Hrsg. von Evi Melas

Tempel und Stätten der Götter Griechenlands
Ein Reisebegleiter zu den antiken Kultzentren der Griechen. Hrsg. von Evi Melas

---

Großbritannien

Englische Kathedralen
Eine Reise zu den Höhepunkten englischer Architektur von 1066 bis heute. Von Werner Schäfke

Die Kanalinseln und die Insel Wight
Kunst, Geschichte und Landschaft. Die britischen Inseln zwischen Normandie und Süd-England. Von Bernd Rink

Schottland
Geschichte und Literatur. Architektur und Landschaft. Von Peter Sager

Süd-England
Von Kent bis Cornwall. Architektur und Landschaft, Literatur und Geschichte. Von Peter Sager

Guatemala
Honduras – Belize. Die versunkene Welt der Maya. Von Hans Helfritz

---

Holland
Kunst, Kultur und Landschaft. Ein Reisebegleiter durch Städte und Provinzen der Niederlande. Von Jutka Rona

---

Indien
Indien
Von den Klöstern im Himalaya zu den Tempelstätten Südindiens. Von Niels Gutschow und Jan Pieper
Ladakh und Zanskar
Lamaistische Klosterkultur im Land zwischen Indien und Tibet. Von Anneliese und Peter Keilhauer

---

Indonesien
Indonesien
Ein Reisebegleiter nach Java, Sumatra, Bali und Sulawesi (Celebes). Von Hans Helfritz
Bali
Tempel, Mythen und Volkskunst auf der tropischen Insel zwischen Indischem und Pazifischem Ozean. Von Günter Spitzing

---

Iran
Kulturstätten Persiens zwischen Wüsten, Steppen und Bergen. Von Klaus Gallas

---

Irland – Kunst, Kultur und Landschaft
Entdeckungsfahrten zu den Kunststätten der ›Grünen Insel‹. Von Wolfgang Ziegler

---

Italien
Apulien – Kathedralen und Kastelle
Ein Reisebegleiter durch das normannisch-staufische Apulien. Von Carl Arnold Willemsen
Elba
Ferieninsel im Tyrrhenischen Meer. Macchienwildnis, Kulturstätten, Dörfer, Mineralienfundorte. Von Almut und Frank Rother (DuMont Landschaftsführer)
Das etruskische Italien
Entdeckungsfahrten zu den Kunststätten und Nekropolen der Etrusker. Von Robert Hess und Elfriede Paschinger
Florenz und die Medici
Ein Begleiter durch das Florenz der Renaissance. Von My Heilmann
Ober-Italien
Kunst, Kultur und Landschaft zwischen den Oberitalienischen Seen und der Adria. Von Fritz Baumgart
Malta und Gozo
Die goldenen Felseninseln – Urzeittempel und Malteserburgen. Von Ingeborg Tetzlaff
Von Pavia nach Rom
Ein Reisebegleiter entlang der mittelalterlichen Kaiserstraße Italiens. Von Werner Goez
Rom
Kunst und Kultur der ›Ewigen Stadt‹ in mehr als 1000 Bildern. Von Leonard von Matt und Franco Barelli
Das antike Rom
Die Stadt der sieben Hügel: Plätze, Monumente und Kunstwerke. Geschichte und Leben im alten Rom. Von Herbert Alexander Stützer
Sardinien
Geschichte, Kultur und Landschaft – Entdeckungsreisen auf einer der schönsten Inseln im Mittelmeer. Von Rainer Pauli
Sizilien
Insel zwischen Morgenland und Abendland. Sikaner/Sikuler, Karthager/Phönizier, Griechen, Römer, Araber, Normannen und Staufer. Von Klaus Gallas
Südtirol
Begegnungen nördlicher und südlicher Kulturtradition in der Landschaft zwischen Brenner und Salurner Klause. Von Ida Pallhuber und Walter Pippke
Toscana
Das Hügelland und die historischen Stadtzentren. Pisa · Lucca · Pistoia · Prato · Arezzo · Siena · San Gimignano · Volterra. Von Klaus Zimmermanns
Venedig – Geschichte und Kunst
Erlebnis einer einzigartigen Stadt. Von Marianne Langewiesche

---

Japan – Tempel, Gärten und Paläste
Einführung in Geschichte und Kultur und Begleiter zu den Kunststätten Japans. Von Thomas Immoos und Erwin Halpern

---

Der Jemen
Nord- und Südjemen. Antikes und islamisches Südarabien – Geschichte, Kultur und Kunst zwischen Rotem Meer und Arabischer Wüste. Von Peter Wald

---

Jugoslawien
Kunst, Geschichte und Landschaft zwischen Adria und Donau. Von Frank Rother

---

Kenya
Kunst, Kultur und Geschichte am Eingangstor zu Innerafrika. Von Helmtraut Sheikh-Dilthey

---

Luxemburg
Entdeckungsfahrten zu den Burgen, Schlössern, Kirchen und Städten des Großherzogtums. Von Udo Moll

Marokko – Berberburgen und Königsstädte des Islam
Ein Reisebegleiter zur Kunst Marokkos. Von Hans Helfritz

Mexiko
Ein Reisebegleiter zu den Götterburgen und Kolonialbauten Mexikos. Von Hans Helfritz

---

Nepal – Königreich im Himalaya
Geschichte, Kunst und Kultur im Kathmandu-Tal. Von Ulrich Wiesner

---

Österreich
Kärnten und Steiermark
Vom Großglockner zum steirischen Weinland. Geschichte, Kultur und Landschaft ›Innerösterreichs‹. Von Heinz Held
Salzburg, Salzkammergut, Oberösterreich
Kunst und Kultur auf einer Alpenreise vom Dachstein bis zum Böhmerwald. Von Werner Dettelbacher
Tirol
Nordtirol und Osttirol. Kunstlandschaft und Urlaubsland an Inn und Isel. Von Bernd Fischer
Wien und Umgebung
Kunst, Kultur und Geschichte der Donaumetropole. Von Felix Czeike und Walther Brauneis

---

Pakistan
Drei Hochkulturen am Indus. Harappa – Gandhara – Die Moguln. Von Tonny Rosiny

---

Portugal
Vom Algarve zum Minho. Von Hans Strelocke

Rumänien
Schwarzmeerküste – Donaudelta – Moldau – Walachei – Siebenbürgen: Kultur und Geschichte. Von Evi Melas

---

Sahel Senegal, Mauretanien, Mali, Niger
Islamische und traditionelle schwarzafrikanische Kultur zwischen Atlantik und Tschadsee. Von Thomas Krings

---

Die Schweiz
Zwischen Basel und Bodensee · Französische Schweiz · Das Tessin · Graubünden · Vierwaldstätter See · Berner Land · Die großen Städte. Von Gerhard Eckert

---

Skandinavien – Dänemark, Norwegen, Schweden, Finnland
Kultur, Geschichte, Landschaft. Von Reinhold Dey

Sowjetunion
Kunst in Rußland
Ein Reisebegleiter zu russischen Kunststätten. Von Ewald Behrens
Sowjetischer Orient
Kunst und Kultur, Geschichte und Gegenwart der Völker Mittelasiens. Von Klaus Pander

---

Spanien
Die Kanarischen Inseln
Inseln des ewigen Frühlings: Teneriffa, Gomera, Hierro, La Palma, Gran Canaria, Fuerteventura, Lanzarote. Von Almut und Frank Rother (DuMont Landschaftsführer)
Katalonien und Andorra
Von den Pyrenäen zum Ebro. Costa Brava – Barcelona – Tarragona – Die Königsklöster. Von Fritz René Allemann und Xenia v. Bahder
Mallorca – Menorca
Ein Begleiter zu den kulturellen Stätten und landschaftlichen Schönheiten der großen Balearen-Inseln. Von Hans Strelocke
Zentral-Spanien
Kunst und Kultur in Madrid, El Escorial, Toledo und Aranjuez, Avila, Segovia, Alcalá de Henares. Von Anton Dieterich

---

Sudan
Steinerne Gräber und lebendige Kulturen am Nil. Von Bernhard Streck

---

Südamerika: präkolumbische Hochkulturen
Ein Reisebegleiter zu den indianischen Kunststätten in Peru, Bolivien und Kolumbien. Von Hans Helfritz

---

Syrien
Hochkulturen zwischen Mittelmeer und Arabischer Wüste – 5000 Jahre Geschichte im Spannungsfeld von Orient und Okzident. Von Johannes Odenthal

---

Thailand und Burma
Tempelanlagen und Königsstädte zwischen Mekong und Indischem Ozean. Von Johanna Dittmar

---

Städte und Stätten der Türkei
Ein Begleiter zu den Kunstwerken Istanbuls und Kleinasiens. Von Kurt Wilhelm Blohm

---

Tunesien
Karthager, Römer, Araber – Kunst, Kultur und Geschichte am Rande der Wüste. Von Hans Strelocke

---

USA – Der Südwesten
Indianerkulturen und Naturwunder zwischen Colorado und Rio Grande. Von Werner Rockstroh

»Richtig reisen«

»Richtig reisen«: Arabische Halbinsel
Saudi-Arabien und Golfstaaten
Reise-Handbuch
Von Gerhard Heck und Manfred Wöbcke

»Richtig reisen«: Algerische Sahara
Reise-Handbuch
Von Ursula und Wolfgang Eckert

»Richtig reisen«: Amsterdam
Von Eddy und Henriette Posthuma de Boer

»Richtig reisen«: Australien
Reise-Handbuch
Von Johannes Schultz-Tesmar
(Erscheint Herbst '83)

»Richtig reisen«: Bahamas
Von Manfred Ph. Obst. Fotos von Werner Lengemann
(Erscheint Herbst '83)

»Richtig reisen«: Bangkok
Von Stefan Loose und Renate Ramb

»Richtig reisen«: Berlin
Von Ursula von Kardorff und Helga Sittl

»Richtig reisen«: Budapest
Von Erika Bollweg (Erscheint Herbst '83)

»Richtig reisen«: Florida
Von Manfred Ph. Obst. Fotos von Werner Lengemann

»Richtig reisen«: Griechenland
Delphi, Athen, Peloponnes und Inseln
Von Evi Melas

»Richtig reisen«: Griechische Inseln
Reise-Handbuch
Von Dana Facaros

»Richtig reisen«: Großbritannien
England, Wales, Schottland
Von Rolf Breitenstein

»Richtig reisen«: Hawaii
Von Kurt Jochen Ohlhoff

»Richtig reisen«: Hongkong
Mit Macau und Kanton. Von Uli Franz

»Richtig reisen«: Ibiza/Formentera
Von Ursula von Kardorff und Helga Sittl

»Richtig reisen«: Istanbul
Von Klaus und Lissi Barisch

»Richtig reisen«: Kairo
Von Peter Wald

»Richtig reisen«: Kalifornien
Von Horst Schmidt-Brümmer und Gudrun Wasmuth

»Richtig reisen«: Kanada und Alaska
Von Ferdi Wenger

»Richtig reisen«: Kopenhagen
Von Karl-Richard Könnecke

»Richtig reisen«: Kreta
Von Horst Schwartz

»Richtig reisen«: London
Von Klaus Barisch und Peter Sahla

»Richtig reisen«: Los Angeles
Hollywood, Venice, Santa Monica
Von Priscilla und Matthew Breindel

»Richtig reisen«: Malediven
Reise-Handbuch
Von Norbert Schmidt

»Richtig reisen«: Marokko
Reise-Handbuch
Von Michael Köhler

»Richtig reisen«: Mexiko und Zentralamerika
Von Thomas Binder

»Richtig reisen«: Moskau
Von Wolfgang Kuballa

»Richtig reisen«: München
Von Hannelore Schütz-Doinet und Brigitte Zander

»Richtig reisen«: Nepal
Kathmandu: Tor zum Nepal-Trekking
Von Dieter Bedenig

»Richtig reisen«: Neu-England
Boston und die Staaten Connecticut, Massachusetts, Rhode Island, Vermont, New Hampshire, Maine
Von Christine Metzger (Erscheint Herbst '83)

»Richtig reisen«: New Mexico
Santa Fe – Rio Grande – Taos
Von Gudrun Wasmuth u. a.

»Richtig reisen«: New Orleans
und die Südstaaten
Louisiana, Mississippi, Alabama, Tennessee, Georgia
Von Hanne Zens, Horst Schmidt-Brümmer und Gudrun Wasmuth.

»Richtig reisen«: New York
Von Gabriele von Arnim und Bruni Mayor

»Richtig reisen«: Nord-Indien
Von Henriette Rouillard

»Richtig reisen«: Norwegen
Hrsg. von Reinhold Dey

»Richtig reisen«: Paris
Von Ursula von Kardorff und Helga Sittl

»Richtig reisen«: Peking und Shanghai
Von Uli Franz

»Richtig reisen«: Rom
Von Birgit Kraatz

»Richtig reisen«: San Francisco
Von Hartmut Gerdes

»Richtig reisen«: Die Schweiz und ihre Städte
Von Antje Ziehr

»Richtig reisen«: Südamerika 1
Kolumbien, Ekuador, Peru, Bolivien
Von Thomas Binder

»Richtig reisen«: Südamerika 2
Argentinien, Chile, Uruguay, Paraguay
Von Thomas Binder

»Richtig reisen«: Südamerika 3
Brasilien, Venezuela, die Guayanas
Von Thomas Binder

»Richtig reisen«: Süd-Indien
Von Henriette Rouillard

»Richtig reisen«: Tokio
Von Frank und Ceci Whitford

»Richtig reisen«: Tunesien
Reise-Handbuch
Von Michael Köhler

»Richtig reisen«: Venedig
Von Eva Bakos

»Richtig reisen«: Wien
Wachau, Wienerwald, Burgenland
Von Wolfgang Kuballa und Arno Mayer

Raum für Reisenotizen

Anschriften neuer Freunde, Foto- u. Filmvermerke, neuentdeckte gute Restaurants, etc.